黑龙江冰雪经济研究

孙先民 等著

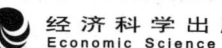

中国财经出版传媒集团
经济科学出版社
Economic Science Press

图书在版编目（CIP）数据

黑龙江冰雪经济研究/孙先民等著．—北京：经济科学出版社，2018.8
ISBN 978-7-5141-9669-6

Ⅰ.①黑… Ⅱ.①孙… Ⅲ.①冰-资源经济-研究-黑龙江省②雪-资源经济-研究-黑龙江省 Ⅳ.①F127.35

中国版本图书馆 CIP 数据核字（2018）第 194660 号

责任编辑：李　雪
责任校对：靳玉环
责任印制：邱　天

黑龙江冰雪经济研究
孙先民　等著

经济科学出版社出版、发行　新华书店经销
社址：北京市海淀区阜成路甲 28 号　邮编：100142
总编部电话：010-88191217　发行部电话：010-88191522
网址：www.esp.com.cn
电子邮件：esp@esp.com.cn
天猫网店：经济科学出版社旗舰店
网址：http://jjkxcbs.tmall.com
固安华明印业有限公司印装
787×1092　16 开　21.5 印张　420000 字
2018 年 8 月第 1 版　2018 年 8 月第 1 次印刷
ISBN 978-7-5141-9669-6　定价：80.00 元
（图书出现印装问题，本社负责调换。电话：010-88191510）
（版权所有　侵权必究　打击盗版　举报热线：010-88191661
QQ：2242791300　营销中心电话：010-88191537
电子邮箱：dbts@esp.com.cn）

前　言

在黑龙江省步入决胜全面建成小康社会，开启全面建设富强民主文明和谐美丽社会主义现代化新龙江新征程的关键时刻，深入贯彻落实新发展理念，深化供给侧结构性改革，着力解决制约经济发展的体制性、结构性、资源性"三大矛盾"及产业结构偏重、民营经济偏弱、创新人才偏少"三偏"问题，全力打造现代产业新体系，打好转方式调结构攻坚战，实现新旧动能转换，是黑龙江省振兴发展的重中之重。

落实习近平总书记视察黑龙江时提出的"冰天雪地也是金山银山"重要指示，合理规划、利用黑龙江丰富的冰雪资源和独特的区位禀赋优势，打造现代冰雪文化全产业链，大力推进冰雪文化产业的高质量快速发展，有望成为黑龙江省打赢转方式调结构攻坚战的重要突破口。

作为一所省属的以经管学科为主的多科性大学，利用自身学科优势，针对黑龙江省冰雪文化资源禀赋优势与产业发展水平不相匹配的现状进行理论研究，理应是哈尔滨商业大学服务社会功能的具体体现。为此，哈尔滨商业大学成立了"冰雪产业学科群"，聚焦制约黑龙江冰雪经济发展面临的一系列现实问题，从冰雪旅游产业发展、产业景气指数、竞争力评价、冰雪资源利用效率、品牌推广、市场监管、财税金融政策激励等多个角度展开研究，试图精准把脉制约冰雪文化产业发展面临的问题及其深层次原因，并提出具有可操作性的政策建议。

破解黑龙江省冰雪文化产业产品低端、同质化竞争严重、创新不足、缺乏规模效应、产业链条短、产业辐射能力弱、企业诚信问题突出等问题，做大做强冰雪文化产业，拓展冰雪文化产业的辐射力，打造现代冰雪文化全产业链，使之成为龙江振兴发展的一大重要绿色支柱产业，关键是要做好顶层设计，深入推进供给侧结构性改革，发挥市场配置资源的决定性作用，营造风清气正的营商环境。政府应当在完善征信、招商引资等相关制度和信息平台建设，增强金融服务实体经济的能力，释放税收激励政策的指挥棒作用等方面发挥好作用，激励企业诚信经营、勇于创新，有效利用资本市场。

将哈尔滨商业大学"冰雪产业学科群"对黑龙江省冰雪经济研究的阶段性成果汇编成册出版,一方面希望能够对黑龙江省冰雪经济的发展起到一定的促进作用,另一方面也是希望能够抛砖引玉,吸引更多的高校和科研机构关注并研究黑龙江省冰雪经济的发展,为冰雪经济的发展提供更加丰富的理论解释与政策建议。

孙先民
2018 年 4 月

目　录

冰雪经济

资源集聚、知识外溢与黑龙江省冰雪旅游产业集群发展
　　孙先民　陆丰刚 ………………………………………………………… 3
基于景气测度的黑龙江省冰雪旅游产业景气指数研究
　　齐丹丹 …………………………………………………………………… 14
基于冰雪资源利用效率的黑龙江经济发展研究
　　张劲松　李沐瑶 ………………………………………………………… 27
新发展理念引领下黑龙江省冰雪产业发展研究
　　蒋抒博 …………………………………………………………………… 37
黑龙江省提升冰雪经济效应对策研究
　　宋德军 …………………………………………………………………… 55
科学构建企业管理控制系统，促进黑龙江冰雪经济有效提升
　　崔莹　张林 ……………………………………………………………… 68
黑龙江省冰雪旅游产业可持续发展研究
　　朱正杰　汤姿 …………………………………………………………… 79
黑龙江省冰雪"体育+文化"产业融合发展研究
　　崔春山　丁宝震 ………………………………………………………… 89
黑龙江省冰雪体育特色小镇的实践与创新研究
　　韩国纲 …………………………………………………………………… 104
我国滑雪产业竞争力评价指标体系的研究
　　刘巍 ……………………………………………………………………… 118

黑龙江省冰雪产业人才需求研究
　　王　洋 ··· 131

冰 雪 旅 游

黑龙江省冰雪旅游产品全产业链发展研究
　　王作铁 ··· 149
黑龙江省冰雪旅游发展的困境及政策建议
　　王曙光　金向鑫　尹媛媛 ································· 163
黑龙江省全域冰雪旅游资源的规划与运作问题研究
　　魏　胜 ··· 174
黑龙江省冰雪旅游景观形象塑造与品牌推动
　　尹　越 ··· 192
基于认知—情绪理论的冰雪游客满意度提升策略
　　孙宏斌 ··· 203
基于用户兴趣的旅游电子商务推荐研究
　　李建军　侯　跃　杨　玉　汪校铃 ··················· 217
关于加强黑龙江省冰雪旅游市场综合监管的策略研究
　　孙　琦 ··· 233
哈尔滨冰雪经济导游服务规制研究
　　宁虹超　李　奎 ·· 247
黑龙江省冰雪特色景观设计对其旅游经济影响及发展
　对策研究
　　丁凌云　安健锋 ·· 260

冰 雪 文 化

黑龙江省冰雪旅游产业与少数民族文化产业融合发展研究
　　张秋平 ··· 269
论黑龙江少数民族发展冰雪文化的优势
　　杨　光 ··· 276

金融与财税支持

黑龙江冰雪产业金融支持问题及对策建议
  窦以鑫　韩　平 ……………………………………………… 293
黑龙江省做大做强冰雪旅游产业财政激励政策研究
  蔡德发　金　瑛　周丽俭 ………………………………… 306
财税政策助推黑龙江冰雪经济发展政策研究
  宋英华 ……………………………………………………… 316
黑龙江省冰雪旅游产业税收政策评价
  李　兰　李秉坤　周冻梅 ………………………………… 323

黑龙江冰雪经济研究

冰雪经济

资源集聚、知识外溢与黑龙江省冰雪旅游产业集群发展

孙先民 陆丰刚[*]

摘要: 黑龙江省冰雪旅游资源丰富,具备产业集群化发展条件。冰雪旅游产业集群化发展的主要好处在于可以充分发挥资源集聚和知识外溢效应,发挥产业集群规模经济优势。本文以新古典经济理论为基本分析框架,通过矩阵形式的C-D函数刻画冰雪旅游产业集群内企业行为及相互关系。研究发现,产业集群化发展能够通过资源集聚效应和知识外溢效应提高集群内企业产出,但是集群内企业间的负外部性问题会损害集群内所有企业,破坏整个产业集群发展。政策含义在于,政府应制定科学政策,引入冰雪旅游业务关联密切企业以充分发挥产业集群资源集聚效应,鼓励积极知识外溢效应,同时限制或消除负外部效应。

关键词: 冰雪旅游产业集群;资源集聚;知识外溢

一、引言

黑龙江省是全国冰雪资源最密集的省份,冰雪季漫长,具有影响力的冰雪旅游品牌众多,这使得黑龙江省冰雪旅游具备发展产业集群得天独厚的优势。冰雪旅游产业集群有序发展会提高黑龙江省冰雪旅游竞争力,进一步奠定黑龙江省在国内冰雪旅游行业的龙头地位。但是产业集群的无序发展则会损害黑龙江省冰雪旅游产业长远利益。2017年年末曝出的几次冰雪旅游行业负面事件说明了黑龙江省规范发展冰雪旅游产业集群的重要性。产业集群的构成分为两类:纵向产业集群和横向产业集群。纵向产业集群是指处于同一行业不同经营阶段的企业形成

---

[*] 孙先民(1964~),男,黑龙江虎林人,哈尔滨商业大学党委书记,博士,教授,博士生导师。研究方向:现代服务业发展。
陆丰刚(1982~),男,山东临沂人,哈尔滨商业大学经济学院,博士,副教授。研究方向:宏观经济,E-mail: lfg0202@163.com。

的集群，企业间是相互依赖和相互支撑的关系，如冰雪设备生产经营企业与亚布力、二龙山、乌吉密和日月峡等滑雪场；横向产业集群是指处于同一行业同一经营阶段上的企业形成的集群，企业间是互补和竞争的关系，如太阳岛的雪博会和一路之隔的冰雪大世界。黑龙江省冰雪旅游产业集群多属于横向产业集群，其关系更多地表现为同时对游客人群产生吸引力，但又在一定程度上竞争游客。产业集群内相关主体存在着复杂的网络关系，相互影响，在共享资源，共享知识提高自身竞争力的同时也会产生负外部性影响，因此在发展冰雪旅游产业集群过程中要注意促进资源集聚效应，促进正的知识外溢效应，抑制或消除负外部效应。

本文运用矩阵形式的 C-D 函数刻画冰雪旅游产业集群内企业行为以及相互关系，借鉴"干中学"模型引入知识函数来研究冰雪旅游产业集群资源集聚效应和知识外溢效应。研究发现，产业集群有序发展，集群内企业相互促进的前提是集群内企业间需具备密切的业务关联关系；集群内企业间的知识外溢效应会提高集群内所有企业的产出，从而实现产业集群快速发展；产业集群内企业不断增加投资会加速产业集群资本深化，加速资本集聚，提高企业投资回报率，从而加速产业集群发展；另外，产业集群化发展也有不利的一面，产业集群内企业间的负面影响会降低企业资本回报率，从而破坏整个产业集群发展。因此，黑龙江省要发挥冰雪旅游产业集群优势就需要通过税收、补贴等手段鼓励冰雪旅游产业集群正面知识外溢效应，抑制或消除负外部效应，同时加大基础设施建设力度，为冰雪旅游产业集群良性发展提供优质的公共服务。

本文可能的边际贡献在于在新古典经济理论基础上通过矩阵形式 C-D 函数刻画产业集群企业行为，以此来研究冰雪旅游产业集群资源集聚效应与知识外溢效应，这一框架可以应用到其他产业集群领域。

本文第二部分进行了文献综述；第三部分进行了模型假设；第四部分研究产业集群知识外溢效应；第五部分研究产业集群资本集聚效应；第六部分针对前述研究给出了简单结论和建议。

二、文献综述

产业集群能通过共享优质基础设施、充足人力资源、有效投入品供给、专业技术信息、服务互补以及竞争激励等途径提高生产效率，促使产业革新和新商业形式形成（Porter, 1998）[1]。朱莉和凯瑟琳（Julie & Katherine, 2006）对南加利福尼亚低地旅游业集群的研究在一定程度上支持了波特研究团队的结论[2]。产业集聚已成为中国旅游业发展的重要途径，产业集聚在降低要素流动成本的同时，通过知识外溢以及产业结构优化等途径推动旅游业发展（张广海和汪立新，2016）[3]。

网络关系是旅游业产业集群的核心要素，产业集群网络关系的形成及其有序运行会促进旅游业发展。卞显红（2012）认为网络是旅游产业集群的基本特征之一，旅游产业集群竞合关系是旅游产业集群网络结构的基石[4]。旅游业集群中的企业网络能够促进集群发展（冯卫红和苗长虹，2009）[5]。旅游业集群的自组织系统以及其正负反馈机制使得旅游产业集群规模自我调节（卞显红，2011）[6]。旅游产业集群的网络关系形成了集体学习机制，对来源于集群外部的知识与来自集群内部知识的学习促进旅游产业集群的整体创新发展（冯卫红，2013）[7]。王兆峰（2009）认为旅游产业集群形成了一个生态系统，集群系统中各种群之间复杂的竞争与合作关系使旅游产业集群生态成长受到资源、成长机制和内外环境制约[8]。

旅游业产业集群网络关系也可能会引致产业集群内企业负外部性问题发生。朱莉和皮特（Julie & Peter, 2002）研究澳大利亚 ALBURY – WODONGA 和加拿大 VICTORIA 旅游业产业集群发现，旅游业产业集群良好发展是有前提的，需要旅游地经营企业相互依赖，灵活的经营边界，合作性竞争，彼此理解共同遵守的商业伦理规则[9]。产业集群可能会由于连锁反应带来网络性风险（Tichy, 1998）[10]。集群内企业相互关联会加速风险传导（朱荣，2010）[11]。产业集群内部企业间的竞争以及网络关系不稳定则会导致恶性竞争（Harison, 1994）[12]。吴晓波等（2003）提出了自稳性风险的概念，从产业集群的网络化特性出发，研究了"专业化分工""地理性临近""群内相互关联"与"协同与溢出效应"所引致的风险[13]。蔡宁等（2003）从网络主体关系、社会资源、网络主体活动等多方面对产业集群网络性风险进行研究[14]。朱瑞博（2004）针对产业集群自稳性风险存在的四大根源提出通过制度性安排模块化化解这些风险[15]。学者们认为要通过加强集群内部约束机制（周雄飞，2008）[16]，建立集群预警、识别、干预机制（杨在军，2009）[17]，建立聚集程度高、联结稠密的网络结构（王发明和刘传庚，2009）[18]，加强网络管理（雷云云，2017）[19]，加强区域分工和协调发展机制（刘佳和王娟，2016）[20]，推动旅游产业集群地诚信文化建设（刘中艳和李明生，2013）[21]，加强通信网络和信息平台等基础设施建设（舒小林等，2014）[22]等方面来防止和抑制旅游业产业集群网络性风险。

在冰雪旅游发展方面，白鹤松（2016）研究既往文献发现对冰雪旅游的研究集中于冰雪旅游市场、冰雪旅游产业竞争力、旅游地环境以及旅游者动机习惯等方面[23]。王飞（2016）认为税收激励机制和项目竞争机制的合理设计是冰雪旅游行业运行改善的关键[24]。冯文丽（2017）认为需要利用 APP 等手段促进冰雪运动产业与旅游、文化、房地产、健康、教育等行业融合发展[25]。苟俊豪等（2016）认为冰雪旅游的健康发展需要政府主导与区域合作相结合[26]。

三、模型假设

本文将冰雪旅游产业集群看作一个整体，将冰雪旅游产业集群内具体经营企业看作相互影响的个体，在索罗模型（1956）[27]和罗默模型（1986）[28]基础上引入知识外溢效应进行模型设计。

❋冰雪旅游经营企业生产函数为规模报酬不变函数。

❋设冰雪旅游经营企业 i 在时刻 t 的生产函数为 C-D 生产函数。根据规模报酬不变假设，生产函数为：

$$Q_i(t) = A_i(t) K_i(t)^\alpha L_i(t)^{1-\alpha} \tag{1}$$

式（1）中，$Q_i(t)$ 代表企业 i 的产出（考虑到冰雪旅游服务行业性质，这里可以采用营业收入代表），$K_i(t)$ 代表企业 i 运用的资本，如滑雪场场地和设施等，$L_i(t)$ 代表企业员工数量。α 和 $1-\alpha$ 为参数，体现了生产函数规模报酬不变性质。$A_i(t)$ 代表知识，包括实体要素投入之外的技术、服务水平等软性要素。

❋知识函数 $A_i(t)$ 构成为：

$$A_i(t) = G(t) k_i(t)^\phi \prod_{j \neq i}^{N} A_j(t)^{\gamma e_{ij}} \tag{2}$$

知识 $A_i(t)$ 由三部分组成：

（1）产业集群共有知识部分 $G(t)$，集群内企业均具备此部分，此部分外生。

$$G(t) = G(0) e^{gt} \tag{3}$$

式中，$G(0)$ 代表初始知识，g 代表外生不变知识进步率。

（2）内嵌在资本中随人均资本增加而增加的知识部分 $k_i(t)^\phi$。

$k_i(t) = \dfrac{K_i(t)}{L_i(t)}$ 代表人均资本；参数 ϕ 代表因人均资本增加而产生的知识外溢效应，$0 < \phi < 1$。

（3）因产业集群内企业相互影响而产生的知识部分 $\prod_{j \neq i}^{N} A_j(t)^{\gamma e_{ij}}$。

此部分知识取集群内其他企业（企业 j，j = 1, …, N, j ≠ i）知识水平 $A_j(t)$

的几何平均数。其权重由两部分组成：γ 和 c_{ij}。$0 < \gamma < 1$，对于所有集群内企业都取同一值；$0 < c_{ij} < 1$（i = j 时 $c_{ij}=0$，$\sum c_{ij} = 1$）代表考虑企业间关联密切程度而产生的知识外溢效应，企业间关联越密切则 c_{ij} 越大，从而越容易受影响。这种关联密切程度可以体现为企业经营业务上的关联性或者地理位置上的关联性。

四、产业集群知识外溢效应

将式（2）两边取自然对数可得：

$$\ln A_i(t) = \ln G(t) + \phi \ln k_i(t) + \ln \prod_{j \neq i}^{N} A_j(t)^{\gamma c_{ij}} \tag{4}$$

扩展式（4）以代表整个冰雪旅游产业集群，则式（4）用矩阵形式表示为：

$$A = G + \phi k + \gamma C A \tag{5}$$

式（5）中各变量均为取自然对数后的形式，A 为 n×1 阶知识矩阵，k 为 n×1 阶人均资本矩阵，C 为 n×n 阶马尔科夫矩阵，元素为 c_{ij}。

将式（5）变换为：

$$A = (1-\gamma C)^{-1} G + \phi (1-\gamma C)^{-1} k \tag{6}$$

得到：

$$A = \frac{1}{1-\gamma} G + \phi k + \phi \sum_{r=1}^{\infty} \gamma^r C^{(r)} k \tag{7}$$

其中，$C^{(r)}$ 是矩阵 C 的 r 次幂。

所以，对于集群内企业 i 来说，在时刻 t 的知识可以表达为：

$$A_i(t) = G(t)^{\frac{1}{1-\gamma}} k_i(t)^{\phi} \prod_{j \neq i}^{N} k_j(t)^{\phi \sum_{r=1}^{\infty} \gamma^r c_{ij}^{(r)}} \tag{8}$$

式（8）说明，企业 i 的知识水平同时取决于本企业人均资本水平和集群内其他企业人均资本水平。

将式（8）代入生产函数（1）式，并将其表达为企业 i 的人均产出形式 $q_i(t)$：

$$q_i(t) = G(t)^{\frac{1}{1-\gamma}} k_i(t)^{u_{ii}} \prod_{j \neq i}^{N} k_j(t)^{u_{ij}} \tag{9}$$

式（9）中，$u_{ii} = \alpha + \phi \left(1 + \sum_{r=1}^{\infty} \gamma^r c_{ii}^{(r)}\right)$，$u_{ij} = \phi \sum_{r=1}^{\infty} \gamma^r c_{ij}^{(r)}$，$c_{ij}^{(r)}$ 是矩阵 C 第 i 行第 j 列元素的 r 次幂。

式（9）表明了知识外溢和企业关联程度在企业产出函数中的影响。若消除知识外溢效应，则 $\phi = 0$，此时，$u_{ii} = \alpha$，$u_{ij} = 0$，则生产函数式（9）变为：

$$q_i(t) = G(t)^{\frac{1}{1-\gamma}} k_i(t)^{\alpha}, \phi = 0 \tag{10}$$

显然，式（10）表达的生产函数与一般生产函数无异。

若消除集群内企业的关联程度影响，令集群内企业无关联，则 $c_{ij} = 0$，此时，$u_{ii} = \alpha + \phi$，$u_{ij} = 0$。则生产函数式（9）变为：

$$q_i(t) = G(t)^{\frac{1}{1-\gamma}} k_i(t)^{\alpha + \phi} \tag{11}$$

式（11）表达的生产函数与一般生产函数的差异在于资本产生的知识外溢效应，这说明产业集群内企业可以共享资本投入所带来的好处。

进一步放开函数假设，若集群内企业给彼此带来的是负面影响，这意味着 u_{ii} 和 u_{ij} 中 $\sum_{r=1}^{\infty} \gamma^r c_{ii}^{(r)}$ 部分为负值，显然，此时 u_{ii} 会变小，而 u_{ij} 会变为负值，根据指数函数和幂函数性质，此时式（9）中表达的企业 i 的产出会下降，也就是说，产业集群内企业间的负外部性影响会伤害整个产业集群发展。

根据式（9），构建产出资本弹性计算可知，企业 i 增加自身投资所带来的产出资本弹性 ε_i^q 为：

$$\varepsilon_i^q = u_{ii} \tag{12}$$

企业 i 因集群内所有企业增加投资所带来的产出资本弹性 ε_{ij}^q 为：

$$\varepsilon_{ij}^q = u_{ii} + \sum_{j \neq i}^{N} u_{ij} = \alpha + \frac{\phi}{1-\gamma} \tag{13}$$

为了避免企业无限度扩张，这里需要假定 $\alpha + \frac{\phi}{1-\gamma} < 1$。对比式（12）和式（13）可知，产业集群内企业间的良性影响提高了投资回报率。

五、产业集群资本集聚效应

对于集群内企业 i 来说，每年拿出产出的一部分进行投资，设此比例为 f_i，设所有企业固定资产折旧率都为 δ，则企业 i 每年新增投资为：

$$\dot{k}_i(t) = f_i q_i(t) - \delta k_i(t) \tag{14}$$

设资本增率为 θ，则：

$$\theta = \dot{k}_i(t) / k_i(t) \tag{15}$$

得到企业最优资本选择为：

$$k_i^* = G(t)^{\frac{1}{(1-\gamma)(1-u_{ii})}} \left(\frac{f_i}{\theta + \delta}\right)^{\frac{1}{1-u_{ii}}} \prod_{j \neq i}^{N} k_j(t)^{*\frac{u_{ij}}{(1-u_{ii})}} \tag{16}$$

将生产函数写为矩阵形式：

$$q = A + \alpha k \tag{17}$$

将式（6）代入式（17）得到：

$$q = (1 - \gamma C)^{-1} G + \alpha k + \phi(1 - \gamma C)^{-1} k \tag{18}$$

整理得到：

$$q = G + (\alpha + \phi)k - \alpha\gamma Ck + \gamma Cy \tag{19}$$

从而企业 i 对数形式的生产函数可以写作：

$$\ln q_i(t)^* = \ln G(t) + (\alpha + \phi)\ln k_i(t)^* - \alpha\gamma \sum_{j \neq i}^{N} c_{ij} \ln k_j(t)^* + \gamma \sum_{j \neq i}^{N} c_{ij} \ln q_j(t)^* \tag{20}$$

结合式（16）和式（20）得到：

$$\ln q_i(t)^* = \frac{1}{1 - \alpha - \phi}\ln G(t) + \frac{\alpha + \phi}{1 - \alpha - \phi}\ln f_i - \frac{\alpha + \phi}{1 - \alpha - \phi}\ln(\theta + \delta)$$

$$- \frac{\alpha\gamma}{1 - \alpha - \phi}\sum_{j \neq i}^{N} c_{ij} f_j + \frac{\alpha\gamma}{1 - \alpha - \phi}\sum_{j \neq i}^{N} c_{ij}\ln(\theta + \delta)$$

$$+ \frac{\gamma(1 - \alpha)}{1 - \alpha - \phi}\sum_{j \neq i}^{N} c_{ij} q_j(t)^* \tag{21}$$

式（21）表明企业的产出一方面取决于企业自身用于投资的比例 f_i，f_i 越高，则产出越高；另一方面还取决于集群内其他企业用于投资的比例 f_j，f_j 会通过影响集群内其他企业的产出 q_j 进而通过集群内企业间外溢效应影响企业 i 的产出，因此企业 i 的产出与集群内其他企业用于投资的比例 f_j 也是正向关系。为了进一步证明这一结论，构造产出投资比例弹性：ε_i^f 和 ε_{ij}^f，ε_i^f 为企业 i 产出对自身投资比例弹性，ε_{ij}^f 为企业 i 产出对集群内其他企业投资比例弹性。计算可得：

$$\varepsilon_i^f = \frac{\alpha + \phi}{1 - \alpha - \phi} + \frac{\phi}{(1 - \alpha)(1 - \alpha - \phi)}\sum_{r=1}^{\infty} c_{ii}^{(r)}\left(\frac{\gamma(1 - \alpha)}{1 - \alpha - \phi}\right)^r \tag{22}$$

$$\varepsilon_{ij}^f = \frac{\phi}{(1 - \alpha)(1 - \alpha - \phi)}\sum_{r=1}^{\infty} c_{ii}^{(r)}\left(\frac{\gamma(1 - \alpha)}{1 - \alpha - \phi}\right)^r \tag{23}$$

结合式（23）假设可知，ε_i^f 和 ε_{ij}^f 均为正值，这验证了上述结论，即：企业 i 提高自身投资比例会增加自身产出；同时，集群内其他企业提高它们的投资比例也会增加企业 i 的产出。这很好地说明了产业集群内企业投资的外溢效应问题。

进一步思考会发现，集群内企业提高投资比例会带来产业集群内资本进一步深化，这意味着资本向产业集群集聚。上述结论既是产业集群外溢效应的结果也是资源与要素集聚的结果。

反向考虑折旧的影响会使得产业集群资本集聚效应更明确。构造产出折旧弹性：ε_i^δ 和 ε_{ij}^δ，ε_i^δ 为企业 i 产出对自身折旧率弹性，ε_{ij}^δ 为企业 i 产出对集群内其他企业折旧率弹性。计算可得：

$$\varepsilon_i^\delta = -\frac{\alpha+\phi}{1-\alpha-\phi} + \frac{\phi}{(1-\alpha)(1-\alpha-\phi)} \sum_{r=1}^\infty c_{ii}^{(r)}\left(\frac{\gamma(1-\alpha)}{1-\alpha-\phi}\right)^r \quad (24)$$

$$\varepsilon_{ij}^\delta = -\frac{\phi}{(1-\alpha)(1-\alpha-\phi)} \sum_{r=1}^\infty c_{ij}^{(r)}\left(\frac{\gamma(1-\alpha)}{1-\alpha-\phi}\right)^r \quad (25)$$

观察式（22）和式（24），以及式（23）和式（25）可知，其符号正好呈反向关系。这说明产业集群化发展如果不能充分发挥集群资本集聚作用，产业集群的优势和功能就不能得以发挥。

六、结论与建议

本文在新古典经济理论框架基础上，通过矩阵形式的 C - D 函数刻画产业集群内企业行为与相互关系来研究产业集群的资源集聚效应与知识外溢效应。研究发现，产业集群化发展的主要优势在于能够集聚资源并通过知识外溢效应提高集群内企业产出。但同时也要注意，集群内企业间也会产生负外部性问题，负外部性问题的存在会损害集群内所有企业，破坏产业集群发展。政策含义在于，政府制定科学政策，以充分发挥产业集群资源集聚效应，鼓励积极的知识外溢效应，同时要限制或消除负外部效应。

针对黑龙江省冰雪旅游产业集群发展，本文提出如下建议：

❄针对同一属性冰雪旅游资源引进业务关联密切的企业以加强冰雪旅游产业集群内企业关联程度，同时改进竞争性。式（11）说明，要发挥产业集群优势，集群内企业间首先要具备密切的业务关联。

❄政府通过税收减免、补贴等手段补偿冰雪旅游集群内企业因产生正外部性而付出的成本。式（9）到式（11）对比说明，产业集群内企业间的正外溢效应提高了产业集群内企业产出。对于这部分正外部性政府要给予补偿，这样才能促使这种外部性不断发挥作用。否则，这种正外部性不会存续。

❄采取措施抑制冰雪旅游产业集群内企业间的负外部性。式（9）表明，产业集群内如果一家企业产生了负外部性问题，则整个产业集群都会受到损害。2017 年末"赵家大院"事件发生后，周围其他"大院"的经营受其影响就是典型负外部性的体现。

❄避免干扰冰雪旅游经营主体具体经营业务，政府集中力量加大冰雪旅游基础设施建设力度，投资公共设施和服务。式（8）说明，产业集群内企业人均资本增加会提高企业知识和技术水平。政府投资基础设施是提高产业集群内人均资本的最好形式。

❋通过投资税收减免等手段，鼓励产业集群内企业投资。式（21）～式（23)表明产业集群内企业增加投资会加速资本深化，提高集群内所有企业产出水平。

参考文献

［1］Porter M. Clusters and the New Economics of Competition ［J］. Harvard Business Review，1998（11）：77－90.

［2］Julie F.，Katherine E. Growing South Carolina's Tourism Cluster ［J］. Business & Economic Review，2006（6）：15－20.

［3］张广海，汪立新. 我国旅游产业集聚与全要素生产率关系研究 ［J］. 商业研究，2016（11）：186－192.

［4］卞显红. 基于自组织理论的旅游产业集群演化阶段与机制研究 ［J］. 人文地理，2012（4）：137－142.

［5］冯卫红，苗长虹. 国内外关于旅游产业集群的研究综述 ［J］. 人文地理，2009（1）：16－21.

［6］卞显红. 基于自组织理论的旅游产业集群演化阶段与机制研究 ［J］. 经济地理，2011，31（2）：327－332.

［7］冯卫红. 旅游产业集群创新机制：基于案例的总结和探讨 ［J］. 改革与战略，2013，29（11）：100－104.

［8］王兆峰. 旅游产业集群的生态化研究 ［J］. 管理世界，2009（9）：170－171.

［9］Julie J.，Peter M. Tourism Destination as Clusters：Analytical Experience from the New World ［J］. Tourism and Hospitality Research，2002，4（1）：36－52.

［10］Tichy G. Less Dispensable and More Risky than Ever，in Clusters and Regional Specialization ［M］. London：Pion Limited，1998.

［11］朱荣. 基于扎根理论的产业集群风险问题研究 ［J］. 会计研究，2010（3）：44－50.

［12］Harrison B. The Italian Industrial Districts and the Crisis of the Cooperative Form：Part II ［J］. European Planning Studies，1994，2（2）：3－22.

［13］吴晓波，耿帅. 区域集群自稔性风险成因分析 ［J］. 经济地理，2003，

23 (6): 726-730.

[14] 蔡宁, 杨闩柱, 吴结兵. 企业集群风险的研究: 一个基于网络的视角 [J]. 中国工业经济, 2003 (4): 59-64.

[15] 朱瑞博. 模块化抗产业集群内生性风险的机理分析 [J]. 中国工业经济, 2004 (5): 54-60.

[16] 周雄飞. 产业集群风险的形成机理及控制研究 [J]. 经济经纬, 2008 (3): 31-33.

[17] 杨在军. 产业集群风险及其治理的文献综述 [J]. 经济纵横, 2009 (6): 119-121.

[18] 王发明, 刘传庚. 基于复杂网络视角的产业集群风险研究 [J]. 商业研究, 2009 (11): 66-70.

[19] 雷云云. 山西文化旅游产业集群风险治理研究 [J]. 商业经济, 2017 (2): 77-78.

[20] 刘佳, 王娟. 我国沿海旅游产业集聚发展与承载力提升关联作用研究 [J]. 商业研究, 2016 (10): 145-156.

[21] 刘中艳, 李明生. 旅游产业集群竞争力测度的 GEMS 模型构建及应用 [J]. 经济地理, 2013, 33 (11): 183-192.

[22] 舒小林, 柴用栋, 高应蓓, 邱晓敏. 旅游产业（虚拟）集群的空间结构研究 [J]. 经济地理, 2014, 34 (10): 185-192.

[23] 白鹤松. 冰雪产业发展研究综述 [J]. 中国人口·资源与环境, 2016, 26 (5): 452-455.

[24] 王飞. 冰雪旅游业治理结构与运行机制研究 [J]. 北京体育大学学报, 2016, 39 (10): 46-50.

[25] 冯文丽. 大力推进京津冀冰雪产业发展 [J]. 经济管理, 2017, 31 (2): 11-13.

[26] 苟俊豪, 刘兵, 张靖. 新疆冰雪旅游开发的区域博弈分析 [J]. 管理创新, 2016, 12 (3): 339-344.

[27] Solow R. A Contribution to the Theory of Economic Growth [J]. Quarterly Journal of Economics, 1956, 70 (1): 65-94.

[28] Romer P. Increasing Returns and Long Run Growth [J]. Journal of Political Economy, 1986, 94 (5): 1002-1037.

Resource Centering, Knowledge Spillover, and the Development of the Ice – Snow Tourism Cluster of Heilongjiang Province

SUN Xian-min   LU Feng-gang

Abstract: Based on resourceful ice-snow endowments, Heilongjiang province possesses the advantages to develop ice-snow tourism cluster. The ice-snow tourism cluster can enjoy the advantages of resource centering and knowledge spillover effects to achieve scale economies. Taking neo-classical economics as an analyzing framework, the paper uses a matrix C – D production function to capture the behaviors and their relationship of individual enterprises. We find that resource centering effect and knowledge spillover effect can increase the output of all the enterprises in the cluster, but the negative externality will harm the whole industry. Policy implications are, to promote the closeness of enterprises, to encourage positive externalities and eliminate negative externalities through taxation, subsidies and public spending.

Keywords: Ice – Snow Tourism Cluster; Resource Centering; Knowledge Spillover Effect

基于景气测度的黑龙江省冰雪旅游产业景气指数研究

齐丹丹[*]

摘要：近年来黑龙江省冰雪旅游迅速发展，对于拉动地区经济增长有重要作用。本文运用美国商务部编制合成指数（CI）的方法，编制黑龙江省冰雪旅游行业景气指数，作为观测黑龙江省冰雪旅游行业波动的综合尺度，并结合当前黑龙江省的经济形势对合成指数进行分析，探究黑龙江省冰雪旅游业的发展现状和周期性规律，对行业局势与行业周期波动转折点进行分析，从而判定行业整体波动情况和走势，为黑龙江省冰雪旅游行业政策的制定和旅游公司等的微观经营提供参考。

关键词：黑龙江省；冰雪旅游；合成指数；景气

一、研究现状回顾

冰雪旅游是一项极具参与性、体验性和刺激性的活动，这种活动集审美体验和健身娱乐为一体，深得游客喜爱。冰雪旅游主要包括三部分内容：一是游览观光式冰雪旅游，包括自然冰雪景观——雪山、雪原，人工冰雪景观——雪雕、冰灯；二是冰雪运动旅游，包括滑雪、滑冰、冬泳、冰雪足球等休闲体育活动；三是冰雪娱乐旅游，包括冰上爬犁、狗拉雪橇等项目[1]。冰雪旅游产业的发展会带动交通运输业、旅馆业、餐饮业、娱乐业、环保业等产业发展，对于经济发展具有直接和间接的推动作用。冰雪旅游业在消除贫困、解决就业、帮助弱势群体中也具有特殊的作用，因此受到国家和省政府的重视。目前，我国冰雪旅游产业发展已经进入一个高速发展的阶段。黑龙江省由于独特的地理位置和气候特点，冰

---

[*] 齐丹丹（1985~ ），女，黑龙江大庆人，哈尔滨商业大学商业经济研究院，助理研究员，博士。研究方向：经济史，文化产业，E-mail：qidandan77777@126.com。课题：哈尔滨商业大学创新人才项目，编号：2016QN045。哈尔滨商业大学在站博士后科研支撑项目，编号：2017BSH032。黑龙江省普通高等学校青年创新人才项目，编号：UNPYSCT-2017204。

雪旅游业发展态势良好。

目前，黑龙江省的冰雕、雪塑、滑雪三种冰雪旅游产品项目在国内外产生巨大的影响力。1985年黑龙江省哈尔滨市创办了全国第一个冰雪活动项目——哈尔滨冰雪节，成为世界著名的四大冰雪节之一。现在冰雪旅游业已经成为黑龙江省新的经济增长点。2015年黑龙江省政府工作报告指出"夏季主推生态化突出优势，发展避暑休闲游、养生度假游、医疗健康游、极地游和边境出境游；冬季主推冰雪特色优势，突出哈尔滨冰雪大世界、雪乡、亚布力滑雪等重要卖点。"2016年，依托特色优势，黑龙江省把旅游业作为推进供给侧结构性改革的主攻方向，坚持以"绿水青山就是金山银山，冰天雪地也是金山银山"的重要精神引领工作实践，科学谋划冰雪经济，发展壮大冰雪产业，加快建设冰雪经济强省。省政府在2016年《政府工作报告》中，对未来五年的经济发展问题进行了战略布局，明确指出要把冰雪产业与全省的"八大经济区"和"十大工程"建设有机地结合起来，以"一带一路"为契机，把发展冰雪经济作为推动黑龙江振兴发展的战略举措。

对黑龙江省冰雪旅游经济发展进行研究，对于振兴东北老工业基地，拉动地区经济增长有重要意义。目前有越来越多研究者关注冰雪旅游，其中对黑龙江省冰雪旅游的研究取得了一定的成果。

学者们对于黑龙江冰雪旅游的研究多集中在对旅游资源和旅游市场开发的分析和评价上。郭惠秋、孟光提出利用冰雪旅游促进黑龙江省经济发展，提出考虑建立产业发展基金，降低行业准入门槛，引导社会资金投资于冰雪旅游产业等办法加快产业发展进程[2]。张丽梅在《冰雪旅游策划》中运用经济模型研究了黑龙江省冰雪产业的发展对策[3]。石长波指出要立足在特有冰雪资源上进行优势和劣势的分析，将资源优势转变为促进经济发展优势[1]。詹珊等人从政府角度出发，提出黑龙江省要在经济、社会、环境和资源客观现实下开发冰雪旅游，坚持可持续发展[4]。张作斌等建议把冬季旅游提升到和夏季旅游同等的高度，两者要同步发展、同步扶持，在政策上对冰雪旅游进行适度的倾斜[5]。蔡德发等人总结了黑龙江省冰雪旅游产业存在财政投入相对不足，缺少冰雪产业专属金融服务；管理人才少等缺陷[6]。罗大林提出拓宽融资渠道促进冰雪旅游产业融资，组建冰雪旅游投资基金吸引更多来自社会各方面的资金，优化投资结构，促进冰和雪资产结合[7]。孙显仁分析了黑龙江省冰雪旅游产业存在区位交通劣势、人力资本劣势以及运营机制劣势，提出采取竞争优势培育战略、优化产业结构战略、打造精品战略、专业人才培养战略[8]。吴伟伟、刘业鑫等构建了冰雪旅游产业竞争力评价指标体系和评价模型，对黑龙江省冰雪旅游产业的竞争力展开全面系统的评价[9]。徐淑梅等人运用 AHP 层次分析法对黑龙江省冰雪旅游开发战略及方针措施进行定性与定量相结合地分析，提出了黑龙江省冰雪旅游开发战略[10]。翟梦迪利用黑龙江省 1986~2014 年冰雪旅游收入和地区生产总值（GDP）的时间序列分别作为衡量冰雪旅游和区域经济增长的指标，运用协整理论，分析 Granger 因果关系，最终建 VARX 模型，定量研究黑龙江省冰雪旅游和区域经济增长之间的长期均衡关系和短期内的变化趋势[11]。

以上研究的方向和内容比较广，涉及的面比较大，多属于定性分析，主要集中于对冰雪旅游资源和旅游市场开发的分析和评价上，对冰雪旅游业存在的问题和解决对策进行探讨，也有从管理层面进行研究的。从定量的角度对黑龙江省冰雪旅游产业进行总体分析的成果较少，而且缺少深层次的定量分析。

冰雪旅游业的经济总量除了长期的增长之外，还表现出了较大的波动性。冰雪旅游业的管理以事后管理为主，缺乏必要的监控工具和手段以及主动性前瞻管理，这就需要对黑龙江省冰雪旅游业有一个中长期发展趋势的整体把握，建立有效监控体系。1999 年，黑龙江省的冰雪旅游业进入了快速发展时期，相关产业数量大增。一直到 2003 年遭遇非典的重创后，黑龙江冰雪旅游业才开始步入产业发展的轨道。根据黑龙江省冰雪旅游业相关数据，采用编制该行业景气指数的方法对黑龙江冰雪旅游业进行研究比较适合该行业发展的需要，编制该行业景气指数可以对黑龙江冰雪旅游行业运行趋势做出一个有效预判和预警，可以在经济发生重大转折之前为防范行业风险提供技术和预警，做好相应的风险防范工作。目前为止，还没有人做这方面的研究。对景气指数所体现出来的冰雪旅游业发展的周期性变动情况进行分析，提炼关键指标，对本省冰雪旅游业的发展提供参考，可以为制定更加科学合理的经济政策提供一定的参考，还可以为企业的微观决策提供宏观指引，为旅行社或饭店制定规章制度和发展策略提供依据，为投资者适时进入或退出本行业提供一定帮助。

二、研究设计

（一）研究方法

景气指数是指通过定量方法加工汇总调查中的定性指标，从而综合反映某一特定调查群体或某一社会经济现象所处的状态或发展趋势。这是一套系统性的方法，它包含了多种模型的功能。1946年美国全国经济研究局开发了扩散指数（DI）[12]。1967年美国国家经济研究局和美国商务部合作开发了合成指数（CI），用于监测经济的波动[13]。CI比DI进步的地方是能够反映景气变动趋势，还能够反映出景气循环波动的振幅，弥补DI的不足。1984年日本经济计划厅（EPA）又编制了复合指数，用来测度日本经济的活动状态[14]。我国于1994年正式建立企业景气调查制度，目前景气指数分析方法已经被广泛应用于宏观经济、金融证券、工业、农业、市场与企业等领域，研究成果丰富，为政府部门制定行业政策提供了依据。在我国，景气研究用于旅游业领域的时间比较晚。2006年张辉编制了什刹海景区旅游景气指数[15]，随后戴斌等人对饭店、旅行社等行业进行了研究。榜中榜传媒中心编制了国内游目的地景气指数和出境游目的地景气指数。中国旅游研究院按季度对全国旅行社行业做了问卷调查，对旅行社的景气指数进行分析。2007年阎霞和黄选对中国饭店利用景气指数的方法进行了研究[16]。2009年雷平编制了外国游客入境旅游市场景气分析圈[17]。2011年杨健对河南省旅行社产业景气指数进行了研究[18]。2013年唐承财对北京入境旅游市场景气指数进行分析与研究[19]。高平进行了对上海旅游市场监测指数的构建与实证研究[20]。近年来利用景气指数的方法对旅游业进行研究的成果越来越多，这些研究为我们提供了经验上的借鉴。

（二）数据的选取与预处理

景气指数分析对数据的要求比较严格，需要连续性的数据。由于冰雪旅游业受季节和地域的限制，在黑龙江省冰雪旅游每年主要集中于1月、2月、11月、12月这4个月，获取周度和月度数据存在难度，因此考虑到指标的可衡量性及数据的可获得性，我们主要选取年度数据来编制黑龙江省冰雪旅游业景气指数。

本文所选样本数据为2000~2016年17年间与黑龙江省冰雪旅游行业密切相关的重要经济指标的统计数据，如CPI、城乡居民人民币储蓄存款、地区生产总值、人民币汇率、星级饭店固定资产、国内旅游人数万人、外国入境游客、星级饭店营业收入总额、黑龙江旅游景区营业收入、黑龙江省春节黄金周冰雪旅游总收入、冰雪节旅游人数、客运量等，以2000年为基准日期，对于黑龙江冰雪旅游市场的相关统计数据进行分析，最终构建黑龙江冰雪旅游产业景气指标体系。数据主要来自《中国统计年鉴》《中国旅游统计年鉴》《黑龙江省统计年鉴》《中国旅游统计年鉴（副本）》等，略有缺失的数据以中国旅游局网站、黑龙江省旅游局网站数据等作为补充。

（三）基准指标的选取

采用拉网式搜集指标的方法，把影响黑龙江旅游业景气指标的所有因素都列出，共选出 30 个有效指标。如表 1、表 2 和表 3 所示。利用 HDI 历史扩散指数初步推算出基准日期。景气指数是基于景气变量之间的时差关系来指示景气动向的，主要分为先行指标、同步指标和滞后指标。在确定指标分类前首先要确定基准循环指标。基准循环指标选取的方法主要有：（1）选取指标体系中起支配作用的指标；（2）专家的意见及其评分；（3）以主要经济指标合成指数的转折点为基础。通过与实际情况的结合，把重要指标的循环作为基准循环，将此指标作为基准指标。总收入是反映商业经济波动基准循环的一个重要指标，也就是指标体系中起支配作用的指标，也是被专家普遍认同的同步指标。由此，我们把最能反映旅游市场发展的"旅游总收入"作为基准指标。

表 1　　　　　　　　黑龙江省冰雪旅游业先行指标组

指标名称	滞后阶数	相关系数
商品零售价格总指数	-5	0.459
居民消费价格指数	-5	0.402
城镇居民人均消费支出	-3	0.79
地区生产总值（亿元）	-3	0.977
社会消费品零售总额	-4	0.75
星级饭店个数	-4	0.298
星级饭店营业收入总额	-5	0.752
旅游业从业人数	-3	0.919
人民币汇率	-4	0.958
邮电业务总量	-3	0.627

注："-"表示先行。

表 2　　　　　　　　黑龙江省冰雪旅游业同步指标组

指标名称	滞后阶数	相关系数
春节黄金周冰雪旅游总收入	-1	0.916
中国哈尔滨冰雪节旅游人数	-1	0.872
国内旅游人数	0	0.962

续表

指标名称	滞后阶数	相关系数
港澳台人次	-1	0.79
城镇居民家庭恩格尔系数	0	0.63
全国职工平均工资	-1	0.943
外国入境游客数	0	0.752
星级饭店床位数	1	0.352
星级饭店平均客房出租率	1	0.78
旅行社营业收入	-1	0.80
旅游总收入		基准指标
客运总量	-1	0.232

注:"-"表示先行。

表3　　　　　黑龙江省冰雪旅游业滞后指标组

指标名称	滞后阶数	相关系数
冰雪大世界占地面积	2	0.945
全国旅游总花费	2	0.72
旅行社上缴税金	3	0.48
星级饭店营业税金	3	0.81
星级饭店全员劳动生产率	4	0.695
星级饭店固定资产	5	0.383
旅游景区营业额	3	0.81
全省城乡居民储蓄存款年底余额	2	0.943

注:"-"表示先行。

三、黑龙江省冰雪旅游业合成指数编制流程

采用时差相关分析的方法来对所选的有效指标进行分类，划分成先行、同步、滞后三个指标组。设 $x = \{x_1, x_2, \cdots, x_n\}$，$y = \{y_1, y_2, \cdots, y_n\}$ 分别为被选择指标和基准指标，r 为时差相关系数，则：y_t 是基准指标中的某一元素（y_1, y_2, $\cdots$, y_n）；x_{t-1} 是对应的被选指标中的某一元素（x_1, x_2, $\cdots$, x_n）。$\bar{x}$ 是被选指标各元素的平均值。$\bar{y}$ 是基准指标各元素的平均值。L 为最大延迟数；其中

l 为超前、滞后期。n_l 是数据取齐后的个数。$n_l = 2L + 1$ 是取齐后的个数。

$$r_l = \frac{\sum_{i=1}^{n_l}(x_{t-l} - \bar{x})(y_t - \bar{y})}{\sqrt{\sum_{i=1}^{n_l}(x_{t-l} - \bar{x})^2 \sum_{i=1}^{n_l}(y_t - \bar{y})^2}} \quad l = 0, \pm 1, \pm 2, \cdots, \pm L$$

运用时差相关分析法,以 K - L 信息量法、聚类分析和专家打分法作为辅助,将所选指标分为先行指标、同步指标、滞后指标。先行指标可以事先预测总体经济的运行高峰和谷底。同步指标与经济运行变动情况基本同步,扩张时处上升趋势,经济收缩时处下降趋势;还有一类是在经济运行变动后才会出现变动特征,当经济回升或衰退一段时期才开始表现出上升或下降,因此称滞后指标。指标分类后再利用 SPSS 算出各指标与基准指标的相关系数,剔除掉相关系数小于 0.19 的指标,最终将指标划分为先行、同步和滞后三个指标组分类如表1、表2 和表3。

在完成指标分组后,我们计算指标对称变化率,并经过加权得到合成指数[13]。具体过程如下:

①求指标的对称变化率并将其标准化。

设指标 $Y_{ij}(t)$ 为第 j 指标组的第 i 个指标,j = 1, 2, 3 代表先行、同步、滞后指标组,i = 1, 2, ⋯, k 是组内指标的序号[13]。对 $Y_{ij}(t)$ 求对称变化率 $C_{ij}(t)$:

$$C_{ij}(t) = 200 \times \frac{Y_{ij}(t) - Y_{ij}(t-1)}{Y_{ij}(t) + Y_{ij}(t-1)}, \quad t = 2, 3, \cdots, n$$

当指标 $Y_{ij}(t)$ 中有零、负值或指标为比率序列时,取一阶差分:

$$C_{ij}(t) = Y_{ij}(t) - Y_{ij}(t-1), \quad t = 2, 3, \cdots, n$$

将各指标对称变动率 $C_{ij}(t)$ 标准化,求标准化因子 A_{ij}:

$$A_{ij} = \sum_{i=2}^{n} \frac{|C_{ij}(t)|}{n-1}, \quad t = 2, 3, \cdots, n$$

用 A_{ij} 将 $C_{ij}(t)$ 标准化,得到标准化变化率 $S_{ij}(t)$

$$S_{ij}(t) = \frac{|C_{ij}(t)|}{A_{ij}}, \quad t = 2, 3, \cdots, n$$

②求各指标组的标准化平均变化率 $R_j(t)$:

$$R_j(t) = \frac{\sum_{i=1}^{k} S_{ij}(t) \cdot W_{ij}(t)}{\sum_{i=1}^{k} W_{ij}(t)}, \quad j = 1, 2, 3, \, t = 2, 3, \cdots, n$$

W_{ij} 是第 j 组第 i 个指标的权数,本模型中 $W_{ij} = 1$,计算指数标准化因子 $F_j(t)$:

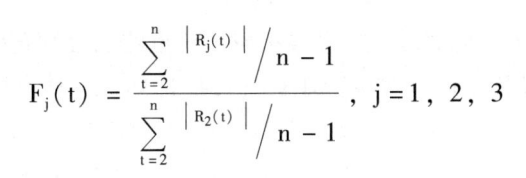

$$F_j(t) = \frac{\sum_{t=2}^{n} |R_j(t)|/n-1}{\sum_{t=2}^{n} |R_2(t)|/n-1}, \quad j = 1, 2, 3$$

注意：$F_2 = 1$。

计算标准化平均变化率 $V_j(t)$：

$$V_j(t) = \frac{R_j(t)}{F_j}, \quad t = 2, 3, \cdots, n$$

③求初始综合指数 $I_j(t)$。

令 $I_j(1) = 100$，则 $I_j(t) = I_j(t-1) \times \frac{200 + V_j(t)}{200 - V_j(t)}$，$j = 1, 2, 3$，$t = 2, 3, \cdots, n$

④制成以基准年份为 100 的合成指数。

$$CI_j(t) = \frac{\hat{I}_j(t)}{\overline{\hat{I}_j(t)}} \times 100$$

其中，$\overline{\hat{I}_j(t)}$ 是 $\hat{I}_j(t)$ 在基准年份的平均值。以表 1 数据为基础，构建黑龙江省大米行业的先行、同步、滞后指数[13]，如图 1 所示。

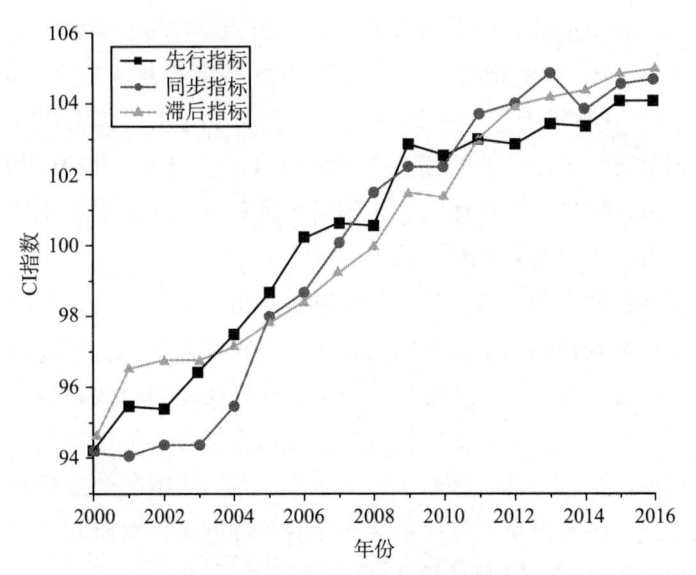

图 1　黑龙江省冰雪旅游业合成指数图

从图 1 可以看出，2001 年和 2003 年黑龙江旅游业运营降入了景气循环的谷底，大的社会灾难或者安全问题对黑龙江冰雪旅游业的影响较大。"9·11"恐怖袭击事件和 SARS 对全球旅游业都产生了影响，也导致黑龙江省冰雪旅游业受到了一定程度影响。2006 至 2007 年间，黑龙江省冰雪旅游业相对来说正处在一个比较平稳的发展时期，此时段我国并没有发生严重的社会性金融、卫生、环境等问题。到2007年黑龙江省冰雪旅游业景气指数达到了100点以上，说明冰雪旅游业进入景气空间，处于景气状态，表现出稳定持续增长的态势。虽然2008年是全球性的经济动荡期，对旅游业也产生了影响，但2008年北京奥运会的举办对冰雪旅游行业有促进作用，并没有出现颓势，黑龙江省冰雪旅游行业出现了增长趋势。2013年，黑龙江以俄罗斯"中国旅游年"为契机，大力促进黑龙江省文化旅游产业的发展。通过俄罗斯"中国旅游年"平台，开展丰富的活动内容，密切双方在旅游市场开发、旅游教育培训、旅游安全协作、旅游投资及旅游产品交易等领域的合作，吸引了众多俄罗斯游客来黑龙江及其他地区旅游。冰雪旅游业也出现快速发展势头，到2013年达新的峰值。从图1的同步指数来看，2014年黑龙江省冰雪旅游业经历了小幅度收缩，之后又进入了一个新的波动周期。2016年黑龙江省冰雪旅游业保持平稳发展。这应该是因为黑龙江省依据"绿水青山是金山银山，冰天雪地也是金山银山"的发展思路，加快旅游业转型升级，并且2016年黑龙江省成立了旅游发展委员会，助力旅游业全面发展，使冰雪旅游产业地位不断提升。通过以上对指数体系和实际政策的分析，我们认为先前所建立的景气指标体系是比较合理的。

根据先行、同步指数波动图可以看出，先行指数2006～2009年的走势对应同步指数2010～2013年的走势，先行指数2006年走势对应同步指数2010年的走势，先行指数2010年走势对应2014年同步指数的走势。能看出各指数间存在相对稳定的超前滞后关系，先行指数大概领先4年。从先行指数2013～2016年可以看出，未来几年黑龙江省冰雪旅游市场虽然有小幅度波动，总体上呈现上升趋势，整体冰雪旅游市场处于景气状态。

由于经济结构的不断调整，景气指标体系不是一成不变的，也应随着统计数据的完善，而不断调整和修正。有些指标所占的权重比较小，但是其在市场活动中的影响确是不可忽视的，对于这样的指标，我们在编制合成指数的时候，要增加其权重。下一步，为了验证增加权重的指标是否符合实际市场活动，我们要对其进行数学建模，并验证其合理性，进一步修正我们所编制合成指数的模型的精确度。本文提供了研究黑龙江省冰雪旅游业的一种方法，对研究冰雪旅游景气和旅游产业运行监测等有一定借鉴意义。

四、结论与建议

本文运用合成指数的方法，编制黑龙江省冰雪旅游行业的景气指数，由于月度和周度数据搜集起来存在较大难度，我们选用年度数据分析了2000年以来的黑龙江冰雪旅游业的周期波动。研究结果显示：具有超前、同步和滞后关系的三类合成指数验证了我们所构建的指标体系的合理性。现阶段，黑龙江省处在经济转型的重要时期，由于冰雪旅游行业景气指标体系不是一成不变的，这就要求要根据经济结构、产业结构的变化与调整而做出适当改变，再加上冰雪旅游业的统计资料还不够完整，所以黑龙江省冰雪旅游行业景气指数的编制工作还处于初步探索阶段，应该持续下去。基于对黑龙江省冰雪旅行业景气指数的研究，我们提出该行业存在的问题和对策建议。

近年来黑龙江省冰雪旅游业处于良好的发展势头。"十三五"期间，黑龙江省冰雪旅游产业有望成为新的支柱产业，会迎来发展的春天，但不得不承认该行业目前仅处于市场竞争的初级阶段，也将面临严峻考验。还存在诸多问题：

第一，经营项目多存在雷同，黑龙江省开发冰雪旅游的地区不在少数，始终存在互相抄袭、缺乏创新等不良现象，冰雪旅游品牌潜力有待进一步开发，黑龙江省冰雪旅游节没有自己的特色，无法与其他地区知名冰雪旅游节庆分庭抗礼。若干旅游线路存在利用超低价位来争抢客源的不正当竞争情况。恶性价格战导致了旅游产品经营行业仍处于微利营运的状态。这些都影响了对黑龙江省冰雪旅游产业经营模式进行创新探索和对旅游相关产品进行开发的积极性。

第二，冰雪旅游产业链下游存在短板。以滑雪场为例，滑雪游客的消费基本集中门票、住宿和饮食上，对滑雪器材、服装及与之相关的滑雪装备等的消费潜力尚未被挖掘出来。购物娱乐消费水平较弱。

第三，人力资本方面的劣势。黑龙江省大型滑雪场在管理人员及教练员选择方面有着特殊的专业技术和职业素养要求。很多小型滑雪场缺少对人力资本的关注，导致企业在市场发展过程中市场竞争力低，市场份额降低，对冰雪经济可持续发展就会造成影响。此外，研发创新型人才短缺，导致黑龙江省在冰雪旅游产业上游的滑雪用品、滑雪装备器材等都要从国外进口，这大大增加了旅游产业成本。

第四，行内没能形成有影响力的领军企业。从单体企业规模来看，规模小，缺乏竞争力，黑龙江省冰雪旅游产业距离集团化经营还有较大差距。在发展旅游业时，各个地区各自为政，行业之间彼此没有加强联系，使得无法形成集群效应和产业链关系，导致资源配置不合理和很多优质资源无法向冰雪旅游产业分布，集群效应发挥不出来。

第五，在全省旅游市场上，多以经营国内游为主，对国际游板块，既无力组织境外游客入境游，又没有强有力的资源和渠道组织出境游。

针对黑龙江省冰雪旅游行业存在的问题，拟提出以下几点建议：

第一，冰雪旅游业发展要依托所属产业和所在区域的整体经济发展。目前，黑龙江省尚处于转型乏力期。人均收入水平低、消费潜力小、资金投入有限、招商引资环境差等现状会影响旅游产业的发展。

第二，要努力向集团化发展。为增强竞争实力，可在全省范围内，重点选择几家知名度高、影响力较大、基础好的冰雪旅游企业进行重点扶持。打响名号，构建品牌，增强竞争力，最终在黑龙江省内打造冰雪旅游行业集团。还可以引进运输行业、工程机械、房地产等其他企业集团渗透进入冰雪旅游行业之中，这些企业也可以通过资本渗透进入冰雪旅游业，进一步推动产业链的分工和融合。围绕冰雪运动，进一步打造以冰雪旅游、冰雪装备制造、冰雪产业服务为一体的冰雪产业链。

第三，要培养企业集团的创新能力，打造品牌。重视企业员工创新能力的培养，积极鼓励从业人员的开拓创新精神。鼓励富有创造力的员工，为其多提供培训学习机会，这也是提升冰雪旅游行业整体竞争力的必要投资。

第四，扩大黑龙江省冰雪旅游品牌效应。加快技术创新步伐，加快冰雪装备业高端产品的开发和生产，企业要在研发新的冰雪产品上下功夫，通过技术创新大力发展冰雪用品制造业，提高黑龙江省冰雪旅游产品的市场竞争力。

第五，扩展国际旅游业务，推进国际化经营战略。目前出境游在全省冰雪旅游业中属于短板，因此在旅游行业及相关产业发展过程中，要具有战略眼光，构筑企业集团，走国际化规范经营路线。如在境外增设旅游业分支机构，以便于跨国经营等。还要放宽出入境经营权限，为发展国际化经营战略去除政策上的障碍。

参考文献

[1] 石长波，徐硕. 对黑龙江省冰雪旅游发展的分析及策略研究 [J]. 商业研究，2007（1）：170-172.

[2] 郭惠秋，孟光. 利用冰雪旅游促进黑龙江省经济发展的探索 [J]. 东北农业大学学报（社会科学版），2010（3）.

[3] 张丽梅. 冰雪旅游策划 [M]. 哈尔滨：哈尔滨工业大学出版社，2011.

[4] 詹珊，于占友. 黑龙江省冰雪旅游发展现状及对策研究 [J]. 哈尔滨体育学院学报，2011（2）.

[5] 张作斌，季景盛，王天毅. 黑龙江省冰雪旅游发展的制约与对策 [J]. 城市旅游规划，2014（2）.

[6] 蔡德发，赵美嘉. 促进龙江冰雪旅游产业发展对策研究 [J]. 对外经

贸，2013（9）．

［7］罗大林，殷亮．黑龙江省冰雪旅游业发展思考［J］．冰雪运动，2014（9）．

［8］孙显仁．黑龙江省冰雪旅游产业发展问题研究［J］．冰雪运动，2014（6）．

［9］吴伟伟，刘业鑫等．基于资源价值的黑龙江省冰雪旅游产业竞争力评价研究［J］．冰雪运动，2016（4）．

［10］徐淑梅，吕建华，沈和江．黑龙江省冰雪旅游开发战略AHP决策分析［J］．人文地理，2008（1）．

［11］翟梦迪．对黑龙江省冰雪旅游业与区域经济增长之间关系的探讨．社会科学前沿，2016（4）．

［12］Burns, A. F., & Mitchell, W. C. (1946). Measuring business cycles. Nber Books, 78 (1), 67–77.

［13］Shiskin, J., et al. (1967). The X–11 Variant of the Census Method Ⅱ Seasonal Adjustment Program. Technical Paper, US. Department of Commerce Bureau of the Census.

［14］Francis X. Diebold, Glenn D. Rudebusch (1996). Measuring Business Cycles: A Modern Perspective. The Review of Economics and Statistics, Vol. 78, No. 1, pp. 67–77.

［15］张辉．城市入境旅游景气指数构建研究——以北京为例［J］．旅游科学，2013（12）．

［16］阎霞，黄选．中国旅行社产业景气周期的指数化研究［J］．旅游学刊，2007（9）．

［17］雷平．中国外国游客入境旅游市场景气指数的编制与应用［J］．旅游学刊，2009（11）．

［18］杨健．河南省旅行社产业景气指数研究［J］．管理工程师，2011（6）．

［19］唐承财．中国遗产地旅游景气指数测评及提升模式［J］．资源科学，2013（12）．

［20］高平．上海旅游市场监测指数的构建与实证研究［J］．市场研究，2013（3）．

Research on Tourism Climate Index Based on Heilongjiang Province Ice and Snow Tourism Industry of Climate Evaluation

Qi Dan-dan

Abstract: Climate index refers to the use of quantitative indicators to reflect the status of the industry to reflect the changes in the industry boom. In this paper, we used the US Department of Commerce method to compile the ice and snow tourism industry climate index of Heilongjiang Province, as a comprehensive evaluation of observing the fluctuation of tourism industry in Heilongjiang Province. Combined with the economic situation in Heilongjiang Province, we compiled the ice and snow tourism industry in Heilongjiang Province climate index, in order to determine the overall industry fluctuations and trends, and to provide some reference for tourism industry in Heilongjiang Province for the formulation of policies and micro-tourism operators. The research indicates that the the ice and snow tourism industry in Heilongjiang province should develop to the group, carry out the internationalized management strategy, attach importance to the innovation ability of the staff, and cultivate its innovation spirit.

Keywords: Heilongjiang Province; Ice and Snow Tourism; Composite Index; Climate

基于冰雪资源利用效率的
黑龙江经济发展研究

张劲松　李沐瑶[*]

摘要： 在分析黑龙江省冰雪资源利用现状的基础上，结合其资源利用评价的国家标准及龙江[①]冰雪资源的特点，运用层次分析法（AHP）建立龙江冰雪资源利用的评价体系，通过专家打分构建判断矩阵，利用Yaahp软件进行权重计算、一致性检验和综合评分，科学、有效地评价了龙江冰雪资源的利用情况，为龙江冰雪资源有效利用及其经济发展提供重要依据。结果表明，龙江冰雪资源价值所占权重最大，冰雪资源效益和冰雪资源开发次之，并根据冰雪资源利用的评价结果提出提升龙江冰雪资源利用效率的对策。

关键词： 冰雪资源利用效率；AHP；龙江经济发展

一、前沿

旅游正成为富起来的中国人一项新的基本消费，旅游促进了经济的发展，国内旅游业近年来对GDP的贡献显著。来自国家旅游局官方网站数据显示，2017年旅游总收入5.4万亿元，比2012年增长2.81万亿元，年均增长15.83%；2017年国内旅游收入为4.57万亿元，比2012年增长101.15%，年均增长15%；2017年旅游总投资1.5万亿，年均增长15.22%，2017年全国旅游人数达50.01亿人次，平均增长11.29%，全国旅游几乎成为中国老百姓的必需品。从图1全国人均消费和旅游人次可以发现，旅游是应对全面小康社会大众旅游规模化需求的新理念、新模式和新战略。国家旅游局发布的《2018年春节假日旅游指南》

---

[*] 张劲松（1965~　），女，哈尔滨人，哈尔滨商业大学会计学院，教授，博士。研究方向：环境经济管理，Email：hsdzhjs@.163.com。
李沐瑶（1988~　），女，铁力人，哈尔滨商业大学会计学院，助教，博士生。研究方向：环境会计，Email：1198009490@qq.com。
① 如无特别说明，龙江即为黑龙江约定俗成的简称。本书其余部分不再对此进行说明。

显示：春节黄金周期间，哈尔滨累计接待省内外游客 112.6 万人次，同比增长 23.5%；收入 24.2 亿元，同比增长 11.7%。按客源地划分，省外游客占 48.5%。其中，太阳岛雪博会累计接待游客 5.7 万人次，收入 620.7 万元；冰雪大世界接待游客 18.1 万人次，收入 5 043.9 万元，为龙江旅游业做出了巨大贡献。黑龙江省的重要旅游资源即冰雪资源，因此对龙江冰雪资源利用进行全面调查和评价是该区域取得长足发展的前提。但是本文以层次分析法（AHP）对龙江冰雪资源的利用进行评价，旨在为龙江经济发展提供指导性意见。

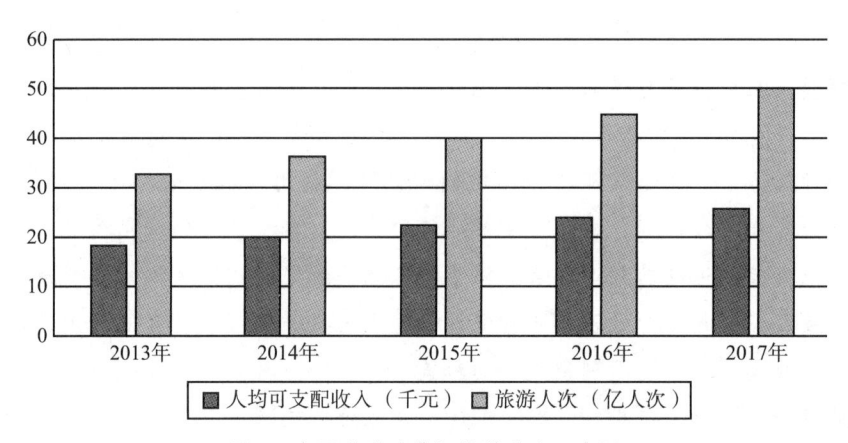

图 1　全国人均消费与旅游人次示意图

二、文献综述

目前，全世界的冰雪资源发展主要靠旅游拉动，而冰雪旅游主要集中在欧洲、北美和东亚三个板块的国家内。三个板块中，欧美地区的历史悠久，冰雪开发的物质条件较好，文化景观丰富，是世界冰雪旅游市场的核心。亚洲的日本和韩国引入旅游新理念，构建高端、高雅的冰雪旅游度假产品，逐步与欧美冰雪旅游市场竞争[1]。而国内的冰雪旅游开始于冬奥会的申办，近些年逐步开始展开研究，有学者运用 DEA 分析方法，以 17 个省直辖市为研究对象，对冰雪旅游产业效率进行研究（杨春梅和赵宝福，2014）[2]；还有学者用该模型方法为中国旅游业做信息化的评价体系（石长波和黄清，2005）[3]；一些学者通过层次分析法（AHP）的研究方法，对旅游资源进行评价，然后提出如何开发利用的策略（陈默和陈方明，2016）[4]；而有的学者不仅运用层次分析法，还加入调查问卷的形式，对某个旅游资源进行评价，按照分析结果提出开发旅游资源的对策（涂海丽等，2014)[5]；有的学者通过分析黑龙江省冰雪旅游发展的优势、机遇及威胁，规划冰雪旅游发展的策略（石长波和徐硕，2007）[6]。综上所述，仍没有学者运用 AHP 方法对龙江冰雪利用进行评价和研究。本文以龙江冰雪资源为研究对象，运用 AHP 与专家打分判别结合的方法，评价龙江冰雪资源的利用情况，然后结合龙江经济发展、地缘状况、地方特色等因素，提出提升龙江冰雪资源利用的效率，促使龙江经济发展的新策略。

三、龙江冰雪资源开发利用现状分析

龙江冰雪资源的构成具有得天独厚的地理条件和自然环境。从中国地图上可以看到，黑龙江省位于祖国的东北边陲，是祖国纬度最高的地带，一年中的 1 月、2 月、3 月、11 月和 12 月平均低温都在零下 30 摄氏度到零下 18 摄氏度，即每年有长达 5 个月的时间处于冰天雪地的状态。省内的松花江、嫩江等河流可冰封 120 余天，冰的厚度可达 80 厘米左右。冬季经常降雪，长达 130 余天，雪量大，温度低，雪的留存时间长，雪质好，山区降雪量更大，高达 100~130 厘米。同时，省内林区、山区较多，而且山的高度适中，陡峭的山坡少，大多山坡都很平缓，适合开展各项冰雪活动。

龙江目前已开发的冰雪旅游产品系列有：观光类冰雪旅游产品，体育休闲类冰雪旅游产品，节庆类冰雪旅游产品，赛事类冰雪旅游产品，民俗游乐类冰雪旅游产品等。据《黑龙江统计年鉴》数据显示，黑龙江省共有滑雪场 124 家，其中 S 级以上滑雪场有 30 家，黑龙江的亚布力滑雪场是国内坐标型高山滑雪场，哈尔滨万达娱雪乐园是运营最好的室内滑雪场；并且已经有直接通往亚布力滑雪场的火车；中国雪乡坐落在黑龙江的牡丹江，此地积雪连绵，年平均积雪厚度达 2 米，雪量堪称中国之最，且雪质好，黏度高；以冰灯、冰雕、雪雕为主要特色，开展哈尔滨国际冰雪节、哈尔滨冰雪欢乐谷、哈尔滨冰灯艺术游园会、哈尔滨太阳岛国际雪雕艺术博览会，举办全国自由式滑雪空中技巧锦标赛、漠河国际冰雪汽车越野赛等赛事活动，黑河红河谷国际滑雪场等，都是龙江冰雪资源项目，黑龙江各个城市均有冰雪文化、天然冰场和人工冰场，供旅游者进行冰上体育健身活动；众多的冰雪节庆活动将冰雪与文化、民俗、健身相结合，已经成为龙江的冰雪旅游品牌。但是龙江冰雪资源利用仍然存在不足，黑龙江省的各个城市间不能优势互补，不能达到资源利用最大化，也没能形成冰雪旅游产品产业化，因此龙江冰雪资源不能得到有效利用的问题值得深究。

四、基于 AHP 法的龙江冰雪资源利用评价

（一）研究方法选择

层次分析法，又称 AHP 研究方法，是美国匹兹堡大学运筹学家 20 世纪 70 年代提出的一种多层权重分析决策方法。该种方法通过把每个影响因素构建成相互联系的层级关系，并把每一层级的影响因素根据其重要性进行数字排序，形成判断矩阵，然后通过 Yaahp 软件计算出各个影响因素所在层级的权重，用权重的排列顺序分析和解决最终的问题。

（二）构建 AHP 模型及赋值

本文根据已有文献对 AHP 模型构建的基础，结合龙江冰雪资源情况，从冰雪资源价值、冰雪资源效益、冰雪资源开发这三个影响因素出发，分别为其构建模型，评价体系如图 2 所示。

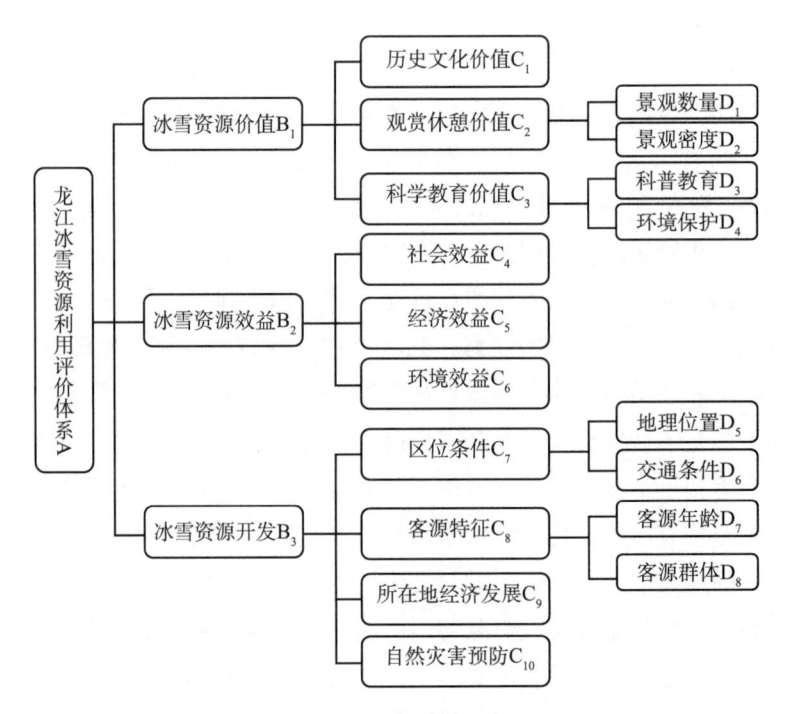

图 2　龙江冰雪资源利用评价体系

在此模型基础上，各个层级之间关系清晰，然后构建判断矩阵，将同一层级各影响因素与上一层级各影响因素进行比较。B层级（B_1，B_2，…，B_n）隶属于A_k层，从A_k角度讲，任何两个影响因素B_i和B_j的重要程度都能用数值表示，这些数值组合在一起构成了判断矩阵。采用1–9或其倒数作为重要性标度，2、4、6、8表示过渡情况（见表1）。

表1　　　　　　　　　　重要程度指标设置及含义

标度	含义
1	两个影响因素重要性相同
3	两个影响因素比较，第一个因素比第二个因素重要
5	两个影响因素比较，第一个因素比第二个因素明显重要
7	两个影响因素比较，第一个因素比第二个因素强烈重要
9	两个影响因素比较，第一个因素比第二个因素极端重要
2，4，6，8	上述相邻判断的中间值
1/3	两个影响因素比较，第一个因素比第二个因素稍不重要
1/5	两个影响因素比较，第一个因素比第二个因素比较不重要
1/7	两个影响因素比较，第一个因素比第二个因素非常不重要
1/9	两个影响因素比较，第一个因素比第二个因素极不重要

为了使冰雪资源利用评价的结果真实、可靠，通过AHP法与专家打分判别法相结合，邀请10位冰雪资源、旅游资源和相关管理类专家参与判断矩阵的构建，通过对这些专家的判断赋值汇总计算，取平均值得出第二层级B层对目标层级A层、项目层C级对第二层级B层层级因素层D层对项目层C层的判断矩阵共6个。以B_3层级举例，判断矩阵如表2所示。

表2　　　　　　　　　　B_3第二层级判断矩阵

B_3	C_7	C_8	C_9	C_{10}
C_7	1	1/3	5	1/3
C_8	3	1	1/8	1/4
C_9	1/5	8	4	5
C_{10}	3	1	1/5	1

（三）层次单排序（计算权向量）与检验

根据 Yaahp 软件计算权向量要通过一致性检验，一般情况下，一致性检验的数值小于 0.1 时，认为判断矩阵的满意度一致；如果一致性检验的数值大于 0.1 时，认为判断矩阵的满意度不一致，需要调整。本文运用该软件计算后得出各冰雪资源利用评价的影响因素权重和一致性检验如表 3 所示。

表 3　　　　　各冰雪资源利用评价的影响因素权重和一致性检验值

层次编码	相对于上一层次的权重	一致性检验
B_1	0.7027	0.0683
B_2	0.1546	0.0213
B_3	0.1427	0.0567
C_1	0.1232	0.0685
C_2	0.2532	0
C_3	0.1458	0.0978
C_4	0.0345	0
C_5	0.0874	0.0997
C_6	0.0584	0.0898
C_7	0.1183	0.0958
C_8	0.0685	0.0887
C_9	0.0776	0
C_{10}	0.0321	0.0991

（四）各层级总排序

从表 3 数据可以看出，各判断矩阵的一致性检验值都小于 0.1，即都通过了一致性检验。龙江冰雪资源利用评价指标中各影响因素相对于目标层 A 级的最终权重值如表 4 所示。

从表 4 的数据表明，第二层级中的冰雪资源价值所占权重最大，是 0.7027，表明冰雪资源本身价值较高，具有开发利用价值。而对冰雪资源价值的下一层级——项目层进行汇总，发现观赏休憩价值和科学教育价值最大，说明是否具有科学性、是否具有教育意义及是否可以修身养性对游客是具有吸引力的，其在冰雪资源开发与利用层面极具生命力。冰雪资源效益和资源开发权重值分别为

0.1546和0.1427，相差不多，作用相似，而其中的冰雪资源效益中环境效益权重最高，是0.0345，其次是经济效益，是0.0874，这也说明环境保护是资源开发和旅游开发中需要解决的问题，在此基础上追求经济效益才能实现龙江经济可持续发展，如果开展冰雪旅游导致龙江的环境遭到破坏，那么经济效益也会受损。区位条件和所在地区经济发展是龙江开展旅游事业的重要条件，交通是否便利，地理位置是否具有优势，自然灾害是否很好预防，客源是否适应龙江自然和社会环境都较为重要。整个冰雪资源利用评价体系强调冰雪资源价值，注重冰雪资源效益，重视冰雪资源开发，比较符合龙江冰雪资源开发的实际情况，应继续开发，继续提升冰雪资源利用以促进龙江经济发展。

表4　　　　　各因素相对于目标级的最终权重值

目标层	第二层级	权重	项目层	权重	因素层	权重
龙江冰雪资源利用评价	冰雪资源价值	0.7027	历史文化价值	0.1232		
			观赏休憩价值	0.2532	景观密度	0.1122
					景观数量	0.0336
			科学教育价值	0.1458	环境保护	0.0345
					科普教育	0.2178
	冰雪资源效益	0.1546	环境效益	0.0345		
			经济效益	0.0874		
			社会效益	0.0584		
	冰雪资源开发	0.1427	区位条件	0.1183	地理位置	0.0918
					交通条件	0.0265
			客源特征	0.0685	客源群体	0.0165
					客源年龄	0.052
			所在地经济发展	0.0776		
			自然灾害预防	0.0321		

五、提升龙江冰雪资源利用效率的对策

（一）深挖龙江文化，依托冰雪特色，打造冰雪品牌

龙江冰雪旅游是以冰雪文化和冰雪活动为核心产品，全力以赴创造精品，以

精品带动全行业发展。新时代是个品牌社会，任何企业都会有自己的品牌道路。龙江冰雪发展也必定需要一个品牌进行支撑。要想冰雪旅游让人流连忘返，就要创造出深入人心的精品。龙江的环境特色即是寒冷，冰天雪地远近闻名，但是要从产品和服务方面优化，切不可一味地突出"寒冷"，导致游客认为黑龙江省是个寒省，忘寒止步。而是要充分利用冰雪资源的优势，借助"冰天雪地"打造冰雪旅游的运动项目、娱乐设施等。不仅如此还要将冰雪旅游融合冰雪文化，产生高端、高雅、高内涵的品牌，成为全国运动品牌的同时也要努力成为世界的品牌。

（二）以政府为主导，优化冰雪资源组合，优化龙江冰雪产业链

龙江旅游以冰雪为主，尤其是哈尔滨的亚布力滑雪场、冰雪大世界、牡丹江的雪乡和哈尔滨万达娱雪乐园都凸显龙江特色，与此同时黑龙江省还有许多天然资源，比如有"天然氧吧著称"的伊春、"白鹤之乡"的齐齐哈尔、"黑龙江最大的湖泊"——密山的兴凯湖等。为了资源的有效利用，黑龙江省政府应该起主导作用，采用P2P模式，将冰雪资源及其他资源形成旅游产业链，不同商户通过竞标或者其他方式竞争，最终使同一区域不同门户经营的旅游产品不同，不同区域的冰雪产品还能有机结合在一起，比如形成哈尔滨冰雪大世界—极地馆—中央大街线路，大庆温泉—白鹤之乡—雪乡线路等，努力组合龙江冰雪资源、黑龙江省其他天然资源、黑龙江省地方美食特色、文化历史，充分发挥"冰雪—山—水—林"的资源优势，开发适合生态文明、休闲度假、民俗文化体验等系列产品，形成完善的产品体系，促进黑龙江经济发展。

（三）保护龙江生态环境，创新冰雪旅游方式

黑龙江整体生态化是中国经济进入高质量发展阶段极其宝贵的优势资源，要树立"绿水青山就是金山银山、冰天雪地也是金山银山"的理念，深入实施大气、水、土壤污染防治计划，强化生态保护，为龙江全面振兴和持久发展提供生态保障和财富源泉，造福子孙后代。因此应该首先对旅游容量进行科学研究，确定最高容量及合理的临界点。倡导生态交通、生态能源、生态龙江，引导生态电瓶车、自行车或者步行等环保出行的游览方式，将污染量降到最小值。

参考文献

[1] 程志会，刘锴，孙静，席建超，杨俊. 中国冰雪旅游基地适宜性综合评

价研究 [J]. 资源科学, 2016, 38 (12): 2233-2243.

[2] 杨春梅, 赵福宝. 基于数据包络分析的中国冰雪旅游产业效率分析 [J]. 干旱区资源与环境, 2014 (1).

[3] 石长波, 黄清. 基于DEA模型的旅游业信息化评价体系研究 [J]. 商业研究, 2005 (11).

[4] 陈默, 陈方明. 基于AHP的东山五祖禅文化旅游区旅游资源评价与开发对策研究 [J]. 农业与技术, 2016 (36).

[5] 涂海丽, 黄国华, 叶周. 基于AHP的江西省矿业遗产旅游资源评价 [J]. 资源与产业, 2014 (16).

[6] 石长波, 王玉. 基于AHM改进模型的黑龙江山地旅游资源 [J]. 旅游月刊, 2009 (2).

Research on Longjiang Economic Development based on The Utilization Efficiency of Ice – Snow Resources

Zhang Jin-song   Li Mu-yao

Abstract: Analyze ice-snow resources of Heilongjiang province, combine the national standard of resources utilization and evaluation with longjiang ice-snow resources, establish longjiang ice-snow resources evaluation system by the analytic hierarchy process (AHP), construct judgment matrix through the expert scoring, calculate weigh, test consistency and score synthetically using the software of Yaahp, evaluate ice-snow resources utilization of longjiang scientifically and effectively, provide important basis for the utilization of ice-snow resources effectively and economic development in Hei longjiang. The results show that the longjiang ice-snow resources have the largest weight, the development and benefits of ice-snow resources are second, and propose the countermeasures of improving the utilization of ice-snow resources.

Keywords: Utilization Efficiency of Ice-snow Resources; AHP; Longjiang Economic Development

新发展理念引领下黑龙江省冰雪产业发展研究

蒋抒博[*]

摘要：黑龙江省有着丰富的冰雪资源和完善的冰雪运动设施，经过多年的发展，冰雪产业已成为黑龙江省经济支柱产业，冰雪品牌在国内外具有较高知名度。北京冬奥会的成功申办为冰雪产业提供了广阔的发展前景，但黑龙江省同时也面临来自河北和吉林等地的竞争。黑龙江省冰雪产业存在产业体系不完善、空间分布不均衡、资本市场化程度较低、经营管理水平不高、人才流失严重等问题。在新发展理念的引领下，黑龙江省应依托自然资源优势，促进产业融合，实现冰雪产业创新发展、协调发展、绿色发展、开放发展和共享发展。

关键词：冰雪产业；新发展理念；冰雪旅游；冰雪运动

一、引言

冰雪产业是围绕冰雪资源开发利用而产生的相互关联产业的综合，可以看作是以冰雪旅游为主体、冰雪体育为基础、冰雪文化为引领，冰雪装备制造业、商贸服务业、交通运输业、餐饮业、零售业、科教产业等产业相关联而形成的"3 + X"产业链。习总书记指出，"绿水青山是金山银山，黑龙江的冰天雪地也是金山银山"（人民网，2016）[1]。黑龙江省地处中国最东北，是冰雪资源最丰富的省份，有着源远流长的冰雪文化背景，冰雪运动在群众中广泛普及，相关基础设施完善，冰雪旅游开展较早，是中国冰雪产业发展的龙头。

北京和张家口2022年冬奥会申办成功，使我国冰雪产业进入了发展的黄金时期，冰雪运动参与和培训需求旺盛，冰雪竞赛表演活动日益丰富，冰雪旅游业迅速发展，冰雪场地建设运营市场化程度不断提高，冰雪装备及相关产品制造增

---

[*] 蒋抒博（1982~ ），男，吉林通化人，哈尔滨商业大学经济学院，副教授，博士。研究方向：产业经济学、西方经济学，Email：jiangshubo333@126.com。

长空间广阔。近年来，河北、北京、吉林、新疆等地区冰雪产业发展迅猛，成为黑龙江省强劲的竞争对手。在冰雪产业发展的新形势下，黑龙江省须立足实际，通过规划引领、项目带动，充分发挥固有冰天雪地的自然资源优势，促进冰雪产业与工业、科教、体育等相关产业融合，实现创新发展、绿色发展、协调发展、开放发展和共享发展，使冰雪经济成为黑龙江省经济发展的内生动力，对于助推黑龙江省老工业基地全面振兴有着重要意义。

二、黑龙江省冰雪产业发展现状

（一）冰雪体育产业基础设施完善

黑龙江有着悠久的冰雪运动历史，20世纪30年代初就已经出现了滑雪旅游。20世纪80年代，黑龙江省开始逐步兴建亚布力等一系列滑雪场，目前已经拥有较完善的基础设施。2017年黑龙江省滑雪场数量达到124家，居于全国之冠；拥有20家室内冰雪运动场馆，数量仅次于北京（伍斌，2017）[2]。完善的基础设施为冰雪运动赛事提供了硬件保障，黑龙江省成功承办了1996年亚洲冬季运动会、2009年世界大学生冬季运动会、单板U型场地世界杯、单板滑雪世界锦标赛等国际赛事，12次全国冬季运动会中有7次在黑龙江举办。

黑龙江省冰雪运动在群众中开展较好，1978年就提出了"百万青少年暨市民上冰雪"活动，已有40多年历史，是黑龙江省的特色品牌冰雪活动。2016年又将12月20日设为"黑龙江省全民冰雪活动日"，不断提高冰雪产业娱乐性、参与性和体验性，全面提升冰雪运动普及程度和产业发展水平。黑龙江省高度重视冰雪竞技的发展，不断向国家输送冰雪体育人才。我国冰雪竞技项目大赛冠军多数由黑龙江省培养，在历届冬奥会中获得的13枚金牌中，有10枚由黑龙江籍运动员获得。

（二）冰雪旅游产业发展处于国内领先水平

冰雪旅游产业是冰雪产业发展的主要依托。黑龙江省拥有良好的冰雪资源和区位条件，哈尔滨市是我国开展冰雪旅游最早的城市。1985年创办的哈尔滨国际冰雪节，是中国第一个以冰雪活动为内容的区域性节日，也是世界四大冰雪节之一。哈尔滨冰雪大世界、太阳岛雪博会、亚布力滑雪场和雪乡已成为著名的冰雪旅游品牌。中国十大冰雪景观中，黑龙江就有雪乡、冰雪大世界、镜泊湖冰瀑、扎龙鹤舞雪原四处入围。2018 年春节黄金周，黑龙江累计接待国内外游客超 1 122 万人次，实现旅游收入 136.32 亿元，哈尔滨成为春节境内旅游第二热门城市。借助冬奥会对冰雪旅游拉动这一机遇，黑龙江作为中国冰雪旅游推广联盟理事长单位，联合北京、河北、吉林、辽宁、内蒙古、新疆等地区，推出"北国冰雪"这一国际性品牌，进一步促进冰雪旅游产业交流合作，不断开拓国际市场。

（三）冰雪文化产业蓬勃发展

冰雪雕塑是冰雪文化产业的重要组成部分。始于 1963 年的哈尔滨冰灯会是世界上形成时间最早、规模最大的室外冰灯艺术展览，是哈尔滨冰雪文化的代表。太阳岛雪雕艺术博览会始于 1988 年，标志着中国雪雕艺术的兴起，丰富了冰雪雕塑的内涵。近年来，哈尔滨冰雪文化创作也取得了显著的成效，大型弦乐四重奏《雪域》荣获勋菲尔德国际弦乐比赛杰出演奏奖；大型歌舞《冰缘雪趣》和《雪落塞北》在国内外进行多场巡演；《四季畅爽·龙江冰秀》被列入黑龙江省委"冰天雪地"系列主题活动之一，常年进行驻场演出；将传统杂技与花样滑冰相结合的《惊美图》《梦幻图》成功登上了春节联欢晚会；歌舞综艺晚会《意象漠河》《梦里雪乡》及大型情景舞台剧《世界有个亚布力》，将冰雪艺术与冰雪旅游进行了良好结合。2016 年 12 月~2017 年 3 月，黑龙江围绕冰雪文化推出近两千场演出，并搭建鉴赏冰雪艺术作品的平台，多次举办以冰雪为题材的绘画展、摄影作品展，形成了浓厚的冰雪文化氛围。

三、黑龙江省冰雪产业 SWOT 分析

（一）黑龙江省冰雪产业发展优势分析

1. 拥有良好的资源禀赋

黑龙江省是我国位置最北的省份，地跨寒温带和中温带，属寒温带大陆性季风气候，是我国纬度最高、气温最低的省份。冬季漫长而寒冷，雪期可长达四个

月，年平均降雪天数为20~50天，雪量大、雪质好、雪期长，冰雪资源分布广泛。黑龙江省山地面积占全省总面积的60%，大小兴安岭、张广才岭等山体坡度适中，适宜滑雪开发建设的山峰有100多座，是我国滑雪资源最密集的省份。省内江河湖泊等水域众多，冬季冰层厚度可达80厘米，冰资源极为丰富。松花江从哈尔滨城中穿过，为冰灯游园会和冰雪大世界的建设提供了成本低廉的原材料。黑龙江省冰雪资源的种类多且组合优势突出，冰雪共存的特征为冰雪产业开发提供了多元支撑，其独特性是其他地区冰雪资源无法比拟的。

2. 完善的产业基础

冰雪产业的基础优势体现在完善的基础设施和快速发展的冰雪装备制造业。从基础设施来看，2017年黑龙江省已有124家滑雪场，占全国滑雪场数量的18.9%，其中5S级4家、4S级4家、3S级6家、2S级9家、1S级7家，是国内S级滑雪场数量最多的省份；室内滑冰场馆20家，占全国的10.6%，主要集中在哈尔滨、牡丹江、伊春、大庆等地区。寒冷的冬季气候降低了滑冰场的成本。为了普及滑冰运动，黑龙江省还建立了大量公益滑冰场。

黑龙江省冰雪装备产业起步较早，齐齐哈尔黑龙冰刀厂曾是国内最大的冰上体育运动综合器材生产企业，产品曾荣获国家金质奖。近年来，冰雪装备产业发展逐步加快，涌现出哈尔滨乾卯雪龙体育、七台河飞龙滑雪板、哈尔滨鸿基索道、牡丹江长城机械等一批冰雪装备企业，产品覆盖冰刀、滑雪板、滑雪场索道、造雪机、护具用品及服装等多个种类（荣铁雷，2017）[3]，部分产品的技术水平和市场份额位居全国同行业前列。

3. 拥有国内外知名的冰雪品牌

作为冰雪运动和冰雪旅游第一大省，黑龙江省拥有多项国内外知名的冰雪品牌。黑龙江省冰雪产业整体品牌"冰雪之冠·畅爽龙江"，目前处于中国冬季旅游的龙头地位。各城市也在打造地方冰雪品牌："冰城"哈尔滨，拥有世界最大的冰雪主题公园——冰雪大世界和世界最大的雪雕艺术嘉年华太阳岛雪博会，哈尔滨国际冰雪节是世界四大冰雪节之一；"中国滑雪圣地"亚布力滑雪旅游度假区是东北亚地区最大的国际级雪上竞技赛事承办地和滑雪旅游胜地，同时也是中国企业家论坛年会永久性会址；"中国雪乡"大海林，是独具特色的冰雪旅游村镇；"中国圣诞村"漠河北极村，是国内唯一能看到极光的地区。这些品牌已经具有较高知名度，奠定了黑龙江冰雪产业的龙头地位，铸就了冰雪产业第一品牌（石长波、徐硕，2007）[4]。

4. 人才储备雄厚

黑龙江省是冰雪人才输出大省，不仅培养了大批本省优秀冰雪运动员，也为其他省份培养了许多优秀的冬季项目人才。2015年黑龙江冰雪体育职业学院在哈尔滨正式成立，这是中国首家以冰雪体育职业教育为主要特色的高等院校，填补了黑龙江省体育职业人才培养的空白。2015年8月，亚布力·新西兰国际滑雪学校成立，聘请新西兰滑雪指导员培训师进行滑雪指导员培训，这是中国官方与国外滑雪指导员联盟组织合作成立的首家国际滑雪培训学校。2016年，亚布力滑雪场与奥地利滑雪协会合作，共同开展滑雪指导员培训及认证、雪场规划等工作，进一步为2022年冬奥会举办提供软性支持和保障。黑龙江省在我国冰雪人才培养和输送方面做出了突出贡献，奠定了人才储备基地的地位，也为黑龙江冰雪产业发展开拓了更大的市场空间。

（二）黑龙江省冰雪产业发展劣势分析

1. 冰雪产业体系不完善，部分相关产业发展落后

冰雪装备制造业是为满足冰雪运动者的最终消费品需要和冰雪运动场地设施设备需要而制造各种技术装备的产业总称，它是冰雪产业的重要组成部分。冰雪装备可以分为冰雪运动装备和冰雪场地装备。随着冰雪运动普及，冰雪装备制造业发展前景十分广阔。黑龙江省有着良好的冰雪装备制造业基础，近年来发展速度较快，但黑龙江冰雪装备制造企业主要经营形式是贴牌生产，缺乏知名品牌和核心技术，存在产业规模小、产业链不健全，产品层次低和附加值低等问题。目前，国内市场中滑雪板、滑雪鞋等高端滑雪设备以及升降缆车、魔毯、造雪机、压雪车等雪场冰场的配套设施基本为国外品牌所垄断（孙承华，2017）[5]。滑雪镜、滑雪手套、滑雪服等产品，我国厂商占有较高市场份额，但品牌知名度普遍不高，企业多集中于北京和东南沿海省份。

交通不畅是制约黑龙江省冰雪产业发展的主要瓶颈。黑龙江省交通网络建设明显滞后于高速发展的冰雪产业需求，黑龙江省2016年高速公路通车里程为4 300公里，全国排名16位，但高速公路密度仅为94.7千米/万平方公里，全国排名28位；同时省内公路还存在等级较低的问题。由于山区面积较大，黑龙江省铁路发展速度相对较慢，目前省内高速铁路只有哈齐高铁一条，在冬季冰雪产业高峰时期不利于消费者省内运转。目前黑龙江省有11个机场，2016年旅客吞吐量近 1 895 万，全国排名 19 位。黑龙江省航空建设发展好于铁路建设和公路建设，但机场承载能力仍然有限，冬季大量客源进入时压力较大。近年来政府不断加快现代化交通网络建设，但交通不畅的问题仍没有从根本上得到解决。

黑龙江省大多数景区仍然停留在门票经济的初级阶段，餐饮、购物、演艺等高附加值产业发展相对滞后，龙江菜这一特色餐饮品牌国内认可度不高，缺乏特色旅游商品，冰雪演艺虽然开展较好但没有培育出具有轰动效应的项目。

2. 冰雪产业发展空间分布不均衡

黑龙江省冰雪产业核心产品主要集中在哈尔滨—亚布力—牡丹江沿线区域，其他地区发展相对滞后。随着冰雪产业开发多元化，产品体系呈现结构性不平衡，主要表现在高档产品结构性短缺，中低档产品重复性建设过多，产生结构性过剩。随着冰雪经济走热，一些地方急于抢占市场，盲目上项目，缺乏必要的论证和设计，存在规模小，设施不健全，管理和服务差，破坏生态环境等诸多问题。黑龙江省滑雪场数量虽然全国第一，但是 75% 是小型滑雪场，只有初级雪道，缺乏索道、餐饮和住宿等配套设施，只有亚布力等几家 5S 级滑雪场具有一定的国际竞争力。哈尔滨周边 200 平方公里内，存在着 50 余家不同规模的滑雪场，滑雪场数量远远超过了正常数量。由于滑雪场密集程度过高，超过了环境的承载能力，只能依靠人工造雪维持滑雪场的基本运营，对周边地区的水资源和生态环境产生破坏。同一地区内滑雪场数量过多还导致恶性竞争十分严重，不利于冰雪市场健康发展，同时影响黑龙江省的整体的冰雪品牌形象。

3. 融资渠道狭窄，资本市场化程度不高

黑龙江省对冰雪产业在进行专项资金扶持的同时，还通过降低税收、给予补贴和创新金融工具等多种方式鼓励外部资金进入冰雪行业。然而从投资主体看，黑龙江省企业投资冰雪产业份额较小，与北京、河北等地区相比，冰雪产业吸引民间投资情况不容乐观。由于长期受到计划经济体制的影响，黑龙江省经济发展水平相对滞后，投资发展的软环境欠佳，对于经济发达地区投资吸引力较差。目前，本地企业获得资金的主要方式多依靠银行融资。随着金融机构对中小企业支持程度逐步退化，中小企业获得资金难度进一步增大。

4. 政府管理重叠与管理缺位并存，企业经营管理水平低下

冰雪产业涉及多个管理部门，黑龙江省旅游发展委员会、体育局、文化厅是直接管理部门，国土资源厅、交通运输厅、财政厅、环保厅、税务局、林业厅等部门负责制定冰雪产业发展配套政策措施，教育厅负责人才培养和冰雪运动在学生中的普及，公安厅、工商局、物价局、质监局、卫生厅等部门负责监督管理和维护市场秩序。这种"多龙治水"管理方式容易出现管理重叠和管理缺位的问题。各部门为了追求自身利益存在各自为政的现象，不利于部门和企业间合作，需要省政府在开发和规划管理上加强统一协调。

由于黑龙江省冰雪产业投资主要来源于政府，企业的管理模式受到行政管理模式的影响，管理理念陈旧、管理机制僵化，面对迅速变化的市场需求无法及时反应，企业发展缺乏活力。部分企业缺乏环境保护意识，采用粗犷式甚至破坏式的开发手段，例如为了雪道坡度符合标准直接破坏山体植被与树木，为了实现人工造雪，过度使用地下水资源，造成景区自然基础的严重破坏。在产品营销方面，黑龙江省冰雪产业主要依靠政府的宣传以及与旅行社合作，在电视、广播、报纸、户外广告等传统传媒上宣传较好，但对现代化信息传媒的使用重视程度不足，通过网络、手机营销和宣传的手段相对匮乏，存在营销策略针对性较差，信息更新速度较慢，与消费者缺乏互动等问题。在安全管理上，冰雪运动和冰雪旅游存在一定的危险性，目前国内没有相关法律法规、安全标准和服务规范，专业救援人员和设备仍然缺乏，面对突发事件和安全事故难以有效监测和实时处理。

5. 省内居民有限的消费能力限制了冰雪产业的发展

冰雪运动和冰雪旅游具有较强参与性和体验性，冰雪运动者需要购买运动装备和接受培训，冰雪旅游也需要食宿交通门票费用，但消费价格相对高昂，产业发展受到区域收入水平的制约。从冰雪产品价格来看，初学者滑雪全套装备价格在1万元以上，亚布力滑雪场节假日票价每人每天在600元以上；冰雪大世界、太阳岛雪博会等景点票价都在200元以上。黑龙江省2016年城镇居民人均可支配收入为25 728元，全国排名30位；用于教育文化和娱乐的消费仅为1 526元，有限的收入使得本地居民对于冰雪产业发展的推动作用相对较小。此外，黑龙江省冰雪产业营销目标主要集中于北京、上海、江苏、浙江、广东等经济发达地区，同时大力开拓国际市场，在一定程度上忽略了本省市场的培育。

6. 高级人才缺乏，人才流失严重

黑龙江省培养了大量的冰雪运动人才，但是高水平培训人才、管理人才和技术人才仍然缺乏。冰雪产业具有季节性特征，每年从业时间只有3到4个月。这导致许多从业人员缺乏钻研业务和提高专业水平的主动性，难以形成一支稳定优质的人才队伍。我国冰雪产业从业人员素质参差不齐，绝大多数未受过高等教

育。以滑雪教练员为例，我国教练员 30 岁以上约占总数的 16%，受过高等教育的教练员约占总数的 15%。一些教练员仅仅接受短期培训后就直接上岗，讲解能力差，技术动作不标准，增加了运动风险。与河北、北京和新疆等地区相比，黑龙江滑雪场普遍缺乏夏季项目，这种季节性运营方式导致职业稳定性较差，人才流失严重。近年来，北京、河北、新疆、吉林、辽宁等地区不断加快冰雪运动场馆的建设，积极推动冰雪赛事活动。很多冰雪人才都纷纷走向省外，寻求更大的平台，这使得本就缺乏的冰雪人才更加难以满足需求，限制了黑龙江省冰雪产业的快速发展。

（三）黑龙江省冰雪产业发展的机会

1. 冬奥会成功申办带来广阔的发展空间

北京冬奥会的成功申办，从基础设施、运动装备、培训、体验以及运动赛事等诸多方面推动了冰雪体育产业的迅速发展，同时大大激发了群众参与冰雪运动的热情，推进了我国全民健身计划的实施，提高了全民族的冬季健身水平。2017 年《政府工作报告》中指出，在做好冬奥会筹办工作的同时，还要广泛开展全民健身，使更多人参与到冰雪运动中来。成功申办冬奥会两年以来，我国冰雪运动参与人数大幅增长，2017 年滑雪人次达到 1 510 万。随着民众对冰雪产业的关注度的提升，冬奥会还推动了冰雪旅游、冰雪文化、冰雪装备制造和冰雪商贸等产业的发展。预期冬奥会的申办将使直接参加冰雪运动的人数超过 5 000 万，并带动"3 亿人参与冰雪运动"；到 2025 年，我国冰雪产业总规模可达到万亿元。黑龙江省作为冰雪产业的龙头省份，将有着广阔的发展空间。

2. 政策支持为冰雪产业发展创造良好宏观环境

近年来，国家连续出台多个文件以支持冰雪产业的发展。《冰雪运动发展规划（2016～2025 年）》明确提出冰雪产业发展导向，东北地区应利用冰雪产业良好的发展基础，在人才培养、赛事组织、装备研发、文化宣传等方面稳步推进，促进健身休闲、竞赛表演、冰雪旅游、用品制造等各产业门类协调发展。《"十三五"旅游业发展规划》中，明确提出以冬奥会为契机，大力推进黑龙江等地冰雪旅游发展，建设一批融滑雪、登山、观光等多种旅游活动为一体的冰雪旅游度假地。《全国冰雪场地设施建设规划（2016～2022 年）》提出我国冰雪场地设施的发展目标和保障措施。《群众冬季运动推广普及计划（2016～2020 年）》从冰雪文化、场地设施、赛事活动推广、青少年冰雪运动普及、人才队伍建设等方面明确了普及冬季运动的主要任务和方向。黑龙江省 2017 年出台了《黑龙江省冰雪旅游专项规划》和《黑龙江省冰雪装备产业发展规划》，明确了冰雪旅游和冰雪装备制造业发展的目标和路径。这些政策文件给冰雪产业发展指明了方向，从投入机制、政策落实、土地保障、人才培养、统筹规划等方面给予了保障，营造了良好的宏观环境。

3. 对健康休闲娱乐需求的不断增长是重要基础

世界各国的发展经验表明，随着经济发展和收入提高，居民对休闲旅游消费的支出将不断增加。2016 年我国人均 GDP 已达到 53 974 元，旅游、文化和娱乐消费所占比重逐年上升。黑龙江冰雪产业的知名度、规模和质量都已具有强大的吸引力，冬季冰雪运动和冰雪旅游已成热点。目前我国滑雪人口超过 1 100 万，约占全国人口 0.8%，而美国、日本、欧洲的滑雪人口均超过 10%，我国冰雪运动仍有较大发展空间。不断升级的消费需求给黑龙江省的冰雪产业发展提供了需求动力。

（四）黑龙江省冰雪产业发展威胁分析

1. 来自国际上的竞争

世界上滑雪场主要集中在欧洲阿尔卑斯地区、北美的美国和加拿大以及东亚的日本和韩国。近年来，美国、日本、加拿大等国滑雪市场有所萎缩，随着国内冰雪产业的快速发展，国外冰雪产业强国也日益关注中国市场。外资企业的进入和竞争，给中国冰雪产业发展带来机遇的同时，也带来了巨大的挑战和威胁。

欧洲和美国在冰雪装备技术上处于领先地位，引领着国际发展趋势，制约了黑龙江省冰雪装备制造业的发展。国内市场上，高档冰雪运动装备以荷兰、奥地利、法国、德国、美国、澳大利亚等国家的品牌产品为主；在场地装备上，国内生产企业缺乏核心技术，浇冰车、脱挂式架空索道均是国外产品，造雪机、压雪车国内产品市场占有率不足 10%（Laurent Vanat, 2017）[6]。近距离的日本和韩国是黑龙江省冰雪产业主要竞争对手。2016 年，日本有 547 家滑雪场，仅北海道地区就有 120 多家滑雪场；韩国有 18 家滑雪场，其中部分滑雪场配有高尔夫球场和温泉。日本和韩国滑雪场的地形、气候、基础设施和服务管理水平要优于我国，其异域风情、历史文化和特色美食对我国游客具有很大的吸引力，对黑龙江省冰雪产业产生直接冲击。

2. 来自国内的竞争

吉林省毗邻黑龙江，拥有丰富的冰雪资源，与黑龙江相比，吉林省有着特有的地域优势和后发优势。吉林省自然条件要好于黑龙江省，现有滑雪场中落差最大的前六位滑雪场有三家在吉林。为了扬长避短，吉林省提出"冬季到吉林玩雪"的口号，主要发展以长白山为核心的"生态冰雪聚集区"和以长春、吉林为核心的"都市冰雪聚集区"。长白山的"滑雪+温泉+民俗文化"，吉林市的"滑雪+雾凇"，长春市的瓦萨国际滑雪节和净月雪世界，都已成为国内知名冰雪品牌。吉林省成功举办了2007年的亚洲冬季运动会；已经举办了20年的长春市冰雪旅游节累计接待游客超过1亿人次，旅游总收入达1 500亿元。吉林省已经成为黑龙江省冰雪产业发展最直接的竞争对手。

京津冀在国家发展冰雪产业的战略中占据重要地位。2022年冬奥会，北京将承办所有冰上项目，河北省承办所有雪上项目。在基础设施建设上，国家给予大量资金与政策支持。这一地区冰雪资源并不丰富，主要发展方向是滑雪产业和室内冰雪运动，主打"健康、欢乐"的整体概念。北京推出的"鸟巢欢乐冰雪季"，定位大众化、娱乐化、惠民化，经过多年培育和打造，成为我国冬季具有代表性的休闲体育文化品牌项目之一（人民网舆情监测室，2017）[7]。张家口已拥有多个功能齐全、各具特色的滑雪场，逐步成为国际顶级专业滑雪大赛中心。京津冀及周边地区是我国重要的冰雪旅游和冰雪运动客源市场，2016年北京滑雪人次达到171万，居全国首位；河北滑雪人次达到142万，居全国第三位；河北周边省份对冰雪产品也有着广阔的需求。从投资主体来看，河北和北京滑雪场多为民营企业，管理灵活，服务水平完善。北京和河北凭借良好的区位优势，庞大稳定的客源，先进的基础设施和完善的服务管理体系，是目前中国管理水平最高，接待能力最强，营业效益最好的冰雪产业聚集区域。

新疆地区冰雪产业发展后发优势明显。新疆拥有独特的自然风貌和民族文化，夏季和冬季旅游形成良性互补。新疆冰雪产业主打"丝绸之路+冰雪旅游+维族文化"，2016年举办第13届全国冬季运动会后，冰雪产业发展进一步加快，目前新疆已有57家滑雪场，居全国第3位。内蒙古冰雪旅游主打"冰雪+蒙古族文化"，推出独具蒙古族特色的美食、服饰、冬捕、赛马、祈福等活动，目前已有"冰雪那达慕"、满洲里中蒙俄国际冰雪节等知名的冰雪节庆活动，引起了较好的反响（郝晶晶，2017）[8]。此外，我国还有十余家室内滑雪场，主要集中于一线和二线城市。这些地区普遍缺乏天然的冰雪资源，企业在规模和产品开发方面受到限制，但在一定程度上分流了当地的客源。

四、新发展理念引领下黑龙江省冰雪产业发展对策研究

冰雪产业具有内生的创新引领性、协调带动性、开放互动性、环境友好性、共建共享性，与新发展理念高度契合。以新发展理念为引领，将进一步激发冰雪产业发展的动力与活力。

（一）以创新为核心，引领冰雪产业快速发展

1. 产品创新，构筑复合型冰雪产品体系

黑龙江省应以自然冰雪观光为基础，依托大型冰雪赛事，创新发展冰雪体育运动产品；依托温泉、森林等自然资源，创新冰雪休闲养生产品；依托广阔的冰雪空间，创新设计冰雪大地景观、冰雪艺术画、冰雪建筑群等冰雪艺术观光产品；依托赫哲族民俗文化、兴凯湖渔猎文化，创新冰雪民俗文化产品；依托剧场、音乐厅等不断推出冰雪主题节目，通过引入声光电等高新技术，创新冰雪文化产品展示手法，通过"室内场馆演艺+室外特色演艺"的模式，创新丰富多种演艺形式；创新开发不同特色的冰雪度假设施，如冰雪主体酒店、暖玻璃屋等，形成主题化创意住宿体系。通过不断创新开发新型冰雪产品，构筑复合型冰雪产品体系，使黑龙江省冰雪产品由单一化向多元化转变，助推冰雪产业成为黑龙江特色，强力助推冰雪产业快速发展。

2. 政策创新，加强对冰雪产业的支持与保障

首先，政府要加大财政支持力度，争取国家专项资金，设立由社会资本筹资的产业投资基金，鼓励有条件的地方设立冰雪产业发展专项资金，引导和扶持民间资本进入冰雪产业。其次，完善规划布局和土地政策。将冰雪产业用地纳入城乡总体规划和年度用地计划中，优先安排新增建设用地计划指标；可以采用划拨土地的方式支持非营利性冰雪场地项目。再次，落实税费减免政策。取消和禁止不合理的收费行为，通过免税、减税、退税、税前还贷、加速折旧、投资抵免等方式补偿和激励企业。最后，完善人才政策。制定健全的冰雪人才培养、认定、评价和激励机制，创造好的用人环境，用好存量人才，吸引高端人才，为黑龙江

省冰雪产业发展提供智力支撑。

3. 技术创新，打造产业发展新引擎

首先，要依托哈工大、哈工程等高等院校和研究所，提高研发能力，对冰雪装备制造、软件开发等中高端技术进行深层次开发，将黑龙江省打造成为中国冰雪产业科技研发中心。其次，推进"冰雪+互联网"，推进重点区域无线网络建设，鼓励建设创新智慧冰雪旅游平台，构建智慧旅游公共服务平台、行业管理平台和营销平台，对冰雪产业进行智慧化管理和监测，提高冰雪产业服务的智慧化水平。再次，创新冰雪传媒方式，制作高水平的冰雪产业宣传片和广告片，充分利用网络和手机等新媒体宣传方式，打造具有活力的宣传体系。

4. 主体创新，提高冰雪产业发展新效能

首先，不断培养冰雪产业应用型人才和高级管理、技术人才。依托哈尔滨体育学院、哈尔滨师范大学、黑龙江冰雪体育职业学院等专业院校和黑龙江省冰雪产业研究院等研究机构，重点培养冰雪旅游度假规划设计、营销、冰雪运动教练等冰雪产业应用型人才。加大与冰雪产业发达国家的交流合作力度，加强冰雪运动人才以及赛事组织、场馆建设运营等方面专业人才的培养和培训，鼓励社会力量兴办冰雪运动俱乐部和训练营，推动人才培养模式多元化。其次，建立冰雪产业信息数据库，将哈尔滨打造为中国冰雪产业研究中心。黑龙江省应大力推动冰雪资源普查，收集国际、国内冰雪产业数据，研究冰雪产业分类标准与统计指标体系；聘请国内外相关专家学者组成冰雪产业发展咨询专家小组，打造冰雪智库，为黑龙江省冰雪产业发展提供指导。最后，打造中小微企业创新创业公共服务平台，加强孵化载体建设，实现技术转移和成果转化。

（二）以协调为路径，推动冰雪产业和谐发展

1. 强化产业管理，加强政府在发展冰雪产业中的统筹和引导作用

冰雪产业受多个部门的监督管理，为了避免出现"多龙治水"的情况，黑龙江省政府应成立冰雪产业发展领导小组，整合全省冰雪资源，进行科学规划、顶层设计、整体推进和督促落实，统筹协调各部门开展相关工作。同时，加快政府职能转变，不断深化体制机制改革。进一步简政放权，使市场在资源配置中起决定性作用；加快推进冰雪产业内政企分开、政事分开。最终形成政府引导、企业

主导、社会协同、群众参与的良好发展格局。

2. 优化空间布局，构建冰雪产业发展新格局

在冰雪产业的开发上，要根据各地自然资源、地理区位和民俗文化的差别，因地制宜发展具有地方特色的冰雪产业，形成优势互补、良性互动的空间格局。具体而言，应以哈尔滨市为核心，将哈尔滨、亚布力、雪乡打造为我国冰雪产业集聚示范区。该区域冰雪资源丰富，产业聚集度高，产业组合优势强，具有较大的发展潜力。同时，在政府科学统筹规划的基础上，依靠资源优势实施差异化开发，打造以漠河和黑河的冰雪边境探秘旅游为核心的大兴安岭冰雪产业板块，以伊春市的冰雪森林旅游为核心的小兴安岭冰雪产业板块，以齐齐哈尔和大庆"冰雪+湿地+温泉+装备制造"的冰雪休闲旅游和冰雪装备制造业为核心的松嫩平原冰雪产业板块，以佳木斯市结合赫哲族民俗文化和兴凯湖渔猎文化形成的冰雪民俗旅游为核心的三江平原冰雪板块。

3. 加快相关产业发展，完善冰雪产业体系

首先，大力发展冰雪装备制造业。黑龙江省要依托现有制造加工生产能力，积极引入国外先进冰雪旅游装备制造企业，开展合资合作研发制造冰雪设施装备，打造核心品牌。支持黑龙集团、乾卯公司等冰雪装备龙头企业在资本市场上市。重点扶持滑雪板、滑雪鞋等冰雪体育器材装备的技术研发及生产。发展冰雪休闲运动用品产业，培育具有自主品牌的各类户外用品。举办中国冬季户外体育用品博览会，带动相关产业发展。其次，扩大冰雪商贸服务业，促进冰雪经济繁荣。在餐饮业上，打造龙江特色美食，整理挖掘龙江鱼宴、山珍宴、铁锅炖、俄式西餐等特色套餐宴席，突出有机绿色食品优势，重点打造精品特色龙江菜。在住宿业方面，提高旅游住宿业整体质量。根据不同游客的消费需求，建设不同档次的酒店、民宿等设施，从软硬件两方面整体提高接待服务能力。依托哈尔滨、牡丹江等冰雪旅游重点城市发展冰雪装备展销类商贸产品，开展"冰洽会"、冰雪产业博览会、冰雪产业论坛等经贸活动。同时，大力开发具有龙江地域和民族文化特色的旅游商品，提高商品研发和制作工艺水平。

4. 加强交通设施建设，推进交通便捷工程

在铁路交通上，推进黑龙江省快速铁路建设，打造"一轴两环一边"铁路网主骨架；在冬季增加冰雪产业重要景区沿线的列车，构建"快旅慢游"交通网络，增加进京和其他出省车次。在公路交通上，加快实施国家高速公路网建设及改造，推进地方高速公路建设。建立哈尔滨等重要旅游城市至亚布力、雪乡等重点景区的旅游专线直通车，构建机场、火车站、旅游集散中心到旅游景区"无缝对接"的旅游交通网络。设立国际通行、全省统一、简洁清晰、中英俄对照的旅游交通标识系统，确保交通畅通、行车安全和便利快捷出行。在民航交通上，依托亚布力、五大连池等重点冰雪景区，布局建设和改造一批通用机场；增设哈尔滨、牡丹江等重点旅游城市与主要客源城市之间的航班；在冬季适当增加北京、上海、广州、深圳等重点客源城市到旅游城市的航班次数。

（三）以绿色为导向，实现冰雪产业可持续发展

1. 对冰雪资源开发进行科学系统的规划与保护

制定冰雪产业发展规划时，要坚持保护优先、开发服从保护的方针，对不同类型的资源开发活动进行分类指导。发挥规划引领作用，强化环境影响评价约束作用，在冰雪资源的开发以及场馆设施的建设中，不对当地的自然生态条件产生危害以及消极的影响，并且要考虑到自然环境与社会环境的容量问题，合理协调产业发展和生态环境之间的关系，避免过度发展而造成对环境和自然资源的破坏。

2. 创新绿色发展机制，引导企业执行绿色标准

首先，政府应推进绿色产品和绿色企业认证制度的实施，引导企业执行绿色标准。推进企业节能减排，加强企业用能计量管理，实施能效提升计划，降低资源消耗强度；推广节能节水产品和技术，按照《绿色建筑评价标准》《国家绿色旅游示范基地标准》等规范建设和改造酒店、旅游景区等场所，建设节水型景区和酒店；推广高寒地区厕所技术革新，实现厕所无害化处理。其次，健全绿色发展监管制度，全面落实土地管理法、环境保护法、节约能源法等相关法律法规，在生态保护区和生态脆弱区实施生态环境审计和问责制度。建立环境监测预警机制，对资源消耗和环境容量达到最大承载力的地区，实行预警提醒和限制性措施。最后，加强在能源节约、资源循环利用、新能源开发、污染治理、生态修复等领域的技术研究与开发，推进生态技术成果的转化与应用，推进冰雪产业生态化发展。

3. 倡导绿色消费，提高资源使用效率

政府应倡导绿色消费方式，大力推广公共交通，支持旅游者在保证安全的前

提下拼车出行，鼓励增加自行车、电动车等节能环保交通工具的使用比例；鼓励推广使用可循环利用物品，限制使用一次性用品。同时，黑龙江省还要发挥绿色农产品、绿色食品、绿色药材的资源优势，探索冰雪产业与温泉、养生、医疗、绿色食品等产业的深度融合，树立生态龙江系列品牌。

（四）以开放为支撑，提升龙江冰雪产业国际影响力

1. 依托冰雪资源优势，打造国际冰雪旅游品牌

黑龙江省拥有众多世界级冰雪旅游产品，冰雪旅游业在国内处于领先水平，应发挥现有优势，将冰雪产业做强做大。黑龙江省应依托中国冰雪旅游推广联盟平台，借助国家推出"北国冰雪"国际旅游品牌的契机，打造和推广入境市场精品冰雪线路，持续强化"冰雪之冠·畅爽龙江"在中国冬季旅游的龙头地位，努力将黑龙江打造为国际冰雪旅游目的地。同时，应尝试与日本、韩国进行合作，通过联合营销、联合共建、联合管理等方式打造东北亚冰雪旅游联盟，成为可与阿尔卑斯山冰雪旅游比肩齐名的国际知名冰雪旅游精品品牌。

2. 统筹优化入境政策，大力开展入境冰雪旅游

黑龙江省应依托国家"一带一路"宏伟构想和"龙江丝路带"创新实践为背景，加大在"一带一路"沿线国家的宣传，通过过境免签、购物免税、开发过境配套旅游产品以及减少国内外旅游及购物的价格差等政策来促进入境旅游的发展。健全入境旅游公共服务和商业接待体系，提升入境旅游服务品质。加强俄罗斯、日本与韩国等国家冰雪旅游合作，深化与周边国家旅游市场、产品、信息、服务融合发展。

3. 加强与冰雪产业发达国家的交流与合作

我国冰雪装备制造业技术水平相对落后，因此要积极引进国内外知名的冰雪产业研发、制造与战略投资商，推动黑龙江省成为全国冰雪装备研发、制造和交易中心。积极争取承办国际国内单项冬季项目大众体育赛事，提高黑龙江省国际知名度。积极组织和参加世界性冰雕和雪雕大会，促进冰雕雪雕文化艺术交流。依托哈尔滨寒地博览会，打造国家级、国际性的冰雪产业省会，建设中国冰雪产业国际交往中心，加强与世界知名冰雪城市之间的交流与合作。

（五）以共享为目标，促进龙江冰雪活动的全民普及

共享发展指明了冰雪产业发展的目标方向。为了努力实现"3亿人参与冰雪运动"这一目标，黑龙江省应大力普及冰雪活动，推进"全民上冰雪活动"的健康发展。

1. 全面推进"百万青少年上冰雪"工程

黑龙江省在校学生超过390万人，已经开展"百万青少年上冰雪"活动40余年，有着良好的基础。在未来几年内，黑龙江省应当推进冰雪运动走进校园，在学校里全面开展冰雪课程，普及冰雪运动技能和冰雪常识。同时建设冰雪运动特色学校和青少年冰雪活动中心，积极开展青少年冰雪活动和竞赛活动，鼓励引导社会力量开办各类青少年冰雪运动俱乐部，将黑龙江省打造为我国冰雪运动人才培训基地和输出基地。

2. 全面推动群众性冰雪休闲运动

积极开展群众性冰雪休闲活动和体育赛事，如趣味运动会、冰雪嘉年华等，提升群众参与热情，满足群众的不同需求。同时不断提高群众性冰雪活动服务水平，积极推动冰雪运动场所对社会免费或低收费开放，鼓励冰雪旅游景点对本地居民和学生低价开放，形成全民上冰雪的社会氛围。

3. 完善设施建设，提供硬件基础

黑龙江省中小型雪场居多，在未来应逐步升级滑雪场设施，强力推进亚布力滑雪场成为国内顶级、世界一流的滑雪场，并在各地市普及室内滑冰场馆。引导社会力量投资建设室内滑雪馆及冰雪项目设施，鼓励各地区充分利用校园、公园、河湖冰面等公共用地，因地制宜建设大众冰雪休闲运动场地。在冰雪竞技赛事上，依托现有大型滑雪场等体育场地，积极举办国际性和区域性竞技体育赛事，引导培育商业表演项目，鼓励市民参与赛事，提高冰雪运动对观众的吸引力。

参考文献

[1] 人民网．习近平：冰天雪地也是金山银山［EB/OL］．人民网，Lianghui. people. com. cn/2016PIPC/nl/2016/0307/C402646-28178786. html.

[2] 伍斌（2017）．中国滑雪产业白皮书——2016年度报告［EB/OL］．搜

狐，http：//www.sohu.com/a/126706786_534292.

［3］荣铁雷.黑龙江省构建冰雪装备三大产业集群［N］.黑龙江经济报，2017-08-25.

［4］石长波，徐硕.对黑龙江省冰雪旅游发展的分析及策略研究［J］.商业研究，2007（1）：170-172.

［5］孙承华等.中国滑雪产业发展报告（2017）［M］.社会科学文献出版社，2017.

［6］Laurent Vanat（2017）.2017 International Report on Snow & Mountain Tourism – Overview of the Key Industry Figures for Ski Resorts［EB/OL］.http：//www.vanat.ch/RM-world-report-2017-vanat.pdf.

［7］人民网舆情监测室.中国冰雪旅游竞争力大数据报告［EB/OL］.［2017-01-05］.人民网，http：//yuqing.people.com.cn/n1/2017/0105/c408627-29001770.html.

［8］郝晶晶.内蒙古冰雪旅游资源及其利用研究［J］.干旱区资源与环境，2017（9）：201-207.

Research on th Development of Ice and Snow Industry in Heilongjiang Province Led by the New Vision on Development

Jiang Shu-bo

Abstract: There are abundant snow and ice resources and completed infrastructure in Heilongjiang province. The ice and snow industry has become a pillar industry in heilongjiang province and the brand has a high reputation at home and abroad. The Beijing winter Olympic Games has provided a broad prospect for China's ice and snow industry. However, the ice and snow industry have some problems in heilongjiang, such as the incomplete industrial system, the unbalanced industrial spatial distribution, the low management level, the low level of capital marketization, and the serious brain drain. Led by the new vision on development, Heilongjiang province should rely on the advantages of natural resources to promote industrial integration, so as to achieve innovative development, coordinated development, green development, open development and shared development of snow and ice industry.

Keywords: Ice and Snow Industry; New Vision on Development; Ice and Snow Tourism; Ice and Snow Sports

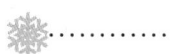

黑龙江省提升冰雪经济效应对策研究

宋德军[*]

摘要：黑龙江以独特的地理特色，固有的自然风光，成为国内外游客冬季旅游首选的目的地之一。但仍要看到黑龙江省冰雪经济发展还存在突出问题，如冰雪旅游产品开发深度不够、文化内涵不突出、管理和营销水平低下等问题，导致黑龙江省的冰雪旅游客源市场被分化。本研究深入分析黑龙江发展冰雪经济的优势与挑战，提出发展黑龙江冰雪经济应树立冰雪经济的市场观念，依托资源优势，进行科学合理的冰雪经济发展规划、建立冰雪产业体系，加强冰雪旅游的广度、深度，促进冰雪装备制造业和传统制造业衔接性等对策。

关键词：冰雪经济；区域经济；冰雪产业体系

2016年3月7日，习近平总书记首次提出"黑龙江的冰天雪地也是金山银山"的重要思想，体现了党中央对黑龙江区域发展战略的高度关注、高瞻远瞩和顶层设计，为黑龙江省利用冰雪资源、发展冰雪经济指明了前进方向。发展冰雪经济，黑龙江有资源优势，有历史底蕴，有产业基础。但黑龙江的冰雪资源宝藏只露出了"冰山一角"，黑龙江省冰雪经济大产业链、大发展的格局尚未完全形成，优势远未得到充分发挥，黑龙江冰雪"一枝独秀"的局面也早已被打破。正如习近平总书记所指出的那样，黑龙江在利用冰天雪地发展旅游方面有一定优势，但现在也有竞争了，不能守株待兔，故步自封，现在是在市场激烈竞争中求发展，逆水行舟，不进则退，如何保持领先优势，借助品牌优势与地缘优势继续发展冰雪经济，这是一个需要认真思索与探讨的课题。

---

[*] 宋德军，（1973~　），男，齐齐哈尔人，哈尔滨商业大学经济学院，教授，博士。研究：区域经济发展与管理，现代服务业发展产业政策等，E-mail：songdejun11@sina.com。

一、冰雪经济对区域经济影响机理与发展趋势

（一）冰雪经济对区域经济影响机理

冰雪经济是以冰雪为特性的经济、社会、文化活动的总和，是以自然资源为载体，所形成的冰雪旅游、冰雪文化、冰雪体育、冰雪装备制造等多元化产业，是全链条推进的，涵盖源于冰雪活动的第三产业，包括为冰雪旅游服务的经济生产活动及为经济服务的冰雪活动。冰雪经济构成分为核心产业和边缘交叉产业两个群落。核心产业主要分为三种：旅行社业、饭店业和景区业。围绕这三个核心产业而延伸的旅游边缘产业主要是餐饮服务业、旅游商品业、交通运输业、娱乐休闲业、商业流通业、金融服务业等（见图1）。其中一些产业，如金融服务和商业流通与旅游核心产业的关联程度比较低，而交通运输业、旅游商品等行业与旅游核心产业的关系紧密。

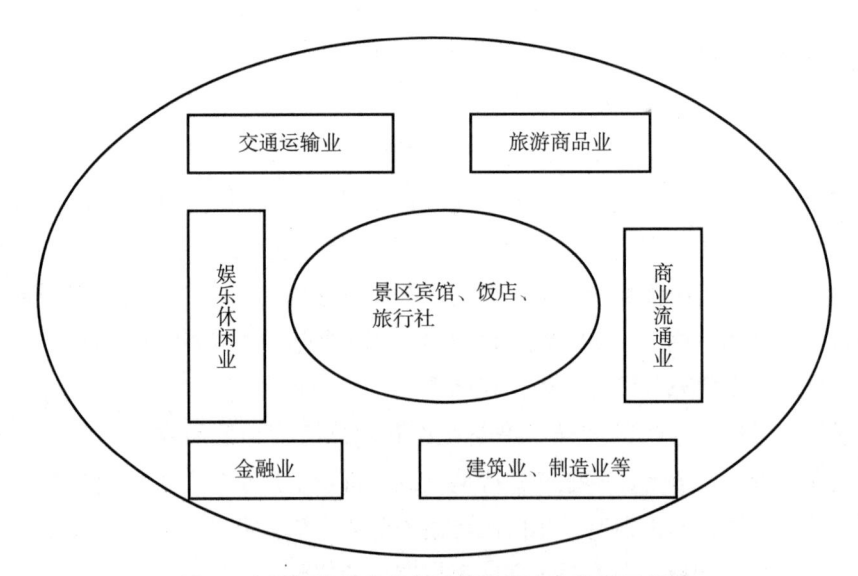

图1 冰雪经济核心产业及其边缘产业分层示意图

冰雪经济的发展必然带动其他相关行业的发展，冰雪经济有利于形成更长的产业链。这是因为，一方面冰雪经济的发展必须建立在物质资料生产部门的发展基础上，如果没有一定的物质生产水平，就不可能为冰雪旅游、冰雪文化、冰雪体育等的发展提供更多的物质保证，而冰雪旅游、冰雪文化、冰雪体育等产业要

发展，必须向一些部门增加投入，使相关行业与其配套设施同步发展（笪志刚，2017）[1]。另一方面，冰雪旅游的发展，必然会给相关部门提供更广阔的需求市场，能直接或间接带动相关的商品需求，像缆车、雪具、造雪设备、压雪机、雪服、风镜乃至度假区的房地产需求，会给企业产品结构的调整带来契机，冰雪旅游停留时间长，因此又为餐饮业、酒店业的发展提供了空间。同时冰雪经济又推动了电力、交通运输、通信、水利设施等的建设，促进了这些行业的投资与发展，直接或间接带动商业、交通运输业、服务行业等相关产业的发展。世界旅游组织公布的资料表明，1元钱的旅游直接收入，可带来4.5元相关产业的收入，每1个旅游直接就业人数，大致可产生5个相关就业需求，冰雪旅游发展为其直接或间接提供服务的各行各业提供了大量的工作岗位。

（二）冰雪经济呈现发展新趋势

我国冰雪产业发展实践表明，冰雪经济呈现以冰雪旅游为核心的"1+5+X"产业体系。"1+5+X"大冰雪产业体系中，1是指冰雪旅游，这是冰雪经济的核心，5是指以冰雪运动为基础，以冰雪文创为引领，冰雪制造为支撑，冰雪康养为特色，冰雪度假型房地产为补充的冰雪经济五大支柱产业，这五大支柱产业与冰雪旅游共融共通、紧密联系、相互推动，X是指冰雪民俗、冰雪演艺、冰雪休闲农业、冰雪林业、冰雪研学、冰雪会展等与冰雪旅游密切相关的多业态体系。从狭义冰雪旅游角度看，冰雪旅游产业体系已经初步形成，滑雪旅游度假区、滑冰场、冰雪旅游景区、冰雪旅游实景演出、冰雪小镇、冰雪旅游特色村、特色餐饮、特色商品加工等形成了狭义的冰雪旅游产业体系。在冰雪旅游产业空间载体方面，冰雪旅游景区、冰雪旅游特色乡村、冰雪小镇和冰雪城市成为冰雪旅游产业发展的四大产业承载平台。

二、冰雪经济对黑龙江省区域经济的影响

1. 冰雪经济增加黑龙江省旅游收入

冰雪经济作为第三产业的重要组成部分，对黑龙江省第三产业的发展起着举足轻重的作用。冰雪经济中处于首位的是冰雪旅游业，黑龙江冬季旅游发展至今50余年，已将"冰雪梦"变成"冰雪经济"。根据国家统计局黑龙江调查总队提供的数据显示，2017年春节黄金周，黑龙江累计接待国内游客1 009.49万人次，

同比增长 12.02%；实现国内旅游收入 120.47 亿元，同比增长 12.11%。2018 年春节期间，黑龙江省七天累计接待国内游客 1 122.67 万人次，同比增长 11.21%，实现国内旅游收入 136.32 亿元人民币，同比增长 13.16%。到 2022 年，黑龙江力争全省冰雪旅游人数突破 1 亿人次，冰雪旅游收入突破 1 200 亿元。黑龙江发挥冰雪渔业资源优势，开展形式多样的冰雪渔业活动，提高渔民收入。全省 12 个市地、21 个县市、区的 35 家企业开展了以"冬捕""冬钓"为主要形式的冰雪休闲渔业活动，兴凯湖、镜泊湖冬捕成为品牌，冬捕渔业产量超过 8 000 吨。以往的"高寒禁区"正在成为旅游热点，一起沸腾的还有北极村、雪乡、亚布力……冰雪"冷资源"正为黑龙江经济发展注入"热能量"。

2. 冰雪经济促进黑龙江省相关产业发展

冰雪经济可以形成巨大的产业链。冰雪旅游的发展给黑龙江的国有企业乃至民营企业产品结构的调整带来契机。同时冰雪旅游停留时间长，促进餐饮业、酒店业及电力、交通、通信、水利设施和配套设施的建设。2017 年春节期间，黑龙江全省机场共起降航班 3 461 架次，运送旅客 47.44 万人次，同比分别增长 8.2% 和 18.5%。全省铁路累计发送旅客 214.5 万人次，同比增长 5.2%……在冰雪旅游发展的带动下，黑龙江省交通等产业活力倍增。黑龙江冰雪经济积极践行"旅游+"理念，推进冰雪旅游、冰雪文化、冰雪体育、冰雪教育、冰雪装备制造等多种产业的扩量升级、融合发展。文化产业也因为冰雪旅游的发展日渐红火。依托太阳岛风景区、冰雪大世界，借助哈尔滨大剧院、哈尔滨音乐厅等诸多文化产业项目，黑龙江省将丰富的文化旅游资源转化为文化旅游发展优势，进一步放大文化旅游产业"点石成金"的带动效应。全省各地和重点景区上演各类演出近 1 800 场。其中，哈尔滨大剧院上演意大利经典歌剧《图兰朵》等 70 多场，歌剧、话剧、踢踏舞、交响乐轮番登场。

3. 冰雪经济带动黑龙江省林区、城乡边缘区、乡村经济增长

冰雪经济对农村经济增长有积极的促进作用。冰雪经济需要大量劳动力，而且借助冰雪旅游，促进了城乡交流，转变了农村思想观念，间接改善了农村的投资环境。2016 年黑龙江省林区旅游发展效益全面凸显，全年累计接待游客 1 100 万人次，同比增加 13.8%，旅游业产值完成 19.6 亿元，同比增长 26.1%。旅游业还拉动林下经济蓬勃发展，种植养殖业产值达到 32.9 亿元，同比增长 18.4%。

4. 冰雪经济促进就业

冰雪经济是劳动密集型行业，是一门综合性的服务行业，它要满足冰雪旅游者在冰雪旅游活动过程中的衣、食、住、行、购等多方面的需求，并相应带动其他行业的发展，从而提供较多的就业机会。哈尔滨冰雪大世界为 10 000 余名工人提供就业岗位。最高峰时，园区包括设计、施工、监理、审计等工作人员超过万人，还有服务人员、演职人员、大学生志愿者们等 2 000 余位工作人员为来自世界各地的游客服务。2017 年建成运营的万达文化旅游城，总投资 400 亿元，建成了全亚洲最大的室内滑雪场和滑冰场，初、中、高级雪道一应俱全，可以满足不同程度滑雪爱好者的需要，雪场硬设施可与亚布力滑雪旅游度假区媲美，项目全部建成后年接待游客 2 000 万人，直接创造 3 万个就业岗位。

5. 有利于和国际经济与贸易交流合作

冰雪不是黑龙江独有的，有冰雪的国家和地区有很多，但是，黑龙江省可以建立世界冰雪区域联系，扩大往来，发展经济合作，同时带来人流、物流、资源流、信息流，促进经济贸易。并且可以利用冰雪的有利时空条件扩大招商引资力度。中国·哈尔滨国际冰雪节与日本札幌雪节、加拿大魁北克冬季狂欢节和挪威奥斯陆滑雪节并称世界四大冰雪节，吸引俄罗斯、加拿大等 30 余个国家的城市、国际组织、商会代表参加冰雪节开幕式和相关活动。每年一度的哈尔滨冰雪节，以"主题经济化、目标国际化、经营商业化、活动群众化"为原则，融冰灯游园会、大型焰火晚会、冰上婚礼、摄影比赛、图书博览会、经济技术协作洽谈会、经协信息发布洽谈会、物资交易大会、专利技术新产品交易会于一体，吸引游客多达百余万人次，经贸洽谈会成交额逐年上升，不仅是中外游客旅游观光的热点，而且还是国内外客商开展经贸合作、进行友好交往的桥梁和纽带。冰雪旅游＋经贸成果显著，依托华南城等多家皮草商城，2017 年冬季就形成了 60 多亿元的皮草交易市场，第 32 届冰雪节各类经贸活动完成签约项目 32 项，协议签约额达 470 多亿元。

三、黑龙江发展冰雪经济的优势与挑战

（一）黑龙江发展冰雪经济的优势条件

1. 区位优势

黑龙江省位于祖国的东北边陲，是我国位置最北、纬度最高、太阳升起最早的省份。最北端的漠河县北极村，位于北纬 52°33′30″，是我国最靠近北极圈的

地方。农历夏至和冬至时,这里分别会有极昼、极夜现象,被称为中国的"北极"。我国东端的极点在抚远县乌苏里江和黑龙江汇流处的黑瞎子岛,是我国太阳升起最早的地方,有中国"东极"之称。黑龙江省北部和东部隔黑龙江、乌苏里江与俄罗斯相望,西部与内蒙古毗邻,南部与吉林省接壤。与俄罗斯之间的陆地、水域边界线长3 038公里,与俄五个州、区相接壤,有得天独厚的边境贸易和边境旅游优势。2017年12月途牛旅游网监测数据显示,冰雪主题游的消费者客源地前十名依次为沈阳、哈尔滨、长春、北京、天津、上海、南京、广州、深圳、杭州,哈尔滨排全国第二。

2. 资源优势

黑、辽、吉三省冰雪资源状况(见表1),吉林省、辽宁省冬季4个月左右,黑龙江省5个月,最北部可达8个月。寒冷的气候导致东北地区冬季冰雪期长,黑龙江流域、鸭绿江流域、辽河流域封冻期历时4~5个月。东北大部分地区从11月至来年3月都以降雪为主,降雪日数为20~50天,降雪初日和终日间隔180天左右(孟爱云,2009)[2]。积雪日数80~120天,长白山、兴安岭及黑龙江北部地区可达150天以上。积雪较厚,最大深度为58厘米至80厘米,黑龙江省年平均气温在4℃左右,从东北区域的冰雪资源对比可知,黑龙江省雪量大,雪期长,由于冬季气温最低,冰的优势更为突出,是全国冰雪资源最密集的省份。黑龙江省内山岭绵延,湖泽密布:大小兴安岭、张广才岭、完达山山势雄奇、谷地开阔,适宜建造滑雪场的山峰有100多座,黑龙江、松花江、乌苏里江、嫩江等江河水系纵横,兴凯湖、镜泊湖、五大连池等湖泊星罗棋布。黑龙江省还有世界上规模最大的哈尔滨冰雪节、世界最大的冰雪主题公园、举世闻名的亚布力滑雪场、中国面积最大的冰雪红松林、鹤舞长空的扎龙雪原、中国最大规模的冰瀑布镜泊湖、绵延千里的林海雪原以及姿态优美的库尔滨雾凇、漠河北极风光、大庆寒地温泉等独特的自然资源优势。

表1　　　　　　　　　黑、吉、辽冰雪资源状况比较

地区	冬季平均气温	冰雪期	封冻期
黑龙江省	-30~-18℃	120天左右	黑龙江流域(包括松花江流域),11月中旬至翌年4月中旬,约5个月
吉林省	-20~-14℃	100天左右	鸭绿江流域,11月底至翌年3月底,约4个月
辽宁省	-17~-4℃	70天左右	辽河流域,11月底至翌年3月底,约4个月

3. 传统历史的延续

黑龙江省具有很多独特的历史传统。20世纪60年代初,哈尔滨冰灯已扬名四海,观者如云,群众性的滑冰、打冰橇、乘冰帆等冰上运动及冬泳已为哈尔滨之冬增加了活力。冰灯游园会于1963年开始举办,1985年1月5日在冰灯游园会所在地兆麟公园的南门外举行了隆重的开幕式,并预定每年从1月5日开始举行为期一个月的哈尔滨冰雪节,起初名称为"哈尔滨冰雪节",2001年,冰雪节与黑龙江国际滑雪节合并,正式更名为"中国哈尔滨国际冰雪节"。从此,黑龙江省借此向全世界展示黑龙江省人冰雕和冰灯的高超技艺。

4. 文化资源丰富

黑龙江的冰天雪地,孕育了女真部族金源文化、东北抗联红色文化、中东铁路犹太文化、大庆油田会战文化,这些文化精神既是历史资源,又具时代价值。满族、蒙古族、达斡尔族、鄂伦春族、鄂温克族、赫哲族等少数民族世居黑龙江,少数民族的传统节日、宗教风俗、民歌舞蹈、手工服饰等构成了一座多姿多彩、意趣盎然的文化宝库。有"饶河开江祭祀仪式""高山湖冬捕节""富拉尔基滚冰节"等民俗活动,有渤海靺鞨绣、蚕翼绣、鄂伦春族桦树皮画、赫哲族鱼皮画等手工技艺和民俗作品,冰雪文化源远流长、冰雪风情各具魅力、冰雪民俗交相辉映。冬猎、冬捕等传统生活方式和冰雪娱乐方式,也是重要的非物质文化遗产。

(二)黑龙江发展冰雪经济所面临的挑战

近年来"冰雪名片"不再只是黑龙江的名牌,在全国已有30多个城市举办冰雪旅游活动,共有90多个各式各样的冰雪节。因此,在冰雪旅游多元竞争的格局下,黑龙江省冰雪旅游面临着内部、外部多方面的严峻挑战。

1. 资源分散,管理不足,竞争混乱

黑龙江省冰雪旅游在开发初期存在"利益优先"的现象,冰雪旅游产品供给和需求的结构性矛盾较为突出。以亚布力周边的滑雪场为例,个别投资者为了更快步入市场,纷纷投资开办临时性的滑雪场,这些滑雪场的场地规模有限,设施简陋,安全系数低,服务人员缺乏专业技能,造成冰雪旅游资源整体规划的混乱。同时,这些滑雪场利用不正当方式进行竞争,不以服务质量来吸引客人,而是利用低价格进行拉客、抢客,从而导致经营管理混乱,非常不利于整个冰雪旅游市场的发展。

2. 冰雪旅游资源开发的深度不够

冰雪旅游产品供给和需求的结构性矛盾较为突出,冰雪文化展现不充分。冰雪产业是龙江的资源禀赋,也是最具潜力走向全国、走向世界的一个业态。全省大部分旅游区点都属于浅层次、低水平开发经营,没有充分利用黑龙江省独特的自然、人文、民族、生态等资源,冰雪文化在整个冰雪经济发展中展示不充分,无法让游客在娱乐中感受和体会冰雪文化,并真正地融入其中(邱凯,2014)[3]。

3. 冰雪旅游空间呈现三足鼎立、一带崛起和多点竞争态势

黑龙江省、吉林省和京冀形成冰雪旅游三足鼎立态势,其中,黑龙江省、吉林省得到全国冰雪市场认可,成为东北冰雪旅游的主要代表,京冀是以北京延庆、密云等和河北张家口为典型的奥运冰雪旅游核心。正在崛起的一带是新疆和内蒙古为主体的新兴冰雪旅游增长带,特别是2016年第十三届全国冬季运动会在新疆举行,2020年第十四届全国冬季运动会将在内蒙古举行,为这两个地区冰雪旅游腾飞插上了翅膀。同时,辽宁、青海、甘肃等地也成为新兴冰雪旅游增长带不可忽视的崛起力量。云南、四川、山东、贵州、山西等省份形成了我国冰雪旅游多点开花的局面,一些南方城市以滑雪场为代表的冰雪旅游成为当地冬季旅游业的亮点,浙江绍兴乔波冰雪世界、湖北神农架滑雪场、四川西岭雪山滑雪场、贵州六盘水玉舍雪山滑雪场等深受当地游客欢迎。处于相同纬度的新疆、吉林省也具有相应的自然资源优势,而且相对而言,新疆冰雪旅游的价格远远低于黑龙江省。此外,北京、天津等地也相继开发冰雪旅游资源,在交通、基础设施、历史古迹和知名度等方面远超黑龙江省。这些地区冰雪资源的开发大大地挑战了黑龙江省冰雪经济的发展。

4. 冰雪装备制造业研发能力薄弱,自主品牌产品缺乏

冰雪装备制造业是冰雪产业一个重要的组成部分。黑龙江省虽然是我国冰雪运动的强省,冰雪产业的发展居于全国前列,对冰雪装备制造业的品牌质量意识在不断提高,但并不是冰雪装备制造强省。相对国外知名品牌制造业来看,黑龙江省冰雪装备制造业还存在较大的差距。产品的研发能力比较低,特别是缺少对高质量、高端的冰雪装备产品的研发和研制,装备制造产品的高端市场基本上被国外占据。如滑雪服、器材、缆车、索道及人工造雪系统等几乎所有的设施、服装等都是依靠从南方城市或国外引进，黑龙江省拥有的生产滑雪器材的企业非常少。目前仅具有少量的生产企业，如亚布力首先在全国组建了第一家滑雪装备集团，其亚布力"天璐"服饰有限公司生产了"亚布力"品牌滑雪服，哈尔滨乾卯雪龙体育用品有限公司是一家日本独资企业，主要生产滑雪鞋、固定器、滑雪杖、滑雪圈、滑雪服等，尚志乌吉密滑雪场也有了自己加工生产的滑雪服，齐齐哈尔黑龙冰刀制造股份有限公司曾一度停产。

四、黑龙江省发展冰雪经济应采取的对策

发展冰雪经济关键要靠冰雪产业支撑，通过供给侧结构性改革加快冰雪产业转型升级，通过冰雪产业扩量升级，做大、做强冰雪经济。冰雪旅游是冰雪经济的核心产业，也是融合其他冰雪产业的重要载体，不仅直接产生效益，而且关联度高、带动性强。要挖掘冰雪文化内涵，赋自然以生命，寓景观以文化，靠冰雪文化提升冰雪产业层次。要把冰雪体育产业作为冰雪经济发展的重要推动，构建结构合理，发展协调，冰雪旅游、文化、体育、装备制造等多产业深度融合的冰雪产业体系，把精化产品供给、细化产品营销、优化服务质量、强化市场监管四轮齐动当作总体思路，变独特的冰雪资源优势为产品优势、产业优势和市场竞争优势，具体措施如下。

（一）要进行科学合理的冰雪经济发展规划

要坚持规划牵动，坚决落实《黑龙江省冰雪产业发展规划》，按照因地制宜、特色鲜明、相互带动的原则，既结合本地优势，彰显景观魅力，突出人文特色，打造精品线路，又统筹推进、相互补充，实现差异化、协同式发展。完善产业布局，统筹推进冰雪旅游、文化、体育、教育、时尚等产业协同发展。坚持"大旅游"理念、着眼"大冰雪"格局，推动冰雪旅游资源整合、国有和非国有企业混合、部门和区域旅游联合、相关产业融合，实现集团化、专业化、市场化、规模化发展（遇华仁、刘悦男，2013）[4]。

在战略目标上，应以"打造国际领先的冰雪经济发展区域"为核心，在实施策略上，应该根据资源的性质和特点，着力打造五大冰雪经济发展区建设，即哈尔滨冰雪名城核心区、东部国际化滑雪胜地、林区冬季风光和民俗体验区、极地冰雪区和西部寒地温泉区。哈尔滨应依托现有的"国际冰雪节"，推进冰雪大世

界建设、提升雪雕节档次，将兆麟公园建设成为冬季"迪士尼"乐园，在哈尔滨的周边二龙山、帽儿山等地打造冰雪度假区；东部的亚布力等要打造国际化的滑雪旅游和竞技滑雪胜地，在牡丹江等地建设关东民俗的体验区；伊春等林区重点开展冰雪旅游，利用林区资源和林区文化，建设林区冰雪风光和民俗体验区，打造林区冰雪旅游特色区域；漠河利用特殊的地理环境打造北极光观赏和边境文化体验区；大庆利用温泉资源打造寒地温泉区（张效廉，2017）[5]。

（二）建立冰雪产业体系，加强冰雪旅游的广度、深度

冰雪产业是一个以旅游业为主体，一、二、三产业协同发展，各项效益最佳组合的重要经济综合体。要充分发挥和利用黑龙江省的自然优势和冰雪资源，加强冰雪产业链条的建设，进一步推动冰雪产业链的分工和融合，应围绕冰雪运动，进一步打造以冰雪旅游、冰雪装备制造、冰雪产业服务为一体的冰雪产业链；运用冬季旅游温泉（SPRING）、滑雪（SKIING）和运动（SPORT）"3S"营销理念，打造"滑天然雪、洗温泉浴"的产品组合的冰雪+温泉+时尚运动的项目，要充分体现"冰雪+旅游""冰雪+体育""冰雪+美食"等多业态融合的特点。注重冰雪文化的挖掘，开发冰雪特色项目、探索产业化发展道路，努力把冰雪产业做大做强。

（三）挖掘冰雪旅游文化灵魂

深度挖掘渤海文化、鲜卑文化、金源文化、满族文化、鄂温克文化、达斡尔文化、移民文化、红色文化。用黑龙江省土著民族民俗表演来诠释黑龙江冰雪文化历史文脉；用冰雪雕领先的技艺创中国冰雪雕塑的顶峰产品；以生动的黑龙江民俗为依托和基础，用丰富而创新的文艺形式来造势。如打造具有国际影响力的大型舞台生态表演节目，制作具有黑龙江省冰雪文化符号的动漫作品和文学作品，使其既是文化产业的精品，又是旅游策划的力作，未来极有可能成为再塑冰雪旅游新形象的突破口（王思邈，2015）[6]。

（四）促进冰雪装备制造业和传统制造业的衔接性

借助冰雪运动普及和冰雪装备制造业扩张的东风，推动黑龙江省高端装备制造业以及产业链上游的石化能源、冶炼化工、铝合金加工、碳纤维制造等优势产

业转型升级。冰雪装备制造业和传统制造业的衔接性、覆盖性和融合性都很高，黑龙江省工业基础雄厚，这些装备制造业的丰富经验也可以应用到新的冰雪领域，向冰雪装备制造业转型。比如说，老拖拉机厂、收割机厂，都可以在冰雪领域找到新的落脚点。还可以将农业制造业与冰雪器械制造相结合，像生产雪犁、雪爬、雪橇等，这也是老工业基地的新发展方向。

（五）完善对旅游业从业人员的培养制度

为了做好、做强黑龙江省冰雪旅游，不仅要深挖资源与特色，同时不断提升旅游业服务质量，这就需要进一步完善对旅游业从业人员的培养制度。黑龙江省拥有众多旅游专业培养院校，要充分发挥各职业院校的作用，鼓励涉旅专业学生的全面发展，努力实现人才培养方式多样性，以保证培养更多优秀的旅游人才。同时政府需要大力支持企业走进学校，学校走进企业，使培养效果能够跟上市场需求，让毕业生能及时融入市场，同时整合管理制度，增强旅游业从业人员的归属感，提高旅游业从业人员的综合素质，从根本上消除旅游业不文明现象（常颖，2017）[7]。

（六）借助 2022 年冬奥会契机大力促进"旅游＋体育"发展模式

以 2022 年北京冬奥会为契机，大力发展冰雪运动旅游，对接好 2022 年冬奥会。把黑龙江建设成为冬奥会的延伸区，努力打造中国冰雪旅游首选目的地、冰雪经济强省，进而成为国际冰雪旅游的重要目的地。可以充分发挥哈尔滨体院教育资源优势，大力培养冰雪产业运营、营销、建设、维护等相关专业人才，并与各大雪场签订特殊工作人员的定向委培协议，还可以同国家体育总局、冬奥组委、专业冬季运动院校深度对接，开设冬季运动管理等人才培养专业，为 2022 冬奥会专项培养专业服务人才，加强完善基础设施建设，发挥亚布力雪上项目训练基地的功能，为国家备战 2022 年冬奥会做贡献。

参考文献

[1] 笪志刚. 黑龙江省发展冰雪经济的国际化思考与路径选择 [J]. 知与行，2017（1）.

[2] 孟爱云. 东北区域冰雪旅游资源整合开发探讨 [J]. 学术交流，2009（3）.

［3］邱凯.黑龙江省冰雪经济产业发展研究［D］.哈尔滨：哈尔滨商业大学，2014.

［4］遇华仁，刘悦男.黑龙江省冰雪经济发展模式进析［J］.黑龙江金融，2013（6）.

［5］张效廉.发掘冰雪文化丰富内涵　携领冰雪经济提速发展［J］.奋斗，2017（1）.

［6］王思邈.黑龙江省冰雪旅游发展状况分析［J］.商业经济，2018（1）.

［7］常颖.推动大庆冰雪经济发展　助力资源型城市经济转型升级［J］.大庆社会科学，2017（5）.

Study on the Countermeasures of Improving the Economic Effect of Ice & Snow in Heilongjiang

Song De-jun

Abstract: With its unique geographical characteristics and natural scenery, Heilongjiang has become one of the destinations for tourists in winter. However, we still have to see that the economic development of ice and snow still has outstanding problems, such as the lack of development depth of tourism products, the lack of cultural connotation, low management and low marketing level, which lead to the differentiation of the tourist market of ice and snow passengers. This study analyzes the advantages and challenges of the development of the ice and snow economy in Heilongjiang, and puts forward that should set up a market concept of ice and snow economy, relying on the advantages of resources, carry out a scientific and rational economic development plan for ice and snow, establish a industrial systemof ice and snow, strengthen the breadth and depth of the ice and snow travel, promote the linkage between equipment manufacturing and traditional manufacturing industry.

Keywords: Ice and Snow Economic; Regional Economics; Industry System of Ice and Snow

科学构建企业管理控制系统，促进黑龙江冰雪经济有效提升

崔莹 张林[*]

摘要： 发展冰雪经济关键要依靠冰雪产业的支撑，冰雪产业是黑龙江地区的资源禀赋。依托龙江自然禀赋，发挥龙江特有优势，发展新兴冰雪产业是振兴龙江经济的一项重要举措。科学构建管理控制系统是提高企业管理水平，实施有效经营管理，实现经营管理目标的有力保障。基于黑龙江省冰雪经济发展目标，科学构建企业管理控制系统，既是冰雪企业实现做大做强做优的有效途径，更是推动黑龙江省冰雪产业实现扩量升级以及推动冰雪经济快速发展的基本保障。

关键词： 管理控制系统；冰雪经济；冰雪产业

一、冰雪经济发展现状

冰雪经济的发展依托于冰雪产业的形成与发展，而冰雪产业又是基于对冰雪资源开发与利用的一类特殊资源型产业。近年来，作为一种新兴产业，冰雪产业的形成与发展已经开始引起了实务界和理论界的广泛关注。

在我国，冰雪产业主要涉及冰雪体育产业、冰雪旅游产业以及相关产业。基于冰雪资源对环境条件需求的特殊性，加之我国东北地区具备天然地理位置的优越性，冰雪产业较早起源于北方地区，尤其是在我国的东北地区，冰雪产业的发展已初具规模。首先，以20世纪90年代末期建立的黑龙江"亚布力"滑雪场为龙头，中国滑雪产业开始正式进入了冰雪产业形成的萌芽期；进入21世纪后，

---

[*] 崔莹（1979~   ），女，黑龙江哈尔滨人，哈尔滨商业大学会计学院，讲师，博士，硕导。研究方向：公司理财与管理控制，E-mail：13478575617@139.com。课题项目：哈尔滨商业大学青年创新人才培养计划支持项目"财务共享背景下的企业管理控制创新：基于管理会计的管理控制体系构建"（17XN045）。

张林（1970~   ），男，黑龙江东宁县人，哈尔滨商业大学会计学院，教授，博士，博导。研究方向：财务会计理论与方法，E-mail：kjxy777@163.com。课题项目：国家社会科学基金项目一般项目"技术创新动态能力评价体系与支撑体系研究"（15BGL038）。

从开创性应用国内人工造雪系统建造京郊滑雪场，到为全国各地的雪场投资建设人工造雪滑雪场，我国已开始对冰雪产业进行尝试性的初步推进；近年来，伴随冰雪体育产业、冰雪旅游产业以及将冰雪体育与旅游产业相结合等大规模、多样化冰雪产业的不断形成与发展，冰雪产业在我国得到了迅速发展。尤其是自北京成功申办 2022 年冬奥会开始，冰雪赛事、冰雪运动、冰雪旅游等相关活动更是逐年增加，这为我国加强冰雪产业带来挑战的同时，更为我国发展冰雪经济带来了许多机遇。特别是黑龙江省，基于地区冰雪资源禀赋的特别优势，更应借此时机大力推进冰雪产业扩量升级，使黑龙江冰雪产业进入快速发展的新阶段，为振兴黑龙江冰雪经济奠定重要基础。

二、冰雪经济研究综述

伴随着冰雪产业的不断发展，冰雪经济已经成为当代经济研究领域中不容忽视的一个热点问题，越来越多的相关学者开始对冰雪经济产生研究兴趣，并基于不同的视角开始掀起对冰雪经济以及相关研究领域的研究热潮。从国内外已有研究来看，目前对冰雪经济的研究主要基于冰雪体育、冰雪旅游、冰雪文化等研究视角进行宏观或中观层面的研究，从微观企业视角出发进行冰雪经济研究的文献比较有限。

迈克尔·埃特泽尔等（Michael J. Etzel & C. R. Michael Parent，1978）[1]较早地基于旅游市场开发的视角，研究了滑雪旅游广告宣传策略对冰雪旅游经济的影响。格雷戈李察（Greg Richard，1996）[2]研究了英国滑雪旅游市场的"习惯性消费"动机对冰雪旅游经济的影响等。但早期相关研究并没有即刻引起更多学者对冰雪旅游经济研究的关注与重视。进入 21 世纪后，在经济全球化影响的大背景下，全球经济的大发展促使各国内部乃至国际之间的旅游业也进入了一个前所未有的高速发展时代。尤其是在冰雪体育赛事不断增多的推动下，冰雪旅游业的发展日新月异。与此同时，国内外学者开始相继关注冰雪旅游经济的发展动态，并从不同角度发掘研究视角，使冰雪旅游经济方面的研究得到了一定的发展。

近现代在冰雪经济研究方面，国外学者阿维德（Arvid et al.，2001）[3]研究了欧洲和北美地区滑雪运动等冬季体育项目对冰雪旅游业的影响，并以构建可行性模型的方式分析了影响机理，其目的是促进冰雪旅游经济价值的可持续增加；马克·D. 尼达姆（Mark D Needham，2005）[4]以加拿大为例，研究了惠斯勒山滑雪旅游景区的夏季旅游经济发展方向；国内学者曹继宏（2006）[5]较早对中国滑雪旅游的市场营销策略进行了理论研究；柴寿升等（2009）[6]以滑雪旅游为例，分析了冰雪旅游目的地竞争力的构成要素；赵美嘉和蔡德发（2013）[7]立足龙江冰雪经济，研究了龙江冰雪旅游产业发展的基本对策；冯文丽（2017）[8]提出了要大力推进京津冀的冰雪经济发展的观点；朱馥萍（2008）[9]分析了冰雪经济对黑龙江区域经济的影响；陈霞和姜玉洪（2014）[10]对冰雪文化的发展与创新进行了深入分析；连洋（2015）[11]针对北方地区，分析了冰雪文化对北方城市冰雪经济发展的促进作用；张贵海（2017）[12]基于"一带一路"的战略，阐述了中俄冰雪产业的国际合作构想等。

综上所述，冰雪经济研究已经引起越来越多相关学者的关注，对冰雪经济发展研究的热情与日俱增，这对冰雪旅游经济的建设与发展起到了很好的导向与借鉴作用。但对冰雪经济研究更多基于宏观、中观层面的理论分析与探讨，从微观企业出发，分析冰雪经济价值的真正创造与实现载体的具体研究十分有限，将微观企业行为与地区冰雪经济发展相结合的研究更是缺乏。本研究从微观企业管理行为出发，研究管理控制系统的科学构建对促进黑龙江地区冰雪经济的影响，对冰雪经济研究是一个有益补充，对相关交叉领域研究提供借鉴，对冰雪行业企业管理水平的提升指明方向。

三、构建企业管理控制系统与发展黑龙江冰雪经济的关系

现代企业的科学管理离不开管理控制。管理控制是管理者通过影响组织中其他成员以实现组织战略的过程[13]。在一个组织内部通常存在多个管理系统，管理控制系统是诸多管理系统中的一个非常重要的系统，其基本目的是通过管理控制使组织的战略被执行，进而实现组织目标。科学构建管理控制系统是促进企业实现目标的有效保障，是促进冰雪产业扩量升级的基本要求，更对推动龙江冰雪经济快速发展具有重大意义。因此，科学构建企业管理控制系统对发展黑龙江冰雪经济十分必要，其重要性主要体现在以下三个方面。

（一）科学构建管理控制系统以完成龙江冰雪经济目标

黑龙江冰雪经济目标依托于冰雪产业的进步与发展，冰雪企业是实现冰雪产业升级进步的基础，冰雪企业的做大做强不仅依托于企业的良好经营，更要有先

进的管理控制系统做保障，因此科学、合理地构建管理控制系统既是实现冰雪企业管理控制目标和促进冰雪企业目标完成的必要环节，更是促进冰雪产业升级进步，以及冰雪经济发展目标完成的重要保障。

近年来，黑龙江省委、省政府高度重视冰雪旅游产业的发展，提出冰雪旅游产业发展目标，以 2022 年北京冬奥会带动 3 亿人上冰雪为契机，努力打造成为中国冰雪旅游首选目的地、冰雪人才培养高地、冰雪装备研发制造基地和冰雪经济强省，巩固黑龙江省在中国冰雪旅游产业的龙头地位，进而成为国际冰雪旅游的重要目的地①。冰雪企业应以黑龙江冰雪经济的发展目标为最高要求，构建并完善企业自身的目标体系。

在企业中，管理控制的目的是使战略得以执行，从而实现组织的目标[14]。由此可见，企业管理控制系统的构建以实现组织目标为根本，是与企业目标相一致的。因此，科学构建冰雪企业管理控制系统的最根本目的是促进组织目标实现的有力保障，是促进黑龙江地区冰雪产业升级的推动力，也是实现龙江冰雪经济发展目标的坚实基础。

（二）科学构建管理控制系统以提高龙江冰雪经济效率

龙江地区冰雪经济的有效性依赖相关行业、产业的企业经营运作有效性。企业的管理控制目标是通过企业的经营有效性和作业有效性，从而保证企业的战略被执行，使企业的战略目标得以实现。所以，科学构建企业的管理控制系统对促进黑龙江冰雪经济效率的稳步提升提供了有力保障。

科学构建管理控制系统要遵循战略导向性原则、全面性原则、系统性原则和成本—效益原则等。首先，企业构建管理控制系统应当以战略为导向，从企业的使命、愿景与价值观开始，建立完整的管理控制系统，以持续创造企业价值为基础，促进企业的健康、稳定、可持续性发展。其次，企业构建管理控制系统应当贯穿企业经营管理的全过程，如预测、决策、计划、执行、控制、分析、评价、激励等。再次，企业构建管理控制系统应当根据关键要素设计每个程序步骤，并将其进行合理安排，实现所有程序步骤的有机整合，使之形成一个完整的控制系统。最后，企业构建管理控制系统还应当权衡实施成本和预期效益，以适当的成本实现有效控制，要坚持企业管理控制目标与企业经营管理目标相一致，确保企业经营的有效性。因此，科学构建管理控制系统对企业实现规模经济，促进冰雪

---

① 东北网．黑龙江努力打造中国冰雪经济强省和国际冰雪旅游重要目的地．http：//www.hlj.gov.cn/，2018，1，17．

企业"做大做强做优"十分重要,从而对促进冰雪产业结构升级,对黑龙江地区冰雪经济的高效发展均具有很强的推动作用。

(三) 科学构建管理控制系统以实现龙江冰雪经济效益

龙江冰雪经济效益的实现依赖于龙江地区冰雪经济企业经营成果的实现,实施管理控制的目的就是确保企业的资本保值增值,科学构建管理控制系统是为了促进管理控制实施的有效性,也是促进企业经营成果顺利实现的有效途径。

与传统的管理方法不同,现代管理控制系统体现了全过程控制理念,过程管理控制通常以系统论、信息论和控制论为理论基础,对企业的经营管理实施完整的事前控制、事中控制和事后控制等控制流程。现代企业管理控制系统的构建以目标管理控制为出发点,以作业管理控制、质量管理控制和责任管理控制等为基本内容,以价值链管理为重点,体现了战略管理控制观,更有利于及时处理经营业务问题,并能够有效提高企业的经营管理水平。

可见,从系统观出发,形成企业的管理控制整体框架符合现代企业基本经营理念,在冰雪企业中构建管理控制系统需要将企业的产品研发、生产、购销、质量管控等主要经营业务按照一定的方式构成过程网络系统。根据企业的自身特点及经营管理需要,企业的管理控制系统可以由若干业务管控的子系统按一定方式组合而成。在实施管理控制的过程中,企业应运用一定的科学技术与方法,制定合理计划与最优的控制方案,对企业的生产、营销、财务、人力资源等业务的执行情况进行及时反馈、控制与协调,以确保企业实现经营成果的同时,更促进龙江冰雪经济效益得以顺利的实现。

四、企业管理控制系统的科学构建——基于发展龙江冰雪经济的视角

如上分析,科学构建管理控制系统对完成冰雪企业经营目标,促进冰雪产业经济升级,以及实现冰雪经济发展目标均具有十分重要的意义。在黑龙江地区的冰雪企业中科学构建管理控制系统应主要体现在以发展龙江冰雪经济为宗旨,以合理配置龙江冰雪资源为原则,以推动龙江冰雪产业升级为导向等几个方面。

（一）以发展龙江冰雪经济为宗旨，基于管理会计构建管理控制系统

宏观经济环境对企业的发展具有重要影响，企业的发展愿景应以服务国家（或区域、地区）经济为宗旨，确定企业的发展战略，使企业的发展与宏观经济发展协调一致。基于发展龙江冰雪经济的视角，黑龙江地区的冰雪企业发展战略应以发展冰雪经济为最高目标。企业战略目标为管理控制提供了导向，会计信息系统是管理控制的重要信息来源，因此，在冰雪企业中科学构建管理控制系统，应以发展龙江冰雪经济为宗旨，基于管理会计信息系统来构建。

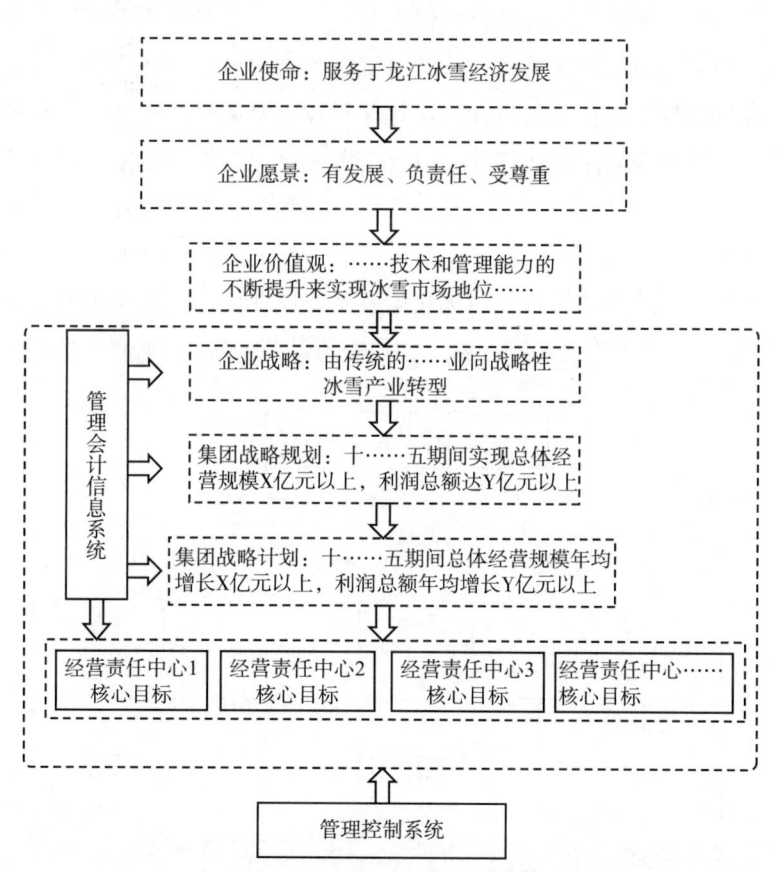

图 1　以龙江冰雪经济发展为宗旨构建管理控制系统

如图 1 所示，冰雪企业的使命应以服务于龙江冰雪经济发展为宗旨，树立有发展、负责任、受尊重的可持续发展型企业愿景，进而明确企业的发展价值观，如同通过提升技术和管理水平而实现冰雪市场地位。同时，依托管理会计信息系

统，进一步将企业的战略目标体系具体细化，并将其在各个经营责任中心中进一步细分，为企业管理控制系统的构建提供清楚、明晰的目标导向。冰雪企业管理控制系统的构建应建立在上述目标体系基础之上，使企业的管理控制目标最终与冰雪经济的发展目标相一致，为确保冰雪企业经营目标实现，为促进冰雪企业服务黑龙江冰雪经济发展提供保障。

（二）以龙江冰雪资源优化配置为原则，基于控制要素设计管理控制程序

发展冰雪经济，黑龙江地区有资源优势，有历史底蕴，有产业基础，"绿水青山是金山银山，冰天雪地也是金山银山"的思辨科学论断为龙江振兴发展指明了一条发挥资源优势的现实路径。从冰雪资源大省向冰雪经济强省迈进是黑龙江发展冰雪经济的现阶段任务与目标，优化配置冰雪资源是实现这一目标的有效途径，冰雪企业管理控制系统的构建要以冰雪资源优化配置为原则，在基于管理控制要素的基础上，结合管理流程，整合管理控制程序，促进管理控制系统的进一步健全与完善。

如图2所示，实现冰雪资源的优化配置是发展龙江冰雪经济的有效途径，企业应以冰雪资源优化配置为原则，基于管理控制要素，结合管理基本流程合理整合

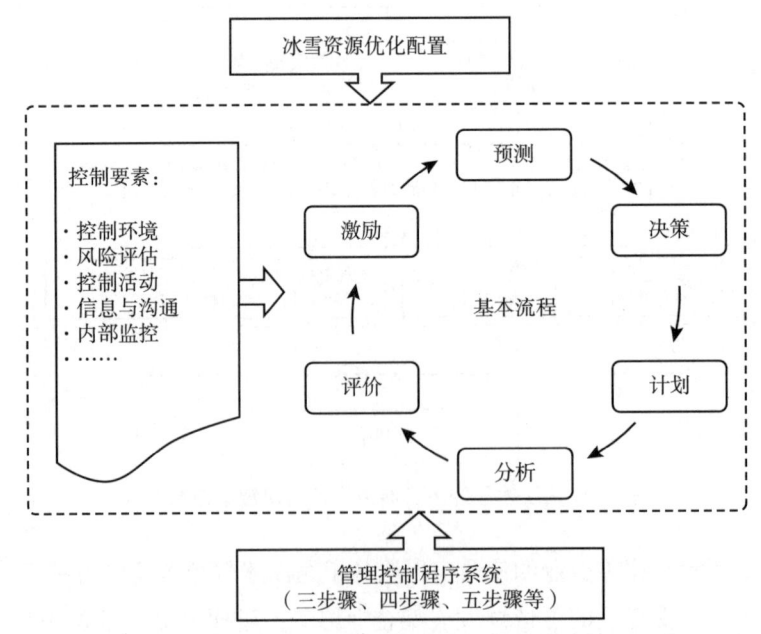

图2 以冰雪资源优化配置为原则设计管理控制程序系统

管理控制程序。管理控制要素应反映管理控制的目的、实质和程序，与管理控制程序整合在一起，为管理控制程序系统的设计提供了理论依据与可行性参考。以预测、决策、计划、分析、评价、激励等环节构成的管理流程体现了管理的基本职能，为管理控制程序系统的构建提供设计思路。冰雪企业的管理控制程序系统建设应该以冰雪资源的优化配置为基本原则，基于控制要素，结合企业经营管理的需要设计管理控制程序系统，如三步骤控制程序、四步骤控制程序、五步骤控制程序等。

（三）以推动龙江冰雪产业升级为导向，基于企业环境选择管理控制模式

"从推动振兴发展的战略高度，科学谋划冰雪经济，发展壮大冰雪产业……营造发展冰雪经济的浓厚氛围，加快建设冰雪经济强省"[①] 是黑龙江冰雪经济的发展要务，通过冰雪产业扩量升级做大做强冰雪经济是加快冰雪经济发展进步的有效途径。龙江冰雪企业要以推动冰雪产业升级为导向，结合企业环境（包括内部环境、外部环境）和自身需求，基于企业特征选择管理控制模式，使管理控制系统在企业经营管理的过程中能够行之有效。

如图3所示，促进龙江冰雪经济发展，推动冰雪产业扩量升级是现阶段黑龙江地区冰雪企业所处的现实环境，相关企业应以此为导向，实现规模经济。企业应科学地综合使用分析工具，如SWOT分析、波特五力分析等分析企业的外部环境和内部环境影响因素，判断企业的资源优势，结合自身特征形成核心竞争力。在此基础上，企业应根据自身情况（如企业架构、组织结构、企业文化等），基于经营管理（如经营水平、发展阶段、管理特征等）的需要，合理选择管理控制模式，这既是企业有效实施管理控制的前提，更是企业提高管理水平的关键。例如，企业可以选择集权式管理控制模式进行统一的管理控制，或者选择分权式的控制模式进行分散的管理控制，抑或对处于更复杂环境情况下的大型企业（如企业集团）来说，可以综合选择集权与分权相结合型的管理控制模式。

---

① 人民网．王宪魁：推进冰雪产业深度融合发展，加快建设冰雪经济强省．http：//hlj. people. com. cn/，2018，01，16.

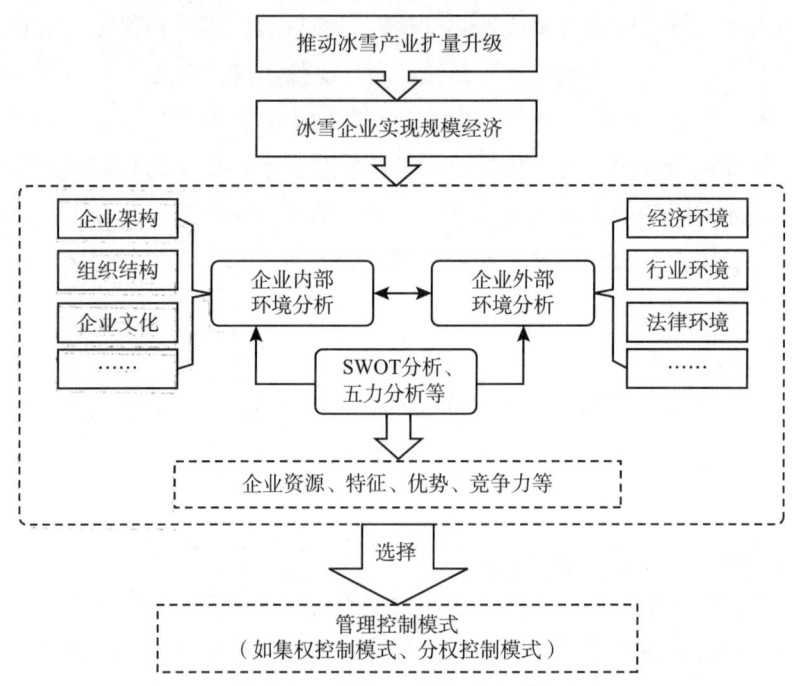

图3 以推动冰雪产业扩量升级为导向选择管理控制模式

五、结论

黑龙江发展冰雪经济需要依靠冰雪产业的扩量升级,冰雪企业的发展壮大是推动冰雪产业升级的坚实基础,管理控制系统的科学构建是企业做大做强做优的有力保障,因此,科学构建管理控制系统是提高冰雪企业管理水平,实现企业经营业绩,促进冰雪产业优化升级以及龙江冰雪经济发展进步的有效途径。由上述分析可见,在龙江地区的冰雪企业中科学构建管理控制系统应做到以下几点:首先,以发展龙江冰雪经济为宗旨,基于管理会计信息系统构建管理控制系统;其次,以优化配置龙江冰雪资源为原则,基于控制要素设计管理控制程序;最后,以推动龙江冰雪产业升级为导向,基于企业环境特征选择管理控制模式。综上,发挥企业管理控制有效性,创新企业运行体制机制,提高企业管理水平,对提高市场化运营水平,加快资源资产优化整合,培育壮大市场主体,全面提升冰雪产业专业化、市场化、规模化水平有着重要而深远的现实意义。

参考文献

[1] Michael J. Etzel and C. R. Michael Parent. Advertising strategy in tourism:A

case study in the ski industry［J］. Annals of Tourism Research, 1978, 5（1）: 179.

［2］Richards G.. Skilled consumption and UK ski holidays［J］. Tourism Management, 1996, 17（1）: 25 - 34.

［3］Flagestad A., Hope C A.. Strategic success in winter sports destinations: a sustainable value creation perspective［J］. Tourism Management, 2001, 22（5）: 445 - 461.

［4］Needham M. D., Rollins R. B.. Interest group standards for recreation and tourism impacts at ski areas in the summer［J］. Tourism Management, 2005, 26（1）: 1 - 13.

［5］曹继宏. 滑雪旅游目的地产品服务组合差异化探讨［J］. 商业经济, 2006（7）: 108 - 109.

［6］柴寿升, 付艳慧, 郭晶. 旅游目的地竞争力构成要素分析——以滑雪旅游为例［J］. 中国海洋大学学报（社会科学版）, 2009, 2009（3）: 61 - 64.

［7］赵美嘉, 蔡德发. 促进龙江冰雪旅游产业发展对策研究［J］. 对外经贸, 2013（9）: 69 - 71.

［8］冯文丽. 大力推进京津冀冰雪产业发展［J］. 经济与管理, 2017, 31（2）: 11 - 13.

［9］朱馥萍. 冰雪经济对黑龙江省区域经济的影响［J］. 商业经济, 2008（3）: 11 - 12.

［10］陈霞, 姜玉洪. 冰雪文化发展与创新探析［J］. 学术交流, 2014（7）: 208 - 212.

［11］连洋. 冰雪文化对北方城市发展的作用［J］. 学术交流, 2015, No. 254（5）: 214 - 218.

［12］张贵海. 基于"一带一路"战略下中俄冰雪产业国际合作研究［J］. 商业经济, 2017（7）: 1 - 4.

［13］Anthony. Method In Translation History［M］. St. Jerome, 1998.

［14］张先治. 基于管理控制程序的管理控制系统［J］. 财务与会计, 2003（11）: 21 - 23.

Construct Management Control System of Enterprise Scientifically and Prompt the Healthy Development of Ice and Snow Economy of Heilongjiang Province

Cui Ying   Zhang Lin

Abstract: The development of ice and snow economy is depended on ice and snow industry, which is the local resource of Heilongjiang province. Ice and snow industry, as a new industry and locally special resource, is important to revitalize the economy of Heilongjiang province. Scientific management control system can support high level of management and provide efficient management in order to achieve the operating goals of enterprises. Constructing the management control system in enterprises scientifically, which is based on the goal of ice and snow economy of Heilongjiang province, is not only an effective way for enterprises and ice and snow economy becoming bigger and stronger, but also a good method for ensuring the expanding and updating the ice and snow industry in Heilongjiang province.

Keywords: Management Control System; Ice and Snow Economy; Ice and Snow Industry

黑龙江省冰雪旅游产业可持续发展研究

朱正杰 汤姿[*]

摘要：冰雪旅游在黑龙江省旅游业发展中起着举足轻重的作用。通过对黑龙江省冰雪旅游产业发展优势及现状分析，发现黑龙江省冰雪旅游发展存在着产业集群动力不足、区域品牌效应差、客源市场结构不合理、配套服务水平较低等问题。应从培育冰雪旅游产业集群、整合冰雪旅游资源品牌、建设冰雪旅游市场体系、加强冰雪旅游"软环境"建设等方面促进黑龙江省冰雪旅游产业可持续发展。

关键词：冰雪旅游；可持续发展；黑龙江省

2018 年 2 月 25 日，韩国平昌冬奥会闭幕式上，伴随着《2022 相约北京》的表演，冬奥正式进入了"北京时间"，我国冰雪运动及冰雪经济将迎来前所未有的发展机遇，实现"三亿人上冰雪"的目标。"千里冰封，万里雪飘"，说到黑龙江省，人们往往想到冰天雪地、热炕、二人转、猪肉炖粉条，仿佛只有这些才是黑龙江省的代名词，去黑龙江省旅游也仅仅是为了见识这些，其实不然。黑龙江省旅游以汉文化为主题，融合了满族、蒙古族、朝鲜族、俄罗斯族等民族民俗风情，森林、冰雪、火山、地下湖、边境等都是吸引游客的亮点。黑龙江省以"两座金山银山"为抓手，通过供给侧结构性改革加快冰雪产业转型升级。2018 年春节黄金周期间，共接待游客 1 122.7 万人次，实现旅游收入 136.32 亿元，实现从"冷资源"到"热经济"的转换（新华网，2018）[1]。在全国上下大力推进冰雪产业发展的背景下，黑龙江省应依靠自身的地域文化、地理资源，造就冰雪旅游产业发展的大格局，实现冰雪产业可持续发展的目标，从而将冰雪产业培育

---

[*] 朱正杰（1980~ ），女，黑龙江哈尔滨人，哈尔滨商业大学旅游烹饪学院，副教授，硕士。研究方向：旅游经济，E-mail：46652953@qq.com。
汤姿（1980~ ），女，吉林白城人，哈尔滨商业大学旅游烹饪学院，副教授，博士。研究方向：生态旅游，E-mail：85103744@qq.com。

成黑龙江省经济新兴增长点。

一、黑龙江省冰雪旅游产业开发优势

（一）自然资源优势突出

黑龙江省具有得天独厚的地域条件，大自然赋予了丰富的冰雪资源和优越的地理资源。地处北温带，拥有季节性冰雪资源，结冰积雪期可达4至5个月之久。冬季漫长而寒冷，一月平均气温可达 -30.9℃ ~ -14.7℃，雪期在120天左右；大小兴安岭、张广才岭、完达山等山地面积约占总土地面积的58%，山体高度一般在300~1 000m，山地高度适中，坡度平缓，冬季雪量大、雪期长、雪质好，生态环境好，为滑雪等冰雪旅游活动提供了良好的地域资源；松花江、牡丹江、嫩江为冰雪雕制提供了丰富的物质资源；祖祖辈辈在冰雪环境劳作和生活的各民族，创造了独特的民俗和人文资源。

（二）冰雪文化深入人心

冰雪文化指在冰雪自然环境中生活的人们，为了求得生存和发展，在同寒冷的气候、冰雪环境的斗争中，逐渐创造出的具有独特文化情境、模式的"生存式样"系统。其内容包括冰雪艺术、冰雪科学、冰雪运动、冰雪经贸、冰雪饮食、冰雪商品等。自古以来，黑龙江人就积累了利用冰雪资源为自己生活服务的经验。他们利用牲畜或人拉的爬犁在雪地上进行运输，利用冰雪储存食物；在野外宿营时以雪造屋防寒取暖；用桶、盆冻冰制作冰灯。黑龙江人对冰雪资源的开发是从生产及生活两个方面展开的。一是利用冰雪资源生产淡水服务于生产、生活，如灌溉草原、农田以及饮用。二是利用冰雪提供的条件，借助于一定的设施、工具，从事冰上、雪上交通运输。生活在东北地区的赫哲人，在元朝时期就开始利用狗拉爬犁作为冰雪季节的交通工具。三是利用冰雪为材料，建筑临时或长期性住屋，如鄂伦春族在冬季外出打猎挖雪屋过夜的做法也有较长的历史。与此同时，作为对冰雪资源进行文化开发的另一种形式，冰雪艺术也深入人心，即在生产、生活实践中创造出了具有民间艺术性质的简单冰雪艺术。如以水为原料，用桶、盆等器皿，将水冻成空心的冰罩，制成冰罩灯；或用雪堆成雪人、雪像等。

二、黑龙江省冰雪旅游产业发展现状

（一）政策支持力度大

黑龙江省将冰天雪地作为产业转型的重要资源契机，在工业产业向第三产业转变中利用国家良好政策基础，加大力度投入冰雪旅游的发展。黑龙江省政府在进行冰雪旅游产业结构调整时，依"供给侧结构性改革"思维推进冰雪旅游业发展，从提高供给质量出发，在增加投资过程中优化产业结构，将冰雪旅游产业打造成全省旅游的主导产业，全面优化产业结构和各个产业的协同发展。

（二）产品类型丰富

冰雪旅游项目是冬季旅游项目的主要构成部分，也是所有冬季冰雪体育旅游的重要载体，各种冰雪休闲娱乐、体育项目具有很强的体验性、观赏性和娱乐性。丰富多彩的休闲娱乐项目能够让游客深度体验和理解冰雪的乐趣和冰雪文化的内涵。目前，黑龙江省依托自然及文化优势，已形成较为完备的冰雪旅游产品产业链条，各区域结合自身文化特点开发了丰富的冰雪活动项目，已形成七个类型近四十大项产品体系（见表1）。目前黑龙江省滑雪产业在国内已形成强势，截至2017年年底，全省已建成124家滑雪场，居全国之首（凤凰网，2018）[2]。哈尔滨国际冰雪节、哈尔滨太阳岛雪博会、佳木斯国际泼雪节等冰雪节庆活动具有一定国际知名度。

表1　　　　　　　　　　黑龙江省冰雪旅游活动类型

类型	旅游项目
观赏型	冰灯，冰雕，雪雕，冬泳，冰雪文艺演出，冰雪电影艺术节，摄影比赛
娱乐型	坐冰帆，打冰橇，打滑梯，坐雪地摩托，坐狗拉爬犁，打冰夯，划冰舢板，滑雪圈
游览型	坐马爬犁，乘直升机，坐热气球，观雾凇，林海雪原行
竞赛型	滑冰，滑雪，冰球，冰壶，雪地足球
民俗型	冰雪婚礼，住别墅、蒙古包，东北大秧歌，冬季狩猎

续表

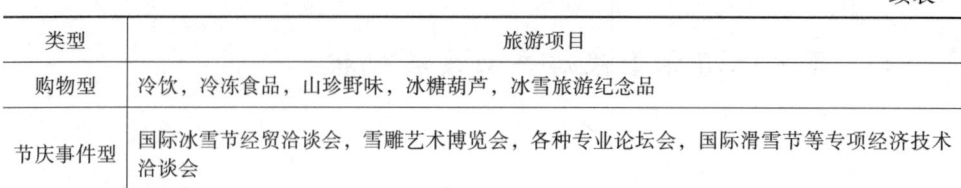

类型	旅游项目
购物型	冷饮，冷冻食品，山珍野味，冰糖葫芦，冰雪旅游纪念品
节庆事件型	国际冰雪节经贸洽谈会，雪雕艺术博览会，各种专业论坛会，国际滑雪节等专项经济技术洽谈会

三、黑龙江省冰雪旅游产业发展中存在的问题

（一）产业集群动力不足

目前，黑龙江省的冰雪旅游呈现"规模不经济"的状态。冰雪旅游产品本身具有很大的相似性，黑龙江省目前的旅游冰雪产品开发也出现盲目效仿的问题，造成冰雪旅游产品重复开发，缺乏特色。全省冰雪旅游空间分布不平衡，这与冰雪旅游开展所需要的气候条件关系密切。需要在现有的冰雪旅游空间分布格局基础上，重新调整各区域的发展侧重点，解决目前冰雪旅游产品重复分布、无序竞争的局面，进而提升其区域经济整体效应。

（二）区域品牌效应差

黑龙江省冰雪旅游资源经过多年的发展，成功地开创出了"龙江冰雪"品牌，并创造出了大批冰雪旅游精品，在国内占据重要的市场份额，并在国际上产生了一定的反响。与此同时，黑龙江省冰雪旅游也存在着部分冰雪旅游产品形式单一，档次较低，旅游服务滞后的问题。在部分区域的冰雪旅游产品开发中，出现无序竞争、管理混乱的现象。这些问题成为黑龙江省冰雪旅游快速发展的制约因素，因此，急需冰雪旅游资源品牌的整合。目前，黑龙江省冰雪旅游存在激烈竞争，而竞争的结果主要是前两种，即：一些没有经过论证盲目建设的小型滑雪场在竞争中无法立足而退出市场，造成了资源的浪费；那些条件较接近的冰雪旅游企业通过降价等措施争夺客源，造成冰雪旅游收益的降低和服务水平的下降，严重阻碍了旅游经济效益的提高。

（三）客源市场结构不合理

黑龙江省冰雪旅游市场的主体仍然以国内市场为主，冰雪旅游国内一级市场是距离黑龙江省最近的经济发达的京津冀地区，国内二级客源市场是珠三角和长三角地区，国内三级市场是其他省区。在这三级客源市场中，本地的客源市场是实现冰雪旅游可持续发展的关键和主要推动力量，但并没有得到充分开发。黑龙江省冰雪旅游的国际旅游市场主要是东北亚地区的俄罗斯、日本、韩国、蒙古等国家以及我国港澳台地区。国际冰雪旅游客源市场仍然以地缘上最为接近的东北亚地区为主，主要包括俄罗斯、日本、韩国和蒙古。黑龙江省冰雪旅游对这些地区的冰雪旅游者最大的吸引力就是距离成本较小，并且相对于欧美国家冰雪旅游的费用较低。港澳台地区冰雪旅游客源市场是黑龙江省冰雪旅游的又一个重点。这部分冰雪旅游者与珠三角的游客有很多相似的地方，其发展对黑龙江省冰雪旅游市场意义重大。目前，黑龙江省冰雪旅游的国际市场没有得到有效开发，冰雪旅游国际旅游需求和旅游收入在冰雪旅游中比例都较低，这影响了冰雪旅游在出口创汇方面的经济效应。

（四）配套服务水平较低

黑龙江省滑雪场的建设是超常速发展起来的，与国外冰雪旅游发达地区相比，滑雪旅游的硬件服务设施不配套，服务不规范。由于滑雪旅游的特点，在整个旅游过程中经常出现业务交接不畅，滑雪旺季经常出现游客在接待大厅滞留的现象，这与滑雪场业务流程不够简捷、顺畅直接相关。黑龙江省冰雪旅游配套服务的水平低下影响了旅游者对于冰雪旅游的体验效果，导致冰雪旅游的重游率下降，对冰雪旅游的经济效应产生负面影响。专业人才的缺乏也导致服务水平低下、游客旅游体验满意度低，懂专业又懂服务的高层次专业人才的缺乏成为冰雪产业发展中的制约瓶颈。

四、黑龙江省冰雪旅游产业可持续发展的对策

（一）培育冰雪旅游产业集群

1. 建立冰雪旅游核心企业群

在旅行社、旅游饭店、餐饮企业、旅游景区和旅游商品销售等部门选择品牌

企业，建立有核心竞争力的冰雪旅游核心企业群。在这个过程中可以通过兼并和收购等方式，组建若干冰雪旅游企业集团，扶植其成为品牌化、规模化和国际化的冰雪旅游主力军，通过这些大型的冰雪旅游企业集团的发展，充分发挥其产业关联效应，提高对其他旅游相关企业的带动作用，带动黑龙江省冰雪旅游业的整体发展，从而实现冰雪旅游经济效应的不断增强。

2. 建立冰雪旅游辅助产业群

冰雪旅游产业集群的建立，为冰雪旅游产业提供硬件支撑的基础设施相关部门和软件支撑的信息咨询、银行保险、公共服务、卫生体育、艺术文化等部门。通过邮电通信等基础设施部门相关企业的集群可以对冰雪旅游产业的发展提供良好的发展环境和物质条件（阚军常等，2016）[3]。同时，加强冰雪旅游信息化建设，如旅游电子商务和旅游咨询信息系统的发展可以为冰雪旅游开展提供准确、全面的信息服务。通过以上冰雪旅游辅助产业群的建设，可以为冰雪产业核心旅游企业提供强有力物质和环境保障。

3. 建设冰雪旅游产业"智力"服务体系

强大的冰雪旅游骨干企业集团和良好的冰雪旅游辅助产业群还需要旅游行业协会、旅游培训部门等"智力"服务体系，共同为旅游者提供高质量的服务。旅游行业协会可以协助冰雪产业集群内的相关企业对市场需求做出分析和预测并提供最新的行业发展数据和信息，旅游培训部门可以在人才培养时加强冰雪旅游相关的培训，为冰雪旅游企业提供所需合格人才。

（二）整合冰雪旅游资源的品牌

1. 整合滑雪休闲度假旅游产品

构建满足不同细分市场需求的不同档次规模的滑雪旅游产品体系，继续巩固黑龙江省在国内滑雪市场的龙头地位，不断扩大在国际上的影响力和号召力，通过打造黑龙江省亚布力滑雪度假区为主的滑雪旅游度假景区体系，使其竞技和旅游功能得到充分发挥。同时，进一步扩大冰雪运动基地规模、提升层次。

2. 整合节庆冰雪旅游品牌

黑龙江省的"哈尔滨冰雪节"和"哈尔滨冰灯艺术博览会"是我国举办最

早的冰雪旅游节庆活动。以此为契机，近年来，各地市纷纷举办各种类型的冰雪节、冰灯游园会等活动，吸引了大量游客。同时，将冰雪节庆与经贸洽谈相结合，提升了冰雪节庆的经济功能和节事活动的档次。

3. 整合冰雪观光旅游品牌

冰雪旅游观光类产品主要有冰灯、冰雕、雪雕等，其中在特定气候和地形条件下才能形成的雾凇，在黑龙江省冰雪观光产品中最具特色。在不同地域根据原有冰雪旅游发展基础和条件，重点打造哈尔滨的"冰"、牡丹江的"雪"、库尔滨"雾凇"、万达城"室内冰雪"等观光型冰雪旅游品牌。同时，注意与雪地摩托、滑道、冰帆、索道、雪地高尔夫等娱乐休闲型冰雪旅游产品的结合，提高冰雪观光旅游品牌的参与度，提高体验性。

4. 整合冰雪民俗文化旅游品牌

黑龙江省广泛分布着众多少数民族如满族、朝鲜族、鄂伦春族等，特色鲜明的少数民族风情成为冰雪旅游中重要的民俗旅游资源，如冰雪捕鱼节上萨满教的祭祀表演。北方少数民族特有的热情奔放的民俗风情与冰雪旅游相结合形成黑龙江省冰雪旅游一大特色（张娜等，2017）[4]。另外，黑龙江省冬季特有民俗美食如"冰糖葫芦"等也对游人具有较大吸引力。因此，黑龙江省在冰雪旅游发展中要重视民俗文化的发掘和融合，形成冰雪民俗文化品牌。

（三）建设冰雪旅游市场体系

1. 延伸冰雪产业链条

目前，黑龙江省的冰雪旅游业的产业关联系数较小，说明冰雪旅游对其他相关产业的带动力度不够。通过延伸冰雪旅游产业链条，提高冰雪旅游与其相关产业的关联性是目前冰雪旅游经济效应提升的一个关键环节。大力发展冰雪运动相关的装备制造业，开发先进的冰雪旅游运动器具、索道、造雪和压雪设备，加强冰雪运动的专业服装、防寒保暖产品和冰雪旅游纪念品等的研发，在引进和吸收国外冰雪运动相关产品的先进生产经验的基础上，通过延伸冰雪旅游的产业链，充分发挥冰雪旅游产业的关联效应，从而实现提高冰雪旅游经济效应的目标。

2. 完善冰雪旅游市场营销体系

准确的市场定位为冰雪旅游市场营销提供了良好的基础，综合发挥各种营销方法的优势,针对不同的细分市场,运用有针对性的营销方式。其中,尤其要加强网络营销的力度。对于目前已经具有一定规模和良好基础的具有地方特色的冰雪旅游活动,通过联合营销的方式,实现各冰雪旅游地区的互相促进,取得综合旅游经济效益。全省建设统一的冰雪旅游数据库,实现冰雪旅游相关信息的实时更新和信息共享,加强冰雪旅游电子商务平台建设,从而实现冰雪旅游服务信息咨询的网络化、数字化和标准化(刘国民和张彩云,2018)[5]。国外有专门的机构提供滑雪旅游方面的天气、交通等资讯,并设计滑雪旅游线路和滑雪旅游计划,国内缺乏提供这种冰雪旅游综合服务的专业化信息公司,这可以作为未来冰雪旅游市场营销的一个重要发展方向。

(四)加强冰雪旅游"软环境"建设

1. 发挥政府的服务、管理和政策导向职能

完善健全冰雪旅游发展的相关法规、政策。通过制定相关优惠政策,加大对冰雪旅游业的扶持力度。在冰雪旅游景区建设中,鼓励多渠道投资,确保投资者的利益。打破行政壁垒,实现冰雪旅游在黑龙江省发展空间一体化和管理制度一体化。将冰雪旅游业作为黑龙江省经济一体化发展的先导领域,在全省建立旅游协调机制。加强区域合作,协调解决跨区域旅游品牌共建中出现的问题,打造"无障碍大冰雪旅游区"。

2. 加强冰雪旅游专业人才的培养

通过成立专门的冰雪运动教练员的培训机构,并进行规范的等级认证,在培训冰雪运动业务能力的同时,注重职业道德的培养和提高。在现有的体育院校设置冰雪运动的相关专业,并加强实践教学环节,推动校企联办,培养的人才不仅精通相关的体育知识,更能熟悉冰雪运动场馆的管理及冰雪运动设施器材的维护。强化冰雪旅游的专业人才培养,确保冰雪旅游业服务管理档次和水平的提高。

3. 提高冰雪旅游服务水平

通过建立信息反馈机制,搜集冰雪旅游的游客对旅游产品及服务的满意度及产品需求等信息来帮助冰雪旅游企业有效实施改进措施,从而提高冰雪旅游产品和服务质量,更好地满足冰雪旅游者的需求。

4. 健全冰雪旅游安全与质量保障体系

建立灾害天气预警和冰雪旅游的异地理赔系统，使客在冰雪旅游的过程中享受便捷的服务。建立联合救援体系，保障游客的人身财产安全。建立规范清晰的业务流程，可以使游客享受到顺畅、便捷的服务。如滑雪旅游的过程中涉及许多交接工作，如果有清晰的业务流程就可以保证游客即使在滑雪旅游旺季也不会在接待大厅出现滞留现象。

"变冷为宝、点冰成玉、化雪成金"，黑龙江省依靠自身的地域文化、地理资源，大力发展冰雪旅游产业，实施产业结构调整，造就冰雪产业的大格局，发挥其牵动作用，促进相关行业的发展，是拉动国民经济增长，促进老工业基地经济振兴的重要举措。在已取得上述成果的基础上，深入地进行冰雪文化的社会学、文化学、经济学的研究与实践，进而以科学理论为指导，实行冰雪旅游的可持续发展战略，让冰雪旅游产业在国民经济的增长中发挥更大的拉动作用、促进作用，实现"冰天雪地，金山银山"的奋斗目标。

参考文献

[1] 新华网. 黑龙江："冷经济"热起来 [EB/OL]. http：//www.xinhuanet.com/2018－03/04/c_1122484361.htm，2018－03－04.

[2] 凤凰网. 2017年中国滑雪产业白皮书发布 [EB/OL]. http：//wemedia.ifeng.com/46620803/wemedia.shtml，2018－01－25.

[3] 阚军常，叶海波，张莹. 基于产业集群的我国滑雪旅游产业结构优化的动力机制研究 [J]. 冰雪运动，2016，38 (6)：52－57.

[4] 张娜，于洁，朱正杰，等. 文化力推动黑龙江省冰雪旅游品牌整合研究 [J]. 边疆经济与文化，2017 (2)：1－3.

[5] 刘国民，张彩云. "互联网＋冰雪旅游"产业发展路径选择——以黑龙江省为例 [J]. 学习与探索，2018 (1)：130－134，176.

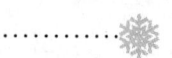

Study on the Sustainable Development of Ice-snow Tourism Industry in Heilongjiang Province

Zhu Zheng-jie   Tang Zi

Abstract: Ice-snow tourism plays an important role in the tourism industry in Heilongjiang province. This paper analyzed the development advantages and current situations of ice-snow tourism industry in Heilongjiang Province. Then some problems were found, such as insufficient power of industrial cluster, poor regional brand effect, unreasonable structure of customer market, and lower level of supporting service. Corresponding measures should be adopted to promote the sustainable development of ice-snow tourism in Heilongjiang Province, such as cultivation of ice-snow tourism industry cluster, brand integration of ice-snow tourism resources, construction of ice-snow tourism market system, and improving of "soft environment" of ice-snow tourism.

Keywords: Ice-snow Tourism; Sustainable Development; Heilongjiang Province

黑龙江省冰雪"体育+文化"产业融合发展研究

崔春山　丁宝震[*]

摘要：近些年我国大力推动冰雪产业的发展。在黑龙江省，冰雪体育产业和冰雪文化产业作为冰雪产业的主要组成部分，在地方政府的扶持下得到了迅速的发展。体育产业是文化产业的另一种表现形式，不难发现两者之间有着共通的地方，但体育产业和文化产业一直没有相互融合发展。而本文正是以体育产业与文化产业为出发点，在新时期下进行体育产业与文化产业融合发展研究。

关键词：冰雪产业；体育产业；文化产业

随着我国冬季竞技体育的长足进步，冬季体育文化产业的发展也逐渐受到了人们的关注，2014年北京—张家口联合申办2022年冬季奥运会再次把我国冬季体育文化的发展提上了冬季体育发展的议事日程。2022年，北京获得第24届冬奥会的举办权，不仅是因为具有先天优越的气候条件以及中国强大的冰雪运动积淀，其悠久与深厚的冰雪文化也是其中一个非常重要的因素。通过不断的比对、参照以往各国成功举办各种国际大型冬季运动会的经验发现，加大对冰雪体育产业和冰雪文化产业的建设、注重国家冬季文化传统的培养对于成功申办冬奥会、加快冬季体育运动可持续发展具有重要作用。

2010年3月，《国务院办公厅关于加快发展体育产业的指导意见》中指出："协调推进体育产业与相关产业互动发展。发挥体育产业的综合效应和拉动作用，推动体育产业与文化、旅游、电子信息等相关产业的复合经营，促进体育旅游、体育出版、体育媒介、体育广告、体育会展、体育影视等相关业态的发展。"2011年10月，党的十七届六中全会通过的《中共中央关于深化文化体制改革推动社会主义文化大发展大繁荣若干重大问题的决定》中明确提出："推动文化产业与旅游、体育、信息、物流、建筑等产业融合发展，增加相关产业文化含金量，

---

[*] 崔春山（1981~　），男，吉林省延吉，哈尔滨商业大学体育学院，讲师。研究方向：体育学。
丁宝震（1983~　），男，山东泰安人，硕士，讲师。研究方向为体育教育训练学。

延伸文化产业链,提高附加值。"由此可知,社会经济发展中如何将"体育+文化"融合起来并不断发展,体育产业如何增加自身的文化含量,体育产业和文化产业如何融合发展,已成为推动区域经济繁荣发展的前沿性课题。本文借鉴2022北京冬奥会经济,探讨黑龙江省冰雪"体育+文化"产业融合发展路径。

一、体育概述

(一)体育的概念

"体育"这个汉语语词来源于英语 physical educaiton。大约在1876年,日本人确定用汉字"體育"也就是身体教育或身体的教育作意译。从此,世界上出现了"体育"这个以汉字进行标识的新语词或新概念。"体育"这个新概念语词是如何传入中国的,据现知文献资料研究,比较准确的是出现在1897年,由上海南洋公学自编的教材《蒙学读本》中:"泰西之学,其旨万端,而以德育、知育、体育为三大纲。"据考,当时的《蒙学读本》的编写依据是"泰西之学",亦即英、法体系的体操教材,而非日本的教材,编写这个教材的三位青年(陈懋治、杜嗣程、沈叔逵)也不是留日学生,因此还很难说"体育"这个语词或概念完全是由日本引进的。不过,可以确定,汉语"体育"的词源是英语的 physicaleducation,意译为"身体的教育"或"身体教育",缩略为"体育",详述可参看韩丹的《对我国体育认识和概念演变之起源的探讨》。

英语 physical educaiton,是由法语 Education physique 转来的,正式出现在1808年居里安著《教育概论:身体的、道德的、知识的》(Essai genérall d Educaion:physique, morale etllec – turlle)。这明确表示,"体育"的原始本义是指教育论域的,关于身体方面的教育。所以说,体育概念所指称的客体对象,就是在教育论域中包含着的"身体的教育"这个特定方面,浓缩在"体育"这个汉语语词中的概念意义就是身体的教育这项教育活动的属性和关系(尼古拉·阿莱克塞,1974;熊斗寅,1990)[1][3]。关于"体育"的定义,这里略示若干:体育,对于人体的锻炼、养护和保健等的教导;特别是在学校或学院里,通过体操、田径等课程进行的教导(韦氏英语大辞典)。体育,为增强体质和获得增强体质的技能而进行的训练(简明不列颠百科全书)。体育是教育的一个组成部分,它要求按一定规律以系统方式,借助身体运动和自然力的影响作用于人体,完成发展身体的任务（世界体育宣言，1970）。体育是以培养健康身体为目的的教育，儿童和学生通过身体活动增强其身心（日本，广辞苑1955）。体育是促进人体全面发展的教育（布切尔，1962）。体育是通过身体活动（作为手段或媒介）进行的教育（前川峰雄，1970）。体育是凭借身体活动的教育（竹之下休藏，1970）。体育在苏联是共产主义教育的一个有机部分，也是全面发展苏联人民体育的有组织的教育过程（凯里舍夫，1956）。体育是以身体大肌肉活动为工具的一种教育（方万邦，1925）。体育二字，本为身体教育之简称。……乃以身体活动为方式之教育也（吴蕴瑞、袁效礼，1935）。辅助身体成长发达之训练，皆称体育。为中小学科目之一，分游戏、体操、运动等项，归与德育、智育并称三育（辞海，1947）。体育是指锻炼身体增强体质的教育（新华词典，1971）。以大肌肉的活动为中心，使整个机体与机能平均发展之教育（江匡时，1975）。这些定义都以不同的措辞表达了共同的认识：一、体育是教育的组成部分；二、体育的目的和任务是发展学生身体、增进技能；三、体育的手段是身体活动或身体运动（尼古拉·阿莱克塞，1974；熊斗寅，1990；韩丹，2012）[1][2][3]。

（二）体育产业的概念

体育产业，是20世纪80年代流行起来的与体育相关的复合名词之一。对于这一新兴概念，体育学术界的专家们出于不同的研究角度、研究立场、研究目的以及不同的社会背景，对其认识也就不同，并因此给了体育产业研究相关的各种概念。为了对体育产业有一个比较全面和准确的了解，现将国内学术界的讨论观点综述如下：

第一种观点认为，体育产业即体育业、体育行业。联合国于1971年公布了《全部经济活动国际产业分类标准目录索引》，1988年又重新审订公布，即通常说的联合国产业分类法。该分类法把全部经济活动分为10个大项，第9个大项是"社会团体、社会及个人服务"。"体育与娱乐"被列入其中。参照此标准，我国政府制定了《中华人民共和国标准国民经济活动分类代码》。该《分类代码》将全国经济活动分为16个门类，第12个门类是"卫生、体育、社会福利事业"。有学者认为，这样的分类说明了体育已成为一项产业，这项产业包括了经营性的、企业型的体育机构和公益性、事业型的体育机构。而与体育相关的其他产业，如体育场馆建筑，运动器械、运动服装、运动营养食品、体育报刊等，则分别归入第二产业和第三产业的其他产业之中（余保星、屈建华，2002）[4]。

第二种观点认为，体育产业是生产体育劳务的企业的集合体，不能包括上述运动器材等相关产业和体办产业，相应的，体育产品是一种非实物形态的体育劳务。因为体育以运动为基本手段，利用有关器械完成一系列动作，达到增强体质、锻炼身体的目的。由此可见，体育这种活动最终只能提供一种供观赏和消费的、无产品实体的无形"动作"，我们称为"劳务"。体育运动的结果不可能在任何意义上生产有形的产品，如运动器械、服装。因此，有学者认为，体育产品就是体育劳务。将以上这些非体育活动带来的结果人为地当作体育产品，肯定有牵强附会之嫌（余保星、屈建华，2002）[4]。

第三种观点认为，体育产业是指为社会提供体育产品的同一类经济活动的集合以及同类经济部门的总和。这里指的体育产品包括体育用品与体育服务两个部分。这里指的经济部门在我国现阶段不仅包括企业，而且包括各种从事经营性活动的其他机构（事业单位、社会团体、家庭或个人）（余保星、屈建华，2002）[4]。

（三）体育产业结构

1. 行业结构

产业的行业结构是国民经济中产业内部各生产行业之间，在社会再生产过程中相互联系、相互制约的比例关系和有机结合体。体育产业的行业结构就是按体育产品的各自生产、流通、交换、分配使用的过程中所形成的劳动形式和价值实现方式的不同而确定的有机结合体。体育产业行业结构是体育产业结构的组成部分，它反映着体育产业结构的一个方面，即体育产品和服务在不同体育行业之间相互联系的流转过程和比例关系。行业结构的形成是建立在社会分工和协作的基础上，因此，体育产业的行业结构就是体育生产和服务的社会化、专业化、协作化相互作用和发展的结果。体育产业中各行业的结构合理化对整个体育产业结构有着重要影响作用。而国民经济总体经济结构和整个产业结构的发展变化对体育产业的行业结构变动有着巨大的推动作用（丛湖平，2000）[5]。

2. 产品结构

产品结构是体育产业内部结构中最基础，最广泛的层次。由于体育产品是各种经济资源（人才资源、物质资源等）的凝结形态，它的结构变化最终能集中反映出体育产业的现时状况。体育产业的结构变动和转换，归根到底是体育产品结构的要素变动，也就是体育产品的种类、规模、质量等结构变动的结果，因此，体育产品结构的合理性是整个体育产业结构变化和发展趋势的起点和突破口。

按产品的物质形态来划分，体育产品结构存在着有形结构和无形结构之分。有形产品结构主要是以体育产品的物化形式表现。如体育用品制造业、体育建筑业、体育音像出版等提供的有形体育产品。无形产品结构以体育劳务形态来表现。如体育竞赛表演业、体育培训业、体育场地服务业、体育博彩业等提供的无形体育产品（丛湖平，2000）[5]。

3. 就业结构

就业结构是由劳动力结构和产业结构两个方面要素相结合而形成的一个可比性要素。世界各国经济发展的历史表明，劳动力作为资源，与资本有着相似之处，劳动力流向哪个产业，哪个产业就得到了加强，获得了发展条件。没有足够劳动力的产业，发展就受到一定限制。但是劳动力又是一个可塑性很强的生产要素，不仅有质和量的区别，而且还有结构层次的区别，同等数量不同质量的劳动力对产业的形成和发展会产生不同的影响。世界各国体育产业发展的水平高低不同也表明，劳动力流向和结构的变化，对体育产业结构的调整和变化趋势有着巨大的制约作用（丛湖平，2000；韩丹，2003）[5][6]。

4. 消费结构

在商品经济条件下，体育产业的消费结构是通过反映市场供求结构运行的价格结构表现出来的。消费结构是包含需求结构和供给结构、收入结构和价格结构的相互制约、相互联系的结构。从根本来说，实现体育资源的有效配置，从而实现体育产业结构的合理化，以保证体育经济增长。实现这一目标的前提是使体育产品（包括有形产品和无形产品）的生产在结构上满足社会对体育的需求，从而满足整个体育消费结构的要求。体育生产如果脱离了人的消费，也就失去了意义。体育消费结构对于整个体育经济的增长和体育产业结构的成长起着最终决定作用。体育消费结构就是指社会生产的最终结果（一般用国民收入指标）的使用构成，它是社会经济活动的基本反映（丛湖平，2000；韩丹，2003）[5][6]。

二、文化概述

（一）文化的概念

本文将文化的概念表达为"人类社会在生产活动中形成的群体精神及其所附

载体"。这个表达有六个特点（梁漱溟，1990；蔡江浓，1988）[7][8]：

第一，"人类社会在生产活动中形成"体现了马克思主义奠基人关于文化的论述的基本精神。马克思、恩格斯对人类文化的考察与探讨，始终同人类的物质生产、经济基础、社会分工和社会分配紧密相连，并将"精神生产"和"意识生产"同物质生产一起置于人们生产活动的整体之中。它们尽管具有自己的特殊性，但终归是生产活动的形式。与物质生产相比较，它们属第二性，建立在以生产和交换方式及社会结构的基础之上。马克思说"要研究精神生产和物质生产之间的联系，首先必须把这种物质生产本身不是当作一般范畴来考察，而是从一定的历史的形式来考察"。

第二，人类社会的"生产活动"是人类独有的掌握世界的方式，是人类区别于其他生物的掌握世界的独特方式。当我们肯定"生产活动"实践在人类社会发展中的意义的时候，其实就包含了对文化的肯定。通过"生产活动"实践，人类拥有的物质力量和精神力量对象化为产品，这些产品本身就包含着文化的创造性。从直观上看，这些产品包括人类物质生产和生活资料，从间接意义上来说，则体现了人类的生活方式、思维方式以及交往方式，蕴含了人们做出的价值判断。文化可以看作进入人类生存领域，理解人类生存本质的密码。

第三，"人类社会在生产活动中形成的群体精神"的表述，吸收了文化学发展史上众多的研究者的研究成果。泰勒关于文化概念的定义，开创了文化概念的先河，也是关于文化概念的最经典的定义，后来许多学者提出的各种文化概念，都或多或少以此为基础，他们有的是对泰勒的定义进行引申，有的是对泰勒的定义进行扩展，有的是对泰勒的定义的某一方面进行强调。

第四，"人类社会在生产活动中形成的群体精神"的概括揭示了文化的本质。人类社会中的群体精神，是由一定社会群体在生存和发展过程中所形成的思想意识和价值观念构成的。由于一定社会群体的思想意识和价值观念，是通过该社会群体所使用的语言和行为表现出来的，因而一定社会群体所使用的语言和行为方式，便成为一定形态的文化的最直接载体，由一定的社会群体所创造，并为该社会群体中的所有成员所认同的科学、艺术和哲学等思想意识和价值观念，是该社会群体精神的核心内容，他们在共同的思想意识和价值观念的基础上所生产的精神产品，是该社会群体精神的直接的表现形式。而一定社会群体所建立的各种物质条件、环境因素、行为规范、社会体制和社会群体所使用的共同的语言和行为方式等，则是该社会群体精神的载体。只有蕴含在那些具体文化形式中并被这些载体承载着的，作为该社会群体内部所有成员共同的思想意识和价值观念，才是文化的内容。

第五,"人类社会群体精神"的"所附载体"抽象囊括了文化的存在基础。人类社会中的群体精神中的思想意识和价值观念,是文化的内容体现群体精神中的思想意识和价值观念的科学、艺术和哲学,是文化的各种具体形式。承载社会群体精神的所有个体共同的语言和行为方式和各种物质条件、环境因素、行为规范、生产方式、生活方式和社会体制等,是文化的载体。这样,文化概念既是文化本质和文化现象的统一体,又是文化内容和文化形式的统一体,还是文化展现和文化存在的统一体。

第六,关于"群体精神"一说,并非本文的独创,而是在吸取了国内外研究的合理成分基础上提出的。钱穆先生在论述文明与文化的关系时说,"文明论在外,属于物质方面,文化论在内,属于精神方面,故文明可以向外传播、向外接受,文化则必由其群体精神绩业而产生。"台湾地区学者朱刚指出,"在当代社会学和人类学研究里,文化指某一个人类群体所拥有的传统、习俗和社会机构的总和。"美国学者戴维·波普诺在论述"亚文化"概念时认为,"当一个社会的某一群体形成一种既包括主文化的某些特征,又包括一些其他群众所不具备的文化要素的生活方式时,这种群体文化被称为亚文化"。

(二)文化产业的概念

20世纪40年代,法兰克福学派的阿多诺和霍克海默在《启蒙的辩证法》一书中提出"文化产业"这一概念,他们从哲学和艺术学价值判断的双重角度对文化产业进行了否定的批判,认为它是资本主义技术统治和工具理性的发展,并指出"文化元素一旦与现代科技结合形成工业体系,就会产生巨大的影响社会的力量"。20世纪80年代,日本学者日下公人从在《新文化产业论》中认为"文化产业的目的就是创造一种文化符号,然后销售这种文化和文化符号"[9]。20世纪90年代,美国人把文化产业视为"可商品化的信息内容产业"。联合国教科文组织将文化产业定义为:按照工业标准生产、再生产、储存以及分配文化产品和服务的一系列活动。霍金斯在《创意经济》一书中,把创业性产业界定为其产品在知识产权法的保护范围内的经济部门。知识产权有四大类:专利、版权、商标和设计。每一类都有自己的法律实体和管理机构。英国认为"创意产业是指那些源自个人创意、技能和才干的活动,通过知识产权的生成和利用,这些互动有潜力创造财富和就业机会"。根据澳大利亚学者大卫在他的《经济学与文化》中定义了文化的商品与服务,再以此为核心界定了若干层次的文化产业。他认为文化产业是以创造性思想为核心而向外延辐射半径的扩大,以"创造"为核心与其他各种投入相结合而组成各类文化产品（高阳，2008；邓安球，2009）[9][10]。

核心产业层——主要指负载文化意义的产品的制作与传播，即生产和销售以独立形态呈现的文化产品。在这个概念下，文化产业可包括随着现代"记录"与"复制"技术基础上发展起来的新闻出版业、广电业、影视业、音像业、电信业、网络业，等等。

基础产业层——主要指文化资源整理和内容创作，文化意义本身的生产和再生产。这里包括从文化资源的积累、保存到文化艺术作品的创作、教授、展示，再到文化艺术的接受活动。这里包括一些传统的和现代的领域，从博物馆、档案馆、图书馆，大学与研究机构，文学艺术创作，音乐创作，到摄影、舞蹈及其他各种创造性的艺术活动团体，还包括创造性文化艺术活动的生产和展示、销售系统，如艺术场馆、展览馆、歌舞剧院，艺术展示和拍卖活动，以及各种形式的文化娱乐、演出、教育传播活动。

延伸产业层——这个概念包括所有向其他行业提供流行文化符号，从而使之具有文化附加值的产业，从服装设计、建筑装饰到工业设计、文化旅游业，以及具有现代品牌的一切产品。

2004年3月29日，由国家统计局正式发文公布的《文化和相关产业分类》中，从统计意义上首次对文化及相关产业概念和范围作了权威性的界定，明确了文化及相关产业是指"为社会公众提供文化、娱乐产品和服务活动，以及与这些活动有关联的活动的集合"。

通过以上这些文化产业的概念我们可以看出，学术界对文化产业的基本属性存在着比较一致的看法，也就是说文化产业的生产文化商品的产业属性已经基本明确（高阳，2008；邓安球，2009）[9][10]。

综合上述，本文认为文化产业应具有以下几层含义：

（1）文化产业是生产、提供同类或具有密切替代关系的文化产品、服务的企业的集合。

（2）文化产业应该以利润为追求目标，利润是文化产业生存、发展的前提，是否以利润最大化为追求目标也是文化产业与文化事业的根本区别。

（3）从产业功能来看，文化产业以满足市场的精神需求为主要功能。

（4）从具体包含内容来看，文化产业首先包括文化意义本身的创作，如音乐舞蹈创作、文学创作、服装设计、工业设计等；其次包括文化艺术的生产和销售活动，如博物馆、展览馆、艺术场馆以及多种形式的文化娱乐、表演、教育。还包括文化意义产品的生产复制和流通行业，通过利用工业生产形式和现代科技手段，大量生产文化产品，再通过市场中介，把文化产品转化为文化消费品，如出版业、音像业、影视业等。

三、黑龙江省"体育+文化"产业融合发展状况

(一)体育产业和文化产业的内在联系

从广义文化角度讲,体育产业是一个文化性较强的行业,隶属大文化产业范畴。体育产业中能够提供、可以产生经济价值的精神产品行业,如体育竞赛表演业、体育休闲健身业等,为广大人民群众提供观赏型和体验型的精神产品,其本质具有精神文化特征。新闻、出版、广播电影电视、文化艺术等文化产业的核心行业及部分新兴的外围行业也是以提供精神产品为基础的,通过这些精神产品的消费可以满足人们的精神文化需求,丰富人们的精神世界,带来很好的精神享受,增强国家文化软实力。因此,居于体育产业和文化产业核心的行业都可以为人民群众提供精神文化产品,并具有相似的价值取向,都属满足人民群众多元精神诉求的"幸福产业",体育、文化产业的强关联性为实现两者融合发展奠定了良好基础(孟令军,2014;刘易呈、于立强,2014)[11][12]。

(二)"体育+文化"产业融合发展中存在问题

多年来,黑龙江省体育、文化发展中一直存在着"重事业、轻产业"的现象,同时体育、文化产业发展相对割裂,促进融合发展的体制机制、外部环境有待进一步完善,体育文化作为产业灵魂和核心竞争力,长期以来一直未得到充分培育、有效融合,制约了体育及文化产业市场化、一体化发展。

1. 融合发展缺乏规划,设计尚未理顺

当前黑龙江省冰雪体育产业发展仍停留在"就冰雪谈体育讨文化"阶段,在全省冰雪产业发展战略上,未将冰雪体育产业作为全省新的经济增长点、新旧动能转换新的活力点、经济转型升级新亮点来重点培育、全力打造、加速推进。对冰雪体育产业在全省经济全局中的定位存在模糊认识;相关部门统筹各方、各部门齐抓共管的领导体制不健全;有目标、有考核、有抓手的科学发展量化指标体系不完善,不利于全省统一思想认识,抢抓发展机遇,开创黑龙江省文体融合发

展，助推经济转型升级的良好局面。

2. 冰雪体育产业欠缺文化内涵

冰雪体育文化产业，是反映冰雪体育产业综合实力方面的"金标准"。文化产业中如出版、媒体、影视等派生形成冰雪体育出版、体育媒体、体育影视等体育产业新业态，特别是电视、网络媒体、手机 APP 等为实现二者融合发展提供发展新机遇。但从目前的情况来看，黑龙江省的体育项目，通过文化平台涉及的内容较多的是有关冰雪体育运动的新闻报道，体育文化产业内容较少，因此仅处于融合的初级、浅层阶段，还没有一个形成较大影响力与竞争力的拳头产品。黑龙江省具有一定品牌的精品赛事仅有哈尔滨国际马拉松，文化产业有冰雪文化节等项目。而纵观国际上有重大影响的赛事，如欧洲五大足球联赛、NBA、网球四大满贯赛事等，除了本身竞技水平较高以外，丰富的文化内涵是其成功的重要法宝。

3. 冰雪体育文化产品占比较小

目前黑龙江省冰雪体育产业刚进入产业化发展阶段，在赛事、场馆、俱乐部、运动员等领域的市场化程度较低，整体运营水平也不高。例如，中超俱乐部2015 年总收入为 25 亿元，但整体亏损达到 15 亿元。而 2013 年西甲联赛收入达到 140 亿元，德甲、英超联赛的收入规模则超过 200 亿元。从黑龙江省来看，冰雪体育产业结构失衡，体育产业链条不完善。大多数冬季旅游业以冰雪文化产业为主、冰雪体育产业为辅。

4. 黑龙江省体育产业与文化融合发展所遇问题

冰雪体育产业归属于经济产业领域，冰雪体育产业的存在依附于不断发展的冰雪体育文化的物质需求。冰雪体育文化属于文化领域，其发展符合文化发展的一般规律，传统的体育文化在发展延续，新兴的体育产业在不断创新。体育产业促进经济发展，而且具有创造体育文化的能力。随着全民体育时代的到来，体育产业与体育文化相互融合，快速发展，但是体育产业与体育文化也存在着一定的差别，体育产业与体育文化所追求的最终目标有所差异，体育产业追求多种方式的经济利益，以满足消费者的使用功能为主要目的，体育产业推广和发展体育文化的主要目的是获得更多的经济利润，而体育文化的发展主要在于传播体育精神，继承传统体育文化的同时，发展新兴体育文化，鼓励更多的人参加体育活动。

黑龙江省体育产业与文化发展阶段的主要特点是两者由最初各自发展到相互融合促进发展，但是体育产业与体育文化的发展速度也存在着一些脱轨的问题，黑龙江省传统体育产业以经营体育消耗品为主要内容，并没有全面地赋予体育产品体育文化的内涵，大多数时候是体育产业忽略体育文化的内涵，不符合"全民冰雪体育"快速发展的时代要求。现阶段的体育产业发展大力地融入了体育文化的内涵，但也主要是把文化的内涵作为销售的主要内容，商业化严重，忽略了体育文化本身的发展。体育文化的发展也主要以发展传统体育文化为主，符合时代要求的新兴体育文化发展缓慢，甚至停滞不前。

黑龙江省体育产业与体育文化的发展虽然取得了一定的成绩，但是目前还面临一些问题，严重影响了两者的发展。体育产业与体育文化的融合发展是新时代的产物，其发展既需要相互结合，又需要符合大时代发展的背景，才能够共同发展，相互促进。

5. 冰雪文化产业缺少自主品牌

冰雪文化产业在发展过程中未能形成自主品牌，制约着其发展，影响着其创新。现阶段，冰雪文化产业自主品牌较为欠缺，开发程度不足，仅有的哈尔滨市冰雪文化节，作为核心的竞争品牌，在国内有一定的知名度，但在国际上却未能形成相应的影响力。黑龙江省冰雪文化产业的文化内涵不明确，主要是由于冰雪文化产品数量较少，缺乏必要的规范与有效的管理，从而其综合竞争力较弱，最终冰雪文化产业不能得到快速的发展，不具备规模性。

6. 人才匮乏

在体育产业与文化产业融合发展的过程中，需要大量高素质的人才，但目前体育产业与文化产业中相应的高素质人才欠缺，人才培养模式落后，不能满足发展的需求，在人才队伍中普遍存在不懂文化知识或不懂体育内容的现象，专业的体育与文化人才、管理人才、策划人才等严重匮乏，严重影响着体育产业与文化产业的融合发展。人才作为融合发展中最为关键的部分，人才的有效利用，才能为发展提供保证，为发展提供动力，进而指导其合理化、科学化发展。

四、黑龙江省"体育+文化"产业融合发展对策

（一）发挥地域文化优势

黑龙江水彩画在中国水彩画中占有重要的地位，得天独厚的冰雪资源为水彩艺

术提供了广袤的创作空间。黑龙江水彩艺术之所以得到长足的发展，既有新老画家们坚持不懈的创作精神，也得益于优越的自然条件，黑龙江全年冬季冰冻期长，冰雪资源丰富，既有冰冻三尺的寒江，又有银装素裹的山峦、森林、大地，还有美丽的自然奇观雾凇等，这些大自然的恩赐，为黑龙江开展冰雕雪雕、冰雪运动、冰雪旅游等冰雪文化建设创造了天然条件，也为黑龙江水彩风景画的创作提供了大量素材。虽然，黑龙江的水彩画已经取得了不小的成就，但是我们仍需要深入研究黑龙江水彩发展中存在的问题，找出行而有效的对策，满足人们日益增长的审美需求。作为龙江的美术工作者，既要利用好黑龙江独有的冰雪自然优势，又要注重大众审美需求进行水彩艺术创作（陈祥云，2011；庞宇，2016）[13][14]。

冰雪艺术是人与自然和谐共处的具体表现，它是随着地域文化的产生和发展形成的，体现着本地区鲜明的传统文化与现代的意识形态。水彩艺术发展到今天，蕴含着不同地区的历史烙印，水彩艺术作品总是反映一个地区具体的自然状况，特有的民俗风格、民族文化积淀，不同的生活方式等因素。它的发展变化是自然性的、时代性的、过程性的，随着自然环境的变化，时代的变革，政治经济文化的交流，人民生活方式和思维方式的改变，知识文化水平的显著提高，这些内外部因素相互影响、相互作用，随着民俗冰雪活动的不断扩展，创作了一批描绘北疆雪域情结的优秀作品，产生了独具黑龙江冰雪文化特色的水彩画。

（二）冰雪体育与艺术文化相融合

目前，黑龙江省冰雪体育文化产业集中在哈尔滨市附近，亚布力滑雪场、龙珠滑雪场、平山滑雪场、长寿山滑雪场是目前比较有规模的四大滑雪场。冰雪体育文化逐渐地进入了大众视野，在这一新时期，水彩艺术应着眼冰雪体育素材的创新。冰雪文化是利用得天独厚的冰雪资源创造的物质财富与精神财富的集合。黑龙江水彩艺术的发展过程中，形成了区域的独特文化积淀和历史传承。冰雪地域特色的优秀水彩作品不断增加，就冰雪题材水彩画而言，艺术创作受其历史文化和地理环境的影响极大，艺术家要用不同的视角和策略深入挖掘水彩艺术的内涵，分析冰雪体育文化对黑龙江水彩艺术的素材创新与艺术贡献，突出黑龙江冰雪品牌形象，吸取龙江传统文化精髓，把水彩画的创作与地域风情和现代冰雪体育文化相结合，力争在中国水彩艺术发展过程中有所突破。随着时代的发展，水彩艺术的创新形式应更为丰富，黑龙江的水彩艺术家们应开发新的艺术素材，放眼于本省特色。黑龙江省拥有着浓厚的冰雪资源，以前画家们对冰雪风景题材就有着极高的兴趣，现今冰雪体育蓬勃发展，水彩艺术家们更应对冰雪运动素材进行创作，从而使水彩艺术的形式更为丰富，同时探索西洋画与中国画融合的有效手段，通过艺术的感染把我国冰雪体育推向世界，让世界更了解中国的冰雪体育文化（高文智，2014；吴志刚、李博，2007）[15][16]。

（三）凸出冰雪优势，借机融合发展

大力发挥文化产业的平台作用，以冰雪体育产业资源为依托，以文化产业资源为要素，利用新媒体的优势与特点，推动形成冰雪体育产业文化积淀，积极培育一批内容丰富、特色鲜明的冰雪体育活动品牌，培育一批具有自主知识产权的品牌赛事和群众性赛事活动，大力支持哈尔滨市打造"冰雪之都"和"冰雪竞技"品牌，黑河、齐齐哈尔、牡丹江市打造国际知名雪乡文化名城、体育休闲城市。大力发展冰雪电影、冰雪节目电视、冰雪体育文学、冰雪体育娱乐产品，打造全新的体育传媒概念和产业形态；探索建立"冰雪休闲体育"系列赛事，设立雪地足球、冰球、雪橇、冰壶、冰上门球等项目联赛，打造具有黑龙江文化底蕴和自身特色的体育品牌。发挥"省级体育产业引导资金"和"省体育产业发展引导基金"引领作用，形成集聚规模、融合发展的产业示范基地，促进冰雪体育产业核心层提升发展，带动整个冰雪体育产业繁荣发展。通过不断创新融合途径，激发冰雪体育消费活力，在冰雪体育与文化产业的渗透融合中实现两种产业的深度发展、协同发展。

参考文献

[1] 尼古拉·阿莱克塞. 体育和运动词汇（1974）[M]. 卢先吾，等译. 国家体委百科全书体育卷编写组编印，1983.

[2] 韩丹. 论体育概论之研究 [J]. 体育与科学，2012，33（6）：1-11.

[3] 熊斗寅. 什么是体育 [J]. 体育文史（北京），1990（9）：8-10.

[4] 余保星，屈建华. 知识经济时代国家体育产业结构调整诌议 [J]. 武汉体育学院学报，2002（11）.

[5] 丛湖平. 试论体育产业结构及产业化特征 [J]. 浙江大学学报（人文社会科学版），2000（8）.

[6] 韩丹. 对我国"体育产业"与"产业化"年的反思和评价 [J]. 体育与科学，2003（1）.

[7] 梁漱溟. 中国文化要义 [M]. 山东人民出版社，1990.

[8] 蔡江浓编译. 原始文化 [M]. 浙江人民出版社，1988.

［9］高阳．我国文化产业发展现状及其对策研究——以重庆文化产业为例［D］．重庆：重庆大学，2008．

［10］邓安球．文化产业发展理论研究——兼论湖南文化产业发展［D］．江西：江西财经大学，2009．

［11］孟令军．论冰雪文化资源的内在机理及开发［J］．冰雪运动，2014，36（2）：59-63．

［12］刘易呈，于立强．冰雪文化的传承与发展［J］．冰雪运动，2014，36（5）：46-49．

［13］陈祥云．当代黑龙江地区国画艺术的地域性［J］．作家，2011（16）：235-236．

［14］庞宇．冰雪艺术的创新思维分析［J］．黑龙江科学，2016（1）：124-125．

［15］高文智．冰雪文化对黑龙江冰雪旅游可持续发展的促进［J］．冰雪运动，2014，36（3）：89-92．

［16］吴志刚，李博．利用冰雪文化促进哈尔滨城市发展策略的研究［J］．冰雪运动，2007，29（2）：83-86．

Research on the Integration and Development of the Ice and Snow "Sports + Culture" Industry in Heilongjiang

Cui Chun-shan   Ding Bao-zhen

Abstract: In recent years, China has vigorously promoted the development of the ice and snow industry. Ice snow sports industry and ice snow culture industry in Heilongjiang province are the main components of ice and snow industry, which have been developed rapidly under the support of local government. Sports industry is another form of expression of cultural industry. It is not difficult to find that there is a common point between the two. However, sports industry and cultural industry have not integrated with each other. This article is based on the sports industry and cultural industry as the starting point, in the new period, the research on the integration of sports industry and cultural industry in the new period.

Keywords: Ice and Snow Industry; Sports Industry; Culture Industry

黑龙江省冰雪体育特色小镇的实践与创新研究

韩国纲[*]

摘要： 近年来，在国家大力提倡发展冰雪产业、普及冰雪运动的机遇大背景下，冰雪特色小镇将成为发展冰雪产业的最好载体及主要产业受益者之一。本文以黑龙江省为研究对象，探讨黑龙江省冰雪体育特色小镇的建设背景与建设方案，对黑龙江省拓展冰雪旅游业具有重要意义。

关键词： 冰雪体育；特色小镇；黑龙江省；规划创新

一、引言

2015年7月31日，北京联合河北张家口成功申办2022年第24届冬季奥林匹克运动会。北京冬奥会的举办将带动中国3亿人参与冰雪运动。目前，中国的滑雪产业已经进入快速发展期，并将成为未来全球重要的滑雪市场（刁星，2017）[1]。有数据显示，2016年，中国参与滑雪的人数为1133万，较前一年增加了173万，涨幅近20%（姚挚絷，2017）[2]。在欧美日等成熟市场，滑雪人口和人次的增长处于停滞状态，而中国的快速增长也是初级阶段的显著特点。目前全国各省市出台的冰雪运动相关规划为我国冰雪运动的开展形成了强有力的政策支持（张凌双，2017）[3]。北京市发布的《关于加快冰雪运动发展的意见（2016～2022）》（张凌双，2017）[3]，强调未来将打造特色的冰雪活动，丰富和完善冬季冰雪嘉年华等大众冰雪体验活动。滑雪等冰雪项目作为体验性极强的休闲类体育运动，与运动休闲类小镇相当契合。尤其是后者，随着全域旅游、全域体育的兴起，特色小镇可以把体验类运动休闲与亲子游、家庭游、颐养养老等有机结合在一起。冰雪旅游、冰雪产业不再仅仅局限于简单的大众观光，而是向着更深度的

---

[*] 韩国纲（1960～ ），男，黑龙江省哈尔滨人，哈尔滨商业大学体育学院，教授。研究方向：体育经济。

休闲度假游转变（智能建筑与智能城市编辑部，2017）[4]。世界知名的达沃斯等欧美小镇便是典型的冰雪小镇，国家体育总局发布的《关于推动运动休闲特色小镇建设工作的通知》中便强调指出，支持自然资源丰富的小镇依托自然地理优势发展冰雪、山地户外等运动项目（王洋，2017）[5]。

二、黑龙江省冰雪体育发展优势

黑龙江省是我国开展冰雪体育最早省份和冰雪运动第一大省，其发展冰雪体育的优势可从以下几个方面进行分析：

（一）从自然环境与自然资源方面来看

黑龙江省是我国国土上位于最北部的省份，其所处的纬度较高，所属气候带为温带大陆性气候，夏季炎热、冬季寒冷，四季相较于我国南方地区而言更为分明（赵维明，2017）[6]，降雨量集中且年降雨量普遍较少，背靠亚欧大陆使得黑龙江省的大陆性显著。独特的地理位置与气候特征使得黑龙江省冬季的温度较低，冰雪资源富集，很多地方的积雪时长超过100天，哈尔滨市、牡丹江市的积雪时长甚至超过130天（黄明，2016）[7]，长时间的积雪环境使得黑龙江省的雪质较好、大雪覆盖的环境也相对稳定，为黑龙江冰雪体育与冰雪产业提供了非常丰富的冰雪资源以及相对更长的活动时间。黑龙江省的地形环境具有多样性，既有平原，也有峡谷与山地，山川如著名的大兴安岭、小兴安岭等，峡谷如黑龙江大峡谷等，高低起伏的地势地形可以为冰雪体育活动提供绝佳的活动场所（尹媛媛，2017）[8]。

（二）从冰雪体育的发展历史角度来看

黑龙江省自1963年开始创办冰灯游园会，到1985年举办冰雪节，1998年建成冰雪大世界，逐渐将冰雕艺术与雪雕艺术相结合、冰上运动与雪地运动相结合，形成了世界上少有的风格和优势（张微、姚兰发，2016）[9]。哈尔滨冰雪节、黑龙江国际滑雪节、齐齐哈尔关东文化节、牡丹江雪乡旅游节在国际上都享有很高的声誉，其冰灯、冰雕艺术已闻名世界，滑冰、滑雪旅游与一年一度的哈尔滨冰雪节、齐齐哈尔关东文化节有机融合在一起，极大地提高了黑龙江省体育冰雪旅游的知名度和影响力（卢德文、李刚，2016）[10]。1996 年第三届亚洲冬季运动会在哈尔滨的成功举办，进一步提升了黑龙江省体育冰雪旅游的知名度，也为黑龙江省赚足了人气和财气。黑龙江省成功筹办了 2008 年在齐齐哈尔举行的全国第十一届冬季运动会，2009 年在哈尔滨举办的第 24 届世界大学生冬季运动会（张瑞林，2016）[11]。当重大冰雪体育竞技在黑龙江省举办时，黑龙江省总会迎来非常多国内外体育冰雪旅游爱好者，寒冷的冬季并未磨灭人们对户外体育活动的热情，在黑龙江独特资源的支撑下，黑龙江省体育冰雪旅游产业迎来了新一轮的发展机遇。

（三）从黑龙江省在冰雪体育方面所推出的基础设施来看

经过多年的发展和建设，黑龙江省已初步形成了以滑雪旅游为主，滑冰旅游为辅的体育冰雪旅游产业服务体系。一大批滑雪场、雪道、冰雪娱乐设备以及与之相配套的旅游接待设施相继建立起来，并在逐步完善。已形成了以亚布力、二龙山、吉华等大中型滑雪场，以及黑龙江省冰上项目管理中心、哈尔滨市冰上项目管理中心、齐齐哈尔市冰上项目管理中心等所管理的室内滑冰馆为主体，以及数以百计的中小型旅游滑雪场地、室外人工滑冰场和天然滑冰场等为补充的格局（顾久贤，2016）[12]，为各类体育冰雪爱好者提供了良好的服务场所。为保障各类冰雪活动的顺利开展，2016 年在哈尔滨市建设的"黑龙江省群众冰雪活动示范园区"面积从 30 万平方米扩大至 56 万平方米（张志哲，2016）[13]，将集中全部冰雪活动项目，使之成为全省群众冰雪体育活动基地、全省冰雪体育创意孵化基地、全省冰雪体育产业示范基地。同时，各市（地）县区分别建设本级"赏冰乐雪园"；在省内地市级城市建设高端可拆装冰雪运动场地和室内滑冰场；在全省各县（市、区）推广建设简易可拆装滑冰场；在全省城市的公园、大型广场、重点社区、具备条件的学校、公开水域大规模浇注露天滑冰场；在全省冰雪旅游景观中，建设滑雪、滑冰、冰雪滑梯、雪上体验区，构筑起全省城市"30 分钟冰雪健身圈"，让龙江百姓及外地游客能够随时随地体验冰雪运动魅力（张弛、佟铁鹰，2015）[14]。

（四）从黑龙江省在大型冰雪体育活动的承办能力来看

黑龙江省自新中国成立以来承办过无数次国际、国内重要冰雪运动赛事，以哈尔滨为例，哈尔滨是国内群众性冰雪体育最为普及的地区，参与冰雪运动人口超过 200 万（艾淑华，2015）[15]。每年全民上冰雪"百日系列活动"时间达 4 个半月，赛事活动 160 余项，直接带动 400 余万人次参与冰雪运动。"赏冰乐雪"冬季群众体育活动基地，每天吸引参与冰雪活动群众 10 万人次（刘立军等，2015）[16]。2016 年，黑龙江省成功举办了 2016～2017 年度"赏冰乐雪"系列活动，带动近 2 000 万人次参与冰雪运动，在全国掀起了冰雪运动的高潮。在 2015 年取得较好成效的基础上，2016 年的"赏冰乐雪"活动已升级为国家体育总局和省政府主办，全省各市（地）县联动。其中，黑龙江省本级冰雪赛事活动 140 余项、各地市区活动 620 余项。140 余项省本级的"赏冰乐雪"活动共设置了 4 大板块。第一板块为冰雪精彩赛事，共 80 项。其中国际级赛事 6 项、国家级赛事 19 项、省级赛事 31 项、群众性比赛 24 项。包括世界高水平的俄罗斯职业冰球超级联赛、班迪球（冰上曲棍球）世锦赛、第二届中俄界江冰球友谊赛和国际雪联中国城市越野滑雪积分大奖赛等比赛活动。第二板块为趣味冰雪系列活动，共 41 项（郭晗等，2015）[17]，设置了雪地球、雪地风筝、林海雪原徒步穿越、冰雪铁人三项、冰雪趣味项目大比拼等项目，为全国冰雪运动爱好者提供多样化的趣味冰雪运动体验。第三板块为各地市冰雪系列活动，活动覆盖全省 13 个地市，包括规定活动 10 项和本地特色冰雪活动 5 项，以此带动和激发各地市群众参与的热情（王诚民等，2015）[18]。第四板块为涉外赛事，共 8 项。包括中俄雪山穿越系列大奖赛、首届中国中东欧大学生冰雪嘉年华、四国雪地足球邀请赛等比赛活动，旨在依托黑龙江的区位优势，开展与周边国家的冰雪体育活动，促进双边的人文体育交流。

（五）从黑龙江省在冰雪人才培养方面来看

黑龙江省为国家培养了罗致焕、王秀丽、张虹、申雪、赵宏博等一大批世界冠军，平昌冬奥会中国代表团哈尔滨籍运动员占比 30.45%，已成为培养国家高水平冰雪运动人才的主要基地。2001 年以来，黑龙江冬季项目运动员共获得 505 个世界冠军、1 068 枚世界大赛的奖牌（鞠明海，2015）[19]。中国代表团在历届冬奥会取得的 13 枚金牌中，有 9 枚金牌是黑龙江运动员获得的。此外，哈尔滨市户外冰雪运动场地资源丰富，冰雪体育教育基础持续夯实，冰雪体育运动进课堂形式不断创新。哈尔滨正在制定《冰雪体育发展规划》，立足从娃娃抓起，未来 3～5 年将设立冰雪体育特色幼儿园 100 所，在 60 所小学、30 所初中、10 所高中组建冰球队，培养花样滑冰学生达到 1 万人规模，引进国内外优秀冰雪项目人才到幼儿园、中小学执教，加快建设气膜馆等冰雪体育专业场馆。

（六）从国家与黑龙江省对冰雪体育发展的支撑性政策来看

黑龙江通过地方立法确定每年12月20日为全民冰雪活动日，连续举办"赏冰乐雪"系列活动，参与面辐射全国、贯穿整个冬季，已成为全国冰雪运动的核心区域；出台了《冰雪装备产业发展规划（2017~2022）》《冰雪旅游专项规划（2017~2025）》等规划，推动了冰雪体育及其相关产业发展。哈尔滨作为黑龙江省会城市，做大做强冰雪体育优势明显。北京2022年冬奥会申办成功，为黑龙江省冬季项目全面快速发展带来新的机遇和挑战。黑龙江作为冰雪大省，值此历史性契机时刻，黑龙江省依托自身的资源优势与国家性政策，对助力北京冬奥会有着义不容辞的责任和义务，也为其大力发展冰雪体育运动提供了绝佳的发展机遇。

三、黑龙江省冰雪体育特色小镇的建设背景

黑龙江省经济是东三省经济的重要组成部分，自2014年开始，黑龙江省宏观经济受国内外错综复杂的环境影响，特别是煤油粮木集中负向拉动，面临巨大的下行压力。随着中央对东北经济下行的高度重视以及在省委、省政府各项改革措施的推动下，近几年地区生产总值（GDP）增幅由2014年增长5.6%至2015年增长5.7%、2016年增长6.1%，呈现平稳向好的趋势。2017年，全省GDP实现年度预期目标。初步核算，全省GDP总量首次突破16 000亿元大关，实现16 199.9亿元，按可比价计算，比上年增长6.4%，增幅提高0.3个百分点，为近四年来最高。其中第一、二、三产业增加值分别增长5.4%、2.9%和8.7%。第一产业和第三产业增幅分别高于全国平均水平（3.9%）1.5和（8.0%）0.7个百分点。

黑龙江省位于我国国土的最北端，受到东北老工业经济结构的影响，传统产业与重工业在黑龙江省产业结构方面仍然占据重要的地位，省内央企与地方国企改革整体性滞后，作为"资源型"城市，黑龙江省与山西、内蒙古等资源大省一样都存在体制与机制上的通病，无论是省内的民众还是企事业单位均存在思想上的狭隘性，不能完全将自身的价值从"企业办社会"的角色与职能中摆脱剥离出来。例如，黑龙江省内多个以重工业与自然资源为城市发展基础与依托的城市，其将产业发展中心完全集中于传统重工业产业上，且甚少追求技术的研发与革新，

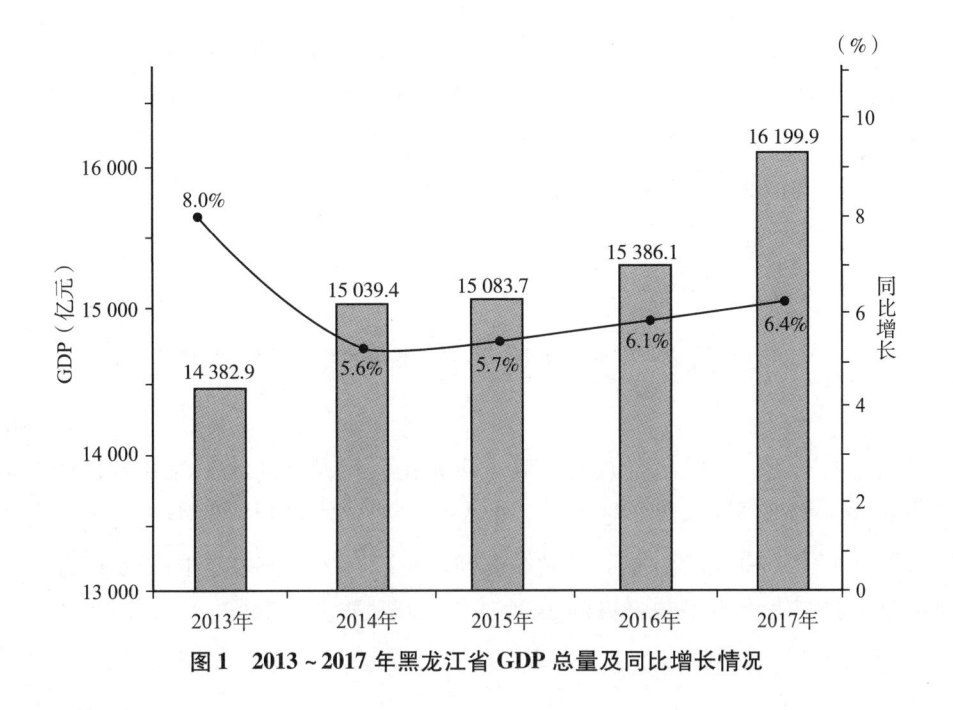

图1 2013~2017年黑龙江省GDP总量及同比增长情况

产业相关科技科研成果难以帮助产业升级优化，而其他产业在后备储力上也存在后劲不足的问题，抑或是缺少人才、资源、技术以及政策的支撑，不少新兴产业很难在黑龙江省的土地上茁壮成长，产品体系与产业链不够完善，新兴产业大多存活在生死边缘线上，难以看到其蓬勃发展的趋势，省内产业结构改革缓慢，转型发展举步维艰。近年来，随着东北振兴的重大决策部署在黑龙江省不断深化与落实，黑龙江省不断深化供给侧结构性改革，激发内生动力，推动发展动能转换，推动新增长领域培育。在产业结构方面，黑龙江省积极调整产业结构，推动产业结构不断转型与升级换代。旅游业作为现代服务业的龙头产业，正在得到从国家到地方各个层面越来越多的关注和重视，已经成为黑龙江省第三产业的重要组成部分以及黑龙江省社会经济发展的新型经济增长点。

2016年12月，在《国务院关于印发"十三五"旅游业发展规划的通知》中"加快休闲度假产品开发"中指出，大力开发温泉、冰雪、滨海、海岛、山地、森林、养生等休闲度假旅游产品，建设一批旅游度假区和国民度假地。支持东部地区加快发展休闲度假旅游，鼓励中西部地区发挥资源优势，开发特色休闲度假产品，加快推进环城市休闲度假带建设。2016年10月，在国务院正式印发的《关于加快发展健身休闲产业的指导意见》中指出，部署推动健身休闲产业全面健康可持续发展，完善健身休闲服务体系。推广普及日常健身，发展冰雪、山地、水上、航空、汽车摩托车等户外运动，发展时尚、民族等特色运动，促进产业互动融合，推动"互联网+健身休闲"。2017年国家体育总局印发《关于公布第一批运动休闲特色小镇试点项目名单的通知》（下文简称为《通知》），《通知》指出，建设运动休闲特色小镇，是一项开创性工作，无现成经验和模式可循，试点项目将探索运动休闲特色小镇发展路径，为以后运动休闲特色小镇建设提供借鉴、树立样板，意义重大。

四、黑龙江省冰雪体育特色小镇建设实践创新策略

习近平总书记关于"绿水青山是金山银山，黑龙江的冰天雪地也是金山银山"的重要讲话精神和"带动三亿人参与冰雪运动"的号召，为黑龙江冰雪体育发展指明了正确方向，提供了根本遵循。2022年北京冬奥会的成功申办，为冰雪体育发展带来了千载难逢的历史机遇。2018年两会期间，如何把"冰天雪地"变成"金山银山"，把"冷资源"变为"热经济"更是成为讨论热点。建立冰雪小镇，开辟"多民族文化区"旅游项目，加强冰雪产业与旅游业的深度融合，以冰雪体育特色小镇带动黑龙江省旅游经济发展，充分发挥冰雪体育特色小镇与冰雪旅游业的辐射与带动作用，充分利用特色小镇地区周边的旅游景点、体育活动环境与民俗文化，形成更大幅度与空间内的旅游面与旅游链，以周边相对著名且客户源众多的冰雪体育环境作为基础，带动周围地区的旅游业发展，不断扩大与茁壮黑龙江省旅游的市场量，推动黑龙江省基础设施建设与第一、第二、第三产业协同发展，加快黑龙江传统产业转型与产业结构升级换代的速度。

（一）确定冰雪体育特色小镇建设目标

从黑龙江省旅游业与社会经济发展的全局视角来看，黑龙江省将持续推动旅游、养老、健康、体育、文化等产业融合发展，推进亚布力、五大连池、镜泊湖、汤旺河等重点旅游度假区建设，创建全域旅游示范区、跨境旅游合作区。在这一总体目标与时代背景下，黑龙江省冰雪体育特色小镇的建设应当以全省区域规划与旅游业发展目标作为基础，立足于黑龙江生态资源、旅游资源、政策优势和区位优势，依托黑龙江省优质自然环境与历史渊源所衍生出的冰雪产业与丰富多彩的冰雪体育活动，将黑龙江省的冰雪游、森林游、湿地游、边境游、避暑游等众多的旅游项目进行充分挖掘与有效整合，打破传统黑龙江冰雪旅游业受限于季节与自然雪量的局限性，推动文化、体育、时尚、健康养老与旅游融合发展，

建设全国一流的生态休闲度假旅游目的地、夏季健康养老基地、冬季冰雪体育建设活动基地和全域旅游示范区，为游客提供全天候、全天时、跨越季节与时空的全新旅游体验，为黑龙江旅游业的发展提供大有作为的窗口。

（二）确定黑龙江冰雪体育特色小镇的功能价值

特色小镇的范畴不一定是行政区划上的"乡""镇"，而是相对独立于市区，具有明确产业功能、文化功能、旅游功能、社区功能和生态功能的一个区域。因此黑龙江省冰雪体育特色小镇建设不是把黑龙江省原有的乡镇升级为新兴城市，也不能将特色小镇等同于产业园区，更不是单纯的景点或景区开发，黑龙江冰雪体育小镇所承载的功能价值除了在旅游产业与冰雪产业上，还应当充分发挥特色小镇的庞大号召力与设备设施改造力，在当地自然生态环境与人居环境协调可持续发展的基础上注重对生态环境的维稳以及对人居社区环境的改进，加强特色小镇内的公共基础设施建设，改善特色小镇内原住居民的生活环境，提高小镇内综合服务水平，不仅可以极大地提高原住居民的生活质量，还可以给游客带来便利的旅游条件与良好的旅游环境，在游客市场中形成良好的形象口碑。此外，黑龙江冰雪体育特色小镇的功能内核应当体现在积极向上的冰雪体育文化与体育活动中，以冰雪产业与丰富多样的冰雪体育活动带动各产业以及周边区域综合发展，同时在发展的过程中强调冰雪产业的实质性内涵，在冰雪体育活动中让更多的人了解冰雪产业、接受冰雪体育，并积极投身于我国冰雪体育的建设中。

（三）科学调控黑龙江冰雪体育小镇环境容量

科学可持续发展不仅是经济发展的重要原则，也是黑龙江冰雪体育特色小镇建设与发展的原则。在黑龙江冰雪体育特色小镇开发的过程中应当注重对自然生态环境与人居环境的保护，可以形成循环可迭代的冰雪旅游产业，良性的生态环境可以充分发挥冰雪旅游业的独特景观魅力与自然风光，促进冰雪旅游业与生态环境的协调发展。旅游环境容量是指在一定时间与空间范围内，旅游目的地允许容纳游客的最大承载力，是衡量特色小镇旅游资源可持续发展的重要指标，可用于寻找游客数量与旅游目的地自然生态环境可持续发展之间的平衡状态。旅游环境容量的计算有利于特色小镇管理者对小镇的游客数量进行严格把控，一方面可以使得小镇内的旅游资源免受"超负荷"的人为破坏，持久性地保障小镇内冰雪

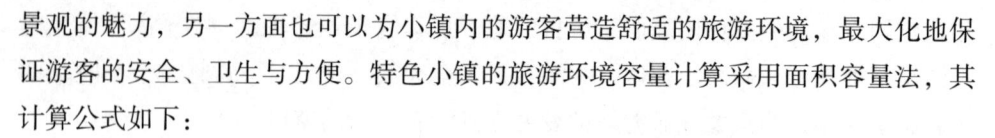

景观的魅力，另一方面也可以为小镇内的游客营造舒适的旅游环境，最大化地保证游客的安全、卫生与方便。特色小镇的旅游环境容量计算采用面积容量法，其计算公式如下：

$$C = A \times D/a$$

式中，C 为特色小镇的日环境容量，其单位为人次，A 为特色小镇中可游览的面积，其单位为平方米/人，a 为小镇中每位游客所应占有的合理游览面积，其单位为平方米/人，D 为周转率，其计算公式如下：

$$D = \frac{T_c}{T_d}$$

式中，T_c 为特色小镇开放时间，其单位为小时，T_d 为特色小镇游览所需时间，其单位为小时。

2017 年住房城乡建设部对第二批 276 个全国特色小镇进行公示，黑龙江省有 8 个小镇入围，分别是牡丹江市绥芬河市阜宁镇、黑河市五大连池市五大连池镇、牡丹江市穆棱市下城子镇、佳木斯市汤原县香兰镇、哈尔滨市尚志市一面坡镇、鹤岗市萝北县名山镇、大庆市肇源县新站镇、黑河市北安市赵光镇。分别对这 8 个特色小镇的年旅游环境容量进行计算，计算结果如表 1 所示。

表1　黑龙江省各特色小镇年旅游环境容量

特色小镇	旅游环境容量（万人）
阜宁镇	322.9
五大连池镇	373.4
下城子镇	224.8
香兰镇	145.3
一面坡镇	349.2
名山镇	289.4
新站镇	266.3
赵光镇	295.1

在建设冰雪体育特色小镇时，应当科学计算特色小镇的旅游环境容量，在小镇的规划与设计中将此参数考虑在内，以保持自然生态环境与特色小镇冰雪产业的可持续发展。

（四）优化小镇就业环境与冰雪体育项目

黑龙江冰雪体育特色小镇的建设与发展离不开人才的汇集，值此大众创业的时代，特色小镇应当从创业与人才引进的视角，借助政府相关优惠政策积极招纳冰雪体育类相关人才，如冰雪产业开发类人才、产业管理类人才、服务类人才等。其中，冰雪产业开发类人才主要包括市场营销，冰雪旅游与冰雪设计类人才，将这类人才安排到核心科技攻关与战略运筹中，充分发挥这类人才的设计与营销能力，以打造冰雪体育特色小镇的优良口碑；冰雪产业管理类人才主要包括冰雪工商管理、体育新闻、场地管理、酒店管理等人才，这类人才是营销战略和创造效益的主体，将这类人才放置于小镇的冰雪体育项目运营与管理中，可以极大地提高体育项目的经济效益；冰雪产业服务类人才主要包括大众健身教练员、导滑员、导游员、冰雪器材维修员、电器设备维修员、机械操作员等人才，这类人才是冰雪经济的基本生产力，为来到冰雪体育特色小镇的游客提供最为基础性的服务，其服务质量与服务效率均可以提高游客的满意度。此外，在冰雪体育项目优化方面，特色小镇的建设应以带动型项目为主，发挥项目的带动支撑作用，吸引优质冰雪体育项目进入特色小镇，夯实特色小镇在冰雪体育方面的发展基础。在实际进行优质冰雪体育项目引进的执行过程中，特色小镇管理人员应提高冰雪体育项目的准入门槛，注重冰雪体育项目的质量以及安全性，对优质冰雪体育项目简化审批程序，鼓励多元化的投资，密切协调配合，完善冰雪体育项目推进机制，加强对重点冰雪体育项目的考核监督力度，优化特色小镇冰雪体育项目结构，改善冰雪体育项目引入环境，发挥冰雪体育项目应有的支持作用，增强黑龙江冰雪体育特色小镇经济发展动力。

（五）加强客源市场开拓

黑龙江冰雪体育特色小镇的客户市场定位以及客户源保护应当分为三个部分，首先应确保一级市场，将黑龙江、吉林、辽宁三省和北京市确定为一级客源市场，这些区域与黑龙江省距离较近，城市居民在节假日或者周末双休时通常会选择自驾游，尤其是在春节期间，考虑到时间问题与成本问题，黑龙江成为上述省份与城市居民选择的主要旅游目的地。黑龙江冰雪体育特色小镇在规划与建设的过程中，应当注重对精品景点与精品线路的打造，开发冰雪特色旅游产品，把冰雪文化和地域民族文化融入旅游产品当中，提高游客对黑龙江冰雪体育特色小镇旅游的满意度，并愿意将其推荐给其他客源，以扩大特色小镇的重游率。其次，黑龙江冰雪体育特色小镇除了关注一级客源市场之外，还应当开拓二级客源市场，此处所指的二级客源市场包括某些人口大省以及经济发达、人均收入相对较高的东部与南部客源市场，找准省、市各地冰雪旅游的"卖点"，培育旅游产品，加强旅游配套产业链建设，让黑龙江冰雪体育特色小镇的魅力散发到我国的各个角落中。同时，黑龙江冰雪体育特色小镇的建设还应当扩展海外游客市场，在世界范围内开展融媒体的信息传递和文化交流，让更多国际游客认识和了解黑龙江冰雪旅游和文化，让黑龙江冰雪特色小镇成为国内外冰雪旅游的首选对象。

（六）打造冰雪旅游配套产业链建设

黑龙江冰雪体育特色小镇的规划与建设需要聘请高层次人才，加强政策引导和顶层设计，着手谋划黑龙江的冰雪消费市场，以PPP模式投资建设冰雪小镇，将其打造成冰雪经济的新亮点。遴选冰雪期较长、雪量较大、无污染，具备山地资源的度假场所，整合周边各类冰雪资源，打造吸引游客眼球的冰雪旅游产品。将黑龙江省众多类型的旅游资源（如森林生态、温泉疗养等）与冰雪资源相结合，构建出冰雪与体育活动、民俗文化等相结合的多元化冰雪旅游系列产品。开辟"多民族文化区"旅游项目，推出文艺精品，组织培训当地少数民族群众编排特色歌舞，用品尝和学做民族特色小吃的形式，让游客亲身体验民族文化的乐趣。例如，可在黑龙江省冰雪体育特色小镇开展冬捕、冬钓等冰雪渔业活动，使"冰雪渔业"成为黑龙江省"寒地经济"新的增长点。例如，在肇源县举办的"冬捕"开幕式上，"鱼把头"指挥着渔人转动绞盘，将2 000米的大网拉出水面，江鱼随网而出，游客们纷纷抢购。据了解，此次活动产出的鳜鱼、白斑狗鱼、加洲鲈等名贵鱼约占总产量的三成，预计冬捕期间实现产值千万元。"冰雪渔业"不仅卖鱼，还将黑龙江省各地冰雪旅游深度融合，在连环湖、兴凯湖、镜泊湖等大中型水域开展各种冬捕节，并举行了头鱼拍卖、头鱼放生、冰湖冬钓、雪地秧歌赛、广场舞比赛、风筝花式表演、冰上汽车拉力赛等活动，吸引了全国各地的游客。黑龙江省借"冰雪渔业"契机，可以大幅度提高渔民收入，改善渔民的生活条件，并强化了黑龙江多样冰雪活动的知名度。

（七）增设免费电子导游器服务，推广绿色食品

旅游服务设施是否完善，也是能否促进消费的关键所在。黑龙江省冰雪体育

特色小镇的工作人员必须经过礼仪培训才能上岗，导游不仅要持有资质证，还要接受规范性礼仪导游语的培训，增设免费电子导游器服务，对公共休息区、基础配套设施、公共厕所的引导要清晰准确。此外，黑龙江省生产众多远近驰名的绿色农产品，绿色食品是深受游客喜爱信赖的商品，除了能让游客在旅途中品尝，还可作为馈赠亲友的伴手礼，很有市场潜力。因此，黑龙江省应当积极发展一些发展绿色食品产业的基地，如方正的水稻博物馆等，让前来观赏黑龙江冰雪风情的外地游客在感受黑龙江的冰雪世界晶莹剔透之外，更能切身领会与感悟龙江等自然景点以及黑龙江省优质农产品的魅力，推动黑龙江省传统农业的发展。

五、结论

2022 年北京冬奥会的成功申办，为我国以及黑龙江省的冰雪体育发展带来了千载难逢的历史机遇，值此时代背景下，黑龙江省应当以全省区域规划与旅游业发展目标作为基础，立足黑龙江生态资源、旅游资源、政策优势和区位优势，着力发展冰雪体育特色小镇，以冰雪产业与丰富多样的冰雪体育活动带动各产业以及周边区域经济综合发展，推动黑龙江省传统产业转型与产业结构升级换代。

参考文献

[1] 刁星. 文化与产业导向下的特色小镇规划路径探讨——以哈尔滨天汇特色小镇概念性规划为例 [J]. 科学技术创新，2017 (31)：164 – 165.

[2] 姚挚袈. 黑龙江兰西县特色小镇建设使农村焕发新活力 [N]. 中国产经新闻，2017 – 09 – 19 (007).

[3] 张凌双. 特色小镇：冰雪体育旅游的人文模式 [A]. 中国体育科学学会、河北省体育局、河北省张家口市崇礼区人民政府.2017 科技冬奥论坛暨体育科技产品展示会论文摘要汇编 [C]. 中国体育科学学会、河北省体育局、河北省张家口市崇礼区人民政府，2017：2.

[4] 本刊编辑部. 第一批特色小镇成果展示：黑龙江、吉林、辽宁 [J]. 智能建筑与智慧城市，2017 (7)：19 – 20.

[5] 王洋. 基于产业价值链理论的黑龙江省冰雪体育产业发展研究 [J]. 体育世界（学术版），2017 (8)：39, 36.

[6] 赵维明. 集群发展优势在黑龙江省冰雪体育产业的探讨 [J]. 当代体育科技，2017，7 (1)：180 – 181.

[7] 黄明. 黑龙江省冰雪体育文化旅游现状与资源开发研究 [J]. 当代体育科技, 2016, 6 (36): 181-182.

[8] 尹媛媛. 黑龙江省冰雪旅游产业发展的政策研究 [D]. 哈尔滨: 哈尔滨商业大学, 2017.

[9] 张微, 姚兰发. 黑龙江省冰雪体育旅游市场营销组合思路探究 [J]. 当代体育科技, 2016, 6 (26): 140-141.

[10] 卢德文, 李刚. 可持续发展视阈下黑龙江省冰雪体育产业优化策略研究 [J]. 冰雪运动, 2016, 38 (4): 87-91.

[11] 张瑞林. 我国冰雪体育产业商业模式建构与产业结构优化 [J]. 体育科学, 2016, 36 (5): 18-23, 53.

[12] 顾久贤. 2022年冬奥会的举办对区域消费需求与行为影响的研究——以河北冰雪体育旅游为分析个案 [J]. 体育与科学, 2016, 37 (3): 114-120.

[13] 张志哲. 黑龙江省冰雪体育旅游产业发展的影响因素及对策研究 [J]. 哈尔滨体育学院学报, 2016, 34 (2): 55-59.

[14] 张驰, 佟铁鹰. 黑龙江省城市群众性冰雪体育行为研究 [J]. 冰雪运动, 2015, 37 (6): 47-51.

[15] 艾淑华. 基于产业价值链理论的黑龙江省冰雪体育产业发展研究 [J]. 冰雪运动, 2015, 37 (6): 62-65, 88.

[16] 刘立军, 韩春艳, 刘晋. 中国冰雪体育旅游研究现状述评 [J]. 冰雪运动, 2015, 37 (5): 66-70.

[17] 郭晗, 王诚民, 姜雨. 后大冬会对黑龙江省冰雪体育旅游产业发展的影响 [J]. 高师理科学刊, 2015, 35 (3): 50-53.

[18] 王诚民, 郭晗, 倪莎莎, 张萍. 提升黑龙江省冰雪旅游产业可持续发展的创新研究 [J]. 高师理科学刊, 2015, 35 (2): 56-59.

[19] 鞠明海. 黑龙江省冰雪体育旅游产业集群发展对策 [J]. 冰雪运动, 2015, 37 (1): 90-93.

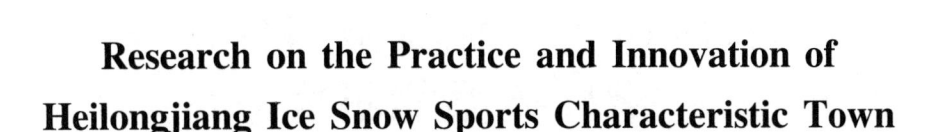

Research on the Practice and Innovation of Heilongjiang Ice Snow Sports Characteristic Town

Han Guo-gang

Abstract: In recent years, under the background of great opportunities for developing ice and snow industry and popularizing ice and snow sports in China, ice and snow featured towns will become the best carrier for the development of ice and snow industry and one of the main industry beneficiaries. Taking Heilongjiang Province as the research object, this paper discusses the construction background and construction plan of Heilongjiang ice snow sports characteristic town, which is of great significance for Heilongjiang to expand the ice and snow tourism industry

Keywords: Ice and Snow Sports; Characteristic Town; Heilongjiang Province; Planning Innovation

我国滑雪产业竞争力评价指标体系的研究

刘 巍[*]

摘要： 以提升滑雪产业的竞争力为目标，对我国滑雪产业评价指标体系进行了系统研究。本文通过文献资料法、专家咨询法、德尔菲法、层次分析法，依据滑雪产业竞争力评价的指导思想和基本原则，确定了我国滑雪产业竞争力评价指标，包括5个二级指标，15个三级指标，31个四级指标，运用层次分析法确立了所构建指标的权重。我国滑雪产业竞争力评价指标体系的建立，切实可行地为推动我国滑雪产业的发展奠定了夯实基础。

关键词： 滑雪产业；竞争力；评价指标

滑雪产业是我国体育产业的重要组成部分，随着我国人民物质生活水平的提高和产业结构的优化升级，滑雪产业逐渐成为较具发展前景的朝阳产业。2014年10月20日国务院颁布的《关于加快发展体育产业促进体育消费的若干意见》中提出：以冰雪运动等特色项目为突破口，促进健身休闲项目的普及和提高。制定冰雪运动规划，引导社会力量积极参与建设一批冰雪运动场地，促进冰雪运动繁荣发展，形成新的体育消费热点（孟令军，2014）[1]。2015年7月31日，中国"北京—张家口"正式成为2022年冬奥会的举办城市。许多滑雪资源丰富地区把滑雪产业作为发展经济的新增长点，省域间、省域内的竞争日趋激烈，如何提升滑雪产业的竞争力，走上专业化的道路带动整体竞争力的提升是滑雪产业所面临的关键问题。本文通过构建滑雪产业竞争力的评价指标体系，可以为我国滑雪产业的发展提供有价值的参考和借鉴（谢志斌，2010）[2]。

---

[*] 刘巍（1971~　），女，黑龙江大庆人，哈尔滨商业大学体育学院，教授，博士。研究方向：体育产业经营与管理。E-mail：lwqsn0955@sina.com。

一、研究方法

（一）文献资料法

根据研究目的和研究内容，通过中国期刊网、百度、谷歌、中国优秀硕博论文文库，以"滑雪产业、竞争力"等为关键词，共查阅期刊文献资料上千篇，博（硕）士论文100余篇，并对相关资料进行整理和归纳，为研究的顺利进行储备了充足的理论知识和理论依据以及方法上的指导。

（二）专家咨询法

将研究中出现的问题和研究成果向有关专家、学者、政府管理部门及其官员咨询，以便及时纠正研究中的偏差和解决研究中的疑难问题。

（三）问卷调查法

采用德尔菲法进行2轮的专家问卷调查和评分，在各专家意见基本一致的情况下确定评价指标体系。针对确定的指标制定调查问卷，对文献和书籍获取各指标的重要程度进行调查，以精简和矫正指标。确定滑雪产业竞争力的评价指标。

（1）问卷设计、发放与回收为初步筛选指标，本研究邀请了高校、滑雪场、旅游行政管理部门的21名专家进行意见征询。本文将搜集到的32个指标编号，按照极端重要、非常重要、重要、稍重要、同样重要、不太重要、不重要、非常不重要、极不重要绘制成调查问卷，向有关专家发放，回收率达100%。

（2）问卷的信度分析在对第一轮调查问卷回收后，根据专家意见和统计结果对指标进行重新界定和修改，然后进行第二轮德尔菲调查。为确保调查量表的可靠性，采用同质性信度分析的方法对第二次测试的三个量表进行了检验，结果显示三个量表的同质性克朗巴哈值都在0.9以上，这表明三个量表的可信度很强。

（四）层次分析法

层次分析法是一种定性和定量分析相结合的多准则决策方法。本研究采用层次分析法计算确定滑雪产业竞争力的指标权重集合。

二、我国滑雪产业竞争力评价体系构建的依据

（一）滑雪产业竞争力评价的指导思想

滑雪产业竞争力的构成因素从主观和客观、内在和外在、量化和非量化等方面表现出来。由于竞争力既是一个静态结果的展现，又是一个动态发展的过程，那么滑雪产业竞争力表现为在滑雪市场竞争中经过强弱比较结果，同时也随着竞争变化体现竞争力的能力（徐宗波、付艳慧，2009）[3]。因此要正确把握其竞争力并以此指导滑雪产业的各项经营活动，就必须对影响滑雪产业竞争力的各个因素、各个环节进行科学、细致的分析、归纳和总结，建立一套可以进行评估操作的指标体系，使其为滑雪产业向正确的方向发展提供指引。

（二）滑雪产业竞争力评价的基本原则

滑雪产业竞争力建立评价体系原则在很大程度上受竞争力来源诸要素特征的影响，如竞争力来源因素的广泛性、层次性，导致评价因素必须遵循一定的原则。在综合竞争力来源、评价体系建立的目的等诸方面要素，确定滑雪产业竞争力的评价指标体系时，应遵循以下原则：

（1）客观性原则。指标的选择以及体系的构建必须建立在科学客观的基础上，本研究所选取的指标以及运用的评价方法均以客观的数据与分析为主，在指标以及评价方法的选择中遵循客观数据原则。

（2）系统性原则。滑雪产业竞争力是一个综合能力，其指标体系也必须全面反映被评价滑雪产业竞争力整体的各个方面的特征，所选指标需要系统地反映该模型的特征，同时各个指标之间既要相互联系，相互配合，又要相互独立。

（3）简洁性和科学性原则。科学性和真实性是建立滑雪产业竞争力评价指标体系的基础，这样才能够保证所评价和反映的滑雪产业现在所具有的未来的能力。评价的科学和简洁原则体现在评估的内容、指标的选取、计算方法和数据来源等方面要遵循科学化、规范化、简洁化。

（4）实用性与完备性原则。实用性要求根据实际的评价目的和需求来设定评

估范围，确定需要的指标数量和数据选取。完备性表现在滑雪产业竞争力是相对而言的，要求评价结果在空间上和时间上可以进行比较（张建喜、孙敏，2011）[4]。

三、我国滑雪产业竞争力评价指标的选取

滑雪产业竞争力评价体系是一个复杂多元化的系统，它反映了滑雪产业发展程度和评判现实状态的标尺，是由诸多不同方面、不同层次的影响要素共同发挥作用，决定着滑雪产业的竞争力。通过参考大量的国内外相关文献资料，借鉴国内外相关研究成果，结合滑雪产业竞争力的构成要素进行合理的选取和分层，在增加评价指标的深度和专业性的基础上，经过与专家多次沟通与调整，筛选同意率超过50%的指标，最终初步将滑雪产业竞争力评价指标体系分为生产要素、需求要素、相关支撑产业、企业战略、政府5个二级指标，16个三级指标，31个四级指标作为滑雪产业竞争力评价指标的基础。借此构建滑雪产业竞争力的多层次分析性评价指标体系（黎伟军、黄蕙祥，2009）[5]。

（一）德尔菲法对指标体系的修订

根据建立滑雪产业竞争力评价指标体系的要求，为了提高评价结果的客观性和科学性，本研究对包括高校、滑雪场、旅游行政管理部门在内的21名专家进行意见征询。在对第一轮调查问卷回收后，根据专家意见和统计结果对指标进行重新界定和修改，然后进行第二轮德尔菲调查。为确保调查量表的可靠性，采用同质性信度分析的方法对第二次测试的三个量表进行了检验，结果显示三个量表的同质性克朗巴哈值都在0.9以上，这表明三个量表的可信度很强。在指标修订过程中，分别计算出每一层的每个指标的算术平均数、标准差和变异系数。假设共有n个专家，m个指标，X_{ij}表示第i个专家、第j个指标的打分。

$\bar{x}_j = \frac{1}{n}\sum_{i=1}^{n} x_{ij}$是第j个指标的算术平均数，代表专家的意见集中度，其值越大说明该指标的重要程度越大。$S_j = \sqrt{\frac{1}{n-1}\sum_{i=1}^{n}(x_{ij}-\bar{x}_j)^2}$是第j个指标的标准差，其值越大说明专家对该指标分歧越大。$V_j = S_j/\bar{x}_j$是第j个指标的变异系数，第j个指标的变异系数越小，说明专家对第j个指标意见协调程度越高（谢洪伟、许月云，2012）[6]。

(二) 第一轮问卷结果与分析

基于上述理论及方法对第一轮问卷专家的建议和数据进行统计和分析，计算出二级指标、三级指标的算术平均数、标准差和变异系数（见表1、表2）。由表1可以看出，五个二级指标的算数平均数均大于4.0，说明专家的意见集中度很高。标准差数值都在0.7以下，且变异系数也较小，说明专家的分歧小，意见协调程度较高（张家喜、曹宣广，2005）[7]。由表2可以看出，十六个三级指标的算数平均数均在3.5以上，说明专家的意见集中度很高。标准差数值都在0.9以下，且变异系数也较小，说明专家在个别指标上有些分歧但是分歧较小，意见协调程度比较高（赵世伟，2015）[8]。

表1　　　　二级指标统计结果（第一轮）（n=21）

二级指标	算术平均数	标准差	变异系数
A_1 生产要素	4.5316	0.4795	0.10637
A_2 需求要素	4.4276	0.5713	0.1301
A_3 相关支撑产业	4.3201	0.6346	0.1442
A_4 企业战略	4.1798	0.6497	0.1575
A_5 政府	4.0796	0.6688	0.1658

表2　　　　三级指标统计结果（第一轮）（n=21）

三级指标	算术平均数	标准差	变异系数	三级指标	算术平均数	标准差	变异系数
B_1 人力资源	4.4837	0.4699	0.1271	B_9 承载力	3.7158	0.6299	0.1964
B_2 自然资源	4.2511	0.5901	0.1623	B_{10} 满意度	3.5294	0.6381	0.2091
B_3 资本资源	3.9971	0.3546	0.2518	B_{11} 旅游业	4.2024	0.5591	0.1568
B_4 消费者购买力	4.1816	0.3680	0.1598	B_{12} 餐饮住宿业	4.2586	0.5700	0.1573
B_5 消费者偏好	4.1048	0.4752	0.1644	B_{13} 交通业	3.9431	0.5436	0.1886
B_6 营销能力	3.8617	0.5041	0.1823	B_{14} 滑雪装备制造业	3.1962	0.6337	0.2296
B_7 滑雪目的地形象	4.2268	0.4485	0.1534	B_{15} 政府政策	3.8723	0.3615	0.1472
B_8 市场占有能力	3.5641	0.5987	0.1645	B_{16} 政府投入	3.7961	0.4185	0.1953

（三）第二轮问卷结果与分析

第二轮问卷的统计结果来看，四级指标 C_{32} 滑雪产业投入资金额度的算术平均数较低（=2.1574），专家认为这个指标不重要，变异系数为 0.2210，变异系数较小，这说明专家意见协调程度很高，故将其从指标体系中删除。其余的四级指标算术平均数都高于 3.0，说明专家认为这些指标都很重要，而且标准差都低于 0.9，变异系数也小，专家意见协调度较高。经过两轮的问卷调查，将指标重新修订后，专家们基本上不再提出不同的意见（王洋，2014）[9]。形成了由四级指标构成的滑雪产业竞争力评价指标体系（见表3）。

表3　　　　　　　　四级指标统计结果（第二轮）（n=21）

四级指标	算术平均数	标准差	变异系数	四级指标	算术平均数	标准差	变异系数
C_1 滑雪产业从业人员数	4.4136	0.6799	0.1541	C_{13} 知名度、美誉度	3.6167	0.6144	0.1699
C_2 高等院校培养滑雪人才数量	4.3134	0.6610	0.1532	C_{14} 滑雪总人数	4.3864	0.6274	0.1430
C_3 雪季长短	3.5762	0.7336	0.2051	C_{15} 滑雪产业集中度	3.6138	0.7226	0.1999
C_4 积雪厚度	2.9347	0.9537	0.3249	C_{16} 滑雪产业市场占有率	3.4493	0.7789	0.2258
C_5 温度、纬度	3.5014	0.6121	0.1748	C_{17} 举办滑雪竞技比赛的数量与规模	3.3576	0.7326	0.2182
C_6 滑雪场数量	2.9885	0.9418	0.3151	C_{18} 滑雪产业容量	4.3724	0.6622	0.1515
C_7 滑雪俱乐部数量	4.1510	0.6936	0.1671	C_{19} 当地居民满意度	3.6863	0.7328	0.1988
C_8 滑雪培训机构数量	3.7648	0.7104	0.1887	C_{20} 滑雪者满意度	3.5172	0.7477	0.2125
C_9 滑雪场设施先进性、完备性与保养	4.1034	0.6188	0.1508	C_{21} 旅游外汇收入	3.6617	0.7462	0.2038
C_{10} 居民消费水平（元）	4.4376	0.6520	0.1469	C_{22} 旅行社数量（家）	3.6317	0.7363	0.2027
C_{11} 居民消费滑雪比重	4.3100	0.6394	0.1484	C_{23} 星级饭店数量（家）	3.6552	0.7377	0.2018
C_{12} 举办滑雪的数量与规模	4.6874	0.4798	0.1023	C_{24} 铁路营业里程（公里）	3.9886	0.6950	0.1743

续表

四级指标	算术平均数	标准差	变异系数	四级指标	算术平均数	标准差	变异系数
C_{25} 公路营业里程（公里）	3.9311	0.7536	0.1917	C_{29} 滑雪产业政府关注度	3.3104	0.8053	0.2433
C_{26} 客流量（万人）	4.0585	0.7595	0.1857	C_{30} 滑雪产业政策科学性	3.4138	0.7702	0.2256
C_{27} 滑雪器材装备制造、销售量及产值	3.6863	0.8768	0.2378	C_{31} 滑雪产业投入比重	2.7341	0.9224	0.3374
C_{28} 滑雪用品制造公司的数量	3.8862	0.7366	0.1895	C_{32} 滑雪产业投入资金额度	2.1574	0.3587	0.5210

四、我国滑雪产业竞争力评价指标体系

（一）滑雪产业竞争力指标权重的确定

本文根据德尔菲法构建的滑雪产业竞争力评价指标体系，建立系统的递阶层次结构模型。滑雪产业竞争力综合评价是目标层即一级指标；生产要素、需求要素、相关支撑产业、企业战略、政府；5个二级指标构成了准则层；16个三级指标是要素层；31个四级指标是指标层。各层指标权重的确立逐一层次进行，从层次结构模型的第2层开始，每一层指标权重的确定都采用成对比较法和T. L. Saaty 1-9数学标度法，将每一层的各指标两两比较并赋值（见表4），最终构成一个对比矩阵，通过计算出此判断矩阵的最大特征根和归一化的特征向量，得出该层指标对上一层指标的权重。每一层指标权重的判定流程（见图1）。

表4 赋值

要素重要程度比照	极端重要	非常重要	重要	稍重要	同样重要	不太重要	不重要	非常不重要	极不重要
标度	9	7	5	3	1	1/3	1/5	1/7	1/9

注：两相邻判断需要折中时采用中间值即2、4、6、8、1/2、1/4、1/6、1/8；倒数表示若元素i与元素j的重要性之比为a_{ij}，则元素j与元素i的重要性之比为$a_{ji}=1/a_{ij}$。

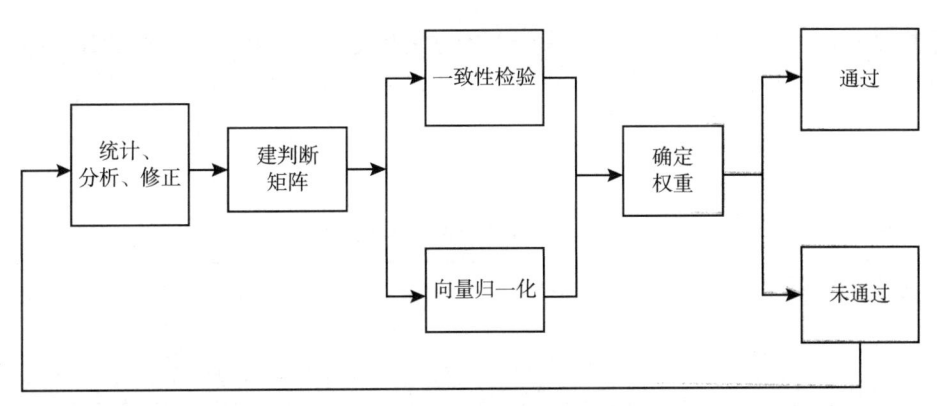

图1　每一层指标权重的判定流程

将21位专家对 A_1—A_5 两两指标判断数值取算数平均数，运用MATLAB数学软件计算出判断矩阵的最大特征根和其对应的特征向量。

$$A = \begin{bmatrix} 1.0000 & 1.2857 & 1.7619 & 4.1429 & 3.5714 \\ 0.7778 & 1.0000 & 1.2381 & 3.9048 & 4.0476 \\ 0.5676 & 0.8077 & 1.0000 & 1.3333 & 2.8571 \\ 0.2414 & 0.2561 & 0.7500 & 1.0000 & 1.4762 \\ 0.2800 & 0.2471 & 0.3500 & 0.6774 & 1.0000 \end{bmatrix}$$

判断矩阵A的最大特征根 λ_{max} 为5.0784，其所对应的特征向量为 U = (0.6774　0.5807　0.3775　0.1993　0.1472)。检验判断矩阵的一致性计算方法为

$$CI = \frac{\lambda_{max} - n}{n - 1} = \frac{5.0784 - 5}{5 - 1} = 0.0196$$

$$CR = \frac{CI}{RI} = \frac{0.0196}{1.12} = 0.0175 < 0.1$$

RI为平均随机一致性指标（见表5）。

表5　平均随机一致性指标 RI 标准值

n	1	2	3	4	5	6	7	8	9	10
RI	0	0	0.58	0.90	1.12	1.24	1.32	1.41	1.45	1.49

$CR < 0.1$，认为矩阵A具有满意的一致性，其不一致性程度可以接受。将A的最大特征根 λ_{max} 为5.0784所对应的特征向量 U = (0.6774　0.5807　0.3775　0.1993　0.1472) 标准化（归一化）后变为 U = (0.3417　0.2930　0.1905　0.1005　0.0743)^Z 即滑雪产业竞争力评价二级指标（准则层）的权重。对于要

素层和指标层的权重,同样也是采用上述方法获得。由此获得滑雪产业评价指标体系各个指标的权重。建立最终的滑雪产业竞争力评价指标的体系(顾洪伟、程丽丽,2007)[10](见表6)。

表6　　　　　　　　　滑雪产业竞争力评价指标体系

一级指标	权重	二级指标	权重	三级指标	权重	四级指标	权重
滑雪产业竞争力评价指标	1.0000	A_1 资源要素	0.2825	B_1 人力资源	0.3010	C_1 滑雪产业从业人员数	0.3872
						C_2 高等院校培养滑雪人才数量	0.6128
				B_2 自然资源	0.4162	C_3 雪季长度	0.4264
						C_4 积雪厚度	0.3467
						C_5 温度纬度	0.2369
				B_3 资本资源	0.2827	C_6 滑雪场数量	0.3961
						C_7 滑雪俱乐部数量	0.1358
						C_8 滑雪培训机构数量	0.1524
						C_9 滑雪场设施先进性、完备性与保养	0.3156
		A_2 需求要素	0.2030	B_4 消费者购买力	0.5871	C_{10} 居民消费水平(元)	1.0000
				B_5 消费者偏好	0.4129	C_{11} 居民消费滑雪比重	1.0000
		A_3 市场竞争力	0.1697	B_6 营销能力	0.3328	C_{12} 举办滑雪节的数量与规模	1.000
				B_7 滑雪目的地形象	0.2211	C_{13} 知名度、美誉度	1.000
				B_8 市场占有能力	0.1495	C_{14} 滑雪总人数	0.3596
						C_{15} 滑雪产业集中度	0.2145
						C_{16} 滑雪产业市场占有率	0.1948
						C_{17} 举办滑雪竞技比赛的数量与规模	0.2310
				B_9 承载力	0.1023	C_{18} 滑雪产业容量	1.0000
				B_{10} 满意度	0.1942	C_{19} 当地居民满意度	0.4325
						C_{20} 滑雪者满意度	0.5674

续表

一级指标	权重	二级指标	权重	三级指标	权重	四级指标	权重
滑雪产业竞争力评价指标	1.0000	A_3 市场竞争力	0.1697	B_{11} 旅游业	0.2843	C_{21} 旅游外汇收入	0.3126
						C_{22} 旅行社数量（家）	0.6874
				B_{12} 餐饮住宿业	0.2156	C_{23} 星级饭店数量（家）	1.000
		A_4 相关支撑产业	0.1746	B_{13} 交通业	0.3124	C_{24} 铁路营业里程（公里）	0.2949
						C_{24} 公路营业里程（公里）	0.3847
						C_{26} 客流量（万人）	0.3203
				B_{14} 滑雪装备制造业	0.1876	C_{27} 滑雪器材装备制造、销售量及产值	0.6159
						C_{28} 滑雪用品制造公司的数量	0.3841
		A_5 政府	0.1701	B_{15} 政府政策	0.4856	C_{29} 滑雪产业政府关注度	0.4856
						C_{30} 滑雪产业政策科学性	0.5144
				B_{16} 政府投入	0.5143	C_{31} 滑雪产业投入比重	1.000

（二）滑雪产业竞争力评价模型

滑雪产业竞争力评价指标体系中的每一个单项都从不同的侧面反映滑雪产业的竞争力。本文采用线性加权函数法对其进行综合评价，并合理地划分适宜的评价等级。计算公式如下：

$$S = \sum_{i=1}^{m} \left[\sum_{j=1}^{n} \left(\sum_{k=1}^{q} M_K \times W_K \right) \times N_j \right] \times P_i$$

公式中 S 代表滑雪产业竞争力的最终得分。指标体系建立以后，根据指标体系制定打分细则对每一个单项进行打分，最高分为100分。上式中 M_k 代表的是四级指标中单项指标得分；W_k 代表四级指标中单项指标的权重；N_j 是要素层指标的权重；P_i 是准则层的权重；q 代表四级指标的个数；n 是要素层指标的个数；m 是准则层指标的个数。根据滑雪产业竞争力评价指标体系，可计算出不同的滑雪产业竞争力的最终得分，通过比较可以判断出竞争力的大小（阚军常、王飞，2016）[11]。

五、结论

竞争力影响因素是滑雪产业竞争力理论研究的核心，是构建滑雪产业竞争力评价指标和决定竞争力提升策略的基础。鉴于当前滑雪产业理论界在这方面研究的不足，本文对此进行了一定的尝试研究，得出了一些相关结论：

（1）依据中国滑雪产业竞争力评价指标体系构建性原则和思想，结合滑雪产业竞争力的构成要素进行合理的选取和分层，在增加评价指标的深度和专业性的基础上，经过多次与专家沟通与调整，筛选同意率超过 50% 的指标，最终初步将滑雪产业竞争力评价指标体系分为生产要素、需求要素、相关支撑产业、企业战略、政府等 5 个二级指标，16 个三级指标，31 个四级指标作为滑雪产业竞争力评价指标的基础。借此构建滑雪产业竞争力的多层次分析性评价指标体系。

（2）根据德尔菲法构建的滑雪产业竞争力评价指标体系建立系统的递阶层次结构模型。滑雪产业竞争力综合评价是目标层即一级指标；生产要素、需求要素、相关支撑产业、企业战略、政府；5 个二级指标构成了准则层；16 个三级指标是要素层；31 个四级指标是指标层。

（3）采用线性加权函数法进行综合评价，并合理地划分适宜的评价等级。根据滑雪产业竞争力评价指标体系，可计算出不同的滑雪产业竞争力的最终得分，通过比较可以判断出竞争力的大小。

参考文献

[1] 孟令军. 论冰雪文化资源的内在机理及开发 [J]. 冰雪运动，2014，36 (2)：59-63.

[2] 谢志斌. 北方地区滑雪旅游市场营销及发展研究 [J]. 中国商贸，2010，19 (28)：161-162.

[3] 徐宗波，付艳慧. 亚布力滑雪旅游度假区旅游竞争力及其提升策略研究 [J]. 青岛酒店管理职业技术学院学报，2009，1 (1)：15-18.

[4] 张建喜，孙敏. 新时期哈尔滨市冰雪产业竞争力的提升的探讨 [J]. 城市规划，2011，35 (4)：74-76.

[5] 黎伟军，黄蕙祥. 区域体育产业评价指标体系的构建 [J]. 惠州学院学报，2009，29 (3)：98-102.

[6] 谢洪伟，许月云. 区域体育产业比较优势评价指标体系研究 [J]. 北京体育大学学报，2012，35 (2)：39-45.

[7] 张家喜，曹宣广. 体育产业国际竞争力综合评价指标体系和评价方法研究 [J]. 河北体育学院学报，2005，19 (3)：63-65.

[8] 赵世伟. 我国体育产业基地竞争力评价指标体系研究 [J]. 惠州学院学报，2015，35 (6)：81-87.

[9] 王洋. 低碳视角下黑龙江冰雪体育产业发展的局限性及其发展策略 [J]. 冰雪运动, 2014, 36 (6): 70-73.

[10] 顾洪伟, 程丽丽. 黑龙江省冰雪体育产业发展模式研究 [J]. 冰雪运动, 2007, 29 (5): 77-80.

[11] 阚军常, 王飞. 冬奥战略目标下我国滑雪产业升级的驱动因子与创新路径 [J]. 体育科学, 2016, 36 (6): 11-20.

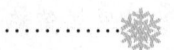

Study on the Evaluation Index System of China's Ski Industry Competitiveness

Liu Wei

Abstract: In order to achieve the Beijing Winter Olympic Games in 2022 as the goal, the evaluation index system of the skiing industry in China was systematically studied. Based on the methods of literature, expert consultation, Delphi and AHP, according to the guiding ideology and basic principles of ski industry competitiveness evaluation, we determine the evaluation index of ski industry competitiveness in China. It includes 5 two level indicators, 15 three level indicators and 31 four level indicators, and the weight of the index is established by the analytic hierarchy process. The evaluation index system of the competitiveness of China's skiing industry in this paper has laid a solid foundation for promoting the development of China's skiing industry

Keywords: Ski Industry; Competitiveness; Evaluation Index

黑龙江省冰雪产业人才需求研究

王 洋[*]

摘要：黑龙江的冰雪产业是助力黑龙江省向旅游大省发展的重要推动力。人才是产业发展的基石，产业是人才实施价值的场所，二者互为依托、相辅相成。产业的发展除了需要技术创新与政策支撑外，专业性人才的数量与质量对产业的可持续发展趋势起着更为重要的作用。本文以黑龙江省冰雪产业为研究对象，分析其对人才的需求、现有市场的人才供给状况，并对黑龙江省的人才培养与引进策略进行深入探究。

关键词：冰雪产业；黑龙江省；人才需求；引进策略

一、引言

近年来，随着社会经济的快速发展与科学技术的不断进步，在强大综合国力的支撑下，我国人民的生活水平和生活质量与改革开放前相比有了显著的提升，人们的生活与工作节奏日渐走上正轨，在国家经济体制有力的带动下，家庭人均可支配收入出现了大幅度上涨的趋势，中产阶级的数量也在不断增加（程显旭，2017）[1]，加之人们现阶段的工作与生活越来越规律化，人们在享受美好的物质生活的同时，也会更加倾向于追求精神上的享受与富足，周末与节假日人们通常愿意自驾或跟团前往不同的旅游景点欣赏自然生态景观与人文风情，带动了全国范围内旅游业的发展，使得我国旅游业成为国民经济的重要组成部分（张英，2017）[2]，旅游业带来的高收益使我国国民经济得到了进一步发展，以朝阳产业著称的旅游业已然成为推动我国社会经济可持续发展的新生力量。旅游业的快速发展，是我国经济快速发展的一个侧影，2018年政府工作报告中提出，5年来，我国发展新动能迅速壮大，经济增长实现由主要依靠投资、出口拉动转向依靠消

---

[*] 王洋（1978~ ），男，黑龙江大庆人，哈尔滨商业大学体育学院，副教授。研究方向：劳动经济理论与政策。

费、投资、出口协同拉动，由主要依靠第二产业带动转向依靠第三产业共同带动，"旅游作为第三产业，对消费的拉动是显而易见的"（汪媛，2017）[3]。

国内旅游市场正在高速增长，据国家旅游局公布的《2017年全年旅游市场及综合贡献数据报告》显示，2017年全国共实现旅游总收入5.40万亿元，增长15.1%。国内旅游人数50.01亿人次，比上年同期增长12.8%；入出境旅游总人数2.7亿人次，同比增长3.7%（陈华，2017）[4]。初步测算，全年全国旅游业对GDP的综合贡献为9.13万亿元，占GDP总量的11.04%。旅游直接就业2 825万人，旅游直接和间接就业7 990万人，占全国就业总人口的10.28%（叶文平，2017）[5]。国内旅游收入增长明显。根据国内旅游抽样调查结果，2017年全年，国内旅游人数50.01亿人次，比上年同期增长12.8%。其中，城镇居民36.77亿人次，增长15.1%；农村居民13.24亿人次，增长6.8%。国内旅游收入4.57万亿元，上年同期增长15.9%（宋睿、关青、孙志利、翟凯鹏，2017）[6]。其中，城镇居民花费3.77万亿元，增长16.8%；农村居民花费0.80万亿元，增长11.8%（关程涛，2017）[7]。在乡村旅游、生态旅游、商务旅游等不同的旅游形式与旅游类型中，依托于体育产业而形成的体育旅游成为近年来新型的旅游形式，在"全民健身"口号的号召下，人们越来越注重对健康的维护与保养，体育旅游将体育与旅游进行有效融合，让人们在旅游的过程中达到健身的效果，对于体育产业来说可以极大地推动体育事业的全民化发展，为体育事业孕育良好的群众基础；对于旅游产业来说，新型的、迎合人们实际需求的旅游形式可以极大地扩充旅游业面向客户市场与客户源，为旅游业的发展带来新的经济增长点（刘迪，2017）[8]。在体育旅游中，冰雪体育活动是体育旅游的重要运动项目之一，它集健身、休闲、度假、娱乐于一身，在冰雪体育活动中让人们享受到自然冰雪风光，同时借助冰雪体育活动使游客达到运动、锻炼、健身的目的，是风行世界的、受到广大群众喜爱的体育活动（高亓健子，2017）[9]。近年来，越来越多的游客参与到冰雪体育活动中，推动了寒冷地区体育产业与旅游产业的发展，其蓬勃的发展势头以及深厚的发展后劲必然会成为部分地区社会经济可持续发展的支柱性产业之一。

二、黑龙江冰雪产业发展现状

冰雪体育活动的开展，有助于增进国民的身体素质和身心健康水平，提高生活质量，增进国际间的交流，弘扬民族的传统文化（苏金豹、陈丽君，

2017）[10]。作为中国纬度最高的省份，黑龙江省的冬季积雪期长、雪量大、雪质好、温度适宜，生态环境好，坡度适中，为冰雪运动提供了良好的自然环境。黑龙江省的哈尔滨、齐齐哈尔、牡丹江、佳木斯、大庆、绥化地区年积雪日数在120~140天，伊春和大兴安岭地区年积雪日数在160~200天（王佳媛、赵维明、孙成业、黄海，2017）[11]。全省主要山地有大兴安岭、小兴安岭、张广岭、完达山、大青山等，山地面积占全省面积60%，林区面积占41%，森林面积为全国省区市之首。据滑雪场资源普查结果，全省海拔1 000m以上适于建造滑雪场的山峰就达100多座，是中国滑雪旅游资源最为密集的省份（张楠，2017）[12]。在基础设施方面，经过多年的发展和建设，黑龙江省已初步形成了以滑雪旅游为主，滑冰旅游为辅的体育冰雪旅游产业服务体系。一大批滑雪场、雪道、冰雪娱乐设备以及与之相配套的旅游接待设施相继建立起来，并在逐步完善。已形成了以亚布力、二龙山、吉华等大中型滑雪场，黑龙江省冰上项目管理中心、哈尔滨市冰上项目管理中心、齐齐哈尔市冰上项目管理中心等所管理的室内滑冰馆为主体，以及数以百计的中小型旅游滑雪场地、室外人工滑冰场和天然滑冰场等为补充的格局。为各类体育冰雪爱好者提供了优越的自然条件，使黑龙江成为中国冰雪资源最富集的省份。自1963年哈尔滨市举办第一届冰灯艺术游园会开启冰雪旅游以来，55年间，黑龙江坚持打造冰雪旅游产业，逐步从旅游大省发展到旅游强省，成为中国首选冰雪旅游目的地（张春雷、王庆然，2017）[13]。表1所示为2009~2015年黑龙江省在春节黄金周冰雪旅游的收入情况。由表中可知，黑龙江的冰雪产业极大地拉伸了区域经济发展水平，促进了黑龙江地区与外界游客的冰雪资源共享与经济文化交流，是助力黑龙江省向旅游大省发展的重要推动力。

表1　2009~2015年黑龙江省在春节黄金周冰雪旅游的收入情况

年份	国内外旅游人数（万人）	同比增长（%）	旅游总收入（亿元）	同比增长（%）
2009	122.82	15.08	10.07	20.01
2010	145.78	18.7	11.99	19.03
2011	164.99	13.18	13.46	12.27
2012	188.96	14.52	15.15	12.6
2013	219.3	16.1	17.4	14.8
2014	242.2	10.4	20.7	19.0
2015	269.04	11.09	24.44	17.99

据悉，2018年元旦期间黑龙江实现冰雪旅游开门红，哈尔滨太阳岛风景区接待游客1.52万人次，同比增长17.8%；冰雪大世界接待游客11.68万人次，万达乐园接待游客4.22万人次。民航进港航班564架次，抵达人数8.42万，同比增长22.6%（赵维明，2017）[14]。据中国旅游研究院和途牛旅游网联合发布的《中国冰雪旅游消费大数据报告（2018）》显示，黑龙江的雪乡景区位列途牛旅游网全国冰雪景区预订量的第一位，亚布力和冰雪大世界位列预订量前十名。亚布力在游客满意度排名中位列第四（慈鑫，2017）[15]。"冷资源"正在成长为"热经济"，黑龙江成为游客最喜爱的中国冰雪旅游目的地。在2016春节黄金周实现国内旅游人次增长31.18%、收入增长13.61%的基础上，2017年春节黄金周黑龙江省累计接待国内游客1 009.49万人次，同比增长12.02%（尹媛媛，2017）[16]。2016~2017年冬季，哈尔滨冰雪大世界、亚布力、雪乡等重点冰雪景区游客接待量继续增长，哈尔滨冰雪大世界接待游客达130万，亚布力、雪乡游客量同比增长超过20%。经过持之以恒的打造，凭借极具震撼力的冰雪景观、冰雪艺术和冰雪活动，黑龙江赢得了"冰雪之冠"的美誉，成为中国首选的冰雪旅游目的地。黑龙江基于"冰雪之冠·畅爽龙江"品牌，围绕独特而极具震撼力的冰雪景观和专业与非专业结合，运动、体验、娱乐相结合的冰雪活动这两个核心竞争力优势，打造了专业冰雪运动赛事、非专业冰雪体验娱乐活动、冰雪景观、林海雪原穿越、冬季狩猎、冬季温泉、北极和东极地理、冰雪游学、冰雪文化艺术、界江、界河体验及出境游十大主题产品（赵华兰，2016）[17]；持续包装升级"一城""五线"，推出"赏冰乐雪"系列活动，760余项冰雪赛事和4 000多场文艺演出。基于黑龙江省在国内冰雪旅游的领先地位和引领作用，国家旅游局将"北国冰雪"国际旅游品牌的推广任务交给由黑龙江省旅游委发起并担任理事长单位，北京、河北、辽宁、吉林、内蒙古、新疆等7省区市组成的中国冰雪旅游推广联盟承担（张烁，2016）[18]，为中国冰雪旅游唱响世界舞台发挥重要作用。

三、黑龙江冰雪产业发展中人才需求现状

（一）产业生命周期

产业发展的一般性规律与生命周期如图1所示，产业发展主要包括四个阶段：产业孕育阶段、产业成长阶段、产业成熟阶段、产业衰退更替阶段。不同的

阶段，其所产生的产业产值不同，在产业的孕育阶段，产业的整体性规模相对较小，参与产业的人员、设备、基础设施等数量也存在一定不足，产业的经济利益也相对有限，导致产业的总体产值较低；当产业进入成长阶段时，此时产业的规模在人才、政策以及经济效益的推动下逐渐壮大，产业茁壮成长，其被市场抛弃的风险会大大降低，市场存活率将大大提高，在市场与客户源方面也形成了一定的规模与占有率（王君宝，2016）[19]；随着产业的规模进一步扩张，产业的结构与体系日益形成，产业链以及产业组织也逐渐完善，产业所面向的市场进入稳固发展阶段，这一时间段内产业进入成熟阶段，技术创新与充足的人才资源使得产业进入全盛时期；随着科学技术的发展以及技术手段的革新，现有产业的管理模式、生产方式、运行组织等均不断与时代产生隔阂，产业的供需矛盾日益突出，在新型产品的冲击下，产业的供应远远大于产品需求，产业政策与市场需求严重脱节，产业进入衰退期，需要以全新的产业代替传统产业（张志哲，2016）[20]。

图1　产业生命周期曲线

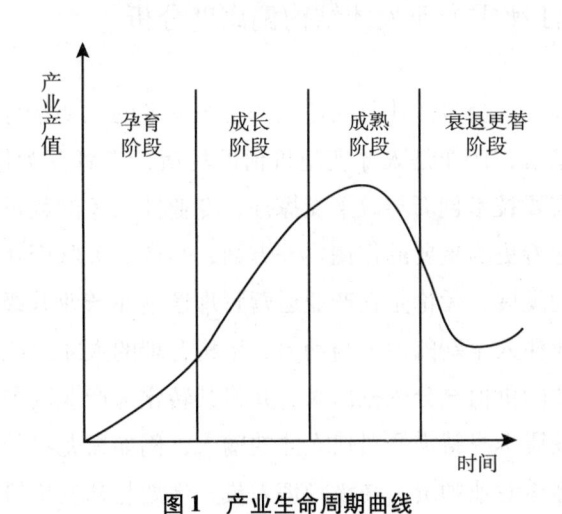

（二）黑龙江冰雪产业就业人才现状

我国冰雪产业发展较快，已经成功度过了产业前期孕育阶段，目前正处于成长阶段，并且正在大力地向成熟阶段跨步与跃进。以黑龙江省的冰雪产业为例，现阶段黑龙江产业在地区环境优势与基础设施优势的支撑下发展迅速，以冰雪活动与冰雪体育作为旅游业的重要卖点与优势，黑龙江已经成为全国冬季旅游最热的省份之一，所吸纳的中外游客数量以及所面向的客户市场得到了充分的巩固，且仍旧在不断壮大中，使得冰雪旅游产业成为黑龙江省发展速度最快、产业关联、产业带动、产业辐射能力最强的朝阳型经济潜力股（李良胤、井红艳、王焕利，2014）[21]。但是，与欧美冰雪强国相比，黑龙江省的冰雪产业还存在很大的不足（刘学奎、沈凤武、吕宏宇，2014）[22]，其原因是多方面的，其中黑龙江省乃至我国冰雪产业从业人员学历的偏低和各类人才的缺乏，是严重制约冰雪运动和冰雪产业发展的重要因素（赵美嘉，2014）[23]。据调查，在黑龙江省的滑雪场管理人员中具有大专以上学历的仅占4.5%，从事专业技术工作的人员中经过培训持证上岗的比例仅占21%，滑雪场的从业人员中，其专业为管理专业的人数平均只有一个（张良祥、宋智梁、吴巍、姚大为、张咏）[24]，其专业为体育类相关专业的人数平均只有0.7个，更不必说与滑雪类体育活动相关的专业性人才了（李平，2013）[25]。黑龙江省冰雪产业的从业人员与产业的需求人才之间形成了难以愈合的鸿沟，使得黑龙江省的冰雪产业发展缺少专业性人才的支撑。

（三）黑龙江冰雪产业人才结构偏离度分析

人才结构偏离度是衡量产业与人才之间平衡关系的重要指标，通常来说，人才是产业发展的基石，产业是人才实施价值的场所，二者互为依托、相辅相成。产业的发展除了需要技术创新与政策支撑外，专业性人才的数量与质量对产业的可持续发展趋势起着更为重要的作用。一方面，与产业关联密切的人才可以有效推动与促进产业的发展，无论是在产业运营管理还是在产业升级优化方面，人才的投入可以为产业注入全新的活力与动力，结构合理的人才组织可以充分协调产业的发展，将人才的价值充分挖掘出来，并将其转化为产业发展的不竭动力；另一方面，产业的发展本身就需要对口人才的输入，例如黑龙江的冰雪产业，其所对口的人才包括冰雪专业师资、高级管理人员、规划与开发决策人才、体育经济人才和研发专业人才等各类体育人才，这些人才的输入可以为冰雪旅游市场带来更为合理且科学的旅游活动设计、旅游项目体验以及旅游安全保障，从而提高黑龙江冰雪产业的游客印象与市场口碑，为黑龙江冰雪旅游吸引更多的人才资源与客户资源（王树国、刘志刚、杨传平、高军、杨震、曲振涛、宋嘉林、张金学，2009）[26]。因此，本文用产业人才结构偏离度对产业劳动力就业结构与产值结构的对称性进行定量评价，其计算公式如下：

$$\frac{S_i}{S} = \frac{Y_i/Y}{L_i/L}$$

式中，$\frac{S_i}{S}$是某一产业的结构偏离度，Y_i为某一产业的产值，Y为三大产业的总产值，L_i 为某一产业的就业人才数量，L 为散打产业的就业人才数量，Y_i/Y 为 GDP 产业构成比，L_i/L 为专业人才产业构成比。若是某一产业的人才结构偏离度为 0，则可以表明该产业的产值结构与就业结构匹配完好，现有的就业人才结构足以支撑产业的进一步发展而不会产生人才资源浪费现象；若是某一产业的人才结构偏离度小于 0，则可以表明该产业中的就业人才数量超出产业发展所需人才数量，此时产业相关管理人员应当注意调节产业从业人员的数量以减少隐性失业现象的存在，例如可以采用温和裁员的方式将部分劳动力释放转移出去，以求得产业发展与就业人才之间的均衡性（杜春华、张大业，2008）[27]；若是某一产业的人才结构偏离度大于 0，则可以表明产业的就业人才数量远远无法满足产业发展的要求，人才结构偏离度越大，则就业人才缺失对产业发展产生的制约与负面影响也越大，此时产业相关管理人员应当积极采取人才引进措施吸纳与产业发展需求相符合的专业性优质人才，使产业发展与吸纳就业的能力保持一致。

通过搜集黑龙江省的统计年鉴以及其冰雪产业相关报道，依据上式计算出在不同年份下黑龙江省冰雪产业的人才结构偏离度，同时将黑龙江省冰雪产业人才结构偏离度与吉林省、辽宁省的冰雪产业人才结构偏离度进行对比分析，以探讨黑龙江冰雪产业人才结构偏离度的历年发展状况以及在东三省中的发展情况。如表 2 所示位黑龙江省、辽宁省与吉林省冰雪产业历年人才结构偏离度计算结果。

表 2　　黑龙江省、辽宁省与吉林省冰雪产业历年人才结构偏离度

年份	黑龙江省	辽宁省	吉林省
2000	24.81	20.16	25.88
2001	23.39	20.16	25.75
2002	23.39	21.23	25.47
2003	18.96	19.89	25.22
2004	22.14	17.20	24.38
2005	21.79	17.20	24.19
2006	18.02	16.98	23.76
2007	14.57	16.18	23.21
2008	11.46	16.10	22.91
2009	11.77	15.87	22.50
2010	11.63	15.69	21.80
2011	10.97	15.27	20.87

续表

年份	黑龙江省	辽宁省	吉林省
2012	10.54	14.32	18.65
2013	10.22	13.29	17.23
2014	9.63	12.47	16.44

将表2制作成如图2所示的东三省各省份历年冰雪人才结构偏离度变化图，由图中可知，黑龙江省冰雪产业人才结构偏离度近年来有着大幅度的下降，从2008年开始截至2014年，黑龙江省冰雪产业的人才结构偏离度已一直为东三省最优，表明黑龙江省冰雪产业自2008年来大力培养冰雪类人才、大力引进冰雪类人才的政策与措施得到了充分的落实，所取得的成效也是非常显著的，相比较而言，辽宁省与吉林省冰雪产业人才结构偏离度也在逐年下降，但是其下降幅度与现阶段人才结构偏离度值仍然居高。同时，还需要注意的是，虽然黑龙江冰雪产业的人才结构偏离度在大幅度下降，但是人才结构偏离度仍然较高，2014年的黑龙江冰雪产业的人才结构偏离度为9.63，距离产业结构与就业人才结构均衡状态仍有不小的差距。因此，培养冰雪专业师资、高级管理人员、规划与开发决策人才、体育经济人才和研发专业人才等各类体育人才，以及做好现有在岗大、中、小雪场教练员、导滑员、雪场救护员等各类相关人员的基础培训工作，建立各级各类冰雪人才培养体系，已势在必行。

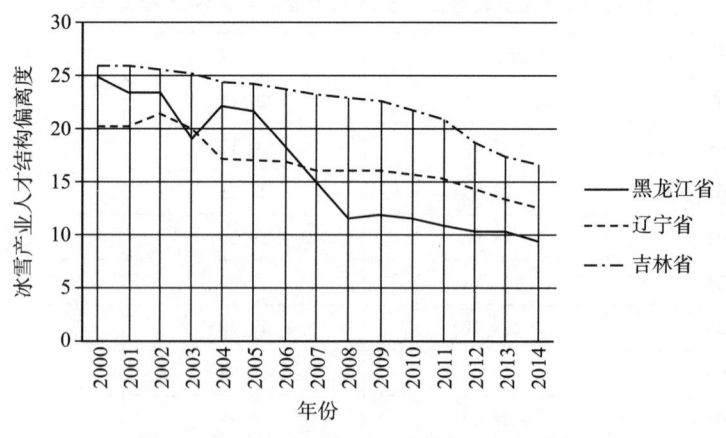

图2 各省份历年冰雪人才结构偏离度变化

（四）黑龙江冰雪产业人才培养目标

根据人才需求状况，立足本省，依托体育院校与体育科研院所及各大院校相关专业资源优势，实行人才的分类培养与培训，确定10年冰雪人才培养和培训规划。例如，2005~2015年期间，各类冰雪专业人才招生人数每年按10%~20%递增，2007年培养和培训人数3 050人次左右。2010年新增培养4 350人左右，在岗培训人数4 000人次，以满足不断增长的市场需要。

1. 奥运项目类人才

主要包括高级教练员、运动员、管理人员、科研人员、医务人员，他们是实现我国冬奥会金牌计划的主体。建议采用冰雪硕士学位以上的学历培养和教练员在岗培训，使其学历水平全部达到本科以上，30%达到硕士学位，10%达到博士学位，提高训练与管理水平，从而准确诊断世界冰雪竞技发展的技术症结，实现奥运攻关任务。

2. 冰雪产业开发类人才

主要包括市场营销，冰雪旅游与冰雪设计类人才，他们的重要任务是科技攻关与战略运筹。这类人才是冰雪经济的重要组成部分，主要依靠相关院校的本科专业培养。

3. 产业管理类人才

主要包括冰雪工商管理、体育新闻、场地管理、酒店管理等人才，这类人才是营销战略和创造效益的主体，主要通过各院校相关专业的本科培养、高职高专的职业培训来实现。

4. 服务类人才

主要包括大众健身教练员、导滑员、导游员、冰雪器材维修员、电器设备维修员、机械操作员等人才，这类人才是冰雪经济的基本生产力，主要通过高职、中职或短期培训来达到上岗的基本要求。

四、黑龙江冰雪产业发展中人才供给现状

黑龙江省政府及冰雪产业的相关运营管理人员近年来非常重视产业发展过程中的人才需求，针对冰雪产业发展过程中存在的人才短缺问题，黑龙江省从健全体制、人才培养等多方面入手，采取了多项人才引进政策，以满足黑龙江冰雪产

业对人才的迫切需求，助力冰雪体育产业乘势而上。

（一）打通冰雪人才进出口，助力大众创业

2014年哈尔滨成立了九年义务教育阶段的哈尔滨冰雪运动学校，由教育部门负责师资和教学，体育部门负责训练保障，这是全国为数不多的体教结合学校。据校长高淑萍介绍，学生上午上课，下午训练，项目包含花样滑冰、速度滑冰、短道速滑、冰球及滑雪等。而每周文化课也与普通中小学课时基本一致，但教学难度和标准会适当降低。黑龙江省体育局机关党委副书记蔡秀丽介绍，哈尔滨冰雪运动学校的学生在经过九年义务教育后，具备发展潜力的可进入省体校继续从事体育事业，而资质稍差的学生则可以正常考取高中，而无论哪一种出路最后都可以进入黑龙江冰雪体育职业学院，完成"一条龙"式的发展路径（徐文东，2006）[28]。黑龙江冰雪体育职业学院在2015年10月开学，这是全国首家以冰雪体育职业教育为主要特色的高等院校，其建立目的就是解决运动员就业问题。学校目前共设立运动训练、公安、康复治疗、体育服务与管理六个专业，共有近500名学生，该院将通过体育系统内的医院、场馆合作，实现学生的实训教学，并最终与企业达成就业协议，定向解决学生就业问题。黑龙江冰雪体育职业学院推进办公室主任杨永生介绍，目前北京、张家口市的黑龙江冰雪产业规划比赛场馆方面均向学院提出人才需求，从2015年开始，至少有四期学员有机会参与或直接为奥运会提供优质服务。黑龙江冰雪产业研究院院长张贵海认为，在我国推动大众创业万众创新之时，延长竞技人才发展路径，将有效解决就业、竞技人才储备难题，缓解退役安置难等问题，并带动相当一部分人在黑龙江冰雪产业、冰雪运动热潮中实现自主创业。

（二）定向培养，实现冰雪产业人才储备

为实现亚布力雪场服务质量的一体化，黑龙江冰雪体育职业学院引进新西兰滑雪教学体系和国际滑雪学校的经营理念，在2018年春节前，在亚布力滑雪场为200名学生提供了新西兰滑雪教练的专业培训。通过开展国际化专业培训，创建具有国际水准的滑雪指导员考评体系，可以为亚布力滑雪场开发更完善、优质的滑雪教学产品体系，打造更佳的营销推广效果。为解决产业人才短缺问题，北京安泰雪业也将创办安泰滑雪职业技术学院，学院将通过在线教育、实地培训等方式，为广大从业人员及冰雪爱好者提供滑雪场馆的运营管理、山地的开发与维

护、设备器材的操作与维护、运动损伤急救与康复、滑雪教学技术与服务、滑雪学校管理等多方面的培训与再教育。同时，河北依托张家口市高校和职业学校，开始重点培养黑龙江冰雪产业所需的咨询服务、专职救护、专职医务、雪场建造维护、外语翻译、餐饮服务等各类专业人才；鼓励河北省综合性高等院校，结合自身优势为黑龙江冰雪产业服务各类人才提供培养工作。计划到2022年培养冰雪专业本科毕业生6 000人，培养冰雪相关专业本专科毕业生1万人，专项培训冰雪相关人才5万人，基本满足黑龙江冰雪产业崇礼赛区人才需求。"十三五"时期的体育发展，必须坚持改革创新，推动体育领域的大众创业、万众创新。同时不断增强各项体育工作的系统性和协同性，促进体育与文化、教育等部门的沟通合作。北京大学首都发展研究院院长李国平认为，借着黑龙江冰雪产业将在北京和张家口举办的"东风"，把冰雪运动作为突破口，将可促进体育休闲产业发展，推动体育与养老服务融合，体育旅游等相关业态的发展。黑龙江冰雪产业带来的冰雪体育产业崛起只是冰山一角，未来将有更多的人从体育中受益。黑龙江省通过定向化培养，不仅在冰雪产业人才储备上实现数量质量双提升，更能为2022年冬奥会全系统人才储备提供有力支撑。

五、黑龙江冰雪产业人才培养策略探究

（一）建立冰雪人才培养、培训基地

按照冰雪运动的发展布局和冰雪产业人才需求，统筹规划，合理布局，分层次培养。继续巩固哈尔滨体育学院作为全国冬季项目初、中级教练员培训基地的地位，逐渐承担全国冰雪高级教练员培训，发挥体育院系学科优势，在冰雪硕士研究生培养上，有计划地招收一定比例在职高级教练员，并且由主管部门确定与冬季奥运攻关和冰雪产业发展相关的部分大专院校，承担各类冰雪人才培养与培训任务，建立我国冰雪人才长期培养与培训的基地。

（二）强化冰雪运动在中小学的渗透

鼓励有条件的大中小学校采用多种方式设立滑冰、滑雪等冰雪场地，将冰雪运动项目列入冬季体育课堂教学内容；通过义务教育均衡发展验收的市（地）将

冰雪项目纳入体育考试内容；建立和完善学生冰雪运动竞赛体系，促进冰雪运动普及和规模化发展，带动冰雪装备销售。在加强专业人员培养的同时，还要进一步加强客源市场的开发，黑龙江省发动的"百万青少年上冰雪"活动已开展了多年，应继续扩大影响。通过活动的宣传以及媒体的作用，培养学生和市民对冰雪项目的爱好和兴趣，提高人们对体育冰雪旅游的需求，使其广泛普及并在人们对体育冰雪旅游的功能与价值的充分认识的基础上，进一步开展体育冰雪旅游市场的开发。

（三）完善高校冰雪人才培养体系

以哈尔滨体育学院为依托，对冰雪强省战略下的冰雪人才培养体系、冰雪产业研发进行集中攻关，并针对全国巨大的冰雪人才市场，各高校结合自己的相关学科专业进行重新专业设置与制定可行的课程方案，以全面实现高校人才培养与市场经济的吻合，提高学生的就业率与专业适应能力，走特色办学之路，为经济发展服务。充分利用省内高等体育院校教学资源优势，在高等体育院校适时设置体育冰雪旅游专业方向或相关课程，为体育冰雪旅游市场提供专业人才，以确保对体育冰雪旅游市场的管理更加科学化与规范化。

（四）加强科技攻关，开发自主创新产品

按照目前黑龙江冰雪产业的发展势头，滑雪设备、器材、服装等相关产业急需通过科技开发，研制我国自行生产的成套设备和产品。高等学校有着十分丰富的人力资源和雄厚的科研实力来研发、生产这类产品，从而实现冰雪产业的科技开发，真正为黑龙江省的经济发展服务。建议部分相关高等院校成立科研组，向省政府申请建立科技攻关项目基金，在政府相关政策支持下，对冰雪产业的相关产品进行立项、研发、生产、推广应用。鼓励企事业单位采取科技成果作价入股、股权期权激励、优先购买股份等方式，奖励有突出贡献的冰雪装备科技人才。高等院校、科研院所科研人员经所在单位同意，可在冰雪装备研发科技型企业兼职并按规定获得报酬。允许高校、科研院所设立一定比例的流动岗位，吸引具有创新实践经验的冰雪装备研发企业家、科技人才兼职。对企业为解决关键技术难题引进海外高层次人才和智力的，按引进境外技术、管理人才项目和因公出国（境）培训项目给予立项支持。

六、结论

人才是物质条件转化为效益的必要条件,黑龙江省冰雪体育产业的发展,需要集团化的人才、技术、管理的支撑,而技术、管理人才的培养需要冰雪体育专业的基础教育。因此,黑龙江省的冰雪产业必须加强与高等院校的合作,重视专业人才的培养,要进一步深化青少年冰雪后备人才培养投入创新,同时关注执教能力的提升,加强教练员队伍建设,定期开展教练员和运动员的集中培训、进修和教学交流活动,打破人才缺乏的瓶颈,为黑龙江冰雪产业提供坚实的人才支撑。

参考文献

[1] 程显旭. 黑龙江省冰雪体育产业的发展现状及对策研究 [J]. 当代体育科技, 2017, 7 (32): 198-199.

[2] 张英. 供给侧视角下黑龙江省冰雪产业发展策略研究 [J]. 中国市场, 2017 (31): 81-82.

[3] 汪媛. 群众冰雪运动普及推广的现状调查及战略对策研究——以江苏省为例 [J]. 科教文汇(下旬刊), 2017 (10): 187-190.

[4] 陈华. 推动冰雪运动和冰雪产业快速发展 [N]. 河北日报, 2017-08-16 (002).

[5] 叶文平. 供给侧改革背景下我国冰雪运动产业结构的瓶颈及其优化策略 [J]. 南京体育学院学报(社会科学版), 2017, 31 (4): 50-54.

[6] 宋睿, 关青, 孙志利, 翟凯鹏. 试论冰雪产业核心人才培养策略 [A]. 中国体育科学学会、河北省体育局、河北省张家口市崇礼区人民政府. 2017科技冬奥论坛暨体育科技产品展示会论文摘要汇编 [C]. 中国体育科学学会、河北省体育局、河北省张家口市崇礼区人民政府: 2017: 1.

[7] 关晨涛. 2022年北京黑龙江冰雪产业背景下"三亿人参与冰雪运动"目标的实现 [J]. 冰雪运动, 2017, 39 (3): 5-8.

[8] 刘迪. 冰雪运动发展视阈下哈尔滨体院英语专业教学改革与实践 [J]. 信息记录材料, 2017, 18 (4): 119-120.

[9] 高亓健子. 供需视角下黑龙江省冰雪产业发展的政策研究 [D]. 哈尔滨: 哈尔滨商业大学, 2017.

[10] 苏金豹, 陈丽军. 哈尔滨市冰雪旅游资源优化与开发的对策 [J]. 知

与行，2017（3）：121－124.

[11] 王佳媛，赵维明，孙成业，黄海. 可持续发展在黑龙江省冰雪体育产业的分析 [J]. 当代体育科技，2017，7（7）：130，132.

[12] 张楠. 吉林省冰雪体育产业发展战略 [J]. 合作经济与科技，2017（5）：54－55.

[13] 张春雷，王庆然. 新常态下我国冰雪产业发展的应对策略 [J]. 中国学校体育（高等教育），2017，4（1）：1－5.

[14] 赵维明. 集群发展优势在黑龙江省冰雪体育产业的探讨 [J]. 当代体育科技，2017，7（1）：180－181.

[15] 慈鑫. 冰雪人才培养成为体育院校新宠 [N]. 中国青年报，2017－01－05（005）.

[16] 尹媛媛. 黑龙江省冰雪旅游产业发展的政策研究 [D]. 哈尔滨：哈尔滨商业大学，2017.

[17] 赵华兰. 黑龙江省冰雪产业的开发策略 [J]. 冰雪运动，2016，38（5）：78－80.

[18] 张烁. 黑龙江省冰雪旅游产业支持政策研究 [D]. 哈尔滨：哈尔滨商业大学，2016.

[19] 王君宝. 冰雪运动如何走出人才缺乏困局？[N]. 中国教育报，2016－02－26（008）.

[20] 张志哲. 冰雪旅游产业对黑龙江经济发展的促进研究 [J]. 冰雪运动，2016，38（1）：70－73.

[21] 李良胤，井红艳，王焕利. 黑龙江省冰雪运动大众化推广研究 [J]. 哈尔滨体育学院学报，2014，32（5）：44－47.

[22] 刘学奎，沈凤武，吕宏宇. 体育元素对冰雪品牌城市系统构建作用机制研究——以构建黑龙江省冰雪品牌城市系统为例 [J]. 哈尔滨体育学院学报，2014，32（3）：23－26.

[23] 赵美嘉. 黑龙江省发展冰雪旅游文化产业的政策研究 [D]. 哈尔滨：哈尔滨商业大学，2014.

[24] 张良祥，宋智梁，吴巍，姚大为，张咏. 打造黑龙江省冰雪体育装备制造业基地战略研究 [J]. 运动，2014（7）：143－144，120.

[25] 李平. 从黑龙江冰雪产业需求谈高校艺术教育改革 [J]. 剑南文学（经典教苑），2013（3）：368.

[26] 王树国，刘志刚，杨传平，高军，杨震，曲振涛，宋嘉林，张金学.

发挥智力优势为"八大经济区"建设做贡献［N］.黑龙江日报，2009－06－29（012）.

［27］杜春华，张大业.论冰雪强省战略下的专业人才培养［A］.国家体育总局、中国体育科学学会、第十一届全国冬运会组委会.第十一届全国冬季运动会科学大会论文集［C］.国家体育总局、中国体育科学学会、第十一届全国冬运会组委会：2008：3.

［28］徐文东.论冰雪专业人才的培养与冰雪强省战略［J］.冰雪运动，2006（1）：89－90.

Research on the Talent Demand of Ice and Snow Industry in Heilongjiang

Wang Yang

Abstract: The ice and snow industry in Heilongjiang is an important driving force for the development of Heilongjiang province to a large tourist province. Talent is the cornerstone of industrial development, industry is the place to implement the value of talent, the two are mutually relying on each other and complement each other. Besides the need for technological innovation and policy support, the quantity and quality of professional talents play a more important role in the sustainable development of industry. Taking snow and snow industry in Heilongjiang Province as the research object, this paper analyzes the demand for talents, the current situation of talent supply in the market, and probes into the strategy of talent training and introduction in Heilongjiang province.

Keywords: Ice and Snow Industry; Heilongjiang Province; Talent Demand; Introduction Strategy

黑龙江冰雪经济研究

冰雪旅游

黑龙江省冰雪旅游产品全产业链发展研究

王作铁[*]

摘要： 随着我国冰雪旅游市场规模不断扩大，黑龙江省凭借丰富的冰雪资源以及巨大的冰雪旅游市场开发潜力，成为冰雪旅游的品牌省份。随着国外冰雪旅游市场不断发展完善，以及国内其他省份纷纷开发出具有地域特色的冰雪旅游产品，黑龙江省的冰雪旅游产品面临激烈的竞争。黑龙江省应该从冰雪旅游产品全产业链视角出发，以开发设计出符合旅游者需求的冰雪旅游产品为目标，将冰雪旅游资源转化成为旅游经济优势，这是需要迫切研究与解决的问题。

关键词： 黑龙江省；冰雪旅游产品；全产业链

2016年3月，习近平主席在参加十二届全国人大四次会议黑龙江代表团审议时指出"绿水青山是金山银山，冰天雪地也是金山银山"。2016年12月，国务院印发的《"十三五"全国旅游业发展规划》中要求以办好2022年冬奥会为契机，进行旅游规划、开发、管理、服务等旅游产品的全产业链发展，全力推进冰雪旅游事业发展，支持黑龙江等地做好冰雪旅游专项规划。建设一批多功能冰雪旅游度假区，推出一批复合型冰雪旅游基地，鼓励冰雪场馆开发大众化冰雪旅游项目，支持冰雪设备和运动装备开发。推动建立冰雪旅游推广联盟，搭建冰雪旅游会展平台，培养冰雪旅游专业化人才。2017年4月，黑龙江省十二次党代会报告中提出充分发挥资源禀赋，发展冰雪旅游，优化整合冰雪资源资产，形成新的经济增长极，建设冰雪经济强省。作为旅游业重点发展方向之一的冰雪旅游起源于古代寒冷地区少数民族的生产和生活中，将冰雪资源打造成为经济热点及亮点成为我国冰雪旅游产业发展的共识。目前，我国形成了以黑龙江、吉林、新疆、北京等地为核心区域的全国冰雪旅游产业。伴随着北京和张家口联合申办2022年冬季奥运会，冰雪旅游产业必将进入新一轮发展快车道。

---

[*] 王作铁（1984~　），男，辽宁辽阳人，哈尔滨商业大学管理学院博士生、绥化学院经济管理学院副教授。研究方向：物流与供应链管理，E-mail：wangzuotie@163.com。

冰雪旅游是指以冰雪气候旅游资源为主要旅游吸引物，以冰雪文化为主要内涵，满足旅游者冰雪体验需求，主要有冰雪观光、滑雪度假、冰雪体育等多种表现形式，是一项利用冰雪旅游资源而打造的具有较强刺激性、参与性及体验性的休闲体验旅游产品（程志会，2016）[1]。冰雪旅游产品全产业链是指以冰雪资源为核心，由冰雪旅游经营者向旅游者提供"食、住、行、游、购、娱"等冰雪旅游产品，并把这些旅游产品进行有机整合，满足旅游活动所需的各种冰雪旅游物品和服务的全过程（田里，2002）[2]。随着人们对生活水平及生活质量要求的不断提高，我国冰雪旅游市场也在蓬勃发展。黑龙江省凭借适宜的气候、丰富的冰雪资源以及巨大的开发潜力，冰雪旅游市场规模每年以10%~20%的速度在快速增长，冰雪旅游已成为黑龙江省经济发展的新动力。目前，黑龙江省的冰雪旅游产品包括哈尔滨冰雪大世界、冰灯游园会、太阳岛雪博会、牡丹江雪乡、大兴安岭呼玛冬捕等。但是，随着国外冰雪旅游产业的发展完善，以及国内其他省份纷纷开发出具有地域特色的冰雪旅游产品，使黑龙江省冰雪旅游产业面临巨大的挑战（王佳媛，2017）[3]。黑龙江省应该以冰雪旅游产品全产业链的开发与设计为出发点，以旅游者对冰雪旅游产品的个性化需求为方向，开发设计出既有地域特色、又有较强参与性的冰雪旅游产品，将冰雪旅游资源转化成为旅游经济优势。

一、黑龙江省冰雪旅游产品发展现状

（一）冰雪旅游资源丰富

黑龙江省年平均降雪量超过150厘米，积雪期可达6个月，凭借优良的雪质以及冰雕、雪雕等冰雪景观与欧陆风情、金源文化、黑土文化、民族风情等共同构成了开发冰雪旅游产品的宝贵资源，冰雪旅游成为黑龙江省主打的冬季旅游品牌（徐淑梅，2011）[4]。黑龙江省现有122家滑雪场，数量位居全国之首，为深度开发冰雪旅游产品奠定了坚实的基础。另外，持续不断的全球温室效应，极大地影响了国际冰雪旅游最发达的欧洲地区的冰雪旅游产业发展。近年来，欧洲冰雪旅游胜地阿尔卑斯山连续遭遇暖冬的侵袭，无法开展冰雪旅游项目。根据专家预测，若干年之后阿尔卑斯山海拔2 000米以下所有的冰雪旅游场所将关闭。欧洲这种严峻的冰雪资源危机现状导致大部分冰雪旅游客源已逐渐被分流到其他地区，而且这种冰雪旅游客源分流的趋势将愈演愈烈。黑龙江省冬季气候寒冷，没有冰雪资源危机,这对于打算开拓国际冰雪旅游客源市场的黑龙江省而言是个良好机会。黑龙江省内分布着众多地形崎岖的山岭,大兴安岭、小兴安岭、完达山、老爷岭、张广才岭等,这些崇山峻岭及寒冷的气候非常适合各种冰雪旅游产品的开发及冰雪运动的开展。

(二)冰雪旅游产品开发有待深入

经过多年发展,黑龙江省的冰雪旅游产品种类比较丰富,主要包括冰雪主题公园、冰雪艺术展览、滑雪、滑冰、冰雕、雪雕等冰雪旅游产品(杨斌霞,2012)[5]。省内各地丰富多彩的冰雪旅游节庆活动使黑龙江省冰雪旅游的知名度和影响力逐年上升,但与国外冰雪旅游发达的地区相比,黑龙江省的冰雪旅游产品还有待进一步挖掘与开发,特别是狗拉雪橇、滑翔伞、雪地摩托、三角翼等参与性强并极具特色的冰雪旅游及冰雪运动项目(见表1)。

表1　　　　　　　　黑龙江省各城市冰雪旅游节庆活动

冰雪节庆活动名称	城市
中国黑龙江国际滑雪节	哈尔滨
哈尔滨国际冰雪节	哈尔滨
齐齐哈尔冰雪游览会	齐齐哈尔
中国雪乡旅游节	牡丹江
牡丹江雪城文化旅游节	牡丹江
佳木斯泼雪节	佳木斯
"大庆之冬"艺术节	大庆
五大连池世界地质公园火山冰雪节	五大连池
漠河冰雪文化节	漠河
加格达奇北极光冰雪节	加格达奇

(三)人文资源底蕴深厚

作为多民族散居省份,黑龙江省共有赫哲族、鄂伦春族、鄂温克族、达斡尔族、柯尔克孜族等53个少数民族,其中赫哲族是我国人口较少的民族之一,共4 640人,黑龙江省境内有3 910人。黑龙江省内的这些少数民族,都保留着北方少数民族所特有的民俗风情,大多以渔猎为生,每个民族的捕鱼、打猎方式都各不相同,各民族的饮食、服饰、节庆、宗教信仰和民族风俗等都独具特色。这些少数民族与冰雪为伴的生活方式颇具旅游价值,北方雪域风光与特色民俗风情成为黑龙江省重要的冰雪旅游资源。

二、黑龙江省冰雪旅游产品全产业链发展中的问题

黑龙江省冰雪旅游产品在快速发展的同时,与国外冰雪旅游产业发展较好的国家及地区相比,还存在一些问题及制约因素,主要体现在以下几个方面。

(一)冰雪旅游产品竞争激烈、门票价格偏高

近年来,随着冰雪旅游的不断升温,国内已有30多个城市定期举办冰雪节庆活动,如长春冰雪节、新疆阿勒泰冰雪节、北京延庆冰雪节等,这些冰雪旅游产品与黑龙江省冰雪旅游产品形成激烈的竞争,导致冰雪旅游产品同质化且客流分散严重,不利于黑龙江省冰雪旅游产品全产业链发展(冯蓓,2014)[6]。另外,作为亚洲冰雪旅游产业发达国家,日本和韩国的冰雪旅游产品基础设施完善、服务与管理水平较高,吸引了大量的国内外游客;欧洲、北美地区拥有开展滑雪旅游独特的地形地貌,世界上其他地区无法相比(孙佳剑,2013)[7]。因此,黑龙江省冰雪旅游产品面临着国内外不同类型冰雪旅游产品的激烈竞争。

目前,黑龙江省各冰雪旅游产品的门票价格偏高,一些冰雪旅游产品动辄三五百元的价格降低了普通游客的热情,冰雪旅游产品门票的高门槛让许多游客望而却步。黑龙江省冰雪旅游游客大多是团队旅游,且在黑龙江省滞留时间较长的冰雪旅游游客人数较少。如何在散客、过夜客和过夜天数多的客源市场领域进行重点开发,是黑龙江省冰雪旅游产品发展过程中面临的问题。

(二)冰雪旅游产品与本地文化的融合有待加强

1963年黑龙江省第一次在哈尔滨市兆麟公园创办了哈尔滨冰灯游园会,是世界上创办时间最早、规模最大的大型室外露天冰灯艺术展,哈尔滨冰灯游园会标志着黑龙江省冰雪旅游产品开发的开端。1985年黑龙江省创办了哈尔滨国际冰雪节,是我国历史上第一个将冰雪旅游、冰雪雕塑、冰雪体育、冰雪文艺、冰雪饮食等融为一体的国际性冰雪节日。中国哈尔滨国际冰雪节与日本札幌雪节、

加拿大魁北克冬季狂欢节和挪威奥斯陆滑雪节并称世界四大冰雪节。1996年哈尔滨市成功承办了亚洲冬季运动会以及1998年开始举办的黑龙江国际滑雪节使得冰雪旅游的热情在黑龙江省迅速升温。但与欧洲深厚的冰雪旅游文化以及全民参与冰雪旅游的热潮相比，尽管黑龙江省的冰灯、雪雕十分精美，国内外游客数量每年也呈递增的趋势，但还存在着黑龙江省本地人民参与度较低的现象，没有形成全省同乐的冰雪节日氛围。本地的特色文化是开发旅游产品的基础，地方特色文化是吸引游客前来观光旅游的核心资源。国内外游客前来参观游览黑龙江省的冰雪旅游产品，其实质是希望欣赏到壮美的冰雪景观与黑龙江本地特色文化相结合的冰雪旅游产品。到目前为止，黑龙江省的冰雪旅游产品还没有完全把丰富多彩的黑龙江本地特色文化融合进来，没有完全彰显出黑龙江省的本地文化特色，相对缺少艺术创新及与本地文化的融合，没有充分地发挥出自身的文化及地域优势来满足旅游者的冰雪文化欣赏需求。而且黑龙江省冰雪旅游产品开发呈现的多是非本地文化，因此吸引力自然会大打折扣，极大地制约了黑龙江省冰雪旅游产品全产业链发展。

（三）冰雪旅游产品全产业链有待延伸及完善

黑龙江省冰雪旅游产品全产业链包含了"吃、住、行、游、购、娱"等六个环节，从黑龙江省冰雪旅游产品发展现状来看，冰雪旅游产品全产业链有待进一步延伸及完善，尤其是"购"和"娱"等环节。冰雪旅游商品开发程度较低，冰雪旅游娱乐产品种类较少，这直接影响黑龙江省冰雪旅游产品全产业链的进一步发展（王彦林，2015）[8]。另外，黑龙江省地域辽阔、景点分散、交通线长，由于冰雪旅游产品产业链中"行"的环节还不够完善，降低了黑龙江省内各旅游景点的连贯性及可到达性，游客要花费较长时间及费用才能从出发地到达冰雪旅游目的地，或从某一冰雪旅游景点到下一个冰雪旅游景点，增加了游客的旅游成本，降低了游客的旅游积极性。

（四）冰雪旅游产品体验性较差

黑龙江省冰雪旅游资源十分丰富，主要冰雪旅游产品包括冰雪雕塑、冰雪运动及冰雪节庆活动等，但是这些冰雪旅游产品之间缺少组合、形式较单一、内容没有变化，容易使游客产生审美疲劳。主要是因为这些冰雪旅游产品没有与龙江习俗、少数民族生活及冬钓、冬捕等地方特色文化资源完美组合。另外，冰雪旅游产品对本省居民的吸引力较弱，群众对冰雕、雪雕等冰雪旅游产品司空见惯，所以参与到冰雪旅游中来的积极性较低。相比国外冰雪旅游产品，黑龙江省冰雪旅游产品体验性相对较差。以体验为主要方式的冰雪旅游产品的开发还处于起步阶段，大部分冰雪旅游产品是以传统的观赏为主，无法满足新时代的旅游者对冰雪旅游高体验性的需求。黑龙江省的冰雪滑梯、冰雪大世界等冰雪旅游产品，因为冬季过低的室外温度，导致大部分冰雪旅游者难以长时间体验冰雪运动的乐趣。建筑精美的冰雪酒店、温暖舒适的冰雪观光列车等在黑龙江省还没有发展起来，缺少这些能让旅游者感觉到"新、奇、特"的冰雪旅游产品，无法带给旅游者全新的冰雪旅游产品体验。

（五）冰雪旅游服务质量不高

目前，黑龙江省冰雪旅游产业虽然快速发展，但是还存在着政府相关管理部门的管权限和管理范围相对较小，对冰雪旅游企业的政策支持和财税支持力度较弱，没有在全省范围内制定出科学、系统、完整的冰雪旅游产品开发建设总体规划和管理细则等相关问题。黑龙江省内的冰雪旅游产品仍处于各自为战及相互间恶性竞争的状态，没有从全产业链的视角形成整体性竞争力。黑龙江省冰雪旅游整体的服务质量不高，游客口碑有待加强，主要表现在冰雪旅游服务人员专业素质低下、欺骗顾客等现象。冰雪旅游产品发达的北欧国家已经形成了一整套成熟的冰雪旅游服务体系，冰雪旅游相关服务人员必须经过严格的培训和考核后才能上岗，充分保证了冰雪旅游的服务质量。黑龙江省出台的冰雪旅游相关政策法规不够详细，而且有些政策法规只具有暂时性，约束力及法律效力较弱，不利于规范冰雪旅游市场秩序，不利于有效地加强冰雪旅游市场的管理。

三、黑龙江省冰雪旅游产品全产业链发展策略

为了推进黑龙江省冰雪旅游产品的全面发展，必须围绕滑雪、冰雪雕塑等冰雪旅游项目，从冰雪旅游产品系统、全面开发的视角，打造"食、住、行、游、购、娱"等一体化的冰雪旅游产品全产业链，充分重视并大力发展冰雪旅游产品全产业链中的每一个环节。通过打造冰雪旅游产品全产业链，从整体提升黑龙江省冰雪旅游产品的影响力和竞争力。

（一）从全产业链源头提升冰雪旅游产品的文化内涵

旅游体验直接决定了游客对旅游产品的满意度，而"文化体验"又是旅游体验中最主要的内容，只有丰富的文化内涵，才能开发出特色鲜明的旅游产品。作为中国北方冰雪文化的发祥地，黑龙江省的冰雪文化内涵丰富、博大精深（孙晓，2014）[9]。将文化因素注入冰雪旅游产品开发中，可以创造出更具创意、更有内涵的冰雪旅游产品。将冰雪旅游产品与本地特色文化相融合，可以使冰雪旅游产品获得持续发展的核心竞争力。通过冰雪旅游产品与本地文化的有机融合，能丰富冰雪旅游产品的文化内涵，提供冰雪旅游者丰富的旅游体验，增加冰雪旅游产品的吸引力和竞争力。

黑龙江省拥有丰富的冰雪旅游资源和本地特色文化资源，要充分利用现有资源，从全产业链源头推进冰雪旅游产品与本地特色文化的深度融合，深入挖掘冰雪旅游产品的文化内涵，推进黑龙江省的历史、民俗、节庆、演艺等文化资源与冰雪旅游产品的融合发展。为进一步提升黑龙江省冰雪旅游产品的文化内涵，可将冰雪旅游产品与黑龙江省特有的黑土文化、少数民族文化、民俗文化和饮食文化等进行相互融合、交叉与渗透，在冰雪节庆、冰雪民俗、冰雪观光、冰雪体育赛事等方面打造出风格迥异、内涵丰富的冰雪旅游产品（马勇，2011）[10]。

1. 将历史文化与冰雪旅游产品相融合

黑龙江省在漫长的历史发展过程中，形成了宝贵的历史文化资源，如"黑土文化""金源文化""东北抗联文化""北大荒文化""知青文化"等。冰雪旅游产品的开发必须要依托黑龙江省丰富的历史文化资源，从全产业链视角深入挖掘、整合与利用，赋予冰雪旅游产品更高的历史文化内涵，全面提高冰雪旅游产品的吸引力和竞争力。

2. 将饮食文化与冰雪旅游产品相融合

黑龙江人在冰天雪地中生产与生活的过程中，逐渐形成了独具地方特色的冰雪饮食文化，在冰雪旅游旺季，可举办冰雪饮食文化展览会，使游客品尝并了解冰雪宴席、冰雪点心、冰糖葫芦、冻梨、冻柿子等，通过冰雪饮食文化展览会将特色冰雪饮食文化和冰雪旅游产品完美展现给游客，将冰雪旅游产品与冰雪饮食文化有机结合，使旅游者在欣赏冰雪景观的同时也能够品尝到独具特色的冰雪饮食。

3. 将纪念品与冰雪旅游产品相融合

冰雪旅游纪念品是指能够准确反映冰雪旅游产品的主题形象与特色冰雪景观，能体现其民族与民俗、自然与社会特征，并通过装饰、工艺及特殊材质而制成的产品，从而赋予冰雪旅游商品以纪念意义（张莉，2017）[11]。将黑龙江省鲜明的地方特色和文化内涵与冰雪旅游纪念品相融合，例如印有冰雪旅游产品宣传图案及文字的服装、背包、冰雪运动工具以及各少数民族的服装、饰品等（胡欣彤，2016）[12]。除此之外，还需要依托黑龙江省的冰雪旅游景区，以冰雪旅游商场、冰雪运动装备专卖店以及冰雪用品网上商城等形式销售冰雪旅游纪念品，构成以冰雪旅游纪念品设计、开发、生产、销售及宣传等环节为主的冰雪旅游纪念品全产业链体系（朱冉，2016）[13]。

4. 将娱乐演艺与冰雪旅游产品相融合

"娱"是冰雪旅游产品全产业链中的重要因素，在黑龙江省冰雪旅游产品开发的过程中，要将黑土戏剧、龙江戏、伊玛堪等具有地方特色的娱乐演艺活动融入黑龙江省冰雪旅游产品之中，形成独具特色的冰雪旅游娱乐产品。黑土戏剧是黑土文化的典型代表，具有200多年的发展历史，可将黑土文化中的黑土戏剧与黑龙江省冰雪旅游产品深度融合，使国内外的游客体会到黑土戏剧的艺术魅力及黑龙江省冰雪旅游的地方特色。在冰雪旅游旺季，可在省内各剧场举办黑土戏剧汇报演出，通过黑土戏剧的演出，展现博大精深的黑土文化及黑龙江省的冰雪旅游产品。

5. 组建冰雪旅游文化企业

冰雪旅游文化企业能够有机地融合黑龙江省的冰雪旅游产品与本地特色文化，政府相关部门要全力支持并促进冰雪旅游企业与本地文化企业联合与重组，尽快组建包括冰雪文化旅游、冰雪影视动漫、冰雪图书及音像制品出版等在内的大型冰雪旅游文化企业集团，形成以冰雪旅游企业为核心企业的冰雪旅游文化企业全产业链发展，提高冰雪旅游文化企业的品牌知名度、影响力和竞争力，实现涵盖冰雪旅游全产业链的网络化、规模化经营，提高黑龙江省冰雪旅游文化企业的核心竞争力（张欣，2014）[14]。

（二）从全产业链视角打造冰雪旅游产品品牌

随着新一轮振兴东北老工业基地政策的提出，黑龙江省已把发展冰雪旅游全产业链提升到了战略高度，并陆续制定了一系列发展冰雪旅游产品的优惠政策，为黑龙江省冰雪旅游产品全产业链发展提供了良好的政策环境。从国内外冰雪旅游产业发展的趋势可以看出，品牌化将是未来冰雪旅游产业的发展方向，黑龙江省冰雪旅游产品全产业链也将向品牌化的方向发展。黑龙江省冰雪旅游产品要从全产业链视角创造出旅游者喜闻乐见的冰雪旅游产品中的精品，通过先进的科学技术来提高冰雪旅游产品的档次、品位、艺术性及趣味性。在实施黑龙江省冰雪旅游产品全产业链品牌发展战略时，要从"食、住、行、游、购、娱"等全产业链各环节打造冰雪旅游产品全产业链品牌。

1. 全方位宣传冰雪旅游产品

在全省范围内建立健全旅游、文化、宣传等多部门组成的冰雪旅游宣传体系，使国内外游客及潜在游客都能真正地了解并熟悉黑龙江省的冰雪旅游产品（徐淑梅，2011）[15]。政府部门组织省内各冰雪旅游企业有针对性地在全国各大城市定期召开冰雪旅游产品推介会和宣传会，全面宣传与推广黑龙江省冰雪旅游产品。充分利用互联网、电视、广播、报纸、杂志等新闻载体，多方面、多视角地宣传黑龙江省冰雪旅游产品及其特色，从全产业链视角树立黑龙江省冰雪旅游产品形象，打造冰雪旅游产品品牌。

2. 加强冰雪旅游产品基础设施建设

冰雪旅游产品的基础设施是提高冰雪旅游服务质量的根基，在加强冰雪旅游产品基础设施建设过程中，要充分发挥政府的引导和扶持作用，通过拨付专用资金，降低冰雪旅游产品基础设施的税收，拓宽冰雪旅游市场融资渠道，组建冰雪旅游投资基金等灵活多样的方式，全面加强黑龙江省冰雪旅游产品的基础设施建设（张阳，2016）[16]。

（三）提高冰雪旅游产品全产业链服务水平

1. 大力发展冰雪旅游器材生产企业

黑龙江省要鼓励和引导各种类型的企业及资金进入滑雪、冰雪节庆、冰雪体育赛事等产业，积极引导企业及资金对黑龙江省冰雪旅游全产业链上的滑雪器材、冰雪服装、冰雪旅游餐饮等进行投资及建设。在冰雪旅游产品全产业链各环节中，"行、住、食"等边际效益较高的消费项目增长较缓慢，尤其是消费潜力巨大的"购"和"娱"两个冰雪旅游全产业链环节最为薄弱。以滑雪场为例，其利润主要来源于滑雪场地及设施、滑雪器材、装备的出租以及滑雪技术的传授等所带来的直接经济效益。而现如今，黑龙江省许多滑雪场的收入主要来源于游客的滑雪门票，与滑雪运动相关的雪场设备、滑雪器材、服装、交通等行业的消费潜力没有被发掘出来；而在国外，这些环节都是滑雪产业的重要利润源泉。因此，应大力发展黑龙江省冰雪旅游产品全产业链中的冰雪旅游装备环节，主要包括冰雪运动工具（滑雪板、滑雪靴、雪杖、冰刀、冰球、冰球杆等）、滑雪及造雪机械（缆车、索道、造雪机等）、滑雪服装（滑雪服、滑雪帽、手套等），研究和生产滑雪服装、滑雪器具、索道、造雪设备以及防寒保温等产品，使冰雪旅游器材与装备产业化、规模化开发。

2. 培养冰雪旅游相关人才

黑龙江省要制定详细的冰雪旅游人才发展规划，加快组织实施冰雪旅游管理人才的培养与引进工作。健全冰雪旅游从业人员上岗和在岗培训制度，从整体上提高冰雪旅游从业人员的素质。由于冰雪旅游包含的项目较丰富，所以相关从业人员类型多样，既包括冰雪旅游导游员、滑雪与滑冰教练，也包括冰雪节庆活动志愿者。这些冰雪旅游从业人员的素质，代表了黑龙江省冰雪旅游的服务质量和整体形象，所以冰雪旅游相关管理部门要加强对从业人员的培养与管理，一旦发现冰雪旅游服务恶性事件，即严加惩罚。在冰雪旅游相关人才培养方面，黑龙江省可以借鉴欧洲冰雪旅游发达国家的经验，欧洲各国都有冰雪旅游相关的协会，冰雪旅游相关人才的培养与考察主要由冰雪旅游协会完成。可尝试在各冰雪旅游度假区中设置儿童游戏及托管区，由经过专业培训的冰雪旅游教练及托管人员进行管理与服务，家长可以放心地托管孩子，放心地使用各种冰雪旅游产品。孩子可以在托管区体验滑冰车、滑雪橇等一些适合孩子参与的冰雪旅游项目，享受冰雪旅游带来的快乐。

（四）拓宽冰雪旅游产品组合的广度

随着旅游者的冰雪旅游经历越来越丰富，对冰雪旅游产品的个性化需求也就越来越高。目前，黑龙江省冰雪旅游产品类型相对比较单一，因此，黑龙江省应该把冰雪旅游产品与民俗风情有机结合，拓宽冰雪旅游产品组合的广度，大力改进和创新冰雪旅游产品，以新、奇、特寻求发展。通过展示黑龙江省赫哲族、鄂伦春族等少数民族的冬季生活风俗、节日习俗、冬捕、冬钓等活动，打造独具特色的黑龙江省冰雪民俗旅游产品，扩展冰雪旅游产品的种类与广度。深度开发冰雪探险旅游、冰雪温泉、滑雪等各种类型的冰雪旅游产品，针对不同层次的旅游消费群体，开发针对性强的冰雪旅游产品，如滑冰、滑雪、冰雪雕塑培训等参与性、互动性、专业性较强的冰雪旅游产品。将冰雪旅游与冰雪赛事、冰雪展览相结合，提高冰雪旅游的吸引力。通过提供形式多样且参与性较强的冰雪旅游产品，拓宽黑龙江省冰雪旅游产品组合的广度（王钊，2010）[17]。另外，黑龙江省凭借临近俄罗斯、韩国、朝鲜、日本等国的地理优势，可以在冰雪旅游产品开发中引入外国风情及元素，这些具有外国风情及特色的冰雪旅游产品，对国内及欧美地区的冰雪旅游者具有极大的吸引力（孙一，2011）[18]。

（五）通过区域合作拓展冰雪旅游产品全产业链

以新一轮振兴东北老工业基地为契机，积极主动联合辽宁、吉林两省，联合制定东北三省冰雪旅游区域合作与发展规划，作为同一个主体开拓冰雪旅游市场，共同打造东北三省冰雪旅游品牌（徐淑梅，2011）[19]。通过整合东北三省的冰雪旅游产品、旅行社、酒店、运输公司、旅游零售批发商、餐饮业组成企业联盟网络，实现资源互补、信息共享、协同发展，将冰雪旅游涉及的"吃、住、行、游、购、娱"六个全产业链环节进行整合。采取规模化、体系化、专业化、一站式的冰雪旅游全新运营模式，逐步形成并完善冰雪旅游全产业链集群式发展。提高东北三省冰雪旅游知名度，共同打造东北三省冰雪旅游品牌，提高冰雪旅游产品全产业链竞争力。

黑龙江省冰雪旅游产品要想获得持久的核心竞争力，就必须从全产业链视角出发，突出本地特色和冰雪资源优势，将冰雪旅游产品与黑龙江本地民俗、地域文化融合发展，打造独具黑龙江特色的冰雪旅游产品。充分利用黑龙江省的冰雪旅游地域和天气优势，加大在国内外的宣传力度，保障冰雪旅游产品全产业链中交通的便捷性，打造更多有地域及民族特色的冰雪娱乐活动和冰雪体育项目，在内容和形式上进行更多创新。把冰雪旅游打造成黑龙江省的名片，提升其在国内外的知名度。将黑龙江省的冰雪旅游资源优势转化成为经济发展优势，使冰雪旅游成为推动黑龙江省经济发展的新动力。

参考文献

[1] 程志会,刘锴,孙静,席建超,杨俊.中国冰雪旅游基地适宜性综合评价研究[J].资源科学,2016,38(12):2233-2243.

[2] 田里.旅游经济学[M].北京:高等教育出版社,2002:29.

[3] 王佳媛,赵维明,孙成业,黄海.黑龙江省冰雪旅游产业提升竞争力的策略探讨[J].当代体育科技,2017,7(5):167-168.

[4] 徐淑梅,李喜娜,王闯.哈尔滨市冰雪旅游产品深度开发研究[J].冰雪运动,2011,33(5):73-77.

[5] 杨斌霞,李斌,马逸奎.黑龙江省冰雪旅游产品的内涵与开发现状研究[J].冰雪运动,2012,34(4):80-83.

[6] 冯蓓,张培茵.黑龙江省冰雪旅游SWOT分析及发展对策[J].旅游纵览(下半月),2014(5):129.

[7] 孙佳剑,张燕冰.黑龙江省冰雪旅游SWOT分析[J].哈尔滨体育学院学报,2013,31(1):43-45.

[8] 王彦林,姚和霞.河北省旅游业全产业链商业模式创新研究[J].河北工程大学学报(社会科学版),2015,32(3):10-12.

[9] 孙晓.黑龙江省冰雪旅游产品的开发策略[J].冰雪运动,2014,36(2):89-91.

[10] 马勇,王宏坤.基于全产业链的我国文化旅游发展模式研究[J].世界地理研究,2011,20(4):143-148.

[11] 张莉,赵长夫.黑龙江冰雪旅游纪念品设计探讨[J].设计,2017(23):116-117.

[12] 胡欣彤.冰雪旅游纪念品设计——以赫哲族为例[J].设计,2016(15):29-33.

[13] 朱冉,朱娜,李瑾.交互设计背景下的冰雪旅游纪念品设计对策[J].设计,2016(24):132-133.

[14] 张欣.让文化助推黑龙江省冰雪旅游大步向前[J].奋斗,2014(2):45-46.

[15] 徐淑梅,李喜娜,王闯.哈尔滨市冰雪旅游产品深度开发研究[J].冰雪运动,2011,33(5):73-77.

[16] 张阳,龚先洁,郑秀娟,陈慧泽.基于全产业链模式的旅游集团构建探析——以陕西旅游企业为例[J].西安石油大学学报(社会科学版),2016,

25（6）：21-26.

[17] 王钊. 吉林省冰雪旅游产品组合研究 [J]. 长春大学学报，2010，20（3）：35-36+126.

[18] 孙一. 吉林省冰雪旅游产业发展探究 [J]. 体育科学，2011，31（6）：33-41.

[19] 徐淑梅，张德成，李喜娜. 欧洲冰雪旅游产业发展特点对我国的启示 [J]. 东北亚论坛，2011，20（6）：120-127.

Research on the Development of the Whole Industry Chain of Ice-snow Tourism Products in Heilongjiang Province

Wang Zuo-tie

Abstract: With the continuous expansion of the ice-snow tourism market in China, Heilongjiang Province has become a brand province of ice-snow tourism for its abundant ice-snow resources and huge development potential in the ice-snow tourism market. With the continuous development of foreign ice-snow tourism market, and other provinces in China have developed ice-snow tourism products with regional characteristics, ice-snow tourism products in Heilongjiang Province are facing fierce competition. From the perspective of the whole industry chain of ice-snow tourism products, Heilongjiang Province has become an urgent problem to be solved by developing and designing ice-snow tourism products that meet the needs of tourists, and transforming ice-snow tourism resources into tourism economic advantages.

Keywords: Heilongjiang Province; Ice-snow Tourism Products; Whole Industry Chain

黑龙江省冰雪旅游发展的困境及政策建议

王曙光　金向鑫　尹媛媛[*]

摘要：冰雪旅游是以冰雪资源为载体而愉悦身心、强身健体的娱乐活动，黑龙江省冰雪旅游是旅游业的特色和美景之一。从冰雪旅游发展及其研究出发，在阐明黑龙江省冰雪旅游区位优势和产业状况的基础上，对其冰雪旅游品牌宣传不足、政府扶持冰雪旅游较弱、冰雪旅游产业链不完整、冰雪运动旅游有待研发、冰雪旅游文化内涵欠缺和冰雪旅游专业人才较少等发展困境，提出加大宣传力度、强化政府扶持、规范产业链条、举办冰雪赛事、创新冰雪文化和培养专业人才等促进黑龙江省冰雪旅游发展的政策建议。

关键词：黑龙江省；冰雪旅游；冰雪文化；政府扶持；产业集聚

一、冰雪旅游发展进程及其相关研究分析

（一）冰雪旅游的由来和发展

冰雪旅游起源于一百多年前的欧美寒冷之地，最早主要是人们娱乐放松和强身健体的自发活动，之后演变成旅游形式。与其他国家相比，我国冰雪旅游起步较晚。1963年和1985年哈尔滨市分别首次举办冰灯游园会和冰雪节，1998年黑龙江省首次举办国际滑雪节，2001年哈尔滨冰雪节和黑龙江国际滑雪节合并更名为哈尔滨国际冰雪节（罗大林、殷亮，2014）[1]，2017年1月成功举办第33

---

[*] 王曙光（1963~　），男，山东青岛市人，哈尔滨商业大学财政与公共管理学院教授。研究方向：财税政策与公共管理。
　金向鑫（1983~　），女，黑龙江铁力市人，哈尔滨商业大学财政与公共管理学院讲师。研究方向：财税理论与就业政策。
　尹媛媛（1991~　），女，黑龙江哈尔滨市人，哈尔滨商业大学财政与公共管理学院硕士研究生。研究方向：公共事务管理与政策。

届哈尔滨国际冰雪节（包括第 18 届哈尔滨冰雪大世界、第 29 届太阳岛国际雪雕艺术博览会和第 42 届哈尔滨冰灯艺术游园会），现已成为世界四大冰雪节之一。目前世界范围内的冰雪旅游产业发展已步入成熟稳固阶段，约有 6 000 余个滑雪场，年收益 7 000 亿美元。2014 年我国滑雪场 458 个，参加者突破 1 000 万人次（李彬，2015）[2]；2015 年达到 568 个，其中黑龙江省拥有 120 个，居全国首位。预计 2022 年旅游产业规模达到 6 000 亿元，2025 年达到 10 000 亿元。

我国冰雪运动及其赛事的开展，进一步推动了冰雪运动、冰雪产业和冰雪旅游的快速发展，让更多的群众参与冰雪活动。黑龙江省向国家输送了杨扬、王濛、申雪、赵宏博等著名的冰雪运动员，2009 年哈尔滨市成功举办了"世界大冬会"，2015 年中国获 2022 年冬奥会举办权。面对冰雪的吸引力和巨大的市场前景，我国已有 29 个省、直辖市和自治区相继开展了冰雪运动并积极发展冰雪旅游产业，约有 27 个地区有自己的"冰雪节"，打破了黑龙江省等省区冰雪旅游数十年"独大"和"个性"发展的局面，并进入多元化、竞争性的发展时代，冰雪运动及冰雪产业也随之而兴盛。黑龙江省冰雪旅游虽起步早，但仍存在着制约发展的一些因素或问题，导致黑龙江省的冰雪旅游在全国地位和份额上急剧下降，对此应当予以高度重视、有所作为，从而创新并加快冰雪旅游的发展。

（二）对冰雪旅游的认识与研究

冰雪旅游一般受地域经济状况、人民生活习俗、公众文化素质和社会价值观念等因素的影响较大，其内容丰富、形式多样。哈尔滨商业大学旅游与烹饪管理学院石长波教授（2007）认为，冰雪旅游主要包括游览观光式冰雪旅游（如雪原、雪雕和冰灯等）、冰雪运动旅游（如滑雪和滑冰等）和冰雪娱乐旅游（如冰上爬犁和狗拉雪橇等）三类（石长波，2007）[3]。我国学界有关冰雪旅游与冰雪运动的研究文献较多，本文对《中国知网期刊数据库》中篇名具有"冰雪旅游"的文献进行检索，至 2018 年 3 月 26 日共搜得文献 299 篇；以"黑龙江省""冰雪旅游"和"黑龙江""冰雪运动"为篇名分别搜得文献 87 篇和 21 篇。

长期以来，黑龙江人与冰雪有着不解之缘，在日常生活中适应冰雪环境、享受冰雪乐趣和研究冰雪旅游。通过对以上文献资料进行归纳可以看出，有关黑龙江省冰雪旅游研究的学者和作者多为黑龙江人或与黑龙江有缘之人，其研究内容主要包括对黑龙江开展冰雪旅游和冰雪运动的现状分析、优势分析、对比分析、数据分析、效率分析、文化分析和对策建议，这些分析符合黑龙江开展冰雪旅游和冰雪运动的客观实际，观点确当，建议可行。本文在现有研究成果的基础上，通过实地调查和对比分析等方法对黑龙江省冰雪旅游的困境及政策进行研究分析，以期为黑龙江省统筹提升冰雪旅游整体效能提供一定的参考。

二、黑龙江省冰雪旅游发展状况的相关分析

黑龙江省作为我国首个发展冰雪旅游的省份，凭借其特有的地理区位优势，大力建设冰雪旅游设施、发展冰雪旅游项目、培养冰雪管理人才，通过举办冰灯游园会、冰雪节和承办大冬会、亚冬会、冬运会等国内外重要赛事，树立了"国际滑雪旅游胜地"的品牌地位（刘晓杰、杜娟、丁勇义，2012）[4]。目前，黑龙江省的冰雪旅游现已颇具规模，并成为其旅游支柱产业。

（一）黑龙江省冰雪旅游的区位优势

黑龙江省具有优越的天然条件，是我国最寒冷的地带，多数地区有4个多月平均气温在0℃以下，大兴安岭10月至次年3月平均气温在-30℃左右，最低达到-52.3℃，江河冰封100余天、冰厚在0.8米左右，山区雪量在1米左右，且雪量大、雪质好、雪景美，加之山体坡度适中，因而很适宜建造冰雪旅游和冰雪运动场地，开展赏冰玩雪等活动。表1可见我国相关省份区域的冬季气温、冰雪来源和雪期状况（见表1）：

表1　　　　2011~2016年东北地区及北京市冰雪旅游资源的比较

地区	冬季气温	冰雪来源	雪期状况
黑龙江省	-30℃ ~ -18℃	天然	90天左右
吉林省	-20℃ ~ -14℃	天然	80天左右
辽宁省	-18℃ ~ -5℃	天然为主、人工为辅	40天左右
北京市	-7℃ ~ -4℃	人工为主	30天左右

数据来源：根据《中国气象灾害年鉴》（2011~2017）等数据资料整理。

从表1可以看出，越是靠近北端的省份气温越低，降雪量和时间也就越大，说明黑龙江省是最适合建立冰雪产业的地区。黑龙江省冰雪资源是天然的，其自然条件和地理环境得天独厚，因而有"冬日滑雪天堂"的美誉。

（二）黑龙江省冰雪旅游产业状况

黑龙江省冰雪旅游资源主要分布在哈尔滨、大兴安岭、牡丹江和佳木斯等地区，随着哈尔滨市2009年"第24届世界大学生冬季运动会"和各届"哈尔滨国际冰雕比赛"（2017年举办第31届）的成功举办，特别是央视鸡年春晚哈尔滨分会场的直播，以冬季冰雪为核心的春节黄金周旅游火爆哈尔滨（累计接待游客91.1万人次，收入21.6亿元），促进了冰雪旅游产业的快速增长，从而带动了地方GDP的提升。黑龙江省旅游产业状况见表2：

表2　　　　2011~2016年黑龙江省国内外旅游状况统计

年份	国内旅游情况统计				入境旅游情况统计			
	旅游人次（万）	增长率（%）	旅游收入（亿元）	增长率（%）	旅游人次（万）	增长率（%）	外汇收入（亿美元）	增长率（%）
2011	20 200.00	28.88	1 031.89	24.09	206.52	19.77	9.18	20.34
2012	25 173.94	24.40	1 247.52	20.90	207.62	0.53	8.35	-8.95
2013	29 004.08	15.20	1 348.49	8.10	152.86	-26.38	6.04	-27.66
2014	10 531.00	-63.69	1 031.00	-23.54	141.72	-7.29	5.64	-6.62
2015	12 926.00	22.74	1 337.00	29.68	83.47	-41.10	3.95	-29.96
2016	14 380.00	11.25	1 753.00	31.11	95.70	14.65	4.58	15.95

数据来源：根据《黑龙江省统计年鉴》（2017）整理。

从表2数据可知，2011~2013年黑龙江省接待国内旅游人次及旅游收入持续增加，2014年分别下降63.69%和23.54%，但旅游收入下降幅度仅为人次下降幅度的1/3，说明个体消费能力的上升；2011~2015年接待入境旅游人次及外汇收入总体呈下降的态势，其中2015年同比分别下降了41.10%和29.96%。可喜的是2016年入境旅游人次和收入已显著回升，同比分别增长了11.25%、31.11%、14.65%和15.95%，这与黑龙江省大力推广冰雪旅游和冰雪运动密不可分，因而应持续加大宣传、投入与服务的力度。

（三）黑龙江省冰雪旅游的发展困境

从上述情况看，黑龙江省冰雪旅游总体上发展良好，但在发展中也遇到了一些困境或问题需要解决，主要表现在以下六个方面：

1. 冰雪旅游品牌宣传不足

近年来，黑龙江省冰雪旅游产业快速发展，每年接待的游客数量虽有所增长，但旅游业的总收入仅占当年地区GDP的9%左右。这说明黑龙江省冰雪旅游文化产业需要加大发展和管理的力度。而更重要的是缺乏冰雪旅游发展战略规划，缺少冰雪旅游品牌宣传的意识和品牌包装的理念，对特色的冰雪旅游宣传力度较弱或影响力不足，也缺少优秀、知名的冰雪旅游文化企业做支撑，没有充分展现本土特色、风俗习惯和中国的民族文化，冰雪旅游品牌潜力有待进一步的开发，因而难以与日本札幌、加拿大魁北克等世界著名的冰雪旅游产业进行国际竞争。

2. 政府扶持冰雪旅游较弱

黑龙江省特别是各级地方政府缺乏适宜本地区的《冰雪旅游产业发展管理办法》，对冰雪旅游产业发展重视不够，财政投资、投资补贴和税收减免等优惠政策较少，政府对冰雪旅游的投资增长率缓慢且占总支出比重较低；现行冰雪旅游政策时滞，相关产业政策不具体，落实难度大；城市综合基础服务设施建设缓慢，政府在冰雪旅游服务质量提升方面的引导与强化监管不到位；政府对旅游产业缺乏科学的远景规划，虽强调湿地旅游、养生旅游和冰雪旅游等多种模式共同发展，共建新项目、开发新资源，但政府对冰雪旅游产业的资金投入和政策扶持力度尚待进一步提高。

3. 冰雪旅游产业链不完整

冰雪旅游需要交通运输、住宿餐饮、文化娱乐、手工艺品和民族文化等产业的支持与配合，目前黑龙江省冰雪旅游上游产业的冰雪服装、鞋帽和设备等产品，以及下游产业的食住行、游购乐等环境条件应予以改善与创新。如"食"是以炖为主，品种单调或没有形成系列的、特色的东北菜；"住"是价格昂贵或近宿稀少，服务质量相对较差；"行"是道路不畅或交通拥挤，交运工具不便；"游"是缺少大景区，景点设施和线路设计不完善；"购"是食物单一，质次价高或纪念品无地域特点；"乐"是项目单一或无地方特色文化等，从而导致产业链的不完整、不协调。

4. 冰雪运动旅游有待研发

冰雪运动具有冬季旅游和娱乐活动的优势，它不同于水上和空中运动，不仅

167

商户投资和游客支付体验费用相对较低,且危险系数小、有抗寒强体之功效,对游客有着较大的吸引力。我国虽出台了相应的发展政策,但除冰雪景区观光外,目前我国冰雪运动旅游尚处起步阶段。黑龙江省也缺乏科学的冰雪运动旅游发展战略规划和完善的运行管理机制,整体产业链的不完整及配套产品的欠缺,使其没有打造出地方特色品牌,加之以往重视培养高端冰雪运动人才,注重比赛效应而非大众参与,无形中缩小了冰雪运动旅游的群体效应,导致其未能突破大环境的限制而处于研发阶段。

5. 冰雪旅游文化内涵欠缺

国内外游客在冬天到黑龙江省旅游多是游玩冰雪,如欣赏雪景、雪上娱乐和观赏冰灯等项目,游客在旅游消费的同时享受快乐,也希望欣赏到冰雪景观与本地文化的融合之效。但从其冰雪旅游的景观和娱乐项目看,多是引进其他著名旅游景点的文化样式,对本土化文化和雪原、冰景没有更好地展现,缺乏冰雪文化的内涵,文化内容和民族价值观念较低,科学和知识含量较少,因而对游客的吸引力会大打折扣。此外,冰雪旅游所在地区注重商业化开发,加之服务水平不高,旅游产品创新元素不足,这在一定程度上阻碍了冰雪旅游区的经济发展和冰雪经济效益。

6. 冰雪旅游专业人才较少

冰雪旅游文化产业专业人才应掌握外语、体育经济、旅游管理、运动训练、冰雪管理等专业理论与技能,而目前黑龙江省从事冰雪旅游文化产业的专业人才较少。其原因是从事该项产业的管理与服务人员,多为旅游及相关专业的专科或初高中毕业生,本科或硕士毕业生极为稀缺,整体文化素养和专业管理水平较低,加之冰雪旅游景点气候寒冷、待遇较低等因素的影响,导致专业人才的短缺或流失。黑龙江省是我国冰雪旅游专业人才的主要培养与输送基地,但从表3上看,其高校、专业(或方向)及相关课程较少,这也是导致冰雪旅游专业人才短缺的原因之一。

表3　　黑龙江省部分高校冰雪旅游专业(方向)及专业课程、项目情况

院校	专业或方向	相关冰雪课程或项目
哈尔滨师范大学	体育教育 旅游管理	运动选材学、运动训练管理学、运动营养与恢复、旅游资源与开发、滑雪、滑冰、旅游地理、速滑专项理论与方法、运动按摩等

续表

院校	专业或方向	相关冰雪课程或项目
哈尔滨商业大学	旅游管理 体育经济与管理	旅游英语、旅行社经营管理学、饭店管理学、饭店服务学、导游业务、体育产业经营与管理、冰雪产业分析与经营等
黑龙江大学	旅游管理	旅游英语、旅游资源、旅行社管理、旅游资源开发与规划、旅游美学、导游业务、餐饮运行管理、前厅与客房管理等
哈尔滨体育学院	运动训练 体育教育	花样滑冰、速度滑冰、短道速滑、滑雪（包括越野、高山、跳台、自由式、单板）、冰球、冰壶、休闲滑雪理论与实践等
黑龙江冰雪体育职业学院	体育服务与管理 冰雪运动训练（高级滑雪指导员、冰雪场馆机械师、冰雪场馆运营管理）	滑雪高级技术、滑冰运动技术、滑雪指导服务方法与技巧、冰雪运动器材使用与维护、冰雪运动损伤预防与急救、冰雪场地安全防护、冰雪场馆运营管理、冰雪场馆运营维护、冰雪场馆设计等

资料来源：依据黑龙江省教育厅数据资料整理。

三、促进黑龙江省冰雪旅游发展的政策建议

（一）加大宣传力度，提升冰雪旅游的知名度

长期以来，人们对黑龙江的印象是落后与贫穷，并不了解黑土地、北大仓、老工业基地及其对国家经济资源的巨大贡献。现代黑龙江人的淳朴、勤劳和好客等性情渐为世人知晓，民族文化、特色旅游尤其是冰雪旅游方兴未艾，但由于近年来宣传较少等原因，来黑龙江省进行冰雪旅游的国内外游客在逐年减少。因此，应积极利用新闻媒体、互联网+冰雪、冰雪节和会展等方式，加大对黑土地文化和冰雪旅游的宣传力度，如设计"冰雪之旅如梦幻　唯有冰城醉游人"和"不去黑龙江　遗憾冰雪情"等宣传口号，提升哈尔滨太阳岛（冰雪迪斯尼乐园）、斯大林公园（大型冰雕）、兆麟公园（冰灯游园会）、松花江（冰雪大世界）、牡丹江林海雪海雪乡和大兴安岭北极冰雪游等知名度，吸引游人、提高效益。

（二）强化政府扶持，改善冰雪旅游设施条件

黑龙江省应高度重视冰雪旅游产业的发展问题，利用振兴东北老工业基地的

契机统筹安排，出台《黑龙江省冰雪旅游发展规划》，加大财税、信贷等政策的支持力度，积极改善冰雪旅游的吃住行游等基础设施和环境条件。如对重点冰雪旅游产业给予直接投资或发行企业债券，提高冰雪旅游支出占财政支出的比重，同时对引进的冰雪旅游先进技术设备给予财政补贴支持；建立冰雪旅游文化产业专项基金，采取贷款贴息、税收减免等优惠政策吸引社会投资，通过基金投资、无偿或低息方式加快冰雪旅游企业的发展；对中小型冰雪旅游企业通过"免三减三"或税款退库等优惠扶持其成长。此外，地方政府及主管部门应指导、监控冰雪旅游企业的规范化管理，跟踪问效、加强评估，促使冰雪旅游企业的健康发展。

（三）规范产业链条，提高冰雪旅游经济效益

加快冰雪旅游产业集聚过程、延伸产业链条、优化品种结构和完善营销网络，以及强化冰雪旅游产品生产经营及其配套的上下游产品、相关服务等产业链条的结合度和规范性，这是提高黑龙江省冰雪旅游经济效益的重要举措。冰雪旅游产业应加强集团化发展，汇集运动型、观赏型和游乐型的冰雪乐园，将知名的冰雪旅游企业做大、做强，提高其国内外的影响力和竞争力，以吸引到更多的游客。在重点区域的冰雪场所发展服务型、文化型、中小型企业，逐步形成冰雪场地及机械指导、救护、管理、维护、服务等产业链条和企业结构，让游客在享受乐趣的同时感受冰雪的魅力和艺术的价值，以及黑龙江历史文化、民族文化和地域文化。在提升冰雪旅游文化企业经济效益的基础上，为增加地方政府财力提供保障。

（四）举办冰雪赛事，吸引公众参与冰雪运动

2018年第23届和2022年第24届冬奥会分别在韩国和中国举办，2021年第9届亚冬会由我国沈阳市承办，这对中韩两国特别是中国的冰雪运动影响巨大，也会引发群众性的冰雪运动。我国发布的《冰雪运动发展规划（2016~2025年）》，明确提出"至2025年直接参加冰雪运动超过5 000万人并带动3亿人参与"的要求。黑龙江省具有天然、质量较高的冰雪资源和一定数量规模的冰雪产业优势，更具有承办世界大冬会的经验及冰雪运动的群众基础（2016年开展"全民上冰雪"活动），因而应发挥其在"中国冰雪旅游推广联盟"中的作用，规划并积极申办全国性、洲际性、世界性的冰雪运动或冰雪趣味赛事，聚集游客观赛与旅游，让冰雪运动走进校园，使冰雪运动真正成为黑龙江省一道亮丽的风

景线。

（五）创新冰雪文化，增强冰雪旅游文化内涵

冰雪文化是指人们在冰雪自然和生态环境中，具有冰雪符号的生活、学习与工作等方式的统称。有文字记载的冰雪文化有 2000 多年的历史，最早由黑龙江鄂伦春人研制的雪板打猎活动，孩童习于"堆雪人、做爬犁、滑冰板、打陀螺"等游乐活动，抗战时期杨靖宇和李兆麟等东北抗联运用雪堡、雪板和雪爬犁等工具进行抗日斗争，以及"文革"时期的知青冰雪活动等都积淀和展示了黑龙江冰雪文化、运动、娱乐等方面的历史内涵与价值。而现代冰雪文化是以规范、观赏、丰富、安全等理念吸引游客的参与，因此应研讨冰雪文化、创新冰雪项目，开展丰富多彩的冰雪娱乐活动，充分体现冰景晶莹剔透、夜色绚丽缤纷、冰雪奇妙迷人的文化底蕴，如表 4 所示。

表 4　　　　　　　　黑龙江省现代冰雪文化旅游项目情况

类别	传统项目与活动	创新项目与活动
雪地运动	滑雪、堆雪人、狗拉爬犁等	雪地摩托、动物雪橇、雪人设计、雪地足球、雪地滚球、雪地套圈和雪地自行车等
冰上活动	滑冰、滑梯等	滑冰娱乐、冰板滑冰、花样滑梯、冰壶冰球、冰上溜石、冰上舞蹈、冰上拔河、冰上赛艇、冰上越野、穿越冰池、冰山攀登、冰窟垂钓和冰上自行车等
冰雪观赏	雪景、雪山、雪雕、冰灯、冰雕、冰凌、冰挂等	冰瀑冰挂、冰挂雾凇、破冰捕鱼、大型冰雕、大型雪雕、动画冰雕、雪上芭蕾、冰雪驯兽、冰雪迷宫、冰雪摄影、冰雪绘画、冰雪音乐和雪堡构建等
冰雪服务	雪堡、冰堡、导游、寒地温泉等	线路设计、冰雪服装、冬季采摘、雪地温泉、冰雪商店、冰雪酒店、冰上婚礼、冬泳表演、冰舞表演、街边冰吧和冰雪博物馆等

（六）培养专业人才，保障冰雪人力资源供给

随着中国申办世界冬奥会的成功，预计 2022 年全国滑冰馆 650 个、滑雪场 800 个，滑雪滑冰指导与救护、机械操作、场所维修及运营设备管理等方面的冰雪专业人才缺口将达 10 万人，各地冰雪旅游景区人才需求量日益增多，因而应采取有效措施提升冰雪旅游专业人才的数量与质量，保障冰雪人力资源需求。如

加强高校冰雪旅游专业人才的培养力度，增加旅游管理专业诸如"冰雪运动训练"等方面的课程，特别应提升黑龙江冰雪体育职业学院的办学能力；建立冰雪旅游工作人员的培训培养制度，学习国外冰雪旅游的经验并加强合作，提升现代冰雪旅游文化的理论知识、业务技能和管理水平，制定激励政策留住人才；设立黑龙江省冰雪旅游孵化产业基地，融合黑土地文化创作冰雪影视剧等文艺作品。

参考文献

［1］罗大林，殷亮. 黑龙江省冰雪旅游业发展思考［J］. 冰雪运动，2014（5）：79-83.

［2］李彬. 中国体育产业将迎来黄金期［N］. 人民政协报，2015.08.11.05.

［3］石长波，徐硕. 对黑龙江省冰雪旅游发展的分析及策略研究［J］. 商业研究，2007，357（1）：170-172.

［4］刘晓杰，杜娟，丁勇义. 黑龙江省冰雪旅游与国内外冰雪旅游比较研究［J］. 北方经贸，2012（1）：103，107.

Difficulties and Policy Suggestions for the Development of Snow and Ice Tourism in Heilongjiang Province

Wang Shu-guang   Jin Xiang-xin   Yin Yuan-yuan

Abstract: Ice and snow tourism in ice and snow resources as the carrier and recreational activities, physical and mental pleasure, strengthening the body of ice and snow tourism in Heilongjiang province is one of the characteristics of tourism and beauty. From ice and snow tourism development and research, in ice and snow tourist location advantages in Heilongjiang province and industry status, on the ice and snow tourism brand publicity、government support of ice-snow tourism is weak、ice and snow tourism industry chain is not complete、ice and snow sports tourism needs to be developed、ice and snow tourism culture connotation of lack and ice-snow tourism professionals such as less development predicament, Strengthen propaganda are put forward、strengthen government support、standardize the industry chain、hold ice event、Ice and snow culture innovation and train professional talents policy recommendations to promote the development of ice-snow tourism in Heilongjiang province.

Keywords: Heilongjiang Province; Ice-snow Tourism; Ice-snow Culture; Government Support; Industrial Agglomeration

黑龙江省全域冰雪旅游资源的规划与运作问题研究

魏　胜[*]

摘要： 全域旅游是指在一定区域内，以旅游业为优势产业，带动和促进经济社会协调发展的理念和模式。黑龙江省幅员辽阔，冰雪旅游资源丰富，但是旅游资源分散、服务意识不强，很多地区没有形成冰雪旅游的氛围。以全域旅游的理念对黑龙江省的冰雪旅游进行规划和设计，才能更好地发挥冰雪资源的带动作用。本研究基于全域旅游的基本理念，提出了黑龙江省冰雪旅游的"123"战略格局，提炼出八大"冰雪+"项目，将黑龙江的冰雪资源与其他的旅游资源有机地结合起来，最后，对黑龙江省全域冰雪旅游的运作提出合理化的落地路径。

关键词： 全域旅游；冰雪+；冰雪旅游

一、引言

2017年，黑龙江省共接待游客1.64亿人次，同比增长13.35%，旅游业总收入达1909亿元，同比增长19.07%[1]。中国旅游研究院和途牛旅游网联合发布的《中国冰雪旅游消费大数据报告（2018）》显示，2016~2017年冰雪季，我国冰雪旅游市场规模达到1.7亿人次，冰雪旅游收入约2700亿元。仅2018年元旦三天假期，冰雪大世界就接待游客11.6万人次，太阳岛雪博会接待游客3万人次（于永吉，2018）①。冰雪旅游正在成为大众旅游的新选择，尤其为福建两广等下雪较少地区的游客所喜爱。在哈尔滨、亚布力、雪乡等冰雪旅游目的地，2016年11月至2017年4月冰雪旅游预订量占全年总预订量的58%②，冰雪旅游

---

[*] 魏胜（1983~　），男，黑龙江省海伦人，哈尔滨商业大学管理学院，讲师，博士。研究方向为零售管理、旅游管理、消费者行为。
① 数据来源：黑龙江日报（http：//www.hljtour.gov.cn/02-2.jsp?gglbb=32&&id=13781）。
② 数据来源：信息时报（http：//field.10jqka.com.cn/20180104/c602323875.shtml）。

已经占了黑龙江省全年旅游市场的半壁江山。冰雪旅游的快速发展，使习近平总书记关于"冰天雪地也是金山银山"的论断成为现实。

黑龙江省的冰雪旅游服务中，公共交通、服务意识、价格、旅游产品等方面还存在着诸多问题，这些问题严重地影响了黑龙江省冰雪旅游目的地的形象，大大降低了游客来黑龙江省体验冰雪旅游的意愿，缩短了游客在黑龙江省的停留时间，制约了黑龙江省冰雪旅游经济的发展。

黑龙江省幅员辽阔，冰雪旅游资源分散，加之高寒地带的路况受天气影响严重，使得各旅游目的地不能有效协调，形成合力，旅游业对其他产业支撑乏力。在这样的背景下，十分有必要从全域旅游的高度重新思考冰雪旅游的发展理念和模式，加快从景点旅游模式向全域旅游模式转变，以全域冰雪旅游带动旅游业的全面发展。本研究将对黑龙江省的冰雪旅游资源进行重新构建，以"冰雪＋"为切入点，对黑龙江省的全域冰雪旅游落地提供合理化的运作路径。

二、全域旅游的解读

全域旅游概念的提出可追溯到2009年。例如，常洁和朱创业（2009）[2]指出罗浮山的地质旅游可以带动安县全域旅游的发展；杨宇等（2009）[3]在对都江堰规划局屈军局长的访谈中，提到了将都江堰打造成一座全域旅游城市。全域旅游的核心是重新整合资源，打破城市或单一景区的格局，其本质是泛旅游产业的差异开发和集聚落地（胡晓苒，2010）[4]。可以通过造城、添景、兴镇、美村来推进全域旅游的发展（毛溪浩，2012）[5]。这一时期，全域旅游基本是在具体的旅游规划过程中被提及，并没有对其内涵和落地措施进行深入的研究。随后，开启了全域旅游研究的全面发展时代，全域旅游的研究主要沿着全域旅游的内涵和全域旅游的落地路径两个方面展开。

（一）全域旅游的内涵

"全域旅游"是指各行业融入其中，各部门齐抓共管，全城居民共同参与，利用目的地的全部要素，为游客提供全过程、全时空的体验产品，满足游客的全方位体验需求（厉新建等，2013）[6]。全域旅游把一个行政区当作一个旅游景区，是资源优化、空间有序、产品丰富的系统旅游（吕俊芳，2013）[7]。以上两个概念都突出了"全"字，全域旅游没有突破旅游业的范围，没有发挥旅游业的带动作用。杨振之（2016）[8]认为，全域旅游是在旅游资源富集的地区，以旅游业引领区域经济的发展，持续增强区域竞争力的新模式。全域旅游是对"创新、协调、绿色、开放、共享"五大理念的落地实施。

李金早在《人民日报》上发表《全域旅游的价值和途径》一文，指出全域旅游是在一定区域内，以旅游业为优势产业，通过对区域内经济社会资源进行全方位、系统化的优化提升，实现区域资源有机整合、产业融合发展、社会共建共享，以旅游业带动和促进经济社会协调发展的一种新发展理念和模式（李金早，2016）[9]。这一论述，不仅是对全域旅游内涵的解读，也将全域旅游提升到了战略高度。概括地讲，全域旅游是景观全域化、产品创新化、产业融合化、市场多元化、游客全民化、服务全程化、管理全面化的旅游（左文君等，2016）[10]。

（二）全域旅游的实施路径

全域旅游的内涵已经清楚并达成共识，而如何发挥旅游业的资源带动其他产业的全面发展成了关键问题。左文君等（2016）[10]提出应树立全域旅游的发展理念；整合全域资源，实现品牌共建共享；创立"政府主导、个业主体、全民参与"的旅游方式；推进"双+双创"，促进产业融合发展；创新体制机制，实现多方共赢。厉新建等（2016）[11]从资源优化、服务优化、平台优化、管理优化和利益优化等方面对全域旅游进行了解读，并提出了休闲化、网络化、平台化和二元化是全域旅游发展的重点。阿尔达克和李晓东（2016）[12]提出应深化旅游发展意识，实现创新旅游；创新"政府主导型"全域旅游方式；推进全域旅游要因地制宜，突出地方特色。王国华（2017）[13]提出了跨界融合的重要性，指出公共场所、住宅区、商业区、房地产项目和工业区都可以成为旅游区。在推进措施方面，应充分利用高校和智力机构的创意设计资源；以创意设计带动旅游产业项目创新；以互联网思维理念大举措创新旅游产业发展模式；推进文化产业要素转型，打造产业链；以独特的旅游目的地形象营销传播吸引世界客商；树立人才第一的观念，聚集各路英才（王国华，2017）[13]。

2016年，国家先后公布了两批国家全域旅游示范区创建名单，共计500个。黑龙江省一期6个，二期7个，共13个区域被确立为全域旅游示范区。其中伊春市、哈尔滨市阿城区、哈尔滨市宾县、大庆市杜尔伯特蒙古族自治县、黑河市五大连池市、大兴安岭地区漠河县等6个区域被确定为第一批全域旅游示范区。黑河市、绥芬河市、大兴安岭地区、齐齐哈尔市碾子山区、虎林市、抚远市、东宁县7个区域被确定为第二批全域旅游示范区。从中可以看出，一批的五大连池市扩展为二批的黑河市，一批的漠河市扩展为二批的大兴安岭地区。其他地区也存在全域旅游区扩大的情形，这说明全域旅游应该在更广泛的空间上实施，旅游资源才能被更好地整合利用。接下来，将从黑龙江省全省的高度，在更大的区域内构建全域旅游区，然后提出具体的运作建议。

三、构建"123"格局的全域冰雪旅游结构

规划形成一个以哈尔滨为主体的冰雪旅游服务中心，以松嫩平原和三江平原为主体的平原全域冰雪旅游区；以大兴安岭、小兴安岭和张广才岭为主体的高地全域冰雪旅游区，以五条冰雪旅游线路带动五个全域冰雪旅游区的全面发展。

（一）冰雪旅游服务中心——哈尔滨

哈尔滨是中国纬度最高的省会城市，这里冬季漫长寒冷，冬季平均气温约 -19℃，素有"冰城"之称。哈尔滨不仅冰雪旅游资源丰富，而且历史悠久，中东铁路的修建还为哈尔滨注入了异域文化。

哈尔滨是黑龙江冰雪旅游的重要交通枢纽，飞机、火车、汽车等交通便利。哈尔滨已经开通了直达大连、上海、青岛、武汉等地的高铁，太平机场开通了多条国内、国际航线。哈尔滨已经成了东北冰雪旅游的到达和返程城市。

哈尔滨市的冰雪旅游资源有冰雪大世界、太阳岛雪博会、中央大街、索菲亚教堂、伏尔加庄园、呼兰河口湿地欢乐冰雪世界、万达冰灯大世界、波塞冬海洋王国、英杰温泉、大顶子山温泉、东北虎林园、哈尔滨极地馆、哈尔滨大剧院以及数十家滑雪场，等等。无论去哪里看冰雪，哈尔滨都是不可错过的地方。来到哈尔滨，还可以品尝俄式西餐、地方菜以及满族、朝鲜族等少数民族的特色餐饮。

哈尔滨应以国际冰雪旅游名城为发展定位，深入挖掘哈尔滨的教堂、理事馆、中东铁路等充满异国风情的城市文化内涵，积极开展冰雪节事活动、冰雪赛事活动、冰雪体育运动，努力将哈尔滨建成国内唯一、国际知名的复合型全域冰雪旅游目的地，使冰雪旅游产品从单一的"冰雪艺术观光"升级为复合的"冰雪观光＋度假"。

（二）张广才岭全域冰雪旅游区

张广才岭是长白山的支脉，这里森林资源丰富，这一区域主要的冰雪旅游资

源有亚布力、雪乡、凤凰山、镜泊湖、横道河子、萨满村落、虎峰岭等。国家级全域旅游示范区东宁市和绥芬河市就在这里。

雪乡的降雪量非常大，而且雪质黏软，随物成型，千姿百态，宛如童话世界，是赏雪的极佳地点。雪乡被誉为中国最美丽的乡村之一。《爸爸去哪儿》曾在这里拍摄，使得雪乡进入大众的视野。雪谷与雪乡同处一座山峰，雪乡为阳坡，雪谷为背阴坡。雪谷更加原始，没有商业化气息，游客到这里，体验的是纯粹的东北农村景象。从雪谷穿越羊草山到达雪乡，更是户外旅行爱好者热衷的线路。亚布力度假区是世界十大滑雪胜地之一，曾举办过多次国内和国际冰雪赛事。冬季的镜泊湖千里冰封，万里雪飘，观此景定会开阔胸怀、净化心灵。威虎山影视城是《林海大英雄》的拍摄地，也是根据小说《林海雪原》中描述的情景和环境建成的大型影视基地。横道河子镇留有许多俄罗斯文化遗址，这里还有世界最大的东北虎繁育基地和佛平山、大石门、人头峰等自然、人文景观。

张广才岭全域旅游区是黑龙江省冰雪旅游的王牌产品。这里已经形成了完备的冰雪旅游线路，由此线路可以体验到冰雪风光、冰雪艺术、冰雪运动的快乐。以冰雪旅游线路带动整个区域的经济发展是可行的。

（三）大兴安岭全域冰雪旅游区

大兴安岭地区是国家级全域旅游示范区。这里不仅有北极光、北饮泉、吴八老岛等特色景观，还有嘎仙洞石室、雅克萨古战场遗址、胭脂沟等史迹遗存。在这里可以参观圣诞老人之家、圣诞教堂、圣诞邮局、白雪公主乐园，拜访圣诞老人，观赏北极熊冬泳表演，参加漠河北极村冬至节，等等。

北极村是中国最北的自然村落，也是北极光最佳的观测地，与俄罗斯阿穆尔州的伊格娜思依诺村隔江相望。北极村被评为国家5A级景区，静谧清新，乡土气息浓郁，保存着原始的味道。北极村由一个历史悠久的古村，逐渐变成了一个坐标、一种象征，每年都有来自全国各地的游客来这里"找北"。北极村风景区先后被评为"中国最令人向往的20大金牌旅游胜地""中国品牌百强景区""全国最有魅力的小城镇之一"。加格达奇映山红滑雪场是中国最北的滑雪场，也是黑龙江省西部规模最大的滑雪场，同时也是全国雪上技巧和空中技巧滑雪赛训练基地。雪季时间长，从每年的10月到次年的5月，都可以进行滑雪运动。

在中国最北极，冬至节的极夜现象以及北极村的特色圣诞文化，会将游客带入童话世界，让游客度过一个梦幻而浪漫的冬季，追求极致体验的年轻朋友和户外爱好者不容错过。

（四）小兴安岭全域冰雪旅游区

小兴安岭辐射铁力、伊春、嘉荫、五大连池、绥棱县、黑河市等区域，其中伊春市、五大连池市和黑河市是国家级全域旅游示范区。区域内的主要冰雪旅游资源有桃山狩猎场、汤旺河国家森林公园、库尔滨雾凇、五大连池风景区等。

"林都"伊春有"红松故乡"的美称，其主要的旅游资源都与森林有关，由木头制成的各种工艺品独具特色。2016年习近平总书记视察伊春，对北沉香（明子）工艺品赞赏有加。由伊春出发，向东北途经五营、汤旺河到达嘉荫，是一条非常完备的旅游线路，但是由于冬季的防火要求，很多林区不对外迎客。汤旺河景区内以九曲峰为主峰，有九曲峰峦、雪岭松涛、林海雪道、踏雪寻踪等景观。嘉荫地处伊春东北部，坐落在黑龙江边，与俄罗斯隔江相望，这里出土了中国第一块恐龙化石，有"恐龙之乡"的美誉。

狩猎源于清代满族皇家，现在已经吸引了越来越多的发烧友。桃山国际狩猎场位于黑龙江省铁力市桃山林业局内，是我国第一个国际野生动物狩猎场，猎场内山峦起伏、灌木丛生，是飞禽走兽的天然栖息地，主要野生动物有200多种。库尔滨的雾凇非常知名，走在库尔滨河畔，恍若走进童话中的白雪世界，可以身临其境地欣赏到世界闻名的奇观。

（五）三江平原全域冰雪旅游区

三江平原的"三江"即黑龙江、乌苏里江和松花江，三条大江冲积，形成了这块沃土。行政区域包括佳木斯市、鹤岗市、双鸭山市、七台河市和鸡西市等所属的21个县（市）和哈尔滨市所属的依兰县。抚远、虎林、同江等地有着丰富的旅游资源，但这里的冰雪旅游资源还没有形成氛围。

中国的最东方即在这片土地上，抚远的东极位置独特，这里有美丽的极地风光、丰富的礁贝资源、古朴的渔猎文化。目前来看，东极的旅游还没有形成气候，尤其是冰雪旅游，还是一块未开垦的处女地。相比于抚远，虎林的冰雪旅游走在了前列。冬季举办的国际冰钓大赛为虎林冰雪旅游注入了活力。另外，侵华日军虎头军事要塞、巨炮阵地、虎头要塞遗址博物馆等人文景观可以与冰雪资源紧密结合起来，相互促进。

同江市是赫哲族的主要聚居地，游客可深入当地人家，领略赫哲族以捕鱼为生的特有风俗，体验到浓郁古朴的赫哲文化风情。

位于萝北县的黑龙江流域博物馆是我国唯一的黑龙江流域博物馆，博物馆高度浓缩了黑龙江流域的自然、历史、文化变迁。在这里，人们可以看到"活灵活现"的东北虎、黑龙江流域少数民族的"全家福"、跨越千年的鲟鳇鱼标本等。

（六）松嫩平原全域冰雪旅游区

松嫩平原包括的城市有齐齐哈尔、大庆、绥化等，其中杜尔伯特蒙古族自治县和齐齐哈尔碾子山区是国家级全域旅游示范区。主要的冰雪旅游资源有林甸温泉、连环湖景区、扎龙自然保护区等。哈尔滨途经大庆到齐齐哈尔的高铁已经开通，这使得打造齐—大冰雪旅游圈成为可能。这一区域的冰雪旅游资源以温泉为主，冬日里丹顶鹤起舞也为这里增加了不少看点。

大庆林甸温泉水温高达41.5℃。泉水内含有锶、溴、碘等多种对人体有益的微量元素。共83个温泉池，是东北最大的寒地露天温泉度假基地，被誉为"中国十大温泉"。连环湖温泉被国际休闲产业协会认定为"最佳国际休闲生态旅游景区"，是黑龙江省蒙医药学术委员会设立的唯一蒙医药浴基地。蒙医药与温泉相结合，是休闲养生的世外桃源。在温泉景区可以享受夏的清凉、泉的温暖。寒地温泉可以让南方游客在极寒中体验冰火两重天的感觉。无论天气如何寒冷，从温泉里出来，都不会感觉冷。泡完温泉，在雪地拍照，无疑会增加顾客的体验指数。

齐齐哈尔扎龙自然保护区位于齐齐哈尔市铁锋区扎龙乡。保护区总面积21万公顷，是湿地类型的自然保护区。扎龙自然保护区以观赏珍禽丹顶鹤最为著名，尤以冬季的雪地观鹤最为著名。金黄的芦苇衬在洁白的雪上，一群丹顶鹤起舞，给人返归自然的感觉。

"123"的全域冰雪旅游格局意在将黑龙江省的冰雪旅游资源整合起来，全产业参与进来，全民动起来，以独厚的冰雪自然条件带动黑龙江省全区域的经济发展。目前来看，黑龙江省的冰雪旅游资源是丰富的，但是部分区域还没有动起来，张广才岭、大兴安岭、松嫩平原和小兴安岭等全域冰雪旅游区由于有成型的线路带动，发展会相对快一些，三江平原全域冰雪旅游区资源虽然丰富，但是没有形成冰雪旅游氛围，还需要调动全社会的资源，才能发展起来。这些冰雪旅游区的发展，需要以特色冰雪项目带动，本研究提出了"冰雪+"的概念，让冰雪与艺术、人文、风光、运动等结合起来，形成"冰雪+"名片。

四、"冰雪+"旅游项目

"冰雪+"即冰雪资源与一切可能结合的资源结合起来,使冰雪与非冰雪旅游资源协同发展。本研究整合了"冰雪+"的八大主题,将冰雪旅游资源全方位地展现出来,冰雪旅游的内涵得以进一步丰富,让游客有更多的选择。

(一)冰雪+艺术鉴赏

冰雪+艺术主要包括雕刻艺术、音乐影视艺术、建筑艺术等。另外,动漫、演出、杂技等元素也可融入冰雪旅游中来。

冰雪+雕刻艺术。冰雕和雪雕是冰雪旅游的最直接表现形式,黑龙江是中国冰雪艺术的发祥地之一。哈尔滨的冰雕取材于松花江,晶莹通透,雕刻出来的成品线条流畅、轮廓分明。雪雕则是纯白色的,给人以朴素之美。

冰雪+音乐。2010年,哈尔滨成功获得了联合国授予的亚洲唯一的"音乐之城"称号。音乐之于哈尔滨,是一种艺术表现方式,更是一种生活方式,百年来滋润着这座城市。

冰雪+影视。很多电影和电视剧的取景地都在黑龙江省境内,拍摄《小兴安岭深处》的伊春林都影视城,拍摄《黑龙江三部曲》的黑河市爱辉区的五道豁洛岛影视基地,拍摄《知青》的黑龙江锦河农场知青影视城,拍摄《林海大英雄》的威虎山影视城等都在黑龙江省。

冰雪+建筑艺术。哈尔滨的异域风情主要体现在建筑上。文艺复兴式、中华巴洛克式、新古典主义式、拜占庭式、哥特式、浪漫主义式、俄罗斯式、折中主义式、日本近代式、犹太式、伊斯兰式、中国古典式、新艺术运动风格式的建筑都能在哈尔滨看到。新落成的哈尔滨大剧院被 Arch Daily 评选为"2015 年世界最佳建筑"之"最佳文化类建筑"。

(二)冰雪+风光游览

途牛旅游网的数据显示,2017 年冬季,冰雪观光人数占国内冰雪旅游总人数的 72.4%[①],冰雪观光成为冰雪旅游的主要类型,冰雪风光包括看冰、赏雪。

---

① 信息时报,http://field.10jqka.com.cn/20180104/c602323875.shtml。

冬季的黑龙江被白雪覆盖，没有泥土与尘埃，只有纯粹与宁静，冰雪风光曾给无数文人雅客带来灵感，"忽如一夜春风来，千树万树梨花开""千里冰封，万里雪飘"的名句至今流传。

黑龙江省内有库尔滨、镜泊湖和加格达奇等多处雾凇景观，雾凇犹如柳杨结银花，松柏绽冰菊。雾凇有净化空气的功能，观赏雾凇时，游客会感到肺腑通透。雾凇结构疏松、密度小，对音波反射率很低，能够吸收音波，在有雾凇的森林里，会倍感幽静、清新、自然。

哈尔滨市阿城区、镜泊湖、漠河等地都有冰瀑景观。-30℃的气温，水流从高处飞泻而下，遇到物体便会结冰，长期积累，便形成了巨大的冰体，有的如玉带，有的如龙须，随物成型，千姿百态，更给人一种"疑是银河落九天"的感觉。观此景，只能赞叹大自然的鬼斧神工。

大小兴安岭和张广才岭都是赏雪的极佳地点，树的美丽，离不开雪的点缀，雪的妖娆，离不开树的支撑。森林风光加上冰雪的装饰，云海和蓝天的衬托，红日的照耀，宛如童话世界一般。

（三）冰雪+运动赛事

北京冬奥会申办成功，为冰雪运动的发展带来了新的机遇。申办冬奥会可以增加我国冰雪运动的人数，促进人们在冬季走向室外参加运动，利于"北冰南展"发展战略的进一步实施（王诚民等，2014）[14]。以冬奥会为契机，依托冰雪资源优势，大力发展冰雪体育运动，进而带动旅游业的发展，已成趋势。但近几届冬运会的数据表明，绝大多数的参赛队伍来自东北。以第十二届冬运会为例，参赛队伍43支，来自黑龙江、吉林和内蒙古三地的达30支，占了近70%。这说明我国冰雪运动的普及面还相对狭窄，整体布局还不均衡（马旭，2015）[15]。

黑龙江省有着得天独厚的冰雪自然条件，冰雪运动场地设施和大众冰雪运动基础良好。利用现有资源就可以将冰雪运动纳入旅游规划中来，让人们从旅游中了解冰雪运动，通过冰雪运动带动旅游的发展，将形成良性循环。途牛旅游网预订数据显示，2017年冬季，休闲度假和滑雪的游客占国内冰雪旅游总人数的27.6%①。冰雪已经与旅游结合起来，但目前来看，规模和范围还不够广泛，要想落实好冰雪+运动赛事战略，还需要加大宣传力度。培育一批冰雪运动爱好者，每年都来黑龙江进行冰雪运动，进而带动其他产业的发展，是发展黑龙江冰

---

① 信息时报，http://field.10jqka.com.cn/20180104/c602323875.shtml。

雪+运动战略的一大良策。

(四) 冰雪+温泉水世界

温泉一般含有铁、锗、氟、锶、镁等多种对人体有益的微量元素,能够起到有病治病、无病预防的目的。我国的温泉发展经历了温泉疗养、温泉沐浴、温泉度假、温泉养生等阶段,发展到目前,温泉的产品模式和形式更加多样化(艾瑞咨询,2017)[16]。黑龙江省的温泉属于寒地温泉,这里的温泉资源丰富。例如,林甸县的鹤鸣湖温泉、大庆艺术邨温泉、英杰温泉小镇、大顶子山温泉度假村,等等。中国矿业联合会授予林甸县"中国温泉之乡"的荣誉称号,世界温泉养生大会组委会授予林甸县"世界指定温泉养生基地"。

在南方省份,温泉旅游为反季节旅游,而寒地温泉与冰雪结合起来,则属于旺季旅游,这使得温泉可以增加冰雪旅游的影响力。2017年冬季,同时选择冰雪与温泉的游客占13.4%①。很多来黑龙江的游客就是想体验冰雪+温泉的"冰火两重天"的感觉。返程前一天泡一次温泉,可以一扫旅途中身体的疲惫。

温泉旅游重复消费性强,能够延长旅游时间,不仅能够为游客带来健康,还能增加游客的幸福指数。冰雪+温泉这两个互补的产品结合到一起,带动能力更强,发展潜力更大,能够增加黑龙江省冰雪旅游的吸引力。

(五) 冰雪+龙江美食

黑龙江的饮食文化是由关东文化、俄罗斯等国的欧洲文化以及满族等少数民族的文化长期融合形成的。

冬季室外寒冷,室内干燥,体内极易产生燥气,吃上一根凉凉的马迭尔冰棍,可以除掉体内的燥气。漫长寒冷的冬季无法保存新鲜的蔬菜,用大缸把大白菜腌起来,便形成了酸菜,这样在冬天就可以吃上蔬菜了,黑龙江的酸菜已经上了《舌尖上的中国》栏目。这些饮食文化都是受独特的关东气候影响而形成的。

黑龙江的少数民族以满族为主,满族人流传下来的有火锅、包饭、白肉等美味。赫哲族生活的地方靠近松花江、乌苏里江和黑龙江,这里出产各种鱼类,赫哲族食鱼具有多样性,包括刹生鱼、鱼片、刨花、鱼干、鱼毛、鱼条、鱼子等。

哈尔滨红肠原产于东欧的立陶宛。中东铁路修建后,外国人将红肠工艺带到

---

① 信息时报,http://field.10jqka.com.cn/20180104/c602323875.shtml。

了哈尔滨,这种灌肠传到哈尔滨已有近百年的历史。哈尔滨红肠已经成为游客必带的旅游产品。

黑龙江的饮食文化虽然没有八大菜系知名,但在长期的融合发展中,已经形成了自己的特色与文化,如果能够良性发展,借助冰雪这块招牌,一定能促进黑龙江餐饮业和餐饮文化的发展。

(六)冰雪+红色历史文化

黑龙江有着光辉的红色军事历史文化。抗日战争、解放战争、剿匪斗争等都在这里留下了光辉的足迹。哈尔滨市区内有尚志大街、靖宇街、一曼街、兆麟街等街道,这些街道的名称就是用抗日英雄赵尚志、杨靖宇、赵一曼、李兆麟等的名字命名的。

抗日历史景区有侵华日军第七三一部队遗址、侵华日军虎头要塞遗址、八女投江群雕、孙吴胜山要塞、齐齐哈尔和平广场等。侵华日军第七三一部队遗址是侵华日军残害中国人民的历史见证。虎头要塞是侵华日军为了长期霸占中国东北并进攻苏联,强迫数十万中国劳工历时6年之久秘密修筑的号称"东方马其诺防线"的要塞。牡丹江八女投江烈士陵园内的群雕,"八女投江"四个大字由全国政协主席邓颖超生前书写。孙吴胜山要塞是集风光摄影、民俗体验和红色旅游于一体的旅游胜地。齐齐哈尔和平广场主要包括广场铭碑、抗战纪念墙、胜利纪念碑、和平之水、长城砖捐赠纪念墙、共和国将军题词、江桥抗战纪念雕塑等。

从区域分布来看,黑龙江省大部分区域都有红色旅游景区,如果能够借助冰雪,在冬季里燃起红色旅游的热情,势必将给黑龙江的旅游带来新活力。

(七)冰雪+关东历史风情

来到黑龙江,可以体验到原汁原味的关东历史文化。渔猎民族热闹的冬捕仪式、神秘的萨满文化、独具魅力的俄罗斯文化、闯关东文化、黑龙江土著文化等已经深深地融入了龙江人民的雪韵乡情中。

黑龙江有53个少数民族。这些少数民族的文化在漫长的历史变迁过程中逐渐被消融,为了还原这些文化,现在建成了很多景区来展示最原始的黑龙江少数民族文化。黑河市爱辉区新生鄂伦春族乡便是一例,在这里可以看到鄂伦春独有的房子"斜仁柱",妇女手制的狍皮衣"苏恩"、狍头皮帽"密塔哈"和精巧的桦皮器皿,刻画着表达鄂伦春人对万物生灵崇拜的山神图腾。

在漫长的文化发展中，黑龙江诞生了一批优秀的作家和作品。著名作家萧红的命运悲苦，有着与女词人李清照那样的生活经历，代表作有《生死场》《呼兰河传》等；作家迟子建的《额尔古纳河右岸》描述了鄂温克民族的兴衰，获得了茅盾文学奖；阿城的短篇小说《赵一曼女士》《小酒馆》《流亡社区的雨夜》等短篇小说获得或入围鲁迅文学奖。

源于女真族的金源文化也是形成龙江文化的重要基础。哈尔滨阿城区是金朝的开国都城遗址，这里作为金朝的皇城达38年之久。以此建立的金源文化旅游区记载了金王朝的兴衰，珍藏了一段历史的鼎盛。

（八）冰雪+火山矿泉

五大连池市由14座火山群和一连串的湖泊组成，这里有火山之乡的荣誉称号，也有中国矿泉水之乡的称号。火山矿泉是黑龙江省独特的自然资源。景区内有黑龙山、龙门石寨科考观光区、火山博物馆、温泊等景区。

黑龙山是我国最年轻的新期火山，位于五大连池火山群的核心位置。在这里能看到火山植被由低等到高等的演变过程，黑龙山保存了世界上最典型的休眠火山地质的全貌。景区面积50余平方千米，有可视景观景点110余处。龙门石寨科考观光区，是古火山石塘地质生态观光区，这个观光区有景观54处，观赏栈道、栈桥3 000多米。走进神秘而古老的石塘，体验几十万年前的生态多样化植物群落和火山风光，会使游客浮想联翩。温泊景观被誉为北方的"火山小九寨"，温泊有三奇：一奇是水泊高磁；二奇是高寒温泉；三奇是一泊三景。

五大连池特产低温火山冷矿泉，是世界三大著名冷矿泉中品质最优异的矿泉水，亦被称为药泉。其特点是低温含气、含有多种对身体有益的微量元素，长期饮用具有良好的保健作用。

五大连池素有"天然理疗胜地、人间养生天堂"的美誉，如果冰雪与火山矿泉更好地结合起来，将积极地带动火山矿泉旅游的发展。

五、黑龙江全域冰雪旅游发展的路径

实施全域冰雪旅游是贯彻落实"创新、协调、绿色、开放、共享"发展理念的重要实践，是冰雪旅游开发的必然选择，是更好地服务大众的有效方式，是推进新城镇和新农村的有效载体，是黑龙江省新时期旅游发展战略不可或缺的一部分。综合黑龙江省冰雪旅游的资源优势和发展困境，本研究认为将"冰雪＋"提升到新的战略高度，是发展黑龙江冰雪旅游的方向与途径。

（一）以一城辐射全省，打造全域冰雪旅游

一城指哈尔滨，哈尔滨是游客进入黑龙江省的入口，冰雪旅游资源丰富，冰雪大世界和雪博会有着悠久的举办历史，哈尔滨已经形成了冰雪旅游的氛围，很多游客对哈尔滨的向往，甚至大于对冰雪的向往。这使得很多游客来黑龙江旅游，游完哈尔滨就返程，认为黑龙江只有哈尔滨是值得来的地方。表面来看，这是由于黑龙江的整体旅游资源分散、交通不便。深究其深层次的原因，就是黑龙江省没有在全域上布局旅游资源，没有进行有效的宣传。

哈尔滨作为省会城市，要起到积极的带动作用，将游客吸引来，再辐射到其他冰雪旅游区域。哈尔滨通往大庆、齐齐哈尔的高铁已经开通，只需一个多小时，就可以看到丹顶鹤在雪中起舞，吃上正宗的齐市烤肉，在交通上已经非常便利，如果再加上有效规划与宣传，一定会吸引来大批游客。

哈尔滨不应该仅仅是游客来黑龙江省旅游的到达地和返程地，还应该是其他冰雪旅游线路的出发地，以哈尔滨为起点，向大小兴安岭、张广才岭、三江平原和松嫩平原延伸，让游客在黑龙江省多住一晚，让游客多看到一处景观，让游客多体验一点儿文化，高兴而来，满意而去。

（二）同质化景区统一协调，降低运营成本

很多景区的旅游资源趋于同质化，同质化的产品很难获得超额利润，只会加剧企业间的竞争。同质化景区的一个典型便是滑雪场，在五大全域冰雪旅游区均有滑雪场，哈尔滨周边的滑雪场就有几十家，目前来看，这些滑雪场虽然档次不同，但是提供的产品基本同质化。雪场运营需要大量的设备，如果雪场的设备能够统一采购，协调使用，那将会大大降低运营成本。

黑龙江省最丰富的就是森林资源，森林公园也存在同质化产品的现象，树木我们无法改造，但是在设计或整修的时候，应该考虑到资源同质化，设计应该异质化，都建成一个样子，景区之间只会加剧竞争，而不能形成优势互补。

雪乡和雪谷同处在同一座山的不同山坡，但是雪谷是原始、纯朴的东北农村景象，雪乡是蓝光灯下的童话世界，这种同质化的景观，就达到了异质化设计的效果。

旅游商品同质化更是一个非常严重的事实，很多"特产"甚至不是黑龙江生产的，而是义乌小商品。深入挖掘黑龙江的旅游商品，像木质工艺品、鱼皮工艺品、桦树皮工艺品、麦秸工艺品、黑陶等商品，如果能够在省内生产，统一配送到各景区，游客会喜欢，也会带动制造业的发展。

（三）异质化景区适时形成全域旅游产品体系

上文提到的"123"全域旅游格局是粗线条的、区域性的，要将全域旅游的思想落地，还必须在这些区域内形成全域旅游产品。有些景区功能上是互补的，例如，雪谷与雪乡，雪谷是宁静、纯朴的东北农村的典型代表，而雪乡打造的是童话里的世界。雪乡和雪谷虽同属张广才岭，但属不同的行政区域，使得两个景区之间的经营各自为政，没有形成全域旅游产品体系。这样的景区，提供的是不同的旅游产品，完全可以在更高的维度、更广的视角下进行协调与整合，将雪乡和雪谷打造成一个全域旅游产品。

全域旅游产品的打造，首先要详细分析景区的地理位置、产品功能、行政区划，不同的行政区域的景区，需要政府牵头协调。地理位置接近，有便利的交通，产品功能异质，便有机会打造成全域旅游产品。以五大连池景区为例，从地理位置上来看，既可以划归松嫩平原，又可以划归小兴安岭，但如果从全域旅游产品来考虑，将其划归小兴安岭更为合理，因为如果划归松嫩平原，那么其温泉产品就与大庆和齐齐哈尔的温泉景区同质化了。而划归小兴安岭，与雾凇、滑雪、林海雪原风光正好互补，使得游客直到最后一个景区也不会感到同质化的风光而感到视觉疲劳。

（四）优化全域冰雪旅游服务环境，打造旅游目的地形象

旅游已经慢慢地从观光旅游向深度体验游发展，商业化的景点已经不能满足游客的需求，全方位地体验或融入黑龙江居民的日常生活成了很多游客的需求。黑龙江全域的任何一个角落，都可能成为游客的体验地。因此，发展全域旅游对黑龙江的生态环境、基础设施、旅游吸引物、法规政策、公共服务等环节都提出了更高的要求。

旅游服务环境可以从以下几个方面着手落实。首先，完善全域旅游必需的硬件设施。例如，部分山区还没有覆盖移动信号，这不仅影响游客分享自己的体验，万一出了事故，也不能与外界有效地沟通。其次，应着力加强旅游从业人员

培训，提高其服务质量。通过培训，旅游从业人员应该真正懂得全域旅游大背景下旅游者的需求，从而能够提供针对性较强的个性化服务。

社交媒体如此发达的时代，游客随时都可以将自己的体验和经历分享出去。好的体验可以起到宣传黑龙江的作用，负面的体验则会造成更大的不良影响。建立积极的服务意识，将优质的服务传递给游客，游客才能满意，旅游目的地的形象才能建立起来。天价鱼、雪乡宰客等事件一定要严肃处理。个别旅游服务提供商的利己行为，抹黑了整个黑龙江的冰雪旅游，对黑龙江省的旅游目的地形象的打击是致命的。一桌天价鱼，可能抵消了黑龙江省数额巨大的广告投放所产生的效果。

（五）推进旅游产业升级，协同创新冰雪旅游供应链

旅游产品从"原材料"采购、生产到传递给消费者这个过程中，需要一系列成员参与，这些成员相互联系，环环相扣，构成了旅游供应链（陈阁芝等，2017）[17]。旅游供应链成员包括上游的餐饮业、住宿业、交通业、景区、娱乐、购物等，中间的旅游运营商、旅游代理商和下游的旅游者。

旅游供应链的一个节点出现问题，都会影响到整个旅游供应链，进而影响到旅游目的地形象。例如，"天价鱼"事件是餐饮业出现了问题，"天价方便面"是旅游购物出现了问题，辱骂游客、二次收费是旅游运营商出了问题。任何一个节点出了问题，影响都是巨大的。

旅游各节点出了问题，主要是供应商的个人机会主义行为。机会主义行为指通过不正当手段"不道德地谋求自我利益"最大化的行为（Jap and Anderson, 2003）[18]。信息不对称和供小于求为机会主义的发生提供了温床。陈阁芝等（2017）[17]得出合法契约、关系规范均能够显著减少旅游供应商的机会主义行为，促进旅游供应链协同创新。通过旅游供应链的协同创新，使得旅游业蓬勃发展，是发展全域冰雪旅游的重要途径。

六、结 语

实施全域冰雪旅游战略必须积极倡导"冰雪+"，以冰雪为杠杆，撬动其他旅游资源的协同发展。在整体上合理布局，发挥优势冰雪旅游资源的优势地位，借鉴优秀旅游景区的发展经验，以转变传统旅游观念为切入点，以全域旅游规划

创新为抓手，以管理制度变革为核心，倡导共享经济理念，搭建人才发展平台，更多地尊重并保障个人参与社会生活的自由权，激励全社会参与旅游产业的变革，实现区域社会经济文化的协调发展，只有这样才能保证中国旅游产业在世界激烈竞争的大潮中立于不败之地。

参考文献

[1] 于永吉. "冰雪+"产业释放经济热能量 [N]. 黑龙江经济报, 2018-01-08 (002).

[2] 常洁, 朱创业. 浅议绵阳市安县罗浮山砾岩岩溶地貌区的地质旅游开发 [J]. 资源与人居环境, 2009, (2): 65-67.

[3] 杨宇, 付敏, 甘森. 都江生活将会如歌似水——专访都江堰市政协副主席、规划管理局局长屈军 [J]. 西部广播电视, 2009, (4): 78-79.

[4] 胡晓苒. 城市旅游: 全域城市化背景下的大连全域旅游（上）[N]. 中国旅游报, 2010-12-08 (011).

[5] 毛溪浩. 以风景桐庐建设为统揽 大力发展全域旅游 [J]. 政策瞭望, 2012, (12): 36-38.

[6] 厉新建, 张凌云, 崔莉. 全域旅游: 建设世界一流旅游目的地的理念创新——以北京为例 [J]. 人文地理, 2013, 28 (03): 130-134.

[7] 吕俊芳. 辽宁沿海经济带"全域旅游"发展研究 [J]. 经济研究参考, 2013, (29): 52-56+64.

[8] 杨振之. 全域旅游的内涵及其发展阶段 [J]. 旅游学刊, 2016, 31 (12): 1-3.

[9] 李金早. 全域旅游的价值和途径 [N]. 人民日报, 2016-03-04 (007).

[10] 左文君, 明庆忠, 李圆圆. 全域旅游特征、发展动力和实现路径研究 [J]. 乐山师范学院学报, 2016, 31 (11): 91-96+136.

[11] 厉新建, 马蕾, 陈丽嘉. 全域旅游发展: 逻辑与重点 [J]. 旅游学刊, 2016, 31 (09): 22-24.

[12] 阿尔达克, 李晓东. 全域旅游与旅游目的地建设 [J]. 旅游纵览（下半月), 2016, (10): 52+55.

[13] 王国华. 论全域旅游战略实施的路径与方法 [J]. 北京联合大学学报（人文社会科学版), 2017, 15 (03): 12-18.

[14] 王诚民, 郭晗, 姜雨. 申办冬奥会对我国冰雪运动发展的影响 [J].

体育文化导刊,2014,(11):53-56.

[15] 马旭."申奥"对我国冰雪运动发展的刺激效应[J].冰雪运动,2015,37(04):68-72.

[16] 2016年中国温泉旅游白皮书[A].艾瑞咨询系列研究报告(2017年第1期)[C].2017:32.

[17] 陈阁芝,刘静艳,王雅君.旅游供应链协同创新的治理困境:契约还是关系?[J].旅游学刊,2017,32(08):48-58.

[18] Jap S. D., Anderson E.. Safeguarding inter-organizational performance and continuity under expost opportunism[J]. Management Science, 2003, 49 (12): 1684-1701.

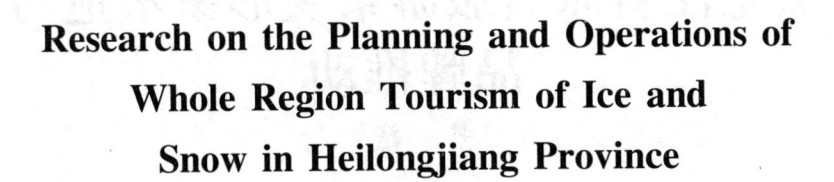

Research on the Planning and Operations of Whole Region Tourism of Ice and Snow in Heilongjiang Province

Wei Sheng

Abstract: Whole region tourism refers to the concept and mode of promoting the coordinated development of economy and society with tourism as the dominant industry in a certain area. Heilongjiang has vast territory and abundant resources of ice and snow tourism. however, its tourism resources are scattered and its service consciousness is not very well. Many areas do not form ice and snow tourism atmosphere. In order to play the leading role of ice and snow resources, we plan and design ice and snow tourism in Heilongjiang province based on the concept of whole region tourism. Based on the basic concept of whole region tourism, this paper puts forward the "123" strategic pattern of ice and snow tourism in Heilongjiang province, extracts eight "ice snow +" project, and combines the ice and snow resources in Heilongjiang with other tourism resources. Finally, it puts forward a reasonable landing path for the operation of the ice and snow tourism in Heilongjiang province.

Keywords: Whole Region Tourism; Ice and Snow + ; Ice and Snow Tourism

黑龙江省冰雪旅游景观形象塑造与品牌推动

尹 越[*]

摘要： 黑龙江省冰雪旅游景观形象塑造不仅需要冰雪景观的实体规划建设，更需要对其品牌进行宣传和推广。文章通过对黑龙江冰雪旅游的现状进行分析，引入"品牌"理念，通过有效的战略，确定最具独特性和鲜明性的冰雪景观塑造特征，设计有特色、有文化内涵的冰雪景观。并依靠品牌力量，提升黑龙江省冰雪旅游景观形象的知名度，使黑龙江省冰雪景观形象实现从视觉识别上升到理念识别的目标。

关键词： 冰雪旅游；形象塑造；品牌推动

一、引言

旅游业是第三产业的重要组成部分（朱晓柯，2018）[1]，冰雪旅游是黑龙江省旅游业的亮点及重点（杨春梅，2018）[2]，在经济下行的当下，全国各地开展冰雪旅游拉动冬季经济增长，对黑龙江省冰雪旅游产业产生不可忽视的影响（武传玺，2017）[3]。黑龙江省省长陆昊提出把发展冰雪经济作为推动振兴发展的战略举措，开发高质量、多样化的冰雪产品，升级开发雪乡、亚布力等知名景区。《黑龙江省界江旅游发展总体规划》（2013）要求以漠河北极村和抚远黑瞎子岛为代表开展冰雪运动旅游。国务院颁布的《东北振兴"十三五"规划》（2016）要求大力发展冰雪产业，打造多地联动发展的精品冰雪文化旅游目的地。

我国冰雪旅游兴起于1963年哈尔滨市兆麟公园举办的第一届冰灯游园会，过去主要集中在东北地区。随着气候的变迁和科技的发达，吉林、辽宁、河北、北京、内蒙古、新疆等地的冰雪旅游快速发展，举办了各具特色的冰雪旅游节，

---

[*] 尹越（1991~　），女，河北省沧州人，哈尔滨商业大学管理学院，博士研究生，博士。研究方向：品牌管理，E-mail：18724622417@163.com。

吸引了大批游客。陕西省也兴建了目前西北地区最大的现代化滑雪场，形成"北看哈尔滨，西看玉华宫"之势。随着近年来冰雪旅游市场前景被广泛看好，有条件的地区纷纷打出"冰雪牌"来抢占冬季旅游客源市场，国内已有吉林、辽宁、北京、河北、新疆、内蒙古、四川等省份，举办了不同类型的冰雪节庆活动，黑龙江省冰雪旅游市场面临前所未有的挑战。而且，随着冰雪旅游的逐渐升温，国内其他有条件的地方，也纷纷兴建滑雪场，就近吸引客源。全国现在很多地方都在开发冰雪旅游，给黑龙江省带来了竞争压力。

作为我国冰雪旅游的发源地，黑龙江省冰雪旅游发展基础好，发展速度快，但是随着其他地区冰雪旅游的发展壮大，如何凭借天然的地理环境及冰雪旅游开展的先发优势，充分挖掘潜力，大力开发冰雪资源，值得我们深思。

二、黑龙江省冰雪旅游景观形象

（一）黑龙江省冰雪旅游的发展趋势

我国冰雪旅游的历史，应以20世纪60年代初期创办的哈尔滨市兆麟公园冰灯游园会为起点，而1985年哈尔滨市举办冰雪节，1998年建成冰雪大世界，则标志着将冰雕艺术与雪雕艺术相结合、冰上体育运动与雪地体育运动相结合的冰雪旅游风格的形成。"千里冰封，万里雪飘"的自然条件，为形成独特的冰雪旅游与体育文化提供了坚实的基础。在我国寒冷的东北三省中，哈尔滨市是我国冰雪旅游与体育文化的活动中心，也是我国冰雪艺术的发祥地。一年一度的哈尔滨冰雪节已成为世界四大冰雪节之一，在国内外已产生了很大的影响。哈尔滨冰灯是松花江天然冰块与传统花灯艺术结合的产物。每当夜幕降临，华灯齐放，整座公园犹如一座五彩缤纷、晶莹剔透的水晶宫。喜欢体育运动的游客，在室内外的冰场滑冰，或滑雪，或在松花江上滑冰橇、冬泳、踢雪地足球、放风筝、玩雪地赛车。花样繁多的冰雪体育运动，构成了一道特殊的冰雪旅游与体育文化的风景线。

黑龙江省地域辽阔，资源丰富，要开发旅游项目，应充分地利用其地理环境和自然条件，重点应放在冰雪旅游产品的开发上。依托冰雪的资源优势，打造专项旅游的品牌，以开发冰雪旅游产品中的体育运动项目为载体，传播、发展体育文化。新开发的项目要从游乐型和竞技型两个方向考虑，以满足冰雪旅游者不同层次的需要。另外，还可开展诸如冰博会、雪博会、冰雪洽谈会、时装展示会等商业活动，以及艺术作品展、电影周、大型歌舞表演等文化活动，以渲染、烘托体育竞技运动带给人类社会生活的美丽色彩和感官刺激，愉悦人的心灵，给人以精神享受，使人们能尽情地品味体育竞技中文化的内涵和魅力。

（二）黑龙江传统冰雪旅游发展的局限性

第一，随着近年来冰雪旅游市场前景被广泛看好，有条件的地区纷纷打出"冰雪牌"来抢占冬季旅游客源市场，国内已有吉林、辽宁、北京、河北、新疆、内蒙古、四川等省份举办了不同类型的冰雪节庆活动，黑龙江省冰雪旅游市场面临着前所未有的挑战。

第二，冰雪观光游玩不能推陈出新，没有艺术创新、缺少文化特色。东北地区冰雪旅游每年虽以冰雪为主要载体，但无非就是冰雕、冰灯、滑雪等，冰灯仅仅是加上简单的霓虹灯，冰雕也是塑造一些著名建筑，内容和形式几乎年年一样，方式和打法过于简单，缺乏东北地区的本土特色，没有很好地展现出东北地区特有的本土文化内涵，不能让来观光的游客产生强烈的文化认同感。

第三，管理落后，缺少品牌理念。黑龙江冰雪旅游产品缺乏文化创新意识，冰雪旅游文化品牌经营意识薄弱。东北地区冰雪旅游首要内容就是冰雪，但是大多管理者缺少品牌的管理观念，缺少风格化的管理以及服务，使得观光、游玩项目服务平平，缺少特色，设计大众化，氛围较差，不能吸引全世界各地观光游客。缺乏创新性多元化复合型体验式游玩项目，品牌的文化内涵挖掘不足，难以满足游客的多样化需求。

第四，没有树立完整的冰雪文化形象。品牌形象意味着品牌传播。冰城，冰文化较为深入人心，雪文化还没有真正被树立起来。由于缺乏整体布局，没能树立起完整的冰雪文化形象。文化品牌是冰雪旅游的灵魂。哈尔滨冰雪旅游文化品牌形象还包括受众冰雪文化素养，如果本地居民都缺乏冰雪旅游热情和冰雪文化素养，那么哈尔滨的冰雪旅游不仅缺乏文化含量，也缺乏精神和灵魂。

（三）黑龙江省冰雪旅游景观形象的塑造

1. 黑龙江省冰雪旅游形象定位分析

黑龙江省的冰雪旅游形象定位应该站在全球的角度，从不断满足旅游者需求偏好的角度来考虑，依据黑龙江省冰雪旅游环境背景、旅游资源特色和人文脉络以及当今旅游市场的新趋势，树立黑龙江省的冰雪旅游形象。

打造"冰雪艺术之省""冰雪建筑之区""冰雪运动之乡""冰雪民俗之村"以突出黑龙江省冰灯、雪雕和冰雕艺术三者的有机结合和完美统一，内容和形式的突破和创新；突出具有浓郁欧式风格的建筑群和多民族建筑；突出充满激情的冰雪运动；突出多姿多彩的各民族民俗风情等，从而营造独具魅力的有别于其他地方的冰雪旅游形象。推出"雪中情"的冰雪艺术、冰雪文化游、"欧亚结合"的欧式风格、多民族建筑观光游、"雪中飞"的冰雪运动游以及"感念文化"的仿古和民俗风情游等一系列的黑龙江省冰雪旅游形象理念。

强调自然与人文的亲和关系，使旅游者不仅可以观赏和体验冰雪，还可以领略黑龙江省独特的冰雪文化。从黑龙江省冰雪旅游的各地区来看，各地区也可以根据本地区的特色来树立各自独特而鲜明的冰雪旅游形象定位理念，但要与黑龙江省总体的冰雪旅游形象定位理念相一致。

2. 黑龙江省冰雪旅游形象的主题口号

哈尔滨冰雪节主题口号的应用就是一个成功的典范。旅游形象是一种抽象的概念，它蕴含着使用者的期望，而旅游形象设计最直接的方式就是推出一系列的宣传促销口号。由于近年来哈尔滨旅游市场的开放，来自世界各地的旅游者逐渐增多，各地区的受众对哈尔滨市的形象感知各不相同，所以哈尔滨城市旅游形象的设计应具有针对性，针对不同的细分市场设计不同的形象宣传口号，才会吸引更多的旅游者前来旅游。哈尔滨冰雪节自2007年以来也都提出过宣传主题口号（见表1），产生了强烈的广告效果，为哈尔滨冰雪旅游宣传做出了贡献。

表1　　　　　　　　　　近十年主题口号表

年份	主题口号
2007	冰情雪韵，和谐世界
2008	冰雪奥运
2009	激情大冬会，快乐冰雪游
2010	冰雪庆盛世，和谐共分享
2011	欢乐冰雪，激情城市
2012	激情悦动，大美冰城
2013	满城冰雪，欢乐天地
2014	冰雪动漫世博会
2015	冰雪五十年，魅力哈尔滨
2016	冰雪之冠上的明珠
2017	冰雪之冠上的明珠——哈尔滨

黑龙江省冰雪旅游形象的主题口号要针对旅游者的需求偏好特征来进行设计，要反映旅游者需求偏好的特点，要使旅游者轻松地认识到这是旅游地形象的主题口号；旅游形象的主题口号还应在表述方面反映时代的特征，要有时代气息，要反映旅游需求的热点、主流和趋势，与时俱进。例如现在旅游热点的主题主要是围绕着度假、康体、自然生态等，旅游口号设计也应该围绕这些热点展开。同时重要的一点是，冰雪旅游形象主题口号应该具有广告效应，这样才能够打动旅游者的心扉，激发旅游者出游的欲望，给旅游者留下永久而深刻的记忆。

口号中针对省内游客的特点如："观金源历史，赏欧陆风情，游冰雪乐园"。哈尔滨历史上形成的开放创新、追求时尚的倾向，使其形成了开放热情兼收并蓄的大都市氛围，省内游客对金源文化历史比较感兴趣，同时钟情于哈尔滨独特的欧式异域风格，哈尔滨作为东三省冰雪旅游开展最好的城市，让省内的游客既感到骄傲又觉得自豪。

另外针对国内游客提出："品冰雪旅游盛宴，尽在黑龙江哈尔滨"。哈尔滨人以坚毅聪慧、豪爽的性格创造出了独具特色的冰雪文化，冰城的形象魅力四射，在国内游客的心中，她是理想的冰雪旅游胜地，而在国内没有哪一个城市可以与之媲美，所以在形象宣传上，在冰雪旅游资源上占优势的哈尔滨要充分利用，将冰雪旅游城市的形象发扬光大，从而在国内游客的心中树立牢固的城市旅游形象。

针对国际游客提出："中国的哈尔滨，世界的冰雪乐园"。哈尔滨作为中国开放最早的国际化大都市，曾经是"国际贸易城市"和"国家重要工业基地"，形成了特大型、综合型、多功能区域中心城市的现实基础，并正在向发展现代化国际大都市的目标迈进，要发展本市的旅游业就要让世界了解哈尔滨，树立国际化的形象，同时将哈尔滨冰雪旅游推向世界。

3. 黑龙江省冰雪旅游形象的建立

第一，树立完整的冰雪文化形象。

黑龙江的冰文化比较深入人心，雪文化还没有真正树立起来。因此，应该建立整体布局，树立完整的冰雪文化形象。以哈尔滨为例，要明确哈尔滨自身的文化发展目标，精准定位，以文化带动旅游的思路为基础，将本土文化、民族文化与西方文化相互融合，进一步提升品牌文化底蕴，强化哈尔滨冰雪旅游产业文化的无形内涵，推动其稳定发展。

第二，打造冰城雪域特色冰雪文化形象。

旅游产品的不可移动性，决定了旅游产品要依靠形象的传播。冰雪旅游品牌能够建立起来，就要深入人心，就要赋予其独特的冰雪文化形象，使其具有灵魂，从而让冰雪旅游者对冰雪旅游品牌所代表的冰雪文化心怀向往。

哈尔滨是中国东北最北的省会城市，开展冰雪旅游具有得天独厚的地理优势，同时也是中国冰雪文化的起源地，其城市建筑风格、市民生活习惯和性格与该城市悠久的冰雪文化融为一体。哈尔滨的冰灯雪雕规模在世界上是独一无二的，滑雪旅游产品在冬季占据全国大半个旅游市场，因此哈尔滨的冰雪旅游是国内乃至国际冬季最吸引人的旅游产品。其中的典型代表有：太阳岛雪博会、兆麟公园冰灯游园会、伏尔加庄园越野滑雪、北大荒现代农业园的冰雪嘉年华、松花江上的冰雪欢乐谷、亚布力滑雪场、帽儿山滑雪场、平山滑雪场、吉华滑雪场等，哈尔滨国际冰雪节目前已成为北国风光重要的城市名片，哈尔滨国际冰雪节与日本的札幌雪节、加拿大的魁北克冬季狂欢节和渥太华冬乐节齐名，并称世界四大冰雪节。

在具体措施方面，一是举办沿途设有冰雪文化竞赛项目的冰雪季全民冰天雪地徒步大赛，展现黑龙江儿女"热在冬季、乐在冰雪"的健康、时尚生活方式，提升哈尔滨市民冰雪文化素养，打造哈尔滨市民全民冰雪旅游文化活动品牌；二是利用北京冬奥会的机遇充分释放冰雪旅游效应，积极拓宽本地客源市场，将滑雪运动变成哈尔滨市的全民运动，促进全民冰雪旅游，推动哈尔滨冰雪旅游产业的可持续发展。

第三，丰富多彩的人文资源别具一格。

黑龙江省有丰富的历史遗迹和民俗风情旅游资源，特色鲜明，丰富多样。以农耕为主的满族、朝鲜族，以捕鱼为生的赫哲族，以狩猎为生的鄂伦春族和以牧业为主的蒙古族、达斡尔族，保留着北方少数民族所特有的民俗风情，民俗、民情浓郁，少数民族历史源远流长，唐代渤海国、金上京会宁府、龙泉府遗址保存完好。各民族在长期的生产、生活中，形成了风格各异、类型多样的民族文化、风俗习惯、节日、服饰、村舍建筑，构成了黑龙江省旅游资源的一大特点和优势。

哈尔滨时尚、浪漫，异域风情独特性强、研发价值高、发展潜力大，被誉为"东方莫斯科""东方小巴黎"。哈尔滨的城市建筑主要受到俄罗斯及"新艺术"风格的影响，建筑类型多样，具有观赏性和科考价值。中国第一家啤酒厂、第一家电影院、第一个交响乐团、第一个芭蕾舞团、第一个滑雪场、第一列旅游列车、最早的跑马场、最早的选美活动都诞生在这里，是真正的时尚浪漫之都，此外哈尔滨作为边疆省会城市，是中俄交流的枢纽，在文化、艺术、生活方式上都充满了浓郁的欧式情怀。

第四，突出冰雪旅游主题。

黑龙江省在完善已有的旅游产品的基础上，设置好每届冰雪旅游的主题。通过上表总结近十年的冰雪旅游主题口号（见表1）可以发现，主题口号要集中展示黑龙江省冰雪旅游自然地理、人文风貌和旅游体验。面向各客源地人群，重点突出黑龙江冰雪旅游形象特色，通过冰雪旅游能使游客感受到回归融入大自然的无穷魅力。

黑龙江基于"冰雪之冠，畅爽龙江"品牌，打造了冰雪观光、冰雪度假、冰雪体验三大类型，冰雪艺术、冰雪风光、冰雪运动、雪地温泉、水世界、冰雪民俗风情、冰雪节庆、万国建筑、百年音乐、冰雪美食十大主题，以及多项精品旅游项目。经过持续包装升级，由冰雪之冠上的明珠——哈尔滨、大美雪乡、秘境冰湖、鹤舞雪原、冰雪森林、北极圣诞构成的"一城五线"产品也为游客提供了多样化的选择。

三、品牌推动黑龙江省冰雪旅游发展

（一）发挥地域资源优势，加快品牌建设

作为我国开展冰雪旅游最早的省份，黑龙江省近年来多措并举打造以"冰雪之冠"为品牌的旅游产业，以此带动"食、住、行、购、娱、文"等相关产业"抱团发展"，成为拉动经济发展的新动力。全省去年共接待游客1.3亿人次，同比增长21.89%；实现旅游业总收入1 361.43亿元，同比增长27.7%。

哈尔滨市旅游资源丰富，自然旅游资源主要有森林植物园、东北虎林园、哈尔滨动物园、松花江滨水风光带、太阳岛风景名胜区、二龙山风景区、亚布力滑雪场、桃山狩猎场、玉泉狩猎场等。哈尔滨的春季草长莺飞、柳条翠绿，满城弥漫着丁香花的香气，夏季昼夜温差10℃左右，最高气温很少超过30℃，因此七月到九月份是优美的避暑季节。松花江上开辟了江上旅游观光产品，哈尔滨"旅游一号"旅游客船主要航行于松花江水域，主要用于哈尔滨到大顶子山水利枢纽工程之间的游览观光、水上婚礼、水上会议、水上俱乐部、夜晚漫游松花江等活动。冬季一般是十二月到次年二月份，届时银装素裹，北国风光，千里冰封，万里雪飘，冰雪散发出来的熠熠光彩吸引着来自全世

界各地的游客。

(二) 打造全国知名冰雪旅游景区品牌

黑龙江省冬季降雪期长达120天，加上良好的生态环境，发展冰雪旅游条件得天独厚，已打造出我国最大的冰雪主题乐园——哈尔滨冰雪大世界，冰灯艺术发源地——哈尔滨冰灯游园会，以及太阳岛雪博会、"中国雪乡"等全国知名冰雪旅游景区。每当夜幕降临，由上万人施工搭建的哈尔滨冰雪大世界到处充满流光溢彩的冰雪艺术作品，照亮了松花江畔的夜空，吸引了来自中外不同肤色的游客。

从黑龙江举办全国第一届冰灯游园会，冰雪旅游产业开始起步，到黑龙江成功举办我国首次冰雪节，冰雪旅游产业迈上新台阶；随后，齐齐哈尔市举办了第一届冰雪展览会，牡丹江市开发了以"中国雪乡"为主题的特色旅游项目；同时冰雪大世界建成，被誉为世界冰雪迪士尼乐园，雪雕、冰雕已经成为哈尔滨的城市名片；太阳岛雪博会、亚布力滑雪场也在全国具有很高的知名度。事实上，经过几十年的发展，黑龙江省冰雪旅游早已在全国形成巨大的品牌效应，这无疑为黑龙江省冰雪旅游产业开拓更广阔的市场乃至走向国际奠定了重要基础。

(三) 冰雪民俗文化品牌的整合

黑龙江省不同地域发展风格迥异，重点建设哈尔滨以冰为特色的异域文化、牡丹江以雪为特色的原生态文化等观光型冰雪旅游品牌。

冰雪文化从内涵上产生了质的改变，已经不再是为了满足生存、生产和生活等物质生活的需要，而是为了满足休闲、娱乐和游览等精神生活的需要，在这个演变过程中可分为三个阶段。一是朴素的冰雪文化。过去人们生活条件简陋，面对寒冷而漫长的冬季，人们要有大半年的时间和冰雪打交道，其生产、生活都体现着冰雪文化的内涵，出行时基本都是用雪爬犁，既可以载物又可以坐人，等等。这些与人们生产、生活密切相关的内容构成了朴素的冰雪文化的内涵。此外，还有很多简单的冰雪娱乐项目，主要是以儿童娱乐活动为主，如抽冰猴、堆雪人等。二是传统的冰雪文化。传统的冰雪文化是在朴素的冰雪文化的基础上演变而成的。随着人们生活水平的不断提高，休闲娱乐、旅游观光等成了人们生活中必不可少的内容，于是冰雪文化也开始在原有文化底蕴的基础上被赋予了新的内涵，如滑雪、滑冰、冰雕、冰灯以及一些冰雪娱乐项目等。最后，是深层一点地考虑冰雪饮食文化、冰雪服装文化、冰雪住宿文化等。就目前来看，各地对冰雪文化的开发多数还局限在传统的冰雪文化，对冰雪饮食文化、冰雪服装文化等的开发虽然有所进展，但步伐仍显缓慢，因此需要加强形成现代的冰雪文化的意识。

蒙古族、回族、锡伯族、达斡尔族、满族、朝鲜族、鄂温克族、赫哲族、鄂伦春族等十多个少数民族广泛分布于黑龙江省境内，黑龙江省冰雪旅游中重要的民俗旅游资源就是特色鲜明的少数民族风情，黑龙江省冰雪旅游一大特色是冰雪旅游与北方少数民族特有的热情奔放的民俗风情相结合。综上所述，黑龙江省在冰雪旅游发展中应通过民俗文化的发掘和融合，打造黑龙江省冰雪民俗文化品牌。

（四）打造冰城雪域特色冰雪文化品牌形象

冰雪旅游品牌能够立起来，就要深入人心，就要赋予其独特的冰雪文化形象，把一种精神植入冰雪旅游品牌，使其具有灵魂，从而让冰雪旅游者对冰雪旅游品牌所代表的冰雪文化心系向往。冰雪旅游品牌由于凝结着冰雪文化的内涵和魅力，带给冰雪旅游者的必将是超值享受。逛冰城，游雪域，打造哈尔滨冰雪胜地亚布力冰雪小镇，把滑雪变成全民能够参与的时尚、健身、娱乐、休闲度假项目，开发哈尔滨雪文化系列品牌；举办哈尔滨冰雪季全民冰天雪地徒步大赛，沿途设有冰雪文化竞赛项目，培养哈尔滨市民冰雪文化素养，打造哈尔滨市民全民冰雪旅游文化活动品牌。

四、结 语

塑造良好的冰雪旅游景观形象愈来愈成为冰雪旅游各省在管理和经营过程中的重要内容，黑龙江省冰雪旅游景观形象塑造不仅需要具有冰城雪域特色的冰雪文化形象建设，更需要对冰雪旅游品牌形象的提升和推广。通过对黑龙江冰雪旅游的分析，可以得出，黑龙江省冰雪旅游景观建设需要树立完整的冰雪文化形象，冰雪旅游景观的魅力在于它的个性、特色，分析黑龙江冰雪旅游的历史发展、现状以及比较优势，通过有效的策划，确定最具独特性和鲜明性的冰雪旅游景观形象，突出冰雪旅游主题，更重要的是依靠品牌推动黑龙江冰雪旅游形象的宣传与推广，提升黑龙江冰雪旅游景观形象的知名度，提升黑龙江省冰雪旅游市场的竞争力和市场占有率，吸引更多的冰雪旅游爱好者。

参考文献

[1] 朱晓柯，杨学磊，薛亚硕，王颜齐. 冰雪旅游游客满意度感知及提升策略研究——以哈尔滨市冰雪旅游为例 [J]. 干旱区资源与环境，2018（4）：189-195.

[2] 杨春梅，李威，郑继兴. 冰雪旅游经济与城市旅游环境耦合协调度研究 [J]. 企业经济，2018（1）：179-184.

[3] 武传玺. 互联网+冰雪体育旅游的营销模式与发展路径 [J]. 体育文化导刊，2017（5）：121-125.

Image Shaping and Brand Promotion of Snow Tourism Landscape in Heilongjiang Province

Yin Yue

Abstract: The image of ice-snow tourism landscape in Heilongjiang Province needs not only the entity planning and construction of snow-ice landscape, but also the propaganda and promotion of the ice-snow landscape brand. Based on the analysis of the present situation of ice-snow tourism in Heilongjiang province, the concept of "brand" is introduced. Through effective strategy, the most unique and distinct ice-snow landscape features are determined, and the ice-snow landscape with distinctive and cultural connotations is designed. And rely on the brand strength to enhance the awareness of ice-snow tourism landscape image in Heilongjiang Province, so that it can convert the ice and snow landscape image of Heilongjiang Province from visual recognition to concept recognition.

Keywords: The Ice-snow Tourism; Image Shaping; Brand Promotion

基于认知—情绪理论的冰雪游客满意度提升策略

孙宏斌[*]

摘要：依据认知—情绪理论，构建游客满意度模型，探讨情绪和意象在满意度形成中的影响。结果表明，意象影响期望和忠诚度，满意度不受意象直接影响，积极情绪和消极情绪在满意度形成中作用显著。

关键词：认知—情绪理论；冰雪旅游；游客满意度

一、引言

冰雪旅游由于其独特的地域性和自然性以及可体验性，越来越受到旅游者的欢迎，在我国的北方地区发展较为普遍。但是，伴随着冰雪旅游的快速发展，冰雪旅游的整体服务质量问题也日益暴露，严重地影响了游客的体验质量，导致游客满意度越来越低，游客数量大幅度减少。客源是冰雪旅游目的地赖以生存和发展的基础，游客数量直接影响着冰雪旅游的可持续发展，优质的冰雪旅游产品和较高的服务质量，可以更好地满足游客旅游需求，从而提升游客的满意度及忠诚度，进而带来源源不断的游客，提高冰雪旅游的经营效益。在实际旅游产品营销中，取得旅游者满意是企业开展营销活动的一个主要目标。因为只有获得游客的满意，旅游者才可能进行重复或忠诚购买的消费行为。旅游者满意度是以市场经济发展为背景，以旅游者为中心的产物，它集中反映了现代的营销观念，即企业的获利是在不断满足旅游者的体验需要，通过旅游者满意度的逐渐提升达到的。

"游客满意"的概念起源于"顾客满意"。学者奥利佛（2006）首次对顾客满意概念进行了界定。他指出，顾客满意感是顾客的需要得到满足之后的心理状

---

[*] 孙宏斌（1975~　），男，黑龙江省佳木斯市人，哈尔滨商业大学管理学院，副教授，在读博士。研究方向：生态旅游，旅游服务创新，E-mail：sunhongbin222@163.com。

态，是顾客对产品和服务满足自己需要程度的判断（温碧燕，2006）[1]。伴随着旅游业的迅速发展，在顾客满意理论基础上，学者奥利弗（Oliver）认为，游客满意度是指游客对于旅游目的地的期望与游客在旅游目的地游览后的体验结果进行比较后，而产生的一种心理状态（Oliver，1980）[2]。皮萨马（Pizama）等认为，游客满意是游客对目的地的期望和在目的地的体验相互比较的结果（Pizama A、Neumann Y，1978）[3]。其他国内外学者也从不同角度采用不同方法对游客满意度进行了研究。尹和乌萨尔（Yoon & Uysal）运用 SEM 模型对旅游动机、顾客满意和顾客忠诚之间的因果关系进行了科学分析研究（Yoon Y、Uysal M，2005）[4]。邓恩罗斯等（Dunn Ross et al.）等以观光游客为研究对象，研究了游客旅游动机和满意度的测量因子并提出其评价标准（Dunn、Ross，1991）[5]。国内学者段冰以游客感知质量为基点，结合特色旅游特质，构建了基于结构方程 SEM 模型的特色旅游满意度测度模型（段冰，2015）[6]。李旭等（2012）运用因子分析法，识别出影响菊展游客满意度的 4 个主因子分别为价格因子、服务因子、菊花菊展因子、环境与交通因子（李旭，2012）[7]。康同辉等（2012）通过德尔菲法和 SPSS 构建逻辑层次体系，并结合层次分析法和模糊综合评价对芜湖方特欢乐世界主题公园游客满意度进行实证分析（康同辉等，2012）[8]。方炜等（2016）以生态旅游为例，采用多元线性回归的研究方法发现，生态保护、旅游景观、旅游价格、生态体验、配套设施对游客满意度具有显著的影响（方炜等，2016）[9]。

冰雪旅游是以冰雪资源和气候资源为依托，以冰雪景观及其产生的所有人文景观为旅游吸引物，以冰雪观光、冰雪运动为主要表现形式，兼具观赏性、参与性、刺激性等特点的休闲度假旅游（杜媛，2013）[10]。

我国的冰雪旅游源于 20 世纪 80 年代的黑龙江省，1985 年哈尔滨举办了第一届"哈尔滨冰雪文化节"，标志着我国冰雪旅游的兴起。自此，哈尔滨冰雪旅游迅速发展，2016 年第 32 届哈尔滨国际冰雪文化节期间，共接待游客量 1 648.3 万人次，较 2015 年同比增长 8.2%；实现旅游收入 247.8 亿元，较 2015 年同比增长 14.4%。2016 年黑龙江省旅游总收入达到 1 603.27 亿元，哈尔滨冰雪旅游收入占比 15.46%。由此可以看出，哈尔滨冰雪旅游在哈尔滨市旅游结构乃至黑龙江省旅游结构中占据重要地位。

迄今为止，国内旅游学者对哈尔滨冰雪旅游的研究，主要涵盖了冰雪旅游现状分析、冰雪旅游业的发展趋势预测、冰雪旅游市场营销、冰雪旅游资源开发等宏观层面。鲜有研究者从微观视角基于游客体验的满意度感知方面对哈尔滨市的冰雪旅游进行分析研究。本文侧重以游客满意度感知作为研究视角，依据以往游客满意度的相关文献研究，构建游客满意度评价指标体系，并通过问卷调查、运用因子分析法等方法评价游客满意度，以期为提升哈尔滨冰雪旅游游客满意度，促进哈尔滨冰雪旅游可持续发展提供政策建议。

二、文献综述

过去几十年里，顾客满意理论一直在市场营销理论与实践中发挥着重要的指导作用。一直以来，研究人员都十分关注顾客满意在市场营销中的作用。绝大多数研究人员认为，顾客满意是影响顾客重复购买、接受公司的其他产品和进行口碑传播等良好效应的重要因素。国内外许多学者认为企业应尽力满足顾客的期望，提高顾客满意程度，以便提高经济收益。

（一）顾客满意测量模型的构建

加多索（Cardozo，1964），奥尔沙夫斯基和米勒（Olshavsky & Miller，1972），安德森（Anderson，1973）为后来的研究者利用测试和实验测量满意建立了基础。加多索在1964年以心理学的两个分支理论（"反差"理论和"不一致"理论）为基础，利用实验法通过控制样本的产品期望和购买努力等因素，构建满意模型。他的实验为后来的研究者提供了测量满意模型的雏形。奥尔沙夫斯基和米勒（1972）与奥尔森和多夫（1976）克服加多索的实验缺陷，他们将感知产品绩效作为控制变量，运用类似加多索的实验方法测量满意。他们的模型虽然比加多索的模型更完善，他们的研究重点是顾客的期望如何影响了顾客对产品的感知绩效评价，而不是各个不同层次的产品感知绩效的满意。安德森（1973）以顾客期望和顾客感知产品绩效作为控制变量，运用心理学中4个关键指标构成的模型检验满意。这个模型进一步改进了奥尔沙夫斯基和米勒的模型，考虑了期望与感知产品绩效的差异。安德森的方法综合地考虑了顾客期望、不一致和产品绩效等变量对满意的影响。奥利弗（1977，1979，1980）也创立了模型围绕这三个因素进行了讨论，并且进一步研究了满意对消费者的态度和购买意愿的影响。吉尔伯特和卡罗尔（Gilbert A. Churchill & Carol Surprenant，1982）总结前人的研究结论，进一步将模型复杂化，他们考虑了顾客期望、不一致和产品绩效等变量对满意的影响。

上述文献描述了满意度模型建立和发展的过程。这些模型都是把满意拆分，通过顾客期望和产品绩效或顾客期望、不一致和产品绩效等因素的测量来研究满意，即差距理论，将满意定义为 P 和 E 的差距。然而，由于顾客对满意感知具有强烈的心理特征和主观性，在实际运用中，差距型度量方式并不能完全解决一些现实问题。目前，对于期望的认识并不一致，期望分别被描述为：顾客需要的服务绩效，应该提供的服务实绩，以及理想的服务实绩等。这就使期望成为一个模糊不清的变量，给差距的解释造成困难。同时，由于 P 一般比 E 小，所计算出来的差距通常为负，也使得很多统计分析过程受到限制。

（二）服务质量

（1）从管理者、服务者和顾客三方面的评价视角进行评价，这三个方面对相同的服务具有不同的感知，在对服务质量各要素重要性的认识和对绩效的评价上都存在着差异（Martin David，1995）[11]。伏格特和费森迈尔（Voget & Fesenmaier）研究发现，企业不能真正理解旅游者对旅游体验的程度，服务者通常会低估对全面服务的评价（Voget Christine，1995）[12]。唐纳尔逊和曲海林（Tang Nelson & Qu Hailin）以酒店为研究对象认为，大多数情况下管理者会过高评价旅游服务质量（Tsang Nelson，2010）[13]。讨论服务质量的目的是为了寻求顾客满意和顾客忠诚，旅游服务质量评价的主流视角应该从顾客角度出发，了解他们对服务质量的感知。格鲁诺斯（Gronroos）于 1982 年提出了感知服务质量的概念，认为服务质量是顾客的一种主观评价，重要的是顾客对质量如何理解，而不是企业对质量的诠释（Gronroos Christian，2009）[14]。从顾客角度出发对服务质量评价的理念已经得到了世界范围内的广泛认同（Gronroos Christian，1988）[15]。

（2）从评价内容的视角，福乔和休斯（Frochot & Hughes）用 HISTOQUAL 评价方法评价了英格兰和苏格兰 3 个历史遗迹的服务质量（Frochot，2000）[16]。洛佩兹、迪亚斯、佩雷斯、钱德等（Lopez，Dias，Perez & Chand et al.）分别对西班牙、印度、阿尔卑斯山旅游目的地进行了详尽的评价研究（Chand Mohinder，2010；López – Toro，2010）[17,18]。

（3）在评价维度方面，由于对服务质量概念的理解不同和研究对象的不同，从而对服务质量的维度的划分也各有差异。其中，两种服务质量维度体系应用较为广泛：一种是"北欧式"，以格鲁诺斯在 1982 年对服务质量的划分维度为基础，把服务质量划分为功能质量和技术质量两个维度；一种是"北美"式，以 PZB 在 1988 年提出的服务质量维度为基础，将服务质量归纳为有形性、可靠性、响应性、保证性和移情性五个维度。其中 PZB 提出的服务质量五维度被绝大多数评价方法所采用，如典型的 SERVQUAL 评价方法和 SERVPERF 评价方法都是在

PZB 提出的服务质量五个维度的基础上建立的。纳拉扬（Narayan）评价目的地服务质量时涉及"核心服务、设施、交通、餐饮"等属于服务内容，而"安全、卫生"等要素则属于服务属性（Chand，2010）[19]，钱德通过实证分析认为 SE-RVQUAL 可以有效地评价旅游目的地的服务质量（López–Toro，2010）[18]。

（4）在使用的评价方法方面，海伍德（Haywood）于 1983 年提出了定性评价分析的服务质量审核的概念（Narayan，2009）[20]，但其在实际中应用较少。定量评价方法是当前旅游服务质量评价最主要的评价方法，主要包括三种方法：差距分析法、单一绩效分析法、重要性分析法。格罗鲁斯认为服务质量是顾客比较其期望和实际的结果，两者之间的差距决定了服务质量的高低（Chand，2010）[18]。格里宁和泰罗通过实证和文献分析认为服务质量应该是一种态度，他们坚持认为单一的绩效评价已经能够反映服务质量，不需要再考虑顾客期望（Haywood，1983）[21]。卡曼认为服务质量各要素对顾客的重要程度并不一样，权重设置的不同就会直接影响到最终的评价结果，可以在 SERVQUAL 方法中引入权重（Rodriguez，2006）[22]。随着学者们对服务质量的概念和研究的不断深化，用于评价服务质量的方法也越来越多，其中运用的比较多的有 SERVQUAL 评价法、SERVPERF 评价法、非差异分析法（Non-difference）、模糊综合评价法、IPA 法、数据包络分析法（DEA 法）等。

（三）服务质量与顾客满意度之间的关系

在服务质量方面，格里宁和泰罗认为，度量服务质量并不一定要调查顾客的期望，直接采用顾客的感知服务实绩来代替差距，可以改善上述问题，证明感知型标尺比差距型标尺具有更好的预测效度。大部分文献认为，服务质量和顾客满意都同顾客的期望和感知有关（Olive 1997）。我们可以考虑用感知型标尺直接预测满意，从中也可能要对产品进行分类，比如说一部分产品使用差距型标尺测量满意绩效好，而另一些产品用感知型标尺测量则更恰当。

随着满意指数模型的不断成熟，人们开始关注不同的顾客满意类型对其他因素的影响。一些学者按照顾客使用产品的时间和购买的频率的因素将满意类型分为特定交易的顾客满意和积累的顾客满意。一些学者不满足于顾客满意对其他因素影响的抽象性或线性描述，他们开始构建函数讨论顾客满意和其他因素的关系图形。凯思琳等（Kathleen Seiders et al.，2006）运用实证分析的方法，讨论了不同的顾客满意是否对消费者购买行为产生积极的影响。克里斯蒂安等（Christian Homburg et al.，2006）对不同的顾客满意是否会花费更多的钱购买满意产品进行研究。这些模型都描述了顾客满意和单个因素之间的非线性关系。他们对顾客满意的测量方法不是统一的，于是不能将他们的模型进行优劣比较，但是他们建构的模型都要比以往的模型更加严谨、实用。

有些学者仍然不断致力于测量模型的完善，如瑞兹（Writz，2000）继续探讨了各个变量之间是否会产生晕轮效应，接着瑞兹（2001）探讨了如何在测量满意时避免出现晕轮效应的方法。同时还有大量文献讨论了测量满意工具的效用性（张新安、田澎，2006；谢赞、赵平，2005；钱小军、詹小丽，2004）。在21世纪，这些学者都运用了高级的统计工具并充分利用网络的优势，使他们的研究得以方便、准确的开展。

另外，大量学者开始寻找实用、有效的变量，讨论它们与满意度之间的关系。岑成德、权净（2005）研究服务属性对顾客满意的影响程度，他们运用现代流行的人工神经网络方法，通过实证方法，更加深入地理解宾馆各服务属性对顾客满意感的影响；王霞、赵平、王高和刘佳（2005）尝试采用一种新的聚类回归方法，根据顾客满意和顾客忠诚的关系细分顾客群体，并以手机行业为例进行实证分析，探寻哪些顾客群体的满意对忠诚度影响较高，哪些顾客群体其忠诚与否基本不受满意的影响，探讨了基于顾客满意和顾客忠诚关系的市场细分方法；金立印将顾客满意理论的模型移植到预期服务补救研究中（2006）；张新安、田澎和朱国锋（2006）从微观层次上讨论了顾客满意和感知实绩、顾客忠诚之间的关系，重点讨论了顾客满意和公司利润的中介变量——顾客忠诚等。

三、模型构建

（一）认知—情绪理论

社会科学领域中的很多理论都可以用来解释消费者行为，认知理论和情绪理论就是用来解释消费者决策和行为过程的两种重要理论。认知理论认为，消费者是理性的人，为了形成自己的观念和判断，消费者通常会通过消费体验从外部收集并处理信息。相反，情绪理论则认为感觉是体验的重要成分，因为消费体验主要来自自身的感觉，包括愉悦、梦想和快乐等。

上述两种理论同样可以对消费者满意度进行解释。对消费者满意度的解释主要存在两种不同的观点：一种观点认为消费者满意度是与期望比较后的消费评价，另一种观点认为满意度是基于消费体验的情绪反馈。认知—情绪理论是对上述两种观点的融合和发展。认知—情绪理论认为，满意度是消费者从消费体验中获取的认知—情绪状态，满意度受消费者认知判断和消费体验情绪影响，对品牌的忠诚是满意度的主要结果。

（二）游客满意度形成过程中的认知—情绪因素

满意度主要是由满意状态、导致该状态形成的前因以及该心理状态的后果三项因素共同构成的。期望是消费者对产品在未来表现的观点看法。这些观点看法不仅可用作分析消费者评价的依据，还是影响满意度的直接因素。当消费者感到实际情况与先前想法不一致时，会面临一种心理冲突。通常消费者习惯于调整满意度的认知以减弱或消除紧张感。在这种情况下，期望引导满意度形成。在旅游案例中已经证明了期望是满意度的动因（Dube，2000；高明，2011）[23,24]。

本文研究假设，当期望与现实不一致时，游客通过调整认知来减少心理冲突和使旅游消费行为发生。由此，我们可以提出第一个假设：

H1：游客期望值同旅游产品满意度呈正相关关系。

产品表现高于或低于期望是消费者体验后的认知。如表现高于期望，积极不一致将会出现。相反，消极不一致出现。不一致对满意度的作用可以用比较理论来解释。经过对感知表现与期望差异的体验，消费者将由于惊喜或失望而放大他们的评判。当表现高于期望，比如积极不一致，消费者将会更加积极地评价他们在客观环境中获得的体验，相反亦然。这样，不一致将会引导满意度形成。为此，可以提出第二个假设：

H2：超过游客期望值程度同旅游产品满意度呈正相关关系。

期望通过不一致对满意度产生间接影响。不一致是期望与实际感受之间有差距。消费者期望值越高，消费过程中积极不一致产生的概率越低，消极不一致产生的概率越高。由此可以提出第三个假设：

H3：游客期望值同超出期望值的程度呈负相关关系。

要理解消费者心理，情绪是关键因素。情绪，通常用来指对服务的感受，因而在游客研究中尤为重要（Jenkins O，1999；宗晓莲，2005）[25,26]。在旅游消费环境中，由于不同消费者与同一目的地资源有不同的交流，可能会产生积极或消极的情绪。因此，对积极和消极情绪都要进行验证以期对游客感知获得更全面的了解。可见，第四个和第五个假设为：

H4：超出游客期望值程度同积极情绪出现频率呈现正相关关系。

H5：超出游客期望值程度与消极情绪出现频率呈现负相关关系。

在消费过程中被唤醒的情绪会在记忆中留下情感轨迹。这些轨迹使得消费者心理有可能形成满意状态。结果，消费者情绪可以中和认知判断对满意度的影响。综上所述，第六个和第七个假设如下：

H6：游客体验期间，积极情绪出现频率越高，满意度越高。

H7：游客体验期间，消极情绪出现频率越低，满意度越高。

通过忠诚度的研究，我们可以预测消费体验后的反馈。忠诚度包括本人重复消费的意愿和推荐给其他消费者的意愿。前一种解释可以理解消费者愿意继续维持与产品的经济关系。后一种解释是潜在消费者获取信息的可靠来源。旅游满意度是忠诚度的重要影响因子，重游目的地的意愿和向其他人推荐的意愿受满意度的积极影响。

四、研究方法与假设检验

（一）问卷设计

我们基于游客满意度的冰雪旅游服务质量评价指标体系中的相关指标设计问题，对游客采取问卷调查的方式，用"非常满意""满意""一般""不满意""非常不满意"分别表示每个问题不同程度的选项，以期供被调查者做出判断。

（二）问卷的预调查

为了保证问卷语言通顺、调查项表述清楚、问卷的信度准确及调查问卷的科学性，我们对问卷进行了预调查。2018年1月，在哈尔滨冰雪大世界旅游区总共向游客发放了预调查问卷150份，经统计，问卷的信度为0.784，属于合理范围，表明问卷的设计符合统计要求，可以用于正式调研。

（三）问卷的发放与回收

本次调研选择的三个冰雪旅游景区（点）分别是哈尔滨冰雪大世界旅游度假区、亚布力滑雪场旅游度假区、雪乡冰雪旅游度假村，基于以上三个冰雪旅游景区（点）的游客量，在每个地方发放问卷200份，共发放问卷600份，回收585份，回收率97.5%；有效问卷560份，有效率95.7%。本研究运用SPSS19.0对问卷进行统计分析，为模糊综合评价提供各测量指标隶属于不同评语等级统计值。

（四）问卷的可靠性检验

对问卷进行可靠性检验，即信度分析，可以确定问卷的科学与合理性。最常用的信度分析方法为克朗巴哈系数，系数的取值范围介于0和1之间。若值小于0.6，则可以认为内部一致信度不足；位于0.7~0.8之间表示问卷具有相当的信度；达到0.8~0.9时说明问卷信度非常好，一般当系数值大于0.7时，认为问卷的可靠性是可以接受。使用SPSS19.0软件的对调查收集到的数据进行信度分析，考察数据的可靠性程度。值得关注的是，就冰雪旅游服务质量游客满意度评价指标体系而言，它是一个包含多级评价指标的综合评价体系，所以，应对综合评价体系中各个方面逐个进行信度分析，而不能直接对整个评价体系进行信度分析。

（1）冰雪旅游各要素游客的满意程度指标的信度分析。

二级指标"冰雪旅游各要素游客的满意程度"信度分析冰雪旅游各要素游客的满意程度共包括四个二级指标，用SPSS19.0对其进行信度分析，结果如表1所示。

表1　　　　　冰雪旅游各要素游客的满意程度各指标信度分析

变量	项数	克朗巴哈系数
冰雪旅游环境	7	0.813
冰雪旅游服务系统	10	0.763
冰雪旅游吸引物	5	0.792
旅游服务	4	0.784

（2）其他二级指标的信度分析。

如上文所述，采用同样的方法对游客不满意和游客忠诚度两个方面进行信度分析（因为冰雪旅游地形象、游客感知价值只有一个下级指标，不需进行信度分析），结果见表2。

表 2　　　　　　　游客不满意度、游客忠诚度相关指标的信度分析

变量	项数	克朗巴哈系数
游客不满意度	2	0.736
游客忠诚度	2	0.823

注：调查问卷中所有指标的克朗巴哈系数均高于 0.7，因此该调查问卷的可靠性较高。

（五）假设检验

我们使用 AMOS7.0 软件对假设模型进行验证性因子分析和路径分析。首先采用验证性因子分析法对假设模型结构变量（期望、不一致、情绪、满意度、忠诚度）进行拟合度检验。拟合指数值分别为：$x^2 = 713.40$（$p < 0.001$）；BBNFI = 0.65；BBN – NFI = 0.83；GFI = 0.90；AGFI = 0.92；RMSEA = 0.03。说明模型和数据拟合度效果好。期望对游客满意度产生着积极和重要的影响（$t = 2.85$，$p < 0.01$），H1 成立。不过，不一致对该变量的影响并不明显，H2 不成立。与其他研究不同之处在于该结果表明在满意度形成的过程中期望是最主要的认知判断。此外，期望与不一致之间关系密切（$t = 10.76$，$p < 0.01$），性质是积极的，所以 H3 不成立。积极情绪（$t = 6.68$，$p < 0.01$）和消极情绪（$t = -4.93$，$p < 0.01$）因受不一致影响显著，与假设 H4 和 H5 相符。积极情绪（H6）和消极情绪（H7）对满意度的影响也可以得到证实（$t = 6.12$，$p < 0.01$；$t = -3.48$，$p < 0.01$）。因此，基于认知—情绪的游客满意度形成过程得到证明，情绪是体验认知评价的结果。

五、结论

在本研究中，我们是以认知—情绪理论构建了游客满意度形成过程，采用定性和定量结合的方法验证假设。从总体上来看，验证结果可以证明事先的假设是正确的。首先，情绪除了要受到游览后体验感知不一致的影响，而且还要受到游览前期望的影响。当期望值较高时，游客往往对体验的预期和旅游产品的满足能力抱有积极乐观的态度。另外，积极和消极情绪在满意度形成过程中都对其具有影响作用，积极情绪尤为显著。游客的愉悦来源于自身体验，情绪在旅游满意度形成中作用显著。此外，评价体验的难度使得游客在评价感知时缺乏自信，因而评价过程意味着复杂的信息处理过程。

本文研究的结论可以为哈尔滨市冰雪旅游产品营销提供一定的启示作用。冰雪旅游产品提供商需要与顾客消费群体展开良好沟通，并传递积极意象。冰雪旅游产品营销商在沟通交流过程中不但要能提供与众不同的冰雪旅游产品，而且还应该引导游客产生积极的消费情绪。这会有利于提高并保持旅游产品在游客选择排序中的位置。此外，由于游客会随时调整他们游览前的期望，冰雪旅游产品营销商在沟通交流过程中应当引导期望略高于客观表现以便获得对体验更为积极的评价。如果期望得到适当沟通交流，游客将会更加满意，继而在体验之后更为忠诚。

参考文献

[1] 温碧燕. 旅游服务顾客满意度模型实证研究 [J]. 旅游科学, 2006, 20 (3): 29 - 35.

[2] Oliver R. L.. A cognitive model of the antecedents and consequences of satisfaction decisions [J]. Journal of Marketing Research, 1980, 17 (4): 460 - 469.

[3] Pizama A., Neumann Y., Reichel A.. Dimensions of tourist satisfaction with a destination area [J]. Annals of Tourism Research, 1978, 5 (3): 314 - 322.

[4] Yoon Y., Uysal M.. An examination of the effects of motivation and satisfaction on destination loyalty: A structural model [J]. Tourism Management, 2005, 26 (1): 45 - 56.

[5] Dunn Ross E. L., Iso - Ahola S. E.. Sightseeing tourists' motivation and satisfaction [J]. Annals of Tourism Research, 1991, 18 (2): 226 - 237.

[6] 段冰. 基于结构方程 SEM 模型的特色旅游满意度测评 [J]. 统计与决策, 2015 (12): 104 - 106.

[7] 李旭, 陈德广, 周伟伟. 基于因子分析法的开封市菊展游客满意度研究 [J]. 地域研究与开发, 2012, 31 (5): 166 - 170.

[8] 康同辉, 余菜花, 包先建等. 基于模糊综合评价的主题公园游客满意度研究——以芜湖方特欢乐世界为例 [J]. 资源科学, 2012, 34 (5): 973 - 980.

[9] 方炜, 王莉丽, 许亚玲. 游客生态旅游满意度影响因素研究 [J]. 商业研究, 2016 (11): 168 - 176.

[10] 杜媛. 基于游客体验哈尔滨冰雪旅游资源开发的研究 [D]. 哈尔滨: 东北林业大学, 2013: 12 - 13.

[11] Martin David Winfield. An importance/performance analysis of service providers, perception of quality service in the hotel industry [J]. Journal of Hospitality &

Leisure Marketing, 1995, 3 (1): 5 – 17.

［12］Voget Christine A., Fesenmaier Daniel R., Tourist and retailers' perception of services ［J］. Annals of Tourism Research, 1995, 22 (4): 736 – 780.

［13］Tsang Nelson, Qu Hailin. Service quality in china's hotel industry: a perspective from tourists and hotel managers ［J］. International Journal of Contemporary Hospitality Management, 2010, 12 (5): 316 – 326.

［14］Gronroos Christian. Service management and marketing: customer management in service completion ［M］. Beijing: House of Electronics Industry, 2009, 12.

［15］Gronroos Christian, Service quality: the six criteria of good perceived service quality ［J］. Review of Business, 1988, 9: 20 – 13.

［16］Frochot I., Hughes H., Histoqual: the development of a historic house assessment scale ［J］. Tourism Management, 2000, 21: 157 – 167.

［17］Chand Mohinder, Measuring the service quality of Indian tourism destinations: an application of SERVQUAL model ［J］. Service Technology and Management, 2010, 12 (314): 128 – 233.

［18］López – Toro A A, Díaz – Muñoz R, Pérez – Moreno S. An assessment of the quality of a tourist destination: The case of Nerja, Spain ［J］. Total Quality Management and Business Excellence, 2010, 21 (3): 269 – 289.

［19］Chand Mohinder, Measuring the service quality of Indian tourism destinations: an application of SERVQUAL model ［J］. Service Technology and Management, 2010, 12 (314): 128 – 233.

［20］Narayan Bindu, Rajendran Chandrasckharan, Sail. Prakash, Gopalan Ram. Dimensions of service quality in tourism—an Indian perspective ［J］. Total Quality Management, 2009, 20 (1): 61 – 89.

［21］Haywood K, M., Assessing the quality of hospitality service ［J］. Hospitality Management, 1983, 2 (4): 165 – 177.

［22］Rodriguez D. B., Martin H. S., Collado J. The role of expectations in the consumer satisfaction formation process: empirical evidence in the travel agency sector ［J］. Tourism Management, 2006, 27: 410 – 419.

［23］王凯，唐承财，刘家明. 文化创意型旅游地游客满意度指数测评模型——以北京798艺术区为例［J］. 旅游学刊，2011，26（9）：36 – 44.

［24］Dube L., Menon K.. Multiple roles of consumption emotions in post-purchase satisfaction with extended service transactions ［J］. International Journal of Service Industry Management, 2000, 11: 287 - 304.

[25] 高明. 期望不一致、游客情绪和游客满意度的关系研究述评 [J]. 重庆工商大学学报（社会科学版），2011，28 (10): 59 - 67.

[26] Jenkins O.. Understanding and measuring tourist destination image [J]. International Journal of Tourism Research, 1999, 1: 1 - 15.

[27] 宗晓莲. 旅游地空间商品化的形式与影响研究——以云南省丽江古城为例 [J]. 旅游学刊，2005，20 (4): 30 - 36.

The Strategy of Improving the Satisfaction of Snow and Ice Tourists Based on the Cognitive-emotion Theory

Sun Hong-bin

Abstract: According to the cognitive-emotion theory, the model of tourist satisfaction is constructed to explore the influence of emotion and image on the formation of satisfaction. The results show that the image influences the expectation and loyalty, and the satisfaction is not directly affected by the image. The positive and negative emotions play a significant role in the formation of satisfaction.

Keywords: Cognition-emotion Theory; Snow and Ice Tourism; Tourist Satisfaction

基于用户兴趣的旅游电子商务推荐研究

李建军 侯 跃 杨 玉 汪校铃[*]

摘要：目前旅游电子商务网站数量逐年增加，但海量的内容使得客户在甄别获取信息上面临信息过载的问题，无法快速准确地满足自身的个性化需求。传统的协同过滤算法在计算用户相似度时只考虑用户评分，而忽略了用户的兴趣及不同项目之间的差异，因此提出一种基于旅游用户兴趣的协同过滤推荐算法，通过分析用户行为，得出用户的兴趣，结合用户的社交关系以及用户的活动地理位置，挖掘用户的兴趣，为用户推荐潜在的相似用户，实验结果表明，本文算法能更好地挖掘用户兴趣，适应用户的兴趣变化，提高推荐的精确度，能够更好地解决人民群众日益增长的旅游需求与旅游产业发展不平衡不充分之间的矛盾。

关键词：用户兴趣；旅游；推荐；协同过滤

随着旅游业的迅猛发展，个性化、自助式、交互式等新型旅游模式不断涌现，受到游客大力追捧。旅游电子商务网站也随之迅猛发展，逐步取代传统的旅行社，现在比较知名的旅游网站有途牛、驴妈妈、去哪儿、同程、飞猪旅行等[1~2]，用户可以通过这些旅游服务平台搜索到各种有关旅游的信息，根据自己的实际情况制订旅游计划。通过浏览旅游网站，可以看到各种旅游信息，页面内容混乱，信息繁多，不能为用户提供精确规范化的旅游信息。与此同时，海量的旅游信息使得用户无法快速地正确选择适合自己的旅游产品和服务，从而浪费了用户的时间成本[3]。所以说推荐系统是目前解决旅游领域信息爆炸问题的最有效的方法之一，也是满足用户个性化需求的有效工具。目前国内学者对有关旅游电

---

[*] 李建军（1973~ ），男，黑龙江佳木斯人，哈尔滨商业大学计算机与信息工程学院，副教授，博士。研究方向：电子商务与商务智能，E-mail：517718768@qq.com。
侯跃（1994~ ），女，黑龙江绥化人，哈尔滨商业大学计算机与信息工程学院，在读研究生。研究方向：商务智能，E-mail：18846124669@163.com。
杨玉（1974~ ），女，黑龙江七台河人，哈尔滨商业大学计算机与信息工程学院，副教授，硕士。研究方向为电子商务与商务智能，E-mail：cn_yangyu@126.com。
汪校铃（1995~ ），女，辽宁朝阳人，哈尔滨商业大学计算机与信息工程学院硕士研究生。研究方向为商务智能，E-mail：1516362951@qq.com。
基金项目：黑龙江省哲学社会科学研究规划项目资助，项目编号17GLE298，16EDE16。

子商务的研究大多数是从宏观的角度研究旅游电子商务的发展及应用现状，如我国旅游电子商务的发展规模、策略、未来发展模式、营销手段等，提出发展和应用中存在的国家政策上的、市场竞争中的问题以及解决方案，给旅游服务提供商和旅游产品推荐平台提供者提供了一定的借鉴。但是企业的竞争不仅仅是产品质量上的竞争，同时良好的用户体验也能够给企业带来发展机遇。如何在技术层面上更好地实现个性化的用户体验依然成为研究的重点，但是这方面的研究仍不够充分[4~6]。

传统的个性化推荐方法主要有基于内容、基于协同过滤和混合推荐等。协同过滤（collaborative filtering，CF）在实际的电商网站中应用是最为广泛的推荐技术。如牟进军等将传统的协同过滤推荐算法应用到景点推荐中，通过用户对景点的评分，计算出景点之间的相似度（牟进军等，2017）[7]，却忽略了用户兴趣随时间推移发生的变化。朱东郡等提出一种能适应用户兴趣变化和有效挖掘用户兴趣的推荐算法，从标签和用户评分两个方面来确定相似用户（朱东郡等，2017）[8]，提高了推荐精度。（王益，2015）[9]提出了基于用户兴趣特征变化的协同过滤算法，应用于旅游路线推荐，未考虑到新用户冷启动的问题。（常玮，2013）[10]建立了多维用户偏好模型，从用户和情景两方面应用贝叶斯网络进行偏好预测，但忽略了用户兴趣是随时间变化而变化的。（Gandhi，2015）[11]提出只有协同过滤和内容过滤的推荐算法并不能保证推荐质量。关联规则挖掘后的推荐是具有较高的支持度和置信度。因此，它将被认为是能够精准推荐的技术之一。即使在没有足够的数据的情况下，通过内容过滤和关联规则挖掘的协作过滤的混合也可以产生精准的推荐。姜等（Jiang et al.，2015）[12]提出一个作者主题协同过滤（ATCF）的方法，为社交媒体用户提供综合的兴趣点（POIs）推荐。本文结合传统的协同过滤技术和数据挖掘技术，结合旅游应用推荐，针对以上问题，将通过用户行为来体现用户兴趣偏好，社交关系以及地理位置，获知用户的相似度，能够有效解决用户冷启动的问题，为用户提供精准化的推荐服务。

一、协同过滤算法简介

协同过滤原理是依据目标用户的相似用户偏好来推荐目标用户未知的并且很大程度上感兴趣的产品或服务，所基于的假设是如果两个用户兴趣类似，那么很有可能当前用户会喜欢另一个用户所喜欢的内容。协同过滤算法的优势在于不受被推荐的物品的具体内容的限制、与社会网络的紧密结合以及推荐的准确性[13]。

协同过滤技术分为三类：以用户为基础（User-based）的协同过滤、以项目为基础（Item-based）的协同过滤和以模型为基础（Model-based）的协同过滤，前两种方法比较常见。协同过滤在面对互联网环境下的海量数据做出准确的推荐是有难度的，主要有三点：

（1）数据量巨大，需要推荐算法能够在尽可能短的时间内作出响应；

（2）数据的稀疏性，看起来与数据量巨大是矛盾的，但是相对于系统中为数众多的用户和待推荐的物品，能够利用的表示用户兴趣的信息（一般是用户对自己感兴趣信息的评分）实际上是非常稀疏甚至有限的；

（3）数据的动态性，推荐系统中不断有新的数据加入，而且用户的兴趣和关注点也在不断地改变，用户在使用的过程中还在不断增加新的训练数据，要求推荐算法能够快速、准确地进行更新。

对于前两个困难，许多研究者提出了很多利用聚类或者说数据降维的方法来解决，这其中包括基于概率的模型，如隐含主题分析（Probabilistic Latent Semantic Analysis，PLSA）、隐含 Dirichlet 分析（Latent Dirichletallocation，LDA）等；基于矩阵分解的模型，如奇异值分解（Singular Value Decomposition，SVD）、非负矩阵分解（Non-negative Matrix Factorization，NMF）等。还有能够同时在多个维度进行聚类的联合聚类（Co-clustering）方法，也逐渐在推荐系统中得到了应用[14~17]。这些方法能够有效地降低训练数据的维度，有些还能有效地降低数据的稀疏性，相对于传统的直接计算用户或者物品相似度的方法，在提高准确性的同时，减小了推荐，也就是在线（online）的计算量。然而，以上这些方法都存在离线（offline）计算量较大、模型更新较为困难的缺陷，所以不能很好地解决上述第 3 个问题。

二、问题描述

在旅游景点推荐方面，早期的推荐有根据景点名气及热度来为用户提供推荐，或者是在结合了用户位置信息的情况下来为用户做周边景点的推荐，但这两种推荐都没有考虑用户偏好问题[18]。本文由用户行为来体现用户的兴趣度、社交关系及地理位置等属性，从而能够准确地就计算出目标用户的相似用户。旅游属于精神层次的体验服务类型产品，用户对不同类型的景点有着不同的偏好，如喜欢自然风光、古代建筑、民风民俗以及风味饮食等。首先，用户在旅游电商网站中选择景点浏览时，在一定程度上体现了自己的偏好，在推荐中，用户更愿意关注自己感兴趣的景点，兴趣程度越高，在规定阈值内浏览网页的时间越长，接受的意愿也就强烈。其次，两个用户之间关注相同的景点越多，则两个用户之间的关系越近[19~20]。最后，用户所处的地理位置，即经常活动的区域，对用户内容分享影响比较大，推荐效果更强[21]，如海南省的用户没见过哈尔滨的冰雪，对黑龙江省哈尔滨有极大的兴趣，将此结果推荐给一个用户群中除了地理位置其他均相同的相似用户，分别为活跃于最南端海南省的用户和活跃于最北端黑龙江省的用户，可以显而易见地得出，黑龙江省的用户对此推荐的满意度和接受率会比较低，由此可见地理位置对推荐结果影响巨大。

三、模型建立

（一）用户兴趣关系模型

本文假设旅游电子商务网站包含了 a 个用户 $U = \{u_i, i = 1, 2, \cdots, a\}$，b 个旅游景点 $S = \{s_j, j = 1, 2, \cdots, b\}$。将用户对景点的浏览转换成向量并形成矩阵，用户—景点矩阵 M 表示如下：

$$M = \begin{Bmatrix} us_{1,1} & us_{1,2} & \cdots & us_{1,b} \\ us_{2,1} & us_{2,2} & \cdots & us_{2,b} \\ \vdots & \vdots & \vdots & \vdots \\ us_{a,1} & us_{a,2} & \cdots & us_{a,b} \end{Bmatrix} \quad (1)$$

其中，$us_{a,b}$ 表示用户 u_a 与旅游景点 s_b 之间的关系，若存在浏览行为即标记为 1，反之不存在则标记为 0。用户对景点的兴趣度不仅凭借浏览行为，还涉及浏览时间和浏览次数。进而将浏览时间和浏览次数作为参考因素计算用户对景点的兴趣度，将用户的兴趣度值定义为 [0，1] 之间的变量，以便于量化处理，最终计算出的兴趣度也将作为权重引入到用户—景点浏览矩阵中，其中：0 表示用户对该景点完全没有兴趣，1 表示用户对该景点完全感兴趣。

当用户 u_i 在旅游电子商务网站中获取某景点信息 s_j 时，表明用户 u_i 对此内容产生了浏览行为，有初步感兴趣的倾向，浏览同一类型景点次数越多，用户 u_i 对该景点兴趣度越高。假设在一段单位时间 T_1 内（一般在旅游项目中以季节为分界线），用户 u_i 会获取各种类型的景点信息，其中同一类型的景点信息 s_j 获取 N 次，则其兴趣度因子为：

$$I_1 = \frac{N_{s_j}}{\sum_{s_j \in s} N_{s_j}} \quad (j = 1, 2, \cdots, b) \tag{2}$$

当用户 u_i 浏览景点信息时 s_j，关注到自己感兴趣的信息时，浏览时间在一定程度上明显较长。但是通过浏览时间的长短并不能明确表明用户的偏好，如在页面的停留时间上，并不能保证用户 u_i 正在浏览该信息，可能由于各种原因在使用中离开，中断使用，或者忘记关闭页面，导致了在某景点信息上关注时间过长，但也不能排除用户的个人习惯，如用户 u_i 习惯在浏览信息时，需要搜索查询具体信息，在时间的问题上不可避免会过长，或者某景点信息内容过长，也会导致浏览时间长。所以说，浏览时间过短，小于规定的阈值 $t < T_2$ 时，说明用户 u_i 对该页面缺乏兴趣，而浏览时间长会与用户的浏览习惯和景点信息量多少有关。对于用户 u_i 来说，浏览信息速度 v_{s_j} 越快，占浏览所有内容速度的比例越大，说明用户 u_i 对该内容感兴趣的程度越低，用户 u_i 对景点信息 s_j 的兴趣度因子为：

$$I_2 = \frac{v_{s_j}^1 + v_{s_j}^2 + \cdots + v_{s_j}^n}{\sum_{s_j \in s} v_{s_j}} \tag{3}$$

上式中 v_{s_j} 表示在单位景点信息容量 c_{s_j} 的情况下用户 u_i 浏览信息所需的时间，用户 u_i 在浏览信息的次数 n，并且每次浏览的时间都不会相同，$v_{s_j}^1$ 表示用户第一次浏览该景点信息 s_j 的速度，

$$v_{s_j} = \frac{t_{s_j}}{c_{s_j}} \tag{4}$$

兴趣度因子 I_1 和 I_2 都表现了用户对景点信息的兴趣程度，I_1 和 I_2 任意一个因子增大都会导致用户对景点信息的兴趣度增加，则用户 u_i 对景点信息 s_j 的兴趣度因子为：

$$I_{s_j} = \alpha I_1 + (1 - \alpha) I_2 \tag{5}$$

上式中 α 为权重参数，用来衡量浏览次数和浏览速度对景点信息兴趣度的影响程度。用户在一段时间 T_1 内浏览景点信息持续时间越长，用户对该景点信息兴趣度越强，则权重参数为：

$$\alpha = \begin{cases} \dfrac{t_n - t_1}{T_1} & n > 1 \\ \dfrac{1}{T_1} & n = 1 \end{cases} \tag{6}$$

式中 $t_n - t_1$ 为用户浏览信息时间的持续时间段，T_1 为一个季度 90 天，在 T_1 内从用户第一次浏览某一景点信息开始，记录当天为第 t_1 天，到用户最后一次浏

览该景点信息结束,记录当天为第 t_n 天,持续时间越长,α 越大,浏览次数对用户兴趣度的影响程度越大。

将得出的用户 u_i 对景点信息 s_j 的兴趣度因子 I_{s_j} 引入到用户—景点矩阵 M 中,

$$I_{i,j} = I_{s_j} \times us_{i,j} \tag{7}$$

得到基于用户兴趣的用户—景点矩阵:

$$MI = \begin{Bmatrix} I_{1,1} & I_{1,2} & \cdots & I_{1,b} \\ I_{2,1} & I_{2,2} & \cdots & I_{2,b} \\ \vdots & \vdots & \vdots & \vdots \\ I_{a,1} & I_{a,2} & \cdots & I_{a,b} \end{Bmatrix} \tag{8}$$

协同过滤算法中关于相似度的计算,现有的几种基本方法都是基于向量(Vector)的,其实也就是计算两个向量的距离,距离越近相似度越大。在推荐的场景中,在用户—物品偏好的二维矩阵中,将一个用户对所有物品的偏好作为一个向量来计算用户之间的相似度,或者将所有用户对某个物品的偏好作为一个向量来计算物品之间的相似度。一般相似度计算方法有欧几里得距离(Euclidean Distance)、皮尔森相关系数(Pearson Correlation Coefficient)以及 Cosine 相似度(Cosine Similarity)。本文采用欧几里得距离的计算方法计算两个用户之间的距离,以用户 u_1 和用户 u_2 为例:

$$d_I = \sqrt{(I_{1,1} - I_{2,1})^2 + (I_{1,2} - I_{2,2})^2 + \cdots + (I_{1,b} - I_{2,b})^2} \tag{9}$$

根据公式求得所有用户间的距离。可以看出不同用户之间的距离都会有所不同,d_I 的值越大,说明两个用户之间的距离越大,两个用户之间相似度越低;反之,d_I 的值越小,说明两个用户之间的距离越小,两个用户之间相似度越高。最后,得到基于用户兴趣的用户距离矩阵:

$$D_I = \begin{Bmatrix} 0 & D_{1,2} & \cdots & D_{1,a} \\ D_{2,1} & 0 & \cdots & D_{2,b} \\ \vdots & \vdots & \vdots & \vdots \\ D_{a,1} & D_{a,2} & \cdots & 0 \end{Bmatrix} \tag{10}$$

一般用户对某种事物的兴趣分为两种情况:一种是静态兴趣,变化周期时间长,具有一定的稳定性;一种是动态兴趣,变化会出现波动,兴趣度发生变化[22~24]。结合现实生活和旅游的特性,若某用户对某景点具有长期兴趣稳定的态势,并且准备实施时,就会在合适的单位时间 T_1 内,频繁地查询相关信息,所以在旅游领域内的推荐系统中,可以不考虑稳定兴趣的情况,通过动态兴趣就可以表现出用户的偏好。

(二) 用户社交关系模型

在移动社交网络中，用户与用户之间会发生交互行为，即相互分享信息等行为。用户之间的社交关系也就是由用户之间交互的次数和交互的持续时间来决定的，在一段单位时间 T_1 内，用户之间交互次数越频繁，持续时间越长，社交关系越稳定[25~28]。然而每个用户的社交关系不同，也就导致社交关系对每个用户的影响程度的不同，也就影响了用户对某景点信息的关注度。如用户对某景点从未关注过，经过另一位好友用户分享，被分享的用户很有可能对此信息进行浏览并感兴趣。由上述可知，每个用户都可能有分享者和被分享者两种身份。用户 u_i 作为分享者与用户 u_j 之间的关系度为：

$$G_{u_{ji}^1} = \begin{cases} \dfrac{g_{u_{ij}}}{\sum_{u_i} \in Ug_{u_{ij}}} \times \dfrac{l_{in} - l_{i1}}{L_i} & n > 1 \\ \dfrac{g_{u_{ij}}}{\sum_{u_i} \in Ug_{u_{ij}}} \times \dfrac{1}{L_i} & n = 1 \end{cases} \tag{11}$$

上式中，$g_{u_{ij}}$ 表示用户 u_i 将景点信息分享给用户 u_j 的次数；$\sum_{u_i} \in Ug_{u_{ij}}$ 表示用户将信息分享给所有用户的总次数，$l_{in} - l_{i1}$ 表示用户 u_i 将景点信息分享给用户 u_j 的持续时间，L_i 表示用户 u_i 分享给所有用户的持续时间。同理，用户 u_i 作为被分享者与用户 u_j 之间的关系度，即用户 u_j 作为分享者与用户 u_i 之间的关系度 $G_{u_{ij}^2}$，用户 u_i 与用户 u_j 之间的关系度为：

$$G_{u_{ij}} = G_{u_{ji}} = \frac{G_{u_{ij}^1} + G_{u_{ij}^2}}{2} \tag{12}$$

综合以上，可得出用户与用户关系度矩阵：

$$G = \begin{cases} 1 & G_{u_{12}} & G_{u_{13}} & \cdots & G_{u_{1a}} \\ G_{u_{21}} & 1 & G_{u_{23}} & \cdots & G_{u_{2a}} \\ \vdots & \vdots & \vdots & \vdots & \vdots \\ G_{u_{a1}} & G_{u_{a2}} & G_{u_{a3}} & \cdots & 1 \end{cases} \tag{13}$$

可知，用户之间关系度的值越大，两者越亲密，相互之间影响程度越高。

(三) 地理位置关系模型

地理位置在推荐系统中是非常重要的一部分，尤其是在旅游推荐系统中，根据旅游具有异地性的特点,本文将引入地理位置这一参数,从而实现精准化、个性化推荐。(Lin,2015)[29]介绍了一种基于位置服务和社交网络站点的移动存储器(TM)。它采用 Facebook 的签到服务,让旅行者轻松地收集旅行信息,然后上载到 TM 应用程序。通过这个应用程序,旅行者可以选择、组织和分享他们的旅行信息。(Memon et al.,2015)[30]提出依据用户的时间和喜好选择新的旅游景点,根据用户过去在一个城市的经历,得到旅游用户的偏好,并推荐另一个城市。(Sun et al.,2015)[31]采用空间聚类方法识别主要旅游地标,并对这些地标进行排序。利用机器学习的方法,根据相关参数(例如用户数量和兴趣点的数量),来计算道路的旅游受欢迎程度。

随着移动通信技术的发展与智能移动设备的普及应用,用户的地理位置是随着时间的变化而变化的,对人类社会行为进行分析可得出,用户大部分时间只会在某些区域范围内活动。每个用户都活动于不同的区域,而在每个区域的时间和次数都会不同。在一段单位时间 T_1 内,用户 u_i 在某一地区活动的时间越长,次数越多,说明用户 u_i 对某一地区的隶属度越强(一般以市级为单位)。用户 u_i 对其活动范围 H_{u_j} 的隶属度为:

$$H_{u_{ij}} = \frac{t(h_{u_{ij}}) \times e^{c(h_{u_{ij}})}}{\sum t(h_{u_{ij}}) \times e^{c(h_{u_{ij}})}} \tag{14}$$

上式中,$t(h_{u_{ij}})$ 表示用户 u_i 在其某一活动区域 H_{u_j} 内的时间;$c(h_{u_{ij}})$ 表示用户 u_i 在其某一活动区域 H_{u_j} 内次数。采用与基于用户兴趣模型相同的方法,首先建立用户—地理位置矩阵,其次,根据欧几里得距离公式再求得基于地理位置的用户距离矩阵:

$$A_H = \begin{Bmatrix} 0 & A_{1,2} & \cdots & A_{1,a} \\ A_{2,1} & 0 & \cdots & A_{2,a} \\ \vdots & \vdots & \vdots & \vdots \\ A_{a,1} & A_{a,2} & \cdots & 0 \end{Bmatrix} \tag{15}$$

将基于用户兴趣的用户距离矩阵与基于地理位置的用户距离矩阵结合,求取两项平均数得到最终综合矩阵:

$$Z = \begin{Bmatrix} 0 & Z_{1,2} & \cdots & Z_{1,a} \\ Z_{2,1} & 0 & \cdots & Z_{2,a} \\ \vdots & \vdots & \vdots & \vdots \\ Z_{a,1} & Z_{a,2} & \cdots & 0 \end{Bmatrix}$$

$$Z_{1,2} = \frac{D_{1,2} + Z_{1,2}}{2} \quad (\text{以用户 } u_1,u_2 \text{ 为例}) \tag{16}$$

（四）用户相似排列

通过建立的各个模型，分析得到用户的兴趣度、隶属度以及用户之间的社交关系，根据由基于用户兴趣的用户距离矩阵与基于地理位置的用户距离矩阵获得的综合矩阵求得距离之后，将结果按升序排列，距离越大，用户之间的相似度越低，并选出前 2k 个用户构成目标用户的相似用户集合 X_u，然后在已选出的相似用户中，根据用户之间的社交关系按照升序排列对其进行二重选择。选出前 k 个用户生成相似集合 $Y_u = \{y_{u1}, y_{u2}, \cdots, y_{un},\}$，此用户群为目标用户的相似用户。将相似用户关注的所有景点，按照关注量从高到低排列，推荐前 n 个景点给目标用户。

四、实验结果与分析

（一）实验数据与环境

本文获取的数据主要是用户浏览信息及用户关系信息，这些数据是本课题所有研究工作的基础，数据量的大小对本课题的研究工作有比较重要的影响，挖掘的深度越大，区域越广，能够挖掘用户的历史数据就越多，相对而言推荐效果就会越好。本文应用的数据来源主要是途牛旅游网络平台，通过 Python 爬虫从网站中抓取用户信息，数据集中既包括数值型也包括字符型属性，需要对字符型属性进行数值化处理，用式子来表示不同的类目名称方便计算处理，主要抓取的数据集中的字段分别为：用户 ID，用户浏览信息，用户点击流数据，用户分享信息，用户地理位置信息等。首先，在实验前对抓取的数据集做预处理，选择用户在 2012～2017 年之间应用网站的数据。按季度分类，分成四类（春、夏、秋、冬），处理后的数据集，如表 1 所示。

表 1　　　　　　　　　2012 年～2017 年数据集部分信息

用户名称	地理位置	浏览信息	用户关系
双**	广西壮族自治区**市	亚布力雪乡、五大连池…	言**，张**…
后**	海南省**市	哈尔滨极地馆，长白山天池…	小**，心**…
非**	福建省**市	冰雪大世界，圣索菲亚…	股**，白**…
山**	黑龙江省**市	三亚，云南香格里拉…	阿**，毛**…

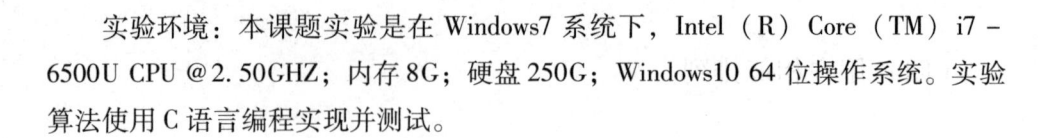

实验环境：本课题实验是在 Windows7 系统下，Intel（R）Core（TM）i7-6500U CPU @2.50GHZ；内存 8G；硬盘 250G；Windows10 64 位操作系统。实验算法使用 C 语言编程实现并测试。

（二）评价指标

实验对推荐质量的好坏通过准确率 Precision 和召回率 Recall 来进行比较。准确率 Precision 和召回率 Recall 是广泛用于信息检索和统计学分类领域的两个度量值，用来评价结果的质量。其中准确率是检索出相关文档与检索出的文档总数的比率，衡量的是检索系统的查准率，本文中 Precision 定义为推荐给目标用户的所有景点中用户喜欢的产品数占所有推荐景点的比率；Recall 定义为推荐给目标用户的所有景点中用户喜欢的产品数与推荐系统中用户喜欢的所有产品数的比率。

$$\text{Precision} = \frac{\text{目标用户喜欢推荐的项目数}}{\text{推荐给目标用户的项目数}} \quad (17)$$

$$\text{Recall} = \frac{\text{目标用户喜欢推荐的项目数}}{\text{用户喜欢的所有项目数}} \quad (18)$$

（三）实验过程及结果分析

本文在时间梯度上取值分别为 1、2、3、4、5、6，即从 2017 年开始第四季度每次向后延长一年：2018~2017 年、2018~2016 年、……、2018~2012 年。与传统的基于用户的协同过滤算法（UBCF）和基于项目的协同过滤算法（IBCF），在准确率 Precision 和召回率 Recall 上进行对比实验，实验结果如图 1、图 2 所示。

图 1、图 2 表示不同的时间梯度上三种推荐算法在准确率和召回率上的对比结果。由图可以看出随着时间梯度的不断叠加，基于用户的协同过滤推荐算法和基于项目的协同过滤推荐算法在准确率和召回率上都有明显下降的趋势。而本文提出的推荐算法也出现了轻微下滑的趋势，但趋势比较平缓，并且准确率和召回率均高于传统的协同过滤推荐算法。实验结果表明，本课题提出的基于用户兴趣的推荐算法能够有效地解决随着时间和季节的变化对用户兴趣发生改变的影响，使得推荐质量有明显的提高。

本文中推荐数量对推荐质量也会有一定的影响，推荐个数取值分别为 10、20、30、40、50、60。在准确率 Precision 和召回率 Recall 上进行对比实验，实验结果如图 3、图 4 所示。

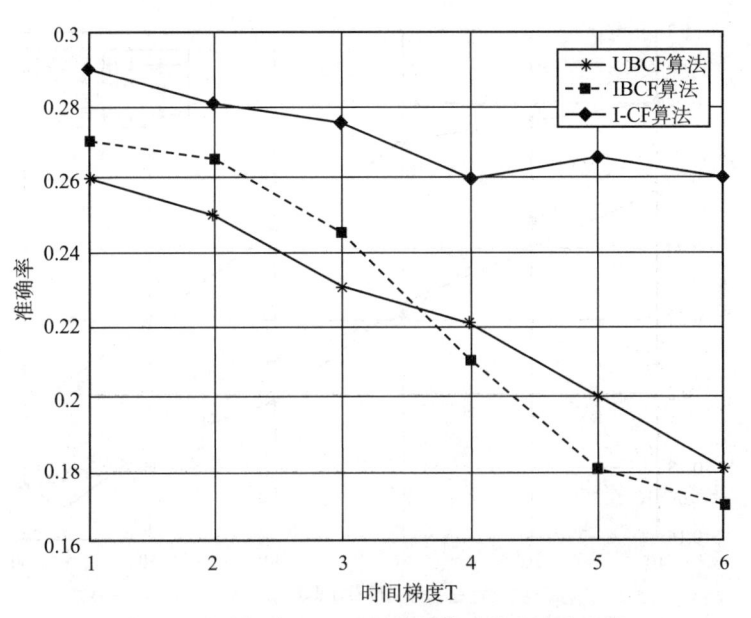

图1 时间梯度相同，不同推荐算法的准确率比较

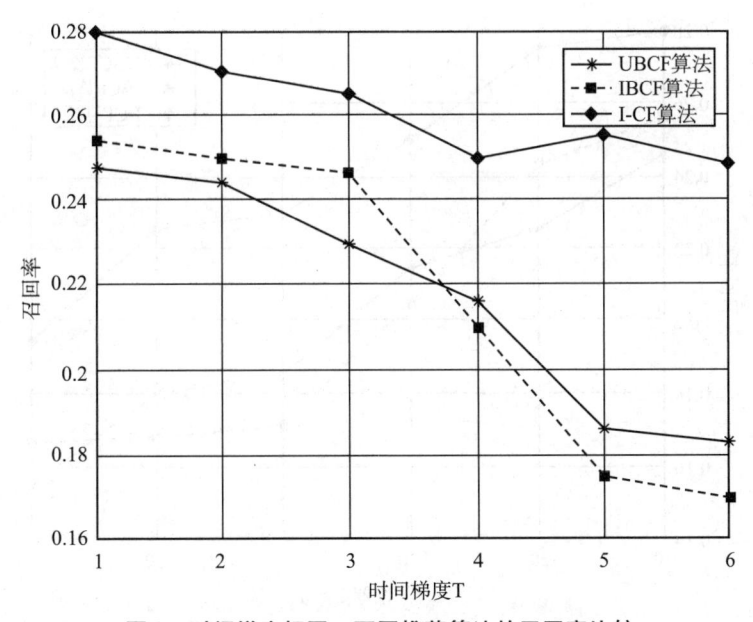

图2 时间梯度相同，不同推荐算法的召回率比较

由图3、图4可以看出在不同的推荐个数情况下，3种推荐算法在准确率和召回率上的对比结果，随着推荐个数的增加，3种推荐算法在准确率和召回率均有明显的下降趋势，并且本文提出的推荐算法在准确率和召回率上高于传统的协同过滤推荐算法。在推荐个数为10时，推荐的准确率和召回率最大。

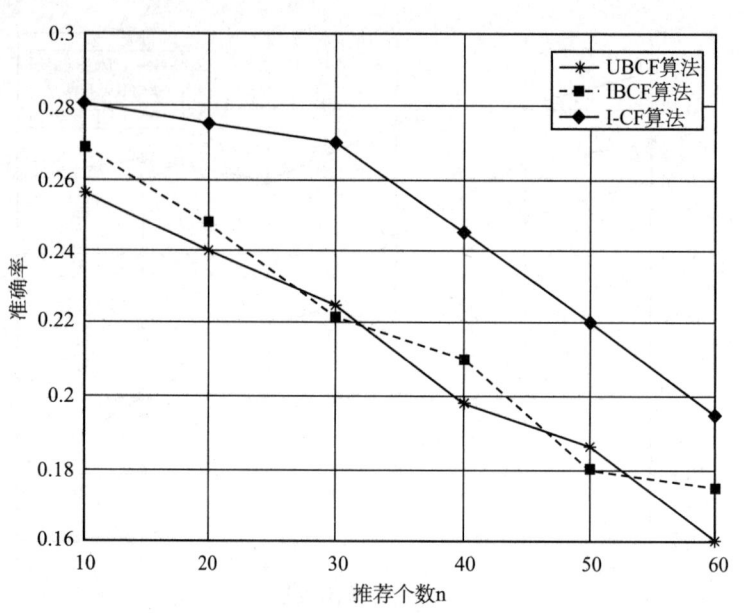

图 3 推荐个数相同时，不同推荐算法的准确率比较

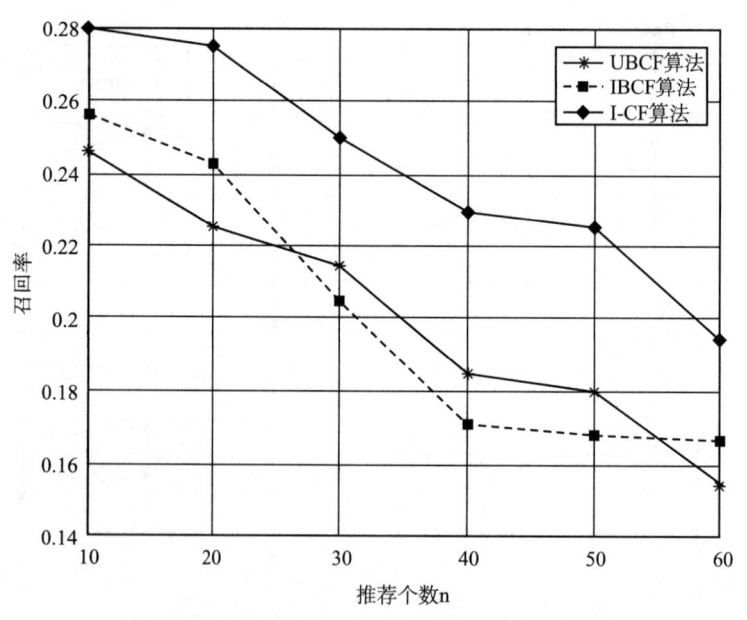

图 4 推荐个数相同时，不同推荐算法的召回率比较

实验结果表明，本文提出的推荐算法能更好地符合用户的兴趣偏好，适应用户的兴趣变化，提高推荐的精度。

五、结束语

随着社会的高速发展,互联网的快速普及,移动智能技术进一步完善,在线旅游业也得到了快速的推广与应用,给预计出行的用户获取旅游信息极大的便利。但海量的旅游信息使得用户无法快速地选取自身的偏好景点。本文提出了一种基于用户兴趣的协同过滤推荐算法,根据用户的浏览行为、地理位置和社交关系可得出用户的兴趣偏好,能够适应用户的兴趣变化,提高推荐质量。抓取数据过程中发现,旅游网站平台用户与景点数量太多,计算景点相似性非常耗时,很难做到实时推荐,而本文算法需要通过矩阵计算出用户之间的相似度,更好地解决推荐系统冷启动问题,精准地向用户推荐偏好景点。

参考文献

[1] 令狐红英,姜季春. 改进的贝叶斯算法在旅游景点推荐中的应用 [J]. 贵州师范学院学报,2012(3):22-26.

[2] 皇苏斌,王忠群. 景区智能空间下的实时景点推荐技术 [J]. 安徽工程大学学报,2011(4):61-63.

[3] D. Ajantha, Jobi Vijay, Raji Sridhar. A user-location vector based approach for personalised tourism and travel recommendation [J]. Big Data Analytics and Computational Intelligence,2017(3):23-25.

[4] 马腾腾,朱庆华,曹菡等. 基于 Hadoop 的旅游景点推荐的算法实现与应用 [J]. 计算机技术与发展,2016(3):47-52.

[5] 高虎明,李伟丽. 基于协同过滤和 Rankboost 算法的酒店推荐系统 [J]. 微计算机信息,2010(36):206-208.

[6] 侯新华,文益民. 基于协同过滤的旅游景点推荐 [J]. 计算技术与自动化,2012(4):116-119.

[7] 牟进军,罗国宽,熊志斌. 协同过滤算法应用于景点推荐研究 [J]. 软件导刊,2017(11):186-188.

[8] 朱东郡,李敬兆,谭大禹等. 基于标签聚类和兴趣划分的协同过滤推荐算法 [J]. 计算机工程,2017,43(11):146-151,160.

[9] 王益. 基于用户兴趣特征变化的旅游路线个性化推荐技术研究 [D]. 武汉理工大学,2015.

[10] 常玮. 旅游移动商务环境中基于情景的多维用户偏好模型及个性化推荐方法研究［D］. 华东理工大学, 2013.

[11] Gandhi, Monali. An Enhanced Approach towards Tourism Recommendation System with Hybrid Filtering and Association［J］. National Journal of System and Information Technology, 2015（8）: 1-8.

[12] Shuhui Jiang, Xueming Qian, Jialie Shen, Tao Mei. Travel Recommendation via Author Topic Model Based Collaborative Filtering［J］. International Conference on Multimedia Modeling, 2015: 392-402.

[13] 冷亚军, 陆青, 梁昌勇. 协同过滤推荐技术综述［J］. 模式识别与人工智能, 2014（8）: 50-64.

[14] 夏平平, 帅建梅. 基于相似度拓展与兴趣度缩放的协同过滤算法［J］. 计算机工程, 2016, 42（1）: 199-202.

[15] 孙慧峰. 基于协同过滤的个性化 Web 推荐［D］. 北京: 北京邮电大学, 2012.

[16] 李涛, 王建东, 叶飞跃等. 一种基于用户聚类的协同过滤推荐算法［J］. 系统工程与电子技术, 2007, 29（7）: 1178-1182.

[17] 任看看, 钱雪忠. 协同过滤算法中的用户相似性度量方法研究［J］. 计算机工程, 2015, 41（8）: 18-22.

[18] 王微微, 夏秀峰, 李晓明. 一种基于用户行为的兴趣度模型［J］. 计算机工程与应用, 2012, 48（8）: 148-151.

[19] 任保宁, 梁永全, 赵建立等. 基于多维度权重动态更新的用户兴趣模型［J］. 计算机工程, 2014, 40（9）: 42-45.

[20] 刁祖龙, 张兴忠. 基于本体用户兴趣模型的个性化推荐系统［J］. 计算机应用与软件, 2013, 30（10）: 155-158.

[21] 张艳梅, 王璐. 适应用户兴趣变化的社会化标签推荐算法研究［J］. 计算机工程, 2014, 40（11）: 318-321.

[22] 洪亮, 任秋圜, 梁树贤. 国内电子商务网站推荐系统信息服务质量比较研究——以淘宝、京东、亚马逊为例［J］. 图书情报工作, 2016（23）: 97-110.

[23] 娄小丰. 基于多属性打分的酒店推荐算法研究［D］. 哈尔滨: 哈尔滨工业大学, 2012.

[24] 赵艳, 王亚民, 刘怀亮. 基于标签网络聚类的个性化资源推荐模型研究［J］. 情报杂志, 2014（4）: 179-183.

［25］万元元. 社会性标签系统的个性化资源推荐［D］. 天津：天津大学，2011.

［26］王娅丹，李鹏，金瑜等. 标签共现的标签聚类算法研究［J］. 计算机工程与应用，2015，51（2）：146－150.

［27］吕刚，郑诚，胡春玲. 基于标签与深度本体的Web推荐方法研究［J］. 计算机工程，2015，41（12）：156－160.

［28］王璐. 基于本体的个性化推荐系统［D］. 成都：电子科技大学，2013.

［29］Hsien－Tang Lin. A traveling memory based upon location-based services and social network sites［J］. Journal of the Chinese Institute of Engineers. 2015（2）.

［30］Imran Memon, Ling Chen, Abdul Majid, MingqiLv, IbrarHussain, Gencai Chen. Travel Recommendation Using Geo-tagged Photos in Social Media for Tourist［J］. Wireless Personal Communications. 2015（4）：1347－1362.

［31］Yeran Sun, Hongchao Fan, Mohamed Bakillah, Alexander Zipf. Road-based travel recommendation using geo-tagged images［J］. Computers, Environment and Urban Systems. 2015（9）：110－122.

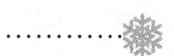

Research on Tourism E-commerce Recommendation Based on User Interest

Li Jian-jun   Hou Yue   Yang Yu   Wang Xiao-ling

Abstract: Tourism e-commerce sites number increases year by year, but the content of the massive makes customers in identifying information on the problem of information overload, cannot quickly and accurately to meet the personalized needs. Traditional collaborative filtering algorithm is only considered when calculating the user similarity user ratings, while ignoring the interest of users and the differences between different projects, thus proposes a collaborative filtering recommendation algorithm based on tourism user interest, through the analysis of user behavior, it is concluded that the user's interest, combined with the activities of the people's social relations as well as user location, mining the user's interest, for users to recommend potential is similar to the user, the experimental results show that this algorithm can better mining user interest, to adapt to changes in user's interest, improve the accuracy of the recommendation, can better meet the needs of the people's growing tourism and tourism industry development is not balance the contradiction between the inadequate.

Keywords: User Interest; Travel; Recommendation; Collaborative Filtering

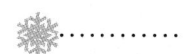

关于加强黑龙江省冰雪旅游市场综合监管的策略研究

孙 琦[*]

摘要： 冰雪旅游是推动东北经济振兴的战略性支柱产业。目前，黑龙江省冰雪旅游发展中存在旅行社"挂靠现象"泛滥、景区"宰客事件"屡禁不止、旅游形象遭受"舆论危机"等诸多市场乱象。加强旅游市场综合监管是落实《"十三五"市场监管规划》的具体举措，是强化旅游综合性产业发展的客观要求，是提高旅游市场秩序治理效率的必要之举。为加强黑龙江省冰雪旅游市场综合监管，应健全相关旅游法律法规，强化旅游市场监管执法；建立长效旅游市场监管机制，完善常态化的价格监管体系；明确旅游监管执法队伍的职责，不断提高素质和修养；建立企业诚信公示平台，对企业信誉实行动态化管理；建立完善的旅游危机管理机制和制定应急预案；充分发挥旅游行业协会的自律作用和培训功能；完善全社会共同参与的旅游服务质量监督机制。

关键词： 冰雪旅游；旅游市场；综合监管

2008年，北京奥运会的成功举办，在推动我国体育运动事业发展的同时，对我国旅游强国建设产生了积极影响。伴随2022年冬奥会的申办成功，我国冰雪旅游迎来了前所未有的发展机遇，冰雪旅游发展呈现一片火热状态，已成为旅游行业及区域经济发展的新兴驱动力。近些年来，冰雪旅游接待人数、冰雪旅游收入逐年走高，"冷资源"向"热经济"转变的大潮在全国涌动，特别是以东北地区为代表的冰雪资源富集区域，将冰雪经济的大战提升至战略高度，将冰雪旅游视为推动东北经济振兴的战略性支柱产业。

黑龙江省是中国最早开发冰雪、运营冰雪的省份，是中国现代冰雪旅游产业的肇兴之地。作为中国冰雪旅游资源、冰雪运动和冰雪旅游品牌第一大省，经过

---

[*] 孙琦（1974~ ），女，黑龙江哈尔滨人，哈尔滨商业大学旅游烹饪学院，教授，硕士。研究方向：旅游经济，E-mail：sunqi2277@163.com。

多年的发展，黑龙江省冰雪旅游产业取得了令人瞩目的成绩。然而，近年来随着多省市冰雪旅游产业的全面兴起，黑龙江省的冰雪旅游已经站在了一个新的历史转折点上。习近平总书记 2016 年两次在龙江重要讲话中指出"绿水青山是金山银山，黑龙江的冰天雪地也是金山银山"，为黑龙江省冰雪旅游的创新升级明确了导向[1]。在冰雪旅游发展的新形势下，应充分发挥冰天雪地的自然资源优势，大力发展冰雪经济，使之成为黑龙江省经济发展的内生动力，带动和提升龙江整体旅游经济实力，建设冰雪经济强省和全国首选冰雪旅游目的地。未来 10 年，是冰雪旅游产业快速发展的重要战略机遇期，从国家战略全局和长远发展出发，加快发展冰雪旅游产业，进而促进黑龙江省旅游业的全面升级，将成为龙江经济发展的长期目标。

一、黑龙江省冰雪旅游发展中的市场乱象

（一）旅行社"挂靠现象"泛滥

随着我国旅游业的飞速发展，"挂靠经营"已经成为一种普遍的行业现象。在旅行社行业，尤其是中小型旅行社，出于借用资质、品牌或节省资金等原因，"挂靠现象"被看成非常普遍的创业形式。在黑龙江省，某些"松字头"或"康字头"的旅游公司，其挂靠门市竟然达上百家，挂靠费用从几千元到几万元不等，有的门市甚至不收挂靠费，只要输送客源就可以。

目前，旅行社"挂靠现象"泛滥已经给旅游市场运营带来了诸多问题。不良从业者为争夺客源通过销售"零团费""负团费"线路进行低价恶性竞争，在民航班车站点、火车站等交通要点以及中央大街、索菲亚商圈等商业繁华地段招揽和欺诈游客，同时还勒令导游人员强行向游客推销自费项目。2017 年，两位女孩在雪乡旅游期间，因不愿购买导游推销的套票，竟然遭受导游恐吓。为节约成本，不法旅行社甚至雇用"黑导游"，利用冬季冰雪旅游旺季疯狂"淘金"，为牟取暴利，这些"黑导游"欺诈谩骂游客，甚至出现打人事件。有的旅行社还不惜租赁非法营运车辆，给游客的生命和财产安全都带来了巨大的隐患。2017 年 12 月 31 日，北京林业大学经济管理学院 9 名大四女生结伴出游，因乘坐"黑车"，从哈尔滨前往雪乡途中遭遇交通事故，造成 4 人死亡 5 人受伤的惨剧。旅行社"挂靠现象"不仅破坏了旅游市场的正当竞争，降低了旅游

产品服务质量，而且加大了旅游行业管理的难度，使黑龙江省的整体旅游形象受到极大的损害。

（二）景区"宰客事件"屡禁不止

根据我国《中华人民共和国消费者权益保护法》的规定，消费者在购买、使用商品和接受服务时享有人身、财产安全不受损害的权利；消费者享有知悉其购买、使用的商品或者接受的服务的真实情况的权利；消费者在购买商品或者接受服务时，有权获得质量保障、价格合理、计量正确等公平交易条件，有权拒绝经营者的强制交易行为。

但是，在旅游业中却存在着景区活动项目乱收费、食宿和交通价格不透明、服务标准不公开等诸多问题，天价的住宿费用、天价的餐饮服务等宰客行为屡禁不止。2016年哈尔滨"北岸野生鱼村"饭店的天价鱼和2017年雪乡"赵家大院"的价格欺诈行为把黑龙江省的旅游业推到风口浪尖，使众多游客对东北冰雪旅游的美好憧憬变成了负面印象。事实上，宰客不是哈尔滨或者雪乡仅有现象，而是许多热门旅游景点的通病，例如丽江100元一只的"宠物蚊子"、青岛38元一只的天价大虾、三亚6 000多元一条的天价鱼等等。

旅游业经营中"一锤子买卖"的现象屡屡发生，不仅揭示了部分旅游经营者的急功近利和不择手段，为追求利益最大化，只顾个人眼前利益，而不考虑市场秩序和市场环境，同时，也暴露出地方管理中存在的短视思维和短板漏洞。"冰雪王国"的形象打造需要历经多年，但会因杀鸡取卵的做法而毁于一旦。

（三）旅游形象遭受"舆论危机"

2017年底，继"赵家大院"宰客事件出现之后，近期又发生的景区价格欺诈、旅游交通事故、导游服务恶劣、知名企业家投诉等事件足以让黑龙江省旅游产业的优势丧失殆尽。由于黑龙江省有关旅游主管部门和市场监管部门缺少危机处理预案，对上述旅游投诉事件处理未能抓住处理投诉的有利时机宣传、推介当地的旅游资源和挽救旅游形象，导致整个东北冰雪游的美誉度受到了严重影响。

二、旅游市场乱象的主要原因

（一）旅游法规和条例不健全

2013 年 10 月，旅游业的基本法《中华人民共和国旅游法》正式施行，并于 2016 年 11 月进行了修订。作为一部综合法和行业管理法，《中华人民共和国旅游法》对旅游管理者、旅游经营者、旅游者的权利义务进行了约束和规范，构建了政府统筹、部门负责、有分有合的旅游综合协调机制。同时，对"零负团费、黑导游、欺客甩客"等旅游市场突出问题提出了制度方面的设计，为治理旅游市场秩序提供了强有力的法律依据，为实现旅游行业整体规范有序健康发展，全面保障旅游消费者权益，提升旅行体验和旅游质量起到了促进作用。

但是，要根治旅游市场中存在的黑旅行社、黑导游、黑景区等"毒瘤"，还需要立法机构出台更加详细具体、可操作性的法规条例。例如，重新修订的《中华人民共和国旅游法》第三十条："旅行社不得出租、出借旅行社业务经营许可证，或者以其他形式非法转让旅行社业务经营许可。"该法条中并没有对"挂靠门市"和分支机构做出相应的详细规定，更没有制定有关违法处罚的条款，于是不良商家借机开展"挂靠门市"或所谓"分支机构"牟取非法收益。

即使有些旅行社因"挂靠门市部"受到违法处罚，由于其违法成本较低而非法收益巨大，旅行社仍然会铤而走险，这是"挂靠现象"泛滥的根本原因。例如，《中华人民共和国旅游法》第九十五条规定："违反本法规定，未经许可经营旅行社业务的，由旅游主管部门或者工商行政管理部门责令改正，没收违法所得，并处一万元以上十万元以下罚款；违法所得十万元以上的，并处违法所得一倍以上五倍以下罚款；对有关责任人员，处二千元以上二万元以下罚款。"由于接团费用一般较低，违规行为多以推销自费项目为主，违法行径核实较困难，违法金额又较低，导致违法处罚金额较低，与高达百万元的挂靠收益相比微不足道，对不良商家的威慑力不足。

（二）旅游综合治理机制缺位

与其他产业不同，旅游业属于一个产业群，即由多种不同的产业组成，涉及交通、住宿、餐饮、游览、文娱、购物等多个环节，是当今社会行业跨度最大的产业群。因此，旅游市场监管不仅需要旅游行政管理部门进行行业监管，更需要工商、税务、物价、公安、交通、人社等多部门联合监管，即建立综合治理机制，对旅游产业进行全面的监管和治理。目前，黑龙江省旅游市场监管相关各部门之间的常态联动机制尚未建立，难以协调其他部门参与管理，只能通过旅游行政管理部门阶段性的检查和监管旅游市场经营行为。

此外，旅游部门与其他部门合署办公，专业队伍的执法力量不强，也是造成旅游市场监管不力的主要原因。与工商、物价、税务等部门相比，无论在执法依据、执法队伍、执法手段、执法经验还是对经营者的监管力度方面，旅游执法活动均相差很多。大部分质监执法机构为全额事业单位，旅游执法活动受旅游局委托进行，没有旅游执法主体的合法地位，不能独立承担法律责任。由于人员短缺、办公经费不足等困难，旅游质监部门难以有效开展监督工作，无论是在规模还是能力上，都难以满足旅游业迅猛发展的需要以及旅游市场上不断出现的各种旅游矛盾[2]。

（三）旅游企业诚信评价体系不完善

诚信反映出旅游企业经营的态度，是旅游企业文化的核心价值观，更是决定旅游业健康有序发展的关键因素。然而，长期以来，黑龙江省乃至其他省区市尚未建立完善的旅游企业诚信评价体系。在"最佳旅游企业"的评选活动中，诚信守法所占的评估权重也明显偏低。

由于旅游企业诚信评价体系不完善，政府对旅游业的监管存在局限性。政府不能及时全面地掌握旅游市场的运营状况，尤其对旅游投诉信息不能及时地取证与审查，难以准确掌握真实可靠的证据，对违法违规的旅游企业不能进行有效处罚或执法力度不够。

此外，由于缺乏面向公众的旅游企业诚信公示平台，诚信经营的旅游企业得不到大力宣传和褒奖，而违规的旅游企业和导游也未能被及时列入"黑名单"并在省内外曝光，其恶性竞争等违法经营行为未能被及时遏制，甚至日益猖獗。由于旅游企业与旅游者之间的信息不对称，旅游企业和导游还会利用旅游者的无知进行虚假宣传或哄骗，随意更改旅游服务项目，使旅游者的合法权益不断遭受损害。

（四）旅游企业管理水平和服务人员素质偏低

旅游企业管理水平较低已经成为黑龙江省旅游业的一种普遍现象。由于旅行社的行业门槛偏低，受经济利益驱使，许多旅行社通过"挂靠门市"，假借"分公司"名义变相非法转让旅行社业务经营许可，靠"收租金"过日子，存在"被抓到就跑，风声过后继续"的病态经营模式。对提高企业管理水平和旅游线路创新毫无积极性，由于产品雷同，只能依赖恶性价格竞争。旅游景区景点经营者的素质和水平也有待提高，许多景区的经营者不重视旅游项目的创新和开发、宣传推介和市场营销，法律意识淡漠，却偏重短期经济效益，依靠给导游和司机"高价自费活动""高额回扣"等手段招揽游客和与同行竞争。由于景区管理者未能采取完善的监管措施，执法力度不严，导致违法欺诈、不诚信行为和事件不断发生。

在我国旅游从业人员队伍中，一个很重要的岗位就是导游，是旅游业的窗口和形象代表。导游的职业素质和业务水平直接关系到旅游服务质量和旅游者的满意度。伴随着我国旅游业的快速发展，导游队伍也随之迅速壮大，但也不断暴露出导游工作中的各种问题[2]。《旅游法》第三十八条规定："旅行社应当与其聘用的导游依法订立劳动合同，支付劳动报酬，缴纳社会保险费用。旅行社临时聘用导游为旅游者提供服务的，应当全额向导游支付本法第六十条第三款规定的导游服务费用。旅行社安排导游为团队旅游提供服务的，不得要求导游垫付或者向导游收取任何费用。"目前，导游从业人员的劳动保障机制尚不健全，很多从业的导游没有与旅行社签订正规的劳动合同，有的没有固定薪酬和劳动保险，更有甚者某些旅行社只给导游分配任务，而导游却得不到应有的劳动报酬。上述问题最终导致旅行社"零负团费"和"黑导"强买强卖等乱象"横行"不绝。此外，在遵纪守法方面，对导游培训不到位，尤其是旺季到来之前的强化培训和"警示教育"不充分也是违法乱纪行为频发的原因之一。

（五）危机管理机制存在缺陷

与其他旅游热点省市一样，随着黑龙江省发展成为冬季冰雪旅游和夏季避暑休闲的重要旅游目的地，著名的景区景点也出现了"宰客事件"。黑旅行社、黑导游、黑景点等负面事件叠加在一起，使黑龙江省的旅游业陷入舆论危机。但是，由于黑龙江省缺乏有效的多部门联动的危机管理机制，相关部门未能采取及时有效地应对措施，结果导致雪乡和哈尔滨等地的旅游形象都受到不同程度的冲击和负面影响，并极大地损害了黑龙江省冰雪旅游的整体形象。同时，由于省市主流媒体舆情导向不及时，对突发事件反应迟钝，未能及时发挥正常、公开新闻渠道舆论导向的作用，结果让非正常渠道消息过度扭曲事实真相，更加剧了舆论危机的不利影响。

三、加强旅游市场综合监管的重要意义

(一) 是落实《"十三五"市场监管规划》的具体举措

2017年1月,国务院印发的《"十三五"市场监管规划》中指出,加强和改善市场监管,是政府职能转变的重要方向,是维护市场公平竞争、充分激发市场活力和创造力的重要保障,是国家治理体系和治理能力现代化的重要任务。为深化商事制度改革,应营造良好的市场准入环境、市场竞争环境和市场消费环境,树立现代市场监管理念,改革市场监管体制,创新市场监管机制,强化市场综合监管,提升市场监管的科学性和有效性,促进经济社会持续健康发展。旅游业作为我国国民经济发展中的战略性支柱产业,旅游市场的有序运营是关系到旅游经济乃至国民经济持续、稳定、健康发展的关键,加强旅游市场综合监管是贯彻和落实《"十三五"市场监管规划》的具体举措[3]。

(二) 是强化旅游综合性产业发展的客观要求

面对经济新常态和提质增效升级的要求,旅游业全面深化改革有赖于解放束缚旅游产业生产力发展的生产关系,以价值为导向引导旅游基础设施、融资投入流向,以竞争为手段打造旅游目的地和旅游线路,以价格为杠杆调节旅游供需关系和消费走向,完善促进旅游产业发展、惠民强旅政策,激发旅游产业发展的内生动力。

由于旅游活动是一种跨行业、跨地域、跨国界的广泛的人际交往活动,具有明显的外向性和涉外性,作为综合性产业,旅游业的市场监管必然涉及众多的行业、部门和领域,因此对旅游市场进行综合监管符合旅游产业的发展特点。另外,通过建立完善的市场综合监管体系,有利于为深化旅游业改革创造一个良好的市场环境,从而为打破部门分割、维护广大旅游者的合法权益、更好地发挥政府作用以及深化旅游业改革奠定坚实的基础。

(三) 是提高旅游市场秩序治理效率的必要之举

至今为止,《旅游法》和一些中央文件虽然对旅游市场监管设定了一些零散

的规章制度和整顿要求，但许多规定并没有得到贯彻落实或发挥应有的效用。为加强社会性事务的监管，构建旅游综合协调管理体制，应重点改革监管框架，尤其是抓好市场秩序和旅游者权益保护，从而更好地满足游客和旅游市场发展的需要。

目前我国旅游市场发展面临的比较突出的问题之一就是监管机制的缺位，主要表现为：在管理体制上，各部门职能交叉、职责不清、多头执法矛盾突出；现行旅游执法和投诉实行不同类型的投诉举报，由不同的主管部门处理，旅游者遇到纠纷问题，往往因为不清楚主管部门的职责而不知向哪个部门投诉，只能以"我是游客"的无奈一并投诉到旅游部门。面对国内外40多亿旅游人次的庞大市场，现有的几千人旅游执法队伍根本无法满足旅游业发展的需要，更难以适应统一市场监管的要求。再加之，旅游主管部门受职权所限，无法有效处理相关的旅游纠纷，使广大群众解决诉求的信心受到挫折，直接影响到市场秩序治理的效率。因此，加强旅游市场综合监管是必要的改革之举。

四、加强黑龙江省冰雪旅游市场综合监管的策略

根据《国务院办公厅关于加强旅游市场综合监管的通知》和《黑龙江省政府召开冬季旅游市场综合监管工作》的有关精神，要加强黑龙江省冰雪旅游市场的综合监管，应从政府、各相关部门、旅游企业和社会公众的角度，设定"四位一体"共同监管责任，体现"政府主导、属地管理、部门联动、行业自律、各司其职、齐抓共管、公众参与"的治理原则，通过调动全社会的力量，形成监管合力，创建以法治为基础、企业自律和社会共治为支撑的市场监管新格局[4]。

（一）健全相关旅游法律法规，强化旅游市场监管执法

鉴于我国目前旅游法律体系不健全，针对现行《旅游法》缺乏有关详细的司法解释等不足，为增强依法治旅的力度和效度，黑龙江省应该依据有关法律法规，制定地方性的旅游法规和管理条例，完善相关实施细则。

在旅行社监管方面，针对旅行社"挂靠门市"泛滥等普遍存在的问题，应做出明确的规定。例如，针对旅行社设立分公司、门市部以及挂靠部门制定出明确的"质量保证金标准"，限制门市部数量，并与分支机构违法违规行为承担连带责任，并依据上限处罚或吊销营业执照，限定法人和责任人一定时间内不允许从

事旅游相关业务等。此外，由于游客投诉旅行社的主要原因是旅游合同签订不合法、执行不到位，而目前《旅游法》对旅行社提供的旅游合同的有关规定不是很完善，应该补充一些更有针对性的条款，丰富合同签订的形式，例如采取电子合同、照片合同等多元化形式，更有效地保证旅游消费者的合法权益。

在导游人员监管方面，借鉴外省成功经验，制定导游管理办法，经过严格培训和考试合格后才允许上岗带团，并依据《旅游法》第三十八条的规定，由当地旅行社担保，并对相关旅行社和导游的非法违纪行为均加重经济处罚[5]。

在旅游景区开发和管理方面，应将旅游资源及环境的开发和保护兼顾起来，通过制定专门的旅游资源保护法，实现旅游活动与当地文化遗产、社会活动和传统习惯的和谐发展，把维护旅游目的地的环境质量和满足旅游者的需求作为旅游发展战略的主要问题。黑龙江省旅游市场监管部门应利用各种媒体开展广泛的宣传和教育、普及环保知识，让政府和民众认识到人和自然、生物、环境之间的密切关系，并能自觉遵守和履行环境保护法律法规中的有关规定。

黑龙江省政府还要强化旅游市场监管执法，对破坏市场秩序和旅游品牌形象的行为依法严处。根据黑龙江省政府召开的冬季旅游市场综合监管工作会议精神，要通过聚焦重点区域、重点企业和重点问题，精准发力，提升综合监管质效，特别是对不合理低价游、欺客宰客、强迫收费等冰雪旅游频发问题要零容忍、出重拳，依法按上限处罚，坚决予以打击，并公开曝光；通过开展市场秩序整治、大力查办案件和加强旅游诚信监管，增强综合监管威慑力度；通过强化组织领导、狠抓隐患排查整改、加强应急值守和做好安全提示，确保旅游安全形势稳定[6]。

（二）建立长效旅游市场监管机制，完善常态化的价格监管体系

国务院办公厅下发的《关于加强旅游市场综合监管的通知》强调了建立各监管部门的责任清单，明确规定了旅游市场综合监管中各监管部门的责任、旅行社的责任与社会公众的监督责任。在该通知的明确指引下，黑龙江省应建立一套长效的旅游市场监管机制，除了设立省级旅游发展委员会，各县市也应尽快组建基层的旅游发展委员会，对本区域内的旅游市场负责监管。通过层层推进，为旅游市场监管提供坚实的制度保障。另外，在机构设置上，应大幅度提高旅游主管部门的行政级别，赋予旅游行政管理部门更大的职权，努力提高旅游监管部门的权威。对全省旅游市场的监管应由省级领导负责协调，工商、税务、交通等部门要条块结合、积极配合，明确监管部门权责的合理分工，加强监管部门之间的协

作，避免旅游监管中因权责不明导致相互推诿的现象，为旅游市场的监管奠定坚实的基础。

同时，有关部门应加快探索建立更加科学高效的常态化价格监管体系，监督由市场决定商品和服务价格的行为，避免市场主体利用市场地位优势或信息不对称哄抬价格，甚至实施价格垄断。同时，要完善提醒告诫和价格承诺等预防性监管措施，进一步完善价格社会监督网络，依托社会信用体系建设，构建经营者价格信用档案。对价格违法的失信行为实行联合惩戒，按照建设大平台、构建大格局、提供大服务的要求，积极运用大数据等信息化手段，提升价格监管水平。

（三）明确旅游监管执法队伍的职责，不断提高素质和修养

随着人们的旅游需求日益增长，旅游监管的主要任务就是要解决旅游市场秩序规范的问题。如何践行"游客为本，服务至诚"的行业核心价值观，维护广大游客的合法权益，是做好旅游市场监督管理工作的根本要求。旅游监管执法队伍是旅游市场监管主体中第一线的工作力量，各级旅游监管执法机构是《旅游法》的执行者和市场秩序的捍卫者，也是旅游产业健康发展不可缺少的保障力量。

目前，黑龙江省的旅游监管执法队伍还很薄弱，需要不断加强建设。首先，应明确旅游监管执法队伍的职责和分工。国家旅游质监执法机构主要负责旅游质监政策、方针、制度的制定，负责协调、指导和督促其贯彻落实；省级旅游质监执法机构承担组织、协调、指导省内旅游质监执法工作职责，同时依法开展旅游质监执法工作；地市级质监执法机构，具体承担旅游质监执法的主要任务。目前，旅游监管执法机构在全国来说基本是一致的，即省级可以设立旅游行政执法总队，市（地、州）可以设立旅游行政执法支队，县（区、市）可以设立旅游行政执法大队。要加强地区间旅游市场监管的协调配合，积极探索跨区域联合执法、协调办理旅游投诉案件的管理机制，各级旅游行政管理部门鼓励、支持旅游质监执法机构开展横向协作交流。

其次，旅游监管执法队伍还应提高自身素质和修养。为提高工作水平，旅游执法人员要在政治修养、业务知识和政策学习上落到实处。在工作中要密切联系实际，增强自觉性和纪律性，培养职业道德和纵观大局，注意形象精神和严于律己，正确处理工作上的问题。

此外，还要特别加强旅游监管执法队伍的廉政建设，把监督的重点落到基层一线的旅游执法人员身上。充分听取广大人民群众的意见，运用明访、暗访等多种形式对执法人员的工作态度和工作成果进行有效监督，奖优罚劣，对出现的各

种新问题和新情况，要及时做出处理。

（四）建立企业诚信公示平台，对企业信誉实行动态化管理

各市县工商和旅游两个部门应联合制定旅游企业评价考核办法，建立企业信誉评价和公示平台，开通游客 APP 满意度评价通道，鼓励旅游者对旅游企业诚信和从业人员的服务质量进行评价，两部门通过抽查方式进行核实，也可以在旅游景区景点进行即时评价，及时汇总旅游者对企业的评价，并在工商和旅游公众平台上公布；对好评企业及时给予褒奖，对评价较差的企业，视情节轻重给予"警告"，对违法违规的企业和从业人员依法进行处罚，并同时列入"黑名单"。企业诚信记录实行累计积分制，依据游客评价和企业诚信度进行增减，实行动态化管理，每年评选一次诚信企业，并公布上网。

（五）建立完善的旅游危机管理机制和制定应急预案

为避免或减轻因突发"旅游事件"给当地旅游业和旅游形象造成严重的损害和危机，应通过各市县工商、旅游、物价、税务、公安、交通等多部门联合，建立危机管理机制。预先要有组织、有计划地学习、制定和实施一系列危机管理措施和应急策略，包括危机的规避、控制、解决以及解决后的复兴等方面的预案。例如，遇到投诉或突发安全事件，多部门应统一联动，互通信息，应该统一由相关权威部门负责人及时对外发布信息。此外，主流媒体适时介入，及时引导公众舆情和导向等等。

如果各地建立完善的危机管理机制和"预案"，遇到各类"突发事件"就可以及时处理，并推出行之有效的措施和承诺；此外，主流媒体适时通过舆论向外界发布整改后的新景象，就可以将"危机"化为"商机"，借势宣传和推介当地丰富的旅游资源以及旅游业的发展成就。

（六）充分发挥旅游行业协会的自律作用和培训功能

借鉴旅游发达国家和地区在市场管理中的经验，"二元化"管理是非常成功的模式，即依托政府支持和引导，由旅游企业自发组成的行业协会在市场监管和行业自律方面发挥重要作用。事实上，大多数的旅游企业都渴望诚信经营和正当有序的竞争。因此，各地政府应积极支持和引导旅游企业成立行业协会，由具备

实力和良好形象的企业经营者担任协会负责人，实现行业自律和自管。通常，各地行业协会通过审核会员入会资格，制定行业自律准则和经营规则，淘汰违规会员，公示企业诚信等多种手段进行行业自律，形成良好的经营环境。行业协会不仅是维护市场秩序的主要力量，也是市场营销和行业培训的重要平台。

此外，旅游行业协会还应承担对旅游企业管理和从业人员的教育培训。通过定期举办培训班，对旅游企业的管理人员进行企业经营管理培训，指导如何开发新产品和开拓旅游市场，提高诚信经营的法律意识以及对所在市场环境的维护意识；对景区景点的旅游从业人员进行服务观念和技能培训，教导他们如何依靠提升产品和服务质量获得更多的合法经济收益。

（七）完善全社会共同参与的旅游服务质量监督机制

为保证旅游市场监督体系更加完善合理，密切与公众的合作关系，增强人们对旅游监管的主动性和创造性，应积极鼓励公众参与旅游市场的监督与管理。省市各级政府部门可以聘请一定数量的社会监督员，通过社会监督员全面、客观、及时地评价监督旅游经营者、旅游从业人员的行为以及各级旅游部门的工作，从而营造规范有序的旅游市场环境，提升旅游服务质量，促进旅游业持续健康发展。例如，可以聘用旅游行风监督员，监督市、区旅游管理部门及其工作人员的依法行政、勤政廉政、机关作风等情况；监督旅行社、旅游饭店、旅游景区（点）、旅游交通等单位及其员工的守法经营、诚信经营、服务质量等情况，并提出批评意见，督促整改，还可以收集、反映社会各界群众对旅游管理部门和旅游经营单位的意见和建议以及针对旅游企业发展中的问题和困难，提出具体意见和建议。

此外，应该充分发挥大众媒体的监督作用。大众媒体主要指以报纸、电视、广播、网络等为载体传递时事热点、信息的形式。随着信息通信技术的迅猛发展，微博、微信等自媒体发展迅速，凭借时效性强、覆盖面广、影响力大、关注度高等优势，成为大众媒体的宠儿。通过曝光各种黑心商家和骗局陷阱，大众媒体有效维护了消费者的权益，成为规范市场秩序、传播国家相关法律法规的重要纽带。在大众媒体的"舆论监督"下，旅游企业不敢再存有侥幸心理，对其合法经营的约束力明显增强。因此，黑龙江省应善于利用大众媒体的舆论监督作用，丰富和创新旅游市场监管手段。

参考文献

[1] 黑龙江省旅游发展委员会. 黑龙江省冰雪旅游专项规划（2017~2025）.

2017，8.

[2] 吴殿峰. 黑龙江省旅游市场监管对策研究［D］. 黑龙江大学，2016.

[3] 国务院. "十三五"市场监管规划. http：//www. gov. cn/. 2017，1.

[4] 国务院办公厅. 国务院办公厅关于加强旅游市场综合监管的通知. http：//www. gov. cn/. 2016，2.

[5] 郭家树. 当前我国旅游市场监管问题及对策研究［D］. 首都经济贸易大学，2017.

[6] 艺龙旅游指南. 黑龙江省政府召开冬季旅游市场综合监管工作. http：//trip. elong. com/. 2018，1.

Study on the Strategies of Strengthening the Comprehensive Supervision of Ice – Snow Tourism Market in Heilongjiang Province

Sun Qi

Abstract: Ice-snow tourism is a strategic pillar industry that promotes the revitalization of the Northeast economy. At present, there are many market chaos in the development of ice-snow tourism in Heilongjiang Province, including the proliferation phenomenon of affiliated travel agencies, the incidents of ripping off tourists in the scenic areas, and the "public opinion crisis" of the tourism image. Strengthening the comprehensive supervision of the tourism market is a concrete measure for the implementation of the "Thirteenth Five – Year Plan for Market Supervision", an objective requirement for strengthening the comprehensive tourism industry development, and a necessary measure for improving the efficiency of the tourism market order governance. In order to strengthen the comprehensive supervision of the ice-snow tourism market in Heilongjiang Province, relevant tourism laws and regulations should be strengthened, and the supervision and enforcement of the tourism market should be strengthened; the long-term tourism market supervision mechanism should be established and the normalized price supervision system should be perfected; the responsibilities of the tourism supervision law enforcement team should be clarified and the quality should be continuously improved; the enterprise integrity publicity platform should be established to implement dynamic management of corporate reputation; the perfect tourism crisis management mechanism and formulate contingency plans should be established; the self-discipline and training functions of the tourism industry association should be given full play; the quality supervision system for tourism services that the whole society participates in should be improved.

Keywords: Ice-snow Tourism; Tourism Market; Comprehensive Supervision

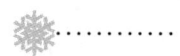

哈尔滨冰雪经济导游服务规制研究

宁虹超 李 奎[*]

摘要：导游在旅游活动中相对于游客居于主导，他们为游客提供引导、讲解及相关服务。导游人员作为一个旅行社、一个地区，甚至一个国家的代表，其服务质量不仅影响游客游玩体验的好坏，还影响着游客对旅行社、该地区及该国的满意度。本文指出哈尔滨冰雪经济存在业务素质问题、职业道德问题、旅游管理部门监管不力、旅游者缺乏正确的消费观念、相关法律法规不健全等问题，针对这些问题提出提高导游人员的素质、强化职业培训、提高职业道德素质、事前预防等规制建议。

关键词：冰雪经济；导游；规制

一、引言

中国旅游研究院发布的《中国冰雪旅游发展报告（2017）》显示，2016~2017年冰雪季我国冰雪旅游市场规模达到1.7亿人次，冰雪旅游收入约合2 700亿元；预计2021~2022年冰雪季，我国冰雪旅游人数将达到3.4亿人次，收入达到6 700亿元，冰雪旅游将带动旅游及相关产业的产值达到2.88万亿元，"3亿人参与冰雪运动"目标将在2022年提前超额完成。中国旅游研究院和途牛旅游网联合发布《中国冰雪旅游消费大数据报告（2018）》，基于途牛2016年11月至2017年4月的冰雪旅游销售大数据，在途牛冰雪旅游预订量排名前十位的冰雪景区中黑龙江占三个，雪乡位居第一。通过旅行社组团、自助游等方式，以观光的形式体验冰天雪地的壮美景色成为到东北、西北等地区进行冰雪旅游的大多数游客的主要目的。千里冰封、万里雪飘的北国风光以及浓郁的本地民俗风情

---

[*] 宁虹超（1982~ ），男，黑龙江哈尔滨人，哈尔滨商业大学法学院讲师，硕士研究生导师。主要从事理论法学、民商法学研究。
李奎（1992~ ），男，四川内江人，哈尔滨商业大学法学院硕士研究生，主要从事民商法学研究。

都成为冰雪旅游的重要吸引物。

在东北地区，很多城市和景区的四季旅游发展方面，冰雪旅游已经占据东北地区全年旅游市场的半壁江山，在哈尔滨以冰雪旅游为核心的冬季旅游产品正在成为老百姓旅游的新选择，尤其深受下雪较少地区游客的宠爱。《黑龙江省冰雪经济发展规划》正在征求意见，根据征求意见稿，到 2022 年，全省冰雪旅游人数力争突破 1 亿人次，冰雪旅游收入突破 1 200 亿元。全省旅游滑雪场总数达到 80 家（其中 3S 级以上 20 家），雪道数量 300 条，雪道总长度 300 公里。每年有 2 000 万人次参与群众性冰雪体育活动。黑龙江省要重点建设"一区四带"，即哈尔滨都市时尚冰雪旅游区、哈尔滨—亚布力—雪乡—镜泊湖滑雪旅游度假带、哈尔滨—大庆—齐齐哈尔—五大连池冷热矿泉冰雪旅游带、哈尔滨—伊春—逊克森林冰雪旅游带和哈尔滨—漠河极寒冰雪旅游带。在这样的发展环境下，对于以旅行社组团作为游玩方式的游客来说，导游服务优劣影响着旅游体验，更影响着哈尔滨冰雪经济的发展规划。

二、对导游服务的认识

随着物质生活水平的不断提高，人们由物质上的不断满足转而追求精神满足。旅游既是一种社会活动，又是满足人们精神需求的一种方式。在旅游活动中，相对于游客，导游居于主导，他们为游客提供引导、讲解及相关服务。导游的字面意思是引导游览，为游览者引路、讲解、提供帮助等服务。随着旅游业和导游工作的发展，导游的含义范围正在扩大，我们将其理解为组织、协调旅游活动，满足旅游者旅游过程中愿望的旅游服务工作。导游一般是从事导游相关业务工作人员的总称。导游人员作为一个旅行社、一个地区，甚至一个国家的代表，其服务质量不仅影响游客的游玩体验，而且影响着游客对旅行社、该地区甚至该国的满意度。因此，高质量的导游服务不仅会提高旅游者的旅游体验，而且能够弥补旅游中出现的旅游瑕疵，甚至一定程度上提升旅行社、地区或国家的形象。相反，低质量的导游服务则会影响游客游玩体验和满意度，损害旅行社、地区甚至国家的形象，对旅游地区有着重大不良影响。

导游的服务包含旅游中的食、宿、行、游、购、娱六大方面，相对于其他服务行业来说，导游服务内容多样，导游活动包含宣传、讲解、安全等内容，导游不仅需要做好讲解工作，做到引人入胜，还要回答游客提出的各种问题，需要宣传当地的风土人情直至党政方针，还要尽量满足游客的需要。简单来说，需要尽可能地满足旅游者的要求，提供自己力所能及的服务，争取最大限度地使旅游者满意。尽可能满足旅游者需要是对导游的要求，满足旅游者需要同时也要从自身文化传统、党政方针政策和生态环境出发，不可提供有违国情和文化道德的服务活动。我国民法总则中最重要的一项法律原则为公序良俗原则。其可以解释为社会主体在进行民事活动中不允许破坏公共秩序以及违背善良风俗。该法律原则对旅游法律关系中双方主体进行了宏观性的规制。与此同时，《旅行社管理条例》和《导游人员管理条例》以法律规则的形式对旅游行业中的经营者提供相关服务的行为进行了更加细致的规定，其要求旅行社、导游等提供服务或商品的经营者在工作过程中不得进行淫秽、赌博等法律禁止性活动。该禁止性法律条文深入贯彻了党中央对构建和谐社会和精神文明的要求，并且符合我国从古至今的道德文化传统。

随着社会和经济发展，导游数量不断增加，然而与导游质量和服务水平却不成正比，导游质量和服务水平往往低于旅游者心理需求水平。导游问题表现在：讲解不到位，擅自变动旅游安排，诱导游客购物，谩骂、侮辱游客，强迫游客自费活动，收取商家高额回扣等等。这些现象的存在严重影响了游客的旅游体验和旅游满意度，影响了哈尔滨冰雪旅游业的发展。如何正确认识冰雪经济导游问题，提高导游服务，解决导游服务问题已经成为旅游业和社会亟待解决的问题。导游服务是旅游过程中多种服务方式的一种，然而在多种旅游服务中居于中心位置，处于主导地位。导游服务的质量高低对于旅游者旅游目的的实现具有一定的影响作用。导游服务的社会声誉差、满意度不断降低等问题暴露在国内旅游业发展中。国内旅游者旅游满意度较低，为我国的导游服务敲响了警钟，这就要求我们正视问题，妥善解决问题。

三、哈尔滨冰雪经济导游服务问题分析

在20世纪90年代中期以前，由于导游人员的缺乏，导游不仅工作稳定，而且待遇远远高于社会平均水平，是许多外语类院校和旅游院校毕业生趋之若鹜的理想职业，具有很高的社会地位。但是，随着旅游市场结构的变化和导游队伍的膨胀，使得导游的社会地位每况愈下。尤其是在激烈的竞争中，一些导游诱导游客购物，谩骂、侮辱游客等行为屡禁不止，使导游成为社会舆论的焦点。哈尔滨冰雪经济导游服务与中国导游服务一样面临这些问题。

（一）导游的业务素质问题

我国对报考导游人员资格考试的学历规定为高级中学、中等专业学校或者以上学历，从报名门槛看导游队伍的学历门槛非常低。另外，由于旅游业的发展，旅游行业对导游人数需求量不断增大，导游数量供不应求，导游的准入条件也有所放宽，一些没有经过专业技能学习的人通过考试，考试合格后也可获得导游资格（范晓明，2014）[1]。导游人员的基本素质问题一直是旅游行业的"心头病"。从业人员的素质高低甚至直接决定该行业发展能否长久。在我国，此类从业人员道德素质参差不齐，专业知识体系零散及历史文化底蕴较差。因此其专业能力着实堪忧。首先，导游人员在服务过程中对目标景点的文化特色不甚了解，导游词模板化、僵硬化等问题突出。其次，导游人员在服务过程中不能提前了解公共场所突发危机的可能性与解决措施，存在着较大的安全隐患。从以上两方面的阐述可知，导游人员的基本素质高低几乎决定着旅游行业的繁荣与否。

在当今人际交往关系复杂的社会，导游除了提供必要的服务活动之外，还要处理各种不可预见性因素，有时甚至需要处理旅游活动中出现的意外事故。因此，现实要求导游要具备为人服务的态度和实际处理突发事件的应变能力。但是目前有些导游在与游客交往的过程中缺乏沟通技巧，谩骂、侮辱游客等行为屡禁不止，对于突发事件缺乏应变能力，因自身业务素质不高而导致旅游投诉和纠纷，降低了游客对哈尔滨冰雪旅游的满意度。

（二）导游的职业道德有待提高

在日常生活中，道德可指人们的道德观念，指个人道德品质，也可以指道德原则规范。如此看来道德似乎是主观的，但它作为调节人们之间相互关系的一种行为规范，其来源是客观的，即人类原始的社会实践。职业道德作为众多道德中的一种，与一般道德有很多共同之处，是人们从事特定的活动所需具备的行为规范的总和。正所谓行医有"医德"，为师有"师德"，经商有"商德"，各行各业都有自己遵循的道德标准，这种标准是行业群体共同认可、共同遵守的准则，导游也是如此。导游道德来源于导游的实践活动，由社会经济基础决定，社会生活其他因素对导游道德有着制约和影响作用。相反的，导游道德对社会经济基础和社会生活其他因素具有能动的反作用。积极的、先进的、正确的导游道德会促进哈尔滨冰雪旅游产业的进步和发展，消极的、腐朽的、错误的导游道德则会对哈尔滨冰雪旅游产业起阻碍作用。因此良好的道德素质是导游人员所必须具备的，尤其是道德素质中的导游职业道德素质。导游职业道德是人们评判导游工作人员职业道德的依据，是导游在相关实践活动所应获得的道德观念、需要具备的道德品质和坚守的道德原则规范。导游活动要求导游具有良好的服务态度、敬业奉献的精神。但在实际的工作中，有些导游遇到问题不及时解决，对游客进行欺诈蒙骗、强行揽客，服务态度冷漠，遇到问题推卸责任。

（三）旅游管理部门监管不力

对于频发的"黑导游"事件，大众除了对导游、旅行社进行谴责之外，也在不停地对行政管理部门的失职进行问责。"黑导游"现象之所以屡禁不止，旅游管理部门监管不到位也是一大主因。旅游质监部门与执法部门界限不明确，由此形成旅游监察与执法一体，滋生权力腐败，对旅游服务产生不利后果。行政管理部门之间权责界限暧昧不清，很少产生合力高效解决问题的效果，反而较多产生行政不作为，主要表现为事先不预防、事中不受理、事后不解决。这种现象的出现也与法律规范的不严谨有很大关系，相关法律法规对旅行社与导游违法行为的处罚规定涉及的部门多，且职责不明确，如《旅游法》第九十五条：违反本法规定，未经许可经营旅行社业务的，由旅游主管部门或工商行政管理部门责令改正。多处法规范中涉及法律责任负责部门都用"或"字，没有明确的负责部门，容易造成旅游者维权遭遇"踢皮球"的情况。旅行社之间恶性竞争中的揽客口号，也是市场监管不到位的产物，这是监管部门事先不预防的结果；旅游纠纷发生后游客投诉无门，这是执法部门事中不受理的表现（王倩颖，2015）[2]。在媒体对"黑导游"事件进行报道的过程中，总是会出现有记者去相关单位采访，结果被各单位各部门"踢皮球"的情况，而且很多执法人员的表现令人震惊，如迪庆旅游局执法人员以拘留威胁游客。监管部门如此松懈，不仅没有对不法者形成威慑力，这种转而苛责消费者的行为反而会纵容犯罪。

（四）旅游者缺乏正确的消费观念

当今社会，"黑旅行社""黑导游"等新闻充斥着人们的眼球，民众在网上发泄自己对黑心商家的不满、抱怨自己的消费者权益遭受侵害的同时，应当反思在选择旅行社的时候自身是否并没有理智地做出判断。在选择的过程中，价格低廉甚至成为唯一的判断要素，但是住宿、饮食、行程等服务内容却没有过多关注。消费者的消费心理一定程度上也对黑心商家的肆意妄为起到了推动作用。和黑旅行社相比，正规旅游公司明码标价，按合同履行义务，在进行产品宣传时价格方面肯定是没有优势的。若旅游者缺乏辨别能力，想贪小便宜，就很自然地会选择低价同种服务，这样一来宣传承诺与正规公司一致的"黑旅行社"有了客源，"黑导游""黑旅行社"就有了生存之机。商家通过降低服务标准，强迫游客购物等手段来保证利润。这样做的直接后果就是受伤害的永远是旅游者。旅游消费质量的降低，伤害了消费者的利益，限制了旅游业的发展。

（五）相关法律法规不健全

随着旅游产业的不断发展壮大，哈尔滨市公布了诸多政策法规，但大都存在认识不足、执行能力差、贯彻不完善等问题。更有些法规只是暂时性的，对相应部门、行业的规范和约束会逐渐失去法律效力。有关部门对某些法规条例的修订、完善的节奏太慢，致使这部分立法相对滞后，不利于规范行业市场秩序，不利于有效地加强行业管理。如有些旅游资源分属多个部门管理，职能权限不清，缺乏政府有效的监督、管理和协调。由于相关政策法规的不完善及旅游资源管理体制不健全，导致了资源开发过程中出现条块分割，协调滞后，使得哈尔滨高品位旅游资源在开发过程中出现了低水平、低层次、低效益开发的现象，严重制约了哈尔滨旅游产业的发展（韩国纲、赵永哲，2010）[3]。我国专门规制导游行为的法律法规极少，实践中主要依据行政命令加以规制，相关约束性文件效率偏低，比较零散，权威性不高。虽然现有的行政法规有着较强的针对性，但不是一个完整的系统，法律阶位不高，更谈不上救济，无法维护当事人合法权益。

法律法规的不健全一方面影响了旅游市场秩序，致使旅游环境恶化，侵犯了游客的合法权益；另一方面针对违法违规导游的查处惩罚力度不强，一旦导游出现侵权行为，给游客带来的损害远远大于对其的惩罚，甚至给旅游地区和导游行业带来不可估量的不利影响。

四、哈尔滨冰雪经济导游服务问题规制建议

（一）提高导游人员的素质

通过前面的论述可知，目前我国导游队伍的准入门槛低，相关部门对导游具

有的专业知识、能力没有做出具体的要求，产生一定的不良后果，导游服务质量良莠不齐、结构失衡。其中很多导游的业务能力水平达不到旅游者的要求，无法满足游客实际需要，这显然不利于导游队伍业务素质的整体提高。对导游人员从业的准入门槛应当做出一定程度的改革。

第一，在考试资格上入手，适当提高学历要求，可以提高到大专层次，并且参照法考改革的经验，采用新人新办法、老人老办法。

第二，合格的导游人员是脑力与体力俱佳，没有良好的体力无法应付高强度的旅游行程，所以可以采取知识测试与体力测试相结合的考察办法。

第三，应试能力并不代表导游人员的综合能力，在突发事件以及人际关系的处理方面，应当适当改革考试内容，做到真正地筛选适合的从业人员。借此，才可以逐渐改善从业人员的基本素质，提高旅游行业的服务质量与发展势头。

（二）强化职业培训，提高职业道德素质

合格的导游人员是脑力与体力俱佳。在学好专业知识，构建知识体系的同时，还要注重身体素质的提高，二者皆不可荒废。除此之外，也要注意人际交往能力与处理突发事件的危机公关能力，并且在服务过程中坚持以人为本，切实把消费者的权益放在首位。

作者认为职业道德教育可分为入职前和入职后，入职前关键是对将来从事导游相关工作人员的进行教育，对准导游工作者进行职业道德教育。准导游人员中的在校学生是未来导游工作中的主力军，必须提升他们的导游道德水平。充分发挥教学的作用，开设导游道德相关课程，同时使导游道德渗透于专业课中。非在校学生道德水平的提高可依赖于导游选拔机制，主要通过职业资格制度，提升导游道德考核所占比重，达到导游道德水平的提高。对入职的导游工作人员进行导游道德职业培训，注意培训不是走过场，要明确培训的重要性，建立严格的培训考核制度并加以规范。既注重对培训出勤的考核，课堂表现的考核，也要注重培训完成后的考试。培训的考核有助于提高培训质量，防止培训流于形式。

随着我国教育事业的发展，旅游者和导游在知识化修养上都在不断提高，这对导游人员服务水平提出了更高的要求，需要我们强化导游培训，加强全员、全过程培训。全员培训指的是全体从事导游职业的人员，每年必须参加旅游行政管理部门组织的培训，对不参加人员不予通过年审，不得从事导游工作。全过程培训是指导游人员从业工程中，入职前、入职后各个阶段对导游服务礼仪、职业道德等内容的培训，不断提高服务技能和服务质量。导游是旅游业以及旅游地区的

对外窗口，导游应该严格要求自己，加强自身职业道德建设，以导游行为规范和职业道德规范约束自己的言行，形成良好的服务态度、敬业奉献精神，在实际的工作中及时、准确地解决游客问题，能够全心全意为游客服务，提供更高质量的导游服务。

导游职业道德水平未能达到人民群众的预期，很大程度上是由于欺诈蒙骗、强行揽客等非法现象引起的。而当中一些违法现象的产生是由于导游工作者物质上没能得到良好的保障。我们要使他们树立良好的利益观，提供良好的物质保障，免除导游工作者的后顾之忧，提高对欺诈蒙骗、强行揽客等行为的抵御能力。

（三）做好导游服务问题事前预防

导游是旅行社组织旅行行为的实施者，仅靠导游的职业道德进行自我约束，要求导游每时每刻恪尽职守、尽可能提供高水平导游服务是不可能。旅游法中对导游与旅行社的职业行为都是分别进行规定的，以至于在旅游纠纷中不利于旅游者维权。在很多纠纷中，责任并不那么容易界定，很难确定是旅行社和导游哪方的责任更大些，在这种情况下，执法部门需要分别对导游和旅行社进行确责。没有一个量责的标准，容易造成一种法律随意性的表象。因此，在立法中应发挥法律的指引作用，促进导游、旅行社、管理部门之间形成一种垂直负责制。发挥旅行社积极性，将导游人员管理纳入旅行社内部管理之中。若由旅行社垂直领导导游，依法给予导游合法报酬，导游可根据自身要求自由选择在何处供职，旅游公司争夺客源的注意力转向导游人才的争夺，导游也有了动力专注于自身导游能力的提升，就可刺激良好的薪酬激励机制的建立，减少恶性竞争下的导游失范行为发生（李强，2011）[4]。

虽然除了报警电话，旅游局、消协等部门都纷纷推出服务热线，然而近年来"宰客"事件发生后，有关部门常常电话接不通，或以"管不了"为理由拒绝处理。最后，常有游客为省事只好自己承受合法权益的亏损。因此，立法中应该明确各管理部门职责，对于边界清晰的案件，负责部门须得尽职履责，但是对于有的界限实在难以划清的案件，应该由有关部门共同协助处理，根据案件具体情况，理清主次责任，加强相关部门之间的协作，严禁以本部门"管不了"为由而不管不问。比如在很多宰客案件中，往往伴有暴力威胁、虚标价、标天价等情形，这就可能同时涉及公安局、工商管理部门、物价局等部门，在这种情况下，各部门应该通力合作，禁止互相踢皮球。

加强立法执法，增加违法成本。《旅游法》的颁布，表明了国家解决旅游行业问题的决心，但该法施行虽久，却收效甚微，这表明新法威慑力尚不够，违法成本过低，比起诱人的利润，旅游经营者更愿意付出较小的违法成本来赚取高额回报。相关旅游部门对这种现象的处罚力度较小，容易导致黑导游被处罚后，"重操旧业"的现象（王慧静，2016）[5]。因此，应加强法律对相关违法、侵权行为的惩罚力度，尤其是要加强对旅行社违法营销、克扣导游薪资等行为的惩处力度。

（四）加大监管力度

借助信息科技的发展，我们需要推进导游个人信用档案建设和信息化管理，使得游客可以到各市导游协会网站查询导游的信用程度和工作信息。黑龙江省导游个人诚信系统既是全社会信用建设规划的组成部分，也是黑龙江导游人员管理的重要平台。导游个人诚信的范围包括导游从业期间受到的奖励和惩罚等。同时，完善导游与消费者的投诉处理机制，拓宽举报投诉渠道，力争举报一起处罚一起，制定导游与个人投诉处理的标准化管理制度。建立和完善导游信息库，便于访问者查询和联系，规范导游人员导游行为，使其更好地为游客服务。同时我们可以拓展导游个人信息和信用查询方式，以信息科技创新导游信息和信用公布方式，为每位导游创设独立的二维码。任何游客可通过扫描二维码或用手机 APP 识别导游身份并录入相关信息，导游违规将计入信用评分，并按《导游人员管理实施办法》处理。运用这样的信息技术既可以杜绝无证导游出现，同时也方便游客对导游的职业道德、服务质量及时作出反馈。

导游的监管涉及主体范围广，对导游人员的管理要形成一个以法律法规为准绳，行政管理部门与行业自律、社会监督三者相结合的监督管理体系。旅游行政管理部门要严格执法，及时处理游客投诉和导游与游客之间的纠纷。旅行社层面上，旅行社应在与导游订立合同的同时，要求导游交纳一定数量的质量保证金以此来保护旅行社和游客的合法权益。游客层面上，可以运用一定的手段完善游客意见反馈系统，媒体可以在此方面发挥积极作用，提高游客的自我保护意识，从而使其反馈更集中、更合理。在此需要指出的是必须倡导和加强媒体监督和社会监督。大众媒体和人民群众无处不在，这两类监督是极其强大的舆论力量，是群众性的活动，监督范围、监督能力等方面有其特有的一面。然而这也是监督方式中最容易忽视的，把导游的职业道德置于大众眼下，便无须担忧导游道德的偏离。

（五）完善救济制度

1. 行业救济

我们可以建立并加强导游协会的体系与功能，建立省市两级的导游协会，逐步加强两级导游协会的自我约束。两级协会的分工上，我们可以由市级导游协会负责导游的登记注册、投诉的初步处理等一般性工作；由省级导游协会负责导游证的年审、培训等重要工作。各级导游协会负责本地区各种形式的导游竞赛，协助旅游局开展导游的评审、表彰等活动。加强旅游形象的策划与宣传，提高社会对导游和旅游产业的认识。省市两级导游协会的领导必须由有若干年导游经验的人担任，同时行业需要制定导游行为规范，为处理导游和游客纠纷提供处理标准（王飞，2016）[6]。

行业协会可充分发挥市场调节的及时灵活性作用，能在竞争中有效促进行业经营管理的进步发展。若仅由行政管理部门进行管理，游客在维权时遇到行政管理部门间"踢皮球"，或者对相关部门的处理不满意时，可向旅游行业协会申请支持，这既是对游客权利的保护，也是对各部门工作的一种监督。如果救济途径不通畅，会让旅游者对旅游市场监管失去信心，相关部门的工作也难以进行。

2. 行政救济

在我国，出了问题后，人们习惯找政府寻求行政救济。从宏观经济学理论上看，市场机制并不能解决经济发展中的所有问题，交易活动中每一个理性的个体，都以自身利益最大化为行动目标和行动原则，由此会产生"搭便车""外部不经济性"等各种问题，这时，就需要政府这只"看得见的手"进行控制和协调，解决市场那只"看不见的手"所难以解决的问题。旅游行业运作中，国家行政机关的调控作用是不可缺少的，行政部门应该做好工作部署，在监督、执法等方面做好明确分工，有目标地解决问题，为旅游行业提供政策支持，在必要的时候为行业协会和游客提供行政救济。

3. 司法救济

通过司法诉讼程序解决纠纷是最为传统的争议解决途径，导游和游客之间的纠纷也不例外。司法途径解决作为解决导游和游客纠纷的最后一道防线，在法律效力上是最高的，也可以说是最终的救济途径，司法途径诉讼具有强制性和程序性的特征。在法律纠纷中可能会涉及民事、甚至是刑事方面的问题，这可能是行业协会和行政部门都无法解决的问题，因此就需要诉至法院，寻求司法救济。在我国保护旅游消费者权益可以依据的法律、法规，主要有以下几个方面：《宪法》《民法通则》等一般性法律；部门经济法；行政法规规章；行政规定和办法。当然，2013年颁布的《旅游法》也成为旅游者维权的重要依据。鉴于很多游客对相关法律法规了解不够，应该设立法律咨询部门，给有需要的人提供法律咨询。在旅游者维权有法可依的前提下，另一方面也需要法院等司法部门为其提供通畅的维权渠道，对旅游违法者做到违法必究。

由于对违法违纪的导游惩罚力度较低，我们还需要提高行政罚款数额，从而增强法律的震慑力，加强对导游违法案件的惩罚力度。司法实践中，可以立足于我国现行法律法规的规定之上，结合被侵权人的具体的直接损失情况和侵权人因侵权行为而获得的利益等相关情节，加大对该行为进行惩罚的力度，以比较强的惩戒力度来预防和制止导游人员违法行为的发生。

五、结语

当前，冰雪旅游业已成为黑龙江省经济发展的支柱产业之一，旅游经济对东北老工业基地的复兴的带动作用日益增强，冰雪旅游产业占据重要的地位与作用。导游是哈尔滨冰雪旅游队伍中重要的力量，对推动哈尔滨冰雪旅游业发展具有重要的作用。导游队伍是哈尔滨冰雪旅游市场上重要的人力资源，近些年来哈尔滨有意识地逐渐打造冰雪旅游这一王牌经济发展项目，但是如何能让其成为哈尔滨的城市标志并且作为长久的经济增长点，是我们必须深入探讨的问题。旅游行业经营主体参差不齐，从业人员的基本素质良莠不齐导致哈尔滨冰雪旅游项目的发展愈发艰难。因此，我们需要坚持问题导向，积极采用先进的管理经验与专家建议，大刀阔斧地进行改革，提高导游服务质量，完善和改革导游服务，才能保持哈尔滨冰雪旅游业的持续增长。

参考文献

[1] 范晓明. 提高导游服务质量的对策分析 [J]. 河北科技师范学院学报（社会科学版），2014（3）.

[2] 王倩颖. 黑龙江省冰雪旅游持续发展的经济策略 [J]. 冰雪运动，

2015, 37 (2).

[3] 韩国纲, 赵永哲. 黑龙江省冰雪旅游发展的制约因素与对策 [J]. 冰雪运动, 2010, 32 (9).

[4] 李强. 论社会导游话语权的缺失及其对策 [J]. 旅游论坛, 2011.

[5] 王慧静. 旅游"零负团费"问题法律规制再检审——兼论新《旅游法》适用中的新问题 [J]. 法学杂志, 2016 (7).

[6] 王飞. 冰雪旅游业治理结构与运行机制研究 [J]. 北京体育大学学报, 2016 (10).

Study on the Regulation of Harbin Ice and Snow Economic Tour Guide Service

Ning Hong-chao   Li Kui

Abstract: Tourist guides are the dominant tourist guide in the tourist activities, and they provide guides, explanations and related services for tourists. As a representative of a travel agency, a region or even a country, the service quality of tour guides not only affects the experience of tourists, but also affects the satisfaction of tourists to travel agencies, the region or the country. We pointed out the existing problems, the quality of Harbin ice snow economy business occupation morality, tourism management department supervision, tourists lack the correct concept of consumption, the relevant laws and regulations are not perfect, aiming at these problems, improve the quality of the tour guides, strengthen the occupation training, improve the occupation moral quality, prevention and regulation suggestions.

Keywords: Ice and Snow Economy; Tour Guide; Regulation

黑龙江省冰雪特色景观设计对其旅游经济影响及发展对策研究

丁凌云　安健锋[*]

摘要：本文将黑龙江省的气候特征与冰雪景观设计结合，将黑龙江省整体地市冰雪景观设计的发展历程、演变同黑龙江省旅游经济发展进行结合，加强对黑龙江省各地市冰雪景观设计的调研，以冰雪文化研究为起点，逐步完善城市的景观设计体系。

关键词：冰雪景观；冰雪文化；冰雪旅游

黑龙江省地处我国东北，其整体景观设计无论是在设计视觉风格、设计元素或设计手法上，都有其各自的特点并能突显出当地的冰雪地域特色文化；身为其中的冰雪景观设计在黑龙江省具有其本身独特的设计内蕴，以冰雪为特色元素的景观设计有其特殊的研究价值、审美价值、经济价值和旅游价值；既可丰富黑龙江省景观设计地域性，又可以对黑龙江省旅游经济和景观设计实现支持和发展。本文希冀以即在于以黑龙江省景观设计中的特色元素——冰雪景观设计作为研究切入点，尝试梳理出适合于黑龙江并可以突出其冰雪文化地域特色的景观设计，通过其来推动黑龙江旅游经济可持续的良性循环发展，使得黑龙江省地域性艺术文化得以更好发展，为黑龙江省景观设计的特色化、多样化，为黑龙江省旅游经济的发展增添一份力量。本文现根据黑龙江省所展现的东北地区气候特征与冰雪景观设计结合，将黑龙江省整体地市冰雪景观设计的发展历程、演变同我省旅游经济发展进行结合，重点研究黑龙江省寒地城市冰雪景观和冰雪主题公园，在此基础上提升城市的整体景观设计水平和城市品牌形象，使黑龙江省各主要市县的旅游经济得以向前不断发展。本文将从在大量实践调研原始材料、第一手材料的

---

[*] 丁凌云（1980～　），女，黑龙江省大庆人，哈尔滨商业大学设计艺术学院，副教授，硕士，研究方向：美术学，Email：dddd.69@163.com。
安健锋（1984～　），男，黑龙江省双鸭山人，哈尔滨商业大学设计艺术学院，讲师，硕士，研究方向：美术学，Email：1295570766@qq.com。

基础上来进行黑龙江冰雪特色景观设计对我省旅游经济的影响作出判断，从而得出并分析其相应发展对策。

一、运用冰雪特色景观设计加强全省旅游基础设施建设

（一）冰雪景观、冰雪特色景观设计的概念

本文所述冰雪景观主要是指在黑龙江省带有一定干燥寒冷并有降雪的冬季时期冰雪实体景观。冰雪特色景观设计是基于冰雪实体景观之上而提出的一种景观设计类型，其结合景观设计中的审美、功能、多元造型等多方面因素，展现冰雪景观设计特征及特有设计元素。

（二）加强旅游基础设施建设

在旅游基础设施的建设方面，要加大政府对其投入力度，特别是要加大对基础冰雪景观设计的投入及进一步改良，比如，旅游景点基础建筑等设施方面都需要进行不断的完善和提升，来满足冰雪游客不断变化的审美需求。再者，在冰雪景观设计应用前提下，更好地促进黑龙江省冰雪旅游产业的健康良好发展，进而推动全省经济的发展。另外，可通过黑龙江省特色冰雪景观设计融汇黑龙江省冰雪文化内容，进而来发展具有自身特色的冰雪旅游；在此基础上，整体上提高黑龙江省冰雪旅游的文化价值。

（三）全省冰雪特色景观设计中所应注意问题

在黑龙江省冰雪特色景观设计研究中，必须要注意抓住其主要问题。在研究中，在明确其研究重点问题的基础上，特别要注意以下几个问题：

第一，空间地域问题。本文研究以中国黑龙江省整体城市地区为空间范围，其中以位于黑龙江省省会哈尔滨市、齐齐哈尔市、大庆市、牡丹江市、佳木斯等城市空间地域为本次黑龙江省冰雪特色景观设计的重点研究对象。

第二，时间界定问题。黑龙江省冰雪特色景观设计的研究在时间上是以特定时间、特定地域进行视觉展现的一种景观设计类型，其与东北特有植物、山石等

景观设计元素一样，有其相应的景观环境设计理论，应用于以大型公元为代表的大型园林景观，城市社区景观，旅游区景观等各种景观设计子项当中。冰雪特色景观设计的最终目的在于营造出特色冰雪景观视觉环境，让游者从内心深处来深层次体会冰雪景观环境的美感，让游者拥有美的感受，让其来到黑龙江省进行冰雪旅游觉得不虚此行，愿意将手中资金消费到黑龙江冰雪景观设计营造的北国美丽冰雪环境之中。

二、通过冰雪特色景观设计，宣传黑龙江省主体冰雪旅游形象品牌

黑龙江省以冰雪为主丰富的冬季旅游资源，在国内具有独特地域及资源优势，在冰雪特色旅游方面处于优势地位，至此，当前需要对其冰雪旅游品牌形象（杜春玲，2011）[1]进行良好建设。

首先，通过全省冰雪特色景观设计在一定程度上的应用，能使黑龙江省良好的冰雪旅游品牌形象在全国乃至国际得以确立，对该省冰雪旅游市场开发意义十分重大。从客观事实上看，通过优质的冰雪景观特色设计，可以将游客吸引过来，推动本地旅游经济的发展，可成为黑龙江省冰雪促进黑龙江冰雪旅游经济发展的对策。黑龙江省冰雪特色景观设计发展潜力巨大，具有进一步挖掘、创新和提升等多元价值，可通过其运用来营造充满活力的黑龙江省冰雪特色景观环境氛围，打造黑龙江省特有北国冰雪旅游文化品牌（杨斌霞，2012）[2]。其次，通过运用冰雪特色景观设计，加强本省冰雪景观旅游资源宣传。开发本省冰雪旅游景观资源，应该注重冰雪旅游景观品牌的打造，优质冰雪旅游品牌的出现，可以进一步促进当地冰雪旅游业的发展。

三、加强黑龙江省重点旅游景区中的冰雪景观设计

重点旅游景区中的冰雪景观设计是最能体现一个区域冰雪特色的景观设计。比如滑雪场，其冰雪景观设计最能体现当地的冰雪文化与景观的特色设计风格。黑龙江省诸多滑雪场优质冰雪景观设计的出现，能够开拓其冬季的旅游观光资源，使其旅游经济得到全面更好的发展。在此中的冬季冰雪景观设计，要充分利用和发挥冰雪元素设计特点，在与自然景观及场所结合的基础上，要能够营造出

激发游客冬季激情的特色景观，使游者乐游其中、流连忘返，从而促进黑龙江省旅游活动经济的发展（王海荣，2015）[3]。针对滑雪场冰雪景观设计而言，其冰雪自然与人工景观建筑、基础景观设施等方面的设计都要与冰雪自然景观环境相匹配。以黑龙江省哈尔滨市亚布力山地滑雪场为例，该滑雪场冰雪景观设计充分考虑到了冬季哈尔滨大自然冰雪景观特色，建筑依山形体起伏而建，采用自然木材作为设计材料，整体冰雪景观设计方案从建筑材质到景观艺术风格都能与当地冬季冰雪环境相和谐，使人充分感受到北国冰雪自然美感，增强国内外游客对黑龙江省冬季旅游及冰雪运动等方面的兴趣（王海荣，2015）[4]。另外，冰雪主题游园也是黑龙江省旅游中冰雪景观设计的重要组成部分，主要在城市内设计开展，更多体现人工冰雪造型之美美。以哈尔滨一年一度的哈尔滨冰雪大世界为例，该冰雪景观设计以冰块砌成大型景观建筑及冰雕为主，以冰滑梯，冰迷宫等景观设计为辅，其是冰雪特色景观设计推动黑龙江省冰雪旅游经济发展的最佳体现。

四、加强黑龙江省冰雪特色景观设计在城市建设中的应用

（一）要加强黑龙江省各市县区的城市广场及各居住生活区环境中的冰雪景观设计

城市广场方面，城市广场在城市冰雪景观设计中具有重要意义。黑龙江省冬季漫长，其城市广场冰雪景观设计风格更应与当地冰雪环境相匹配，两者之间融为一体。居民生活区方面，设计师在进行居住生活区环境中冰雪景观的设计时，要注重人们户外及休闲活动等功能要求，要根据当地气候条件结合其冬季人们活动的设施需要，创造出具有当地冬季特色、实用美观的冰雪景观设计。

（二）要加强以冰雪为主题的新一代景观设计项目开发

当前由于社会文化经济的快速发展，人们对特色冰雪文化景观的需求标准也日益提升，更多的景观设计师也越来越重视冰雪文化艺术与时俱进式的设计发掘。如瑞典设计师 Kauko Notstrom 设计制造的北极圈冰雪酒店，其将冰雪建筑与酒店功能结合起来，能够体现出冰雪特色景观设计氛围烘托下的独特居住环境。由于该酒店扬名在外，其冰雪衍生景观设计建筑也随之而起，冰电影院、冰酒吧

均因此出现。新一代冰雪景观设计项目的开发，体现出了设计师和游者对自然冰雪及景色环保的深层次感悟和理解，间接地为黑龙江省冰雪主题特色景观设计发展提供了新的参考和启迪。

五、瞻望黑龙江省冰雪特色景观设计对本省未来旅游经济的发展

黑龙江省冰雪特色景观设计对其旅游经济发展在未来是否具有助益，是否能够符合本省旅游经济发展的要求，这是一个值得探讨的重要问题。首先，从本质上看，冰雪特色景观设计对我省旅游经济的发展确实具有一定的促进作用。现今因此已经形成多种冰雪旅游商业模式。黑龙江省要想打造该省特有的冰雪旅游经济品牌，就要有效利用当地冰雪资源这一最为有利的自然条件，以冰雪景观设计来促进经济的发展，大力发展冰雪旅游资源及相应的商业模式，近几年在哈尔滨冰雪大世界、亚布力滑雪场、哈尔滨兆麟公园冰灯游园、太阳岛哈尔滨新区大型雪雕等冰雪景观设计项目上均取得了一定良好的成果（孟爱云，2009）[5]。其次，黑龙江省冰雪特色景观设计对本省旅游经济相关文化产业具有推进作用。通过运用冰雪景观设计，在推动本省旅游经济良好发展的同时，可以间接有效地促动黑龙江相关文化产业的发展。从而提升品牌知名度、提高本省经济效益。从中可以引申看出，通过对黑龙江省冰雪景观设计的相关讨论和论证，能够充分说明冰雪特色景观设计对本省旅游经济的推动，客观而言确实具有一定可持续发展上的支持性。

六、结语

设计影响经济。黑龙江省冰雪旅游产业是黑龙江省旅游产业体系框架中的重要组成部分，要努力提高黑龙江省冰雪旅游的竞争力。至此，通过对黑龙江省冰雪特色景观设计对推动本省旅游经济发展的相关研究已成当务之急。现阶段，专注于探讨冰雪地域特色景观设计类型在本省旅游经济发展当中的应用，十分必要；从客观来看，在当前和未来，黑龙江省冰雪特色景观设计研究与应用、为其推动本省旅游经济的可持续发展确实奠定了坚实而又积极的现实意义。

参考文献

[1] 杜春玲. 黑龙江省冰雪旅游形象设计研究 [J]. 冰雪运动, 2011, 33 (6): 88-90.

[2] 杨斌霞. 黑龙江省冰雪旅游产品内涵与开发现状研究 [J]. 冰雪运动, 2012, 34 (4): 80.

[3] 王海荣. 黑龙江省对俄冰雪旅游产品开发研究 [J]. 冰雪运动, 2015, 37 (5): 71-72.

[4] 王海荣. 黑龙江省对俄冰雪旅游形象设计研究 [J]. 冰雪运动, 2014, 36 (2): 79-80.

[5] 孟爱云. 东北区域冰雪旅游资源整合开发探讨 [J]. 学术交流, 2009, 5 (3): 115-116.

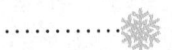

The Impact of Ice and Snow Landscape Design on Heilongjiang's Tourism Economy and Its Development Strategies

Ding Ling-yun　An Jian-feng

Abstract: The paper combines the climate characteristics of Heilong – Jiang province and snow and ice landscape design, the whole privine in Heilong – Jiang province of the development and evolution of snow and ice landscape design with Heilong – Jiang province tourism economic development, strengthen the research of snow and ice landscape design around the city of Heilong – Jiang province, with ice and snow culture research as a starting point, gradually perfect the system of the urban landscape design.

Keywords: Ice and Snow landscape; Ice and Snow Culture; Ice and Snow Tourism

黑龙江冰雪经济研究

冰雪文化

黑龙江省冰雪旅游产业与少数民族文化产业融合发展研究

张秋平[*]

摘要：黑龙江省冰雪旅游产业和黑龙江省少数民族文化产业均为黑龙江省产业发展的新亮点，若能将二者进行有效的融合将会给黑龙江省经济发展带来更多契机。通过探讨黑龙江省冰雪旅游产业以及少数民族文化产业的发展现状及融合现状，探索黑龙江省冰雪旅游产业与少数民族文化产业融合的机制，为二者有效结合寻找有效途径。这将对进一步推动黑龙江省第三产业发展以及经济发展提供相应的理论借鉴。

关键词：冰雪旅游产业；少数民族文化产业；融合发展

产业间的融合发展是经济结构调整和消费需求改变的必然产物，可以在产业间产生叠加效应，实现互利共赢。黑龙江省冰雪旅游产业与少数民族文化产业的融合发展在黑龙江省当前更具现实意义，无论是对黑龙江省的产业转型，还是对其产业突破，都需要发挥冰雪旅游业的关联带动作用和融合功能。而冰雪旅游产业与少数民族文化产业具有天然的耦合性和共同的现实需求基础，符合产业融合发展的趋势。

一、黑龙江省冰雪旅游产业与少数民族文化产业融合的现状

黑龙江省位于中国东北部，是中国纬度最高、气温最低的省份。全省属寒温带季风性气候，境内群山连绵，林海绿涛，充满大自然的奇光异彩。黑龙江省大部分地区从1月份至次年3月都以降雪为主，降雪日数平均每年为20~50天，降雪初日与终日间隔达3个月左右；冬季积雪日数为80~120天，积雪初日与终

---

[*] 张秋平（1982~　），女，黑龙江省齐齐哈尔人，哈尔滨商业大学经济学院教师，副教授，博士。研究方向：外向型产业研究，E-mail：iamsophyzhang@163.com。

日间隔140~170天，最大积雪深度可达58cm。丰富的冰雪资源，神奇精美的冰雪艺术，色彩缤纷的冰雪活动，使之成为冰雪运动的故乡、冬季滑雪和冰雪游乐的胜地。[1]同时，省内大多数山体高度适中，坡度平缓，非常适合开展冰雪观光和专项冰雪运动。随着冰雪旅游产业规模的不断壮大，设施配套程度的明显提高，也将带动相关产业的发展，这一点，作为中国冰雪产业初发地的黑龙江省来说，冰雪节犹如一根巨大的杠杆，撬动了一系列产业，打造出了中国北方独树一帜的"冷经济"现象。吉林、辽宁、新疆、内蒙古等省区都在抓紧开发滑雪旅游资源，与黑龙江省形成了一定的竞争局面。[2]这说明发展滑雪旅游符合地域经济发展特点，已经受到广泛的重视，已成为一个新的经济增长点。然而，如何使黑龙江省冰雪旅游产业得到长足发展，并具有特色，则成为当前关注的焦点。

黑龙江省是一个多民族省份，拥有53个少数民族（黑龙江省政府网站）。黑龙江省少数民族在漫长的历史进程中，创造了丰富灿烂的物质文化资源与精神文化资源。在黑龙江省组织专家梳理出的黑龙江十大系列历史文化资源中，少数民族文化所占分量之重，令人赞叹。其中与少数民族直接相关的文化资源包括：民族历史源流文化系列；民族民间非物质文化遗产系列中少数民族，包括其语言在内的口传文化、传统表演艺术、民俗活动、礼仪节庆、关于自然和宇宙的民间传说、传统手工艺技能，以及与上述表现形式相关的文化，如鄂伦春族的歌舞和桦皮画，赫哲族的鱼皮工艺品精深加工，满族的剪纸、刺绣，等等；流域文化系列中有"京旗还屯"的京旗文化、柯尔克孜族文化等。[3]各个民族都有自己独特的风土人情，他们的日常生活状态展示着民风、民俗，传承着民族记忆，成为很多游客向往的旅游胜地。然而在发展过程中，少数民族文化产业发展存在许多问题，比如黑龙江省的10个世居少数民族均创造了丰富的文化资源。但实际上文化旅游开发相对做得较好的只有赫哲族、达斡尔族、朝鲜族、鄂伦春族，而其他的世居少数民族文化产业开发程度相对较低。

在黑龙江省，冰雪旅游产业和黑龙江省少数民族文化产业都是黑龙江省产业发展的特色和亮点，若能将二者进行有效的结合则会给黑龙江省产业发展乃至经济发展带来新的动力。因为黑龙江省不仅有着迥异于中原与南方的自然冰雪文化，也催生出独特的少数民族文化形态，其生产方式及饮食、建筑、服饰等生活方式都折射出了古代先人在这冰天雪地中不畏自然、自强不息的意志品格，是大美龙江的精神表征。但是，当前黑龙江省冰雪旅游文化产业并没有和少数民族文化产业进行有效的融合。故此需要为黑龙江省冰雪旅游文化产业与少数民族文化产业寻找有效的路径。[4]

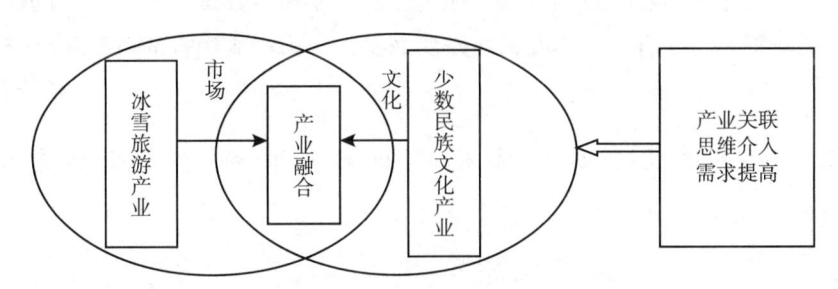

二、黑龙江省冰雪旅游产业与少数民族文化产业融合的机制

文化产业是对传统的、非商业性文化部门与商业性文化活动的通称，它的内容非常广泛，旅游产业可归为其中的一类，因而旅游产业不仅是一个文化性很强的经济产业，同时也是一个经济性很强的文化产业，文化产业与旅游产业融合发展有其必要性和可行性。黑龙江省冰雪旅游产业与少数民族文化产业密切相关，冰雪旅游产业为少数民族文化产业提供市场，而少数民族产业为冰雪旅游产业提供文化资源。所以，冰雪旅游产业与少数民族文化产业存在以下关系，如图1所示：

图1 冰雪旅游产业与少数民族文化产业融合机制

（1）冰雪旅游产业与少数民族文化产业高度关联：冰雪旅游产业中需要有利用文化资源为旅游服务的经营企业来吸引更多的消费者，这本质属于文化产业，而少数民族文化产业中那些主要生产供旅游者参观、游览、鉴赏和购买产品的企业又发挥着旅游的作用。旅游产业能为文化产业提供平台和载体，文化产业能使旅游产业具有更高的文化附加值与更大的利润空间。在两者融合过程中，旅游的优势在市场，文化的优势在内涵，这种资源共享优化了生产要素的配置，构建了互为一体的产业体系，为两者融合发展提供了坚实的基础。黑龙江省少数民族文化中蕴含着许多与冰雪有关的活动，例如，鄂伦春族以冰雪为依托的篝火节和以冰雪伊萨仁为代表的旅游节庆活动，能够让游客到鄂伦春人家看雪、玩雪，并体验鄂伦春冬日的民族文化。

（2）少数民族文化产业开始对旅游产业产生系统性思维介入。少数民族文化产业与旅游产业的融合生成很大程度上是系统性思维的推动结果。随着经济的发展，人们生活水平的提高，旅游业在第三产业中的地位开始变化，人们对旅游资源范围和功能的认识也在不断变化，例如，部分游客想通过旅游开拓自身的视野，增加对少数民族及其历史的了解，这从思想上提供了旅游产业和文化产业融合的土壤。例如：部分游客为了对赫哲族有进一步了解，就会通过旅游这种方式来完成，同时又对冰雪文化特别感兴趣，很多游客就会将二者打包在一起完成自己的旅游计划。

（3）游客消费需求的提高。从发达国家和地区的成功实践看，旅游与文化两大产业的融合发展，使得两大产业在品质上得到同步提升。两者相比，旅游产业侧重于异地性和观赏性，文化产业侧重于娱乐性和文化性，正是这种差异的存在，使得两者的融合不仅能满足不同旅游者的多样化需求，而且扩大了市场空间。随着黑龙江省冰雪旅游产业的发展以及少数民族文化产业的不断壮大，为了更好地满足游客消费需求，黑龙江省冰雪旅游产业与少数民族文化产业相互融合势在必行。同时，随着科技的发展，冰雪旅游产业和少数民族文化产业的融合范围也在不断扩大，这有利于不断形成新的业态，成为产业融合的桥梁和纽带。[5]

三、黑龙江少数民族文化产业与冰雪旅游产业融合的路径研究

为了更好地将黑龙江省冰雪旅游产业与少数民族文化产业进行融合，黑龙江省少数民族文化产业与冰雪旅游产业融合发展的路径可由图2说明。

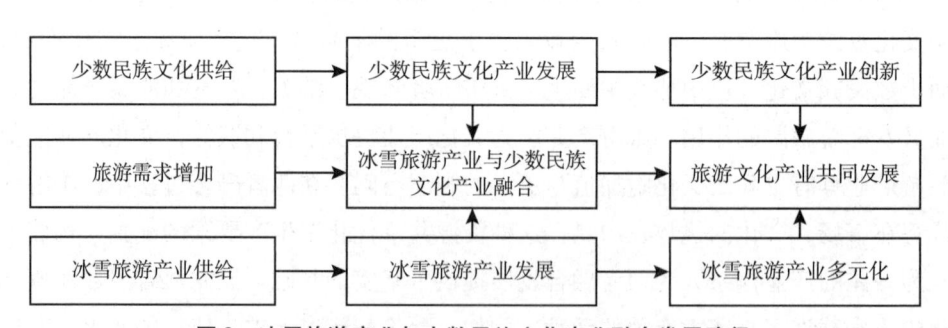

图2 冰雪旅游产业与少数民族文化产业融合发展路径

（1）培育冰雪文化，打造特色品牌。任何地方的文化，都有其独特的地域风格和历史文化，冰雪文化是黑龙江省这片黑土地上的特有文化。打造黑龙江省的冰雪文化，就要依托丰富的地域文化资源，开发黑龙江地区冰雪旅游资源优势，要注重民族特色和地域文化的开发，展示中西合璧的城市建筑艺术及文化。同时

还应集中大量的精力、物力、财力打造特色龙江品牌,以文化为主线,突出地域、民族特色,通过研发和推广冰雪体育旅游、冰雕雪塑、地方民俗、特色餐饮等组合性产品增强黑龙江省冰雪产业的综合竞争力,形成具有民族特色和地域特色、优势突出的冰雪体育产业新格局。

(2) 将冰雪特色产业与少数民族文化营销相整合。随着人们生活水平的日益提升,人们对精神生活的追求也日益强烈,冰雪类体育产业也随之受到更多人的推崇与喜爱。所以在开发冰雪类体育产品时,必须充分考虑民族特色。例如可以以民族特色为依托,开展满族人传统的冬季活动项目如拉爬犁、抽冰壶、狗拉雪橇;也可利用冬天丰富的雪地资源开展不同民族间的文化交流,吸引更多的游客前来参观,扩大黑龙江冰雪产业以及少数民族文化产业的影响力。总之,最大化地利用现有资源,将冰雪特色产业与少数民族文化营销相整合,突出旅游产品开发坚持特色的原则,强力打造龙江特色品牌文化,针对不同种族、不同文化和不同年龄的对象加以传播。加强冰雪文化以及少数民族文化的融合推广,孕育广泛的群众基础,营造世界知名度和影响力。

(3) 依据各少数民族特色进行冰雪产业多元化经营。由于消费者需求的变化,各个地方应开发具有地方特色冰雪旅游产品,结合当地民族、民俗文化,培育成具有特色的冰雪文化产业,增强黑龙江省冰雪文化产业的影响,这就需要依据各少数民族特色进行冰雪产业多元化经营。同时,各个少数民族文化企业要通过合资、联营、股份化运营、组建集团公司等模式,实现优势联合与互补,逐渐形成少数民族文化产业链。国际国内享有盛誉的旅游胜地丽江古城组建的"丽江古城管理有限责任公司"对黑龙江省冰雪旅游产业以及少数民族文化产业融合发展就具有借鉴意义。

总之,为了更好地推动黑龙江省冰雪旅游产业以及少数民族文化产业的发展,推进二者的有效融合是非常重要的途径。为此,应进一步发掘冰雪旅游产业与少数民族文化产业高度关联的领域;提高冰雪旅游产业以及少数民族文化产业品牌知名度以扩大供给,满足更多旅游消费者的需求;不断将少数民族文化产业中融入冰雪元素,将冰雪旅游产业中融入少数民族特色。让冰雪旅游产业与少数民族产业相互辅助、共同发展,使之成为推动黑龙江省经济发展的新动力和源泉。

参考文献

[1] 李刚. 构筑黑龙江省冰雪产业的文化高地 [J]. 知与行, 2017 (1): 117 – 130.

[2] 张英. 供给侧视角下黑龙江省冰雪产业发展策略研究 [J]. 中国市场, 2017 (31): 81-82.

[3] 张贵海. 试论东北亚冰雪产业企业合作 [J]. 学术交流, 2013 (10): 9.

[4] 王淑娟, 白佳. 我国少数民族文化产业发展对黑龙江的启示 [J]. 学术交流, 2013 (3): 159-162.

[5] 罗明义. 论文化与旅游产业的互动发展 [J]. 经济问题探索, 2009 (9): 1-5.

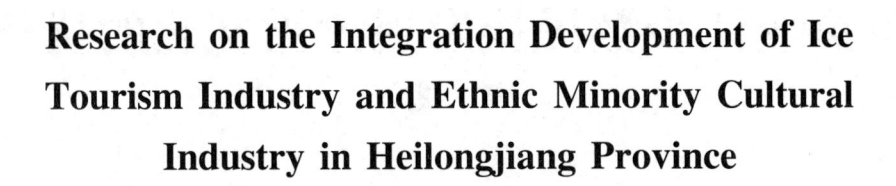

Research on the Integration Development of Ice Tourism Industry and Ethnic Minority Cultural Industry in Heilongjiang Province

Zhang Qiu-ping

Abstract: The ice tourism industry in Heilongjiang province and the culture industry of minority nationalities in Heilongjiang province have become new bright spots in the development of Heilongjiang province. This paper probes into the present situation of ice tourism industry and ethnic minority culture industry in Heilongjiang province, and explores the mechanism of the integration of ice tourism industry and ethnic minority culture industry. This will further promote the development of the third industry and economic development in Heilongjiang province to provide corresponding theoretical reference.

Keywords: Ice Tourism Industry; Ethnic Minority Cultural Industry; Integration Development

论黑龙江少数民族发展冰雪文化的优势

杨 光[*]

摘要：在"一带一路"倡议开始全面实施，北京2020年冬奥会筹建工作不断加强，全社会对冰雪运动和冰雪文化日益关注的背景下，黑龙江少数民族由于其所处的得天独厚的地理位置、坚韧强健的冰雪体质、历史悠久的冰雪运动以及内容丰富的冰雪文化而受到广泛的期待。黑龙江少数民族具备冰雪文化传承与发展的优势条件，应该受到足够的重视。应紧紧抓住北京举办2020年冬奥会的发展契机，积极发挥黑龙江流域少数民族冰雪文化传承发展的优势，通过各种途径来实现我国冰雪运动全面开展，冰雪文化交流的目的。在传承与发展黑龙江流域少数民族冰雪运动的举措中，应注意原生态、传统性与创新性相结合，从而达到促进我国冰雪运动的新发展，为冰雪文化传承开辟新的发展途径。

关键词：黑龙江流域；少数民族；冰雪文化；传承

冰雪文化是世界性区域生态特色文化，是指在冰雪自然环境中生活的人们，以冰雪生态环境为基础所采用的或所创造的具有冰雪符号的生活方式。因此，"冰雪符号"这一隐性因子潜移默化地作用在与之相关的生产生活中。广义的冰雪文化，是指人类在冰天雪地的自然环境中从事社会实践过程所获得的物质、精神的生产能力和以冰雪为内容创造的物质财富与精神财富的总和，其中包括饮食、服饰、建筑、交通、渔猎、体育、艺术、民俗、经贸、文学、旅游、文化教育、文化研究、文化展览、新闻报道等。狭义的冰雪文化特指体育、艺术、文学、旅游、科技等精神财富。冰雪文化作为一种地域文化现象存在时间久远，它产生于寒冷地区各民族人民的生活、生产活动中。

黑龙江流域地处中国东北边疆，孕育众多少数民族，如蒙古族、鄂伦春族、

---

[*] 基金项目　中国博士后第56批科学基金资助计划项目黑龙江下游少数民族社会经济变迁研究（2014M561368）。

杨光（1978~　）女，汉族，黑龙江牡丹江人，哈尔滨商业大学学术理论研究部，副研究员，博士。研究方向：区域经济史、民族文化史，E-mail：da‐hao‐zhang@163.com。

鄂温克族、锡伯族、赫哲族、朝鲜族、达斡尔族、柯尔克孜族、俄罗斯族、回族、满族等。缘于独特的地缘因素以及渔猎经济的生产方式，这些少数民族自古就有冰雪运动的传统，从元朝时期的雪爬犁、狗站、冰舟到清朝时期的贡貂、赏乌林山丹贸易，无不带着黑龙江流域少数民族的特点，并远播堪察加半岛、北冰洋，形成具有冰雪文化特色的东北丝绸之路"虾夷锦"文化。因此挖掘和发挥黑龙江流域少数民族冰雪文化，积极推进我国冰雪运动及冰雪文化建设，需要一定的战略思考。党和政府十分重视黑龙江冰雪文化建设，大力支持其配套设施建设，创造良好的经济文化环境。因此，应抓住有利时机，因地制宜，积极发挥黑龙江流域少数民族冰雪运动优势地位，大力发展东部丝绸之路的冰雪文化。近年来，在国家冰雪文化战略政策的实施下，社会各界从资金投入、技术革新、人员匹配、产品销售等各方面对黑龙江少数民族冰雪文化提供一些科学建议，尤其注重加强在新形势下冰雪运动的传承与发展，冰雪文化交流合作的新现象，从而达到经济发展与社会效益双赢的目的。

一、黑龙江少数民族发展冰雪运动的民族优势

黑龙江历史悠久，黑龙江流域的霍力屯古城具有7000多年的历史。这里生活着满族、朝鲜族、达斡尔族、锡伯族、鄂伦春族、鄂温克族等少数民族。黑龙江少数民族与蒙古、俄罗斯、日本国家的少数民族的族源有着密切的关系，语言相通、风俗相近，优越的民族优势，对于发展冰雪文化的交流与合作提供了有利的条件。因此，黑龙江少数民族发展冰雪运动具有较强的民族优势，具备发展冰雪运动文化战略实施的潜力。

历史上中国赫哲族与俄罗斯那乃民族、日本的阿依努民族有着深厚的渊源，尤其是与俄罗斯那乃民族，学界统一认为二者是同源民族；而赫哲族与阿依努民族文化艺术风俗极为相似，在中国古代就有频繁而密切的交往。著名的"山丹贸易"就是黑龙江赫哲族开辟的通往库页岛、北海道的贸易通道，因此从某种意义上可以说是黑龙江下游少数民族最早的"一带一路"的历史。

通考赫哲族的历史，可看出其共分三部：满古、奇楞和黑斤。其中后两部即奇楞和黑斤都曾经以俄罗斯的哈巴罗夫斯克为居住中心，"居住在哈巴罗夫斯克上方松花江和阿穆尔河沿岸的称奇楞人。至于称作黑斤人的戈尔德人（注：赫哲族人的又一称呼，多见于日文文献中），则住在由哈巴罗夫斯克下方的阿穆尔两岸到吉里亚克人居住地的边界为止的这片地区内"[1]，可见赫哲族历史上就曾经

生活在俄罗斯远东地区，并与当地少数民族有着密切的联系，这为该民族发展"一带一路"奠定了良好的历史渊源。

随着中俄之间频繁的经济往来，具有黑龙江流域特色的冰雪文化也在中俄交往中越发重要起来，尤其是同源民族——赫哲族与那乃民族的冰雪文化交流将会更加密切，语言相通、风俗相近，优越的民族优势对于传承与发展我国冰雪文化，加强国际交流与合作会带来促进作用。这给黑龙江流域少数民族的冰雪文化发展带来一个良好的契机。

近年来，随着来华旅游和经商的俄罗斯人逐年增多，包括那乃族在内的俄罗斯游客积极到中国黑龙江流域少数民族城镇进行冰雪文化交流。而具有冰雪文化特色的民族旅游更是吸引了国内外的游客的目光。发展以"冰雪文化"为主题的特色旅游业，成为黑龙江流域少数民族经济发展的新动力。随着从事冰雪文化产业的赫哲族人口逐渐增多，得到实惠、尝到甜头的赫哲族把冰雪文化进一步发展的目光投向了冰雪文化旅游系列产品上。赫哲族的冰雪文化历史悠久且内涵丰富，不但狗爬犁享誉中外，其创作的具有浓厚冰雪文化特色的"伊玛堪""说胡力""嫁令阔"等璀璨的民族艺术已成为国际非物质文化遗产，吸引不少国内外爱好者的到来。因此赫哲族发展冰雪文化产品的潜力巨大，民族手工业产品成为发展"一带一路"倡议机遇实施的重点。

此外，黑龙江的蒙古族、鄂伦春族、鄂温克族和柯尔克孜族等都与蒙古、日本北海道、俄罗斯远东西伯利亚、朝鲜、韩国的少数民族有着密切的关系，有着相同或相似的族源，悠久的民族历史，独特的同源民族文化，相近的民族风俗，便于文化的交流与合作。这为黑龙江少数民族冰雪文化建设提供了历史渊源和创新契机；而黑龙江少数民族具有的海纳百川、包容万象的文化特点使黑龙江冰雪文化更具有外向性特点，便于更好地进行对外交流与合作。应该充分抓住北京2020年冬奥会的战略机遇，积极发挥黑龙江少数民族冰雪运动的民族优势，重视黑龙江省与俄罗斯、日本、蒙古乃至东北亚的冰雪运动交流与合作，传承和发展我国冰雪文化。

二、黑龙江少数民族发展冰雪运动的地理优势

斯大林说："地理环境无疑是社会发展的经常的和必要的条件之一，它当然影响到社会的发展——加速或者延缓社会发展进程。"[1]因此，考察一个民族的历史发展进程及文化，对于其所处的地理环境应有一个全面的了解，这是因为，

"黑龙江区域内其他的本地居民,包括满族、蒙古族、达斡尔族、赫哲族等,之所以会出现社会进化时间上的差异,主要是与不同的生态环境有关。……即便是同一民族,也会由于不同的生态环境而有着不同的经济类型与不同的社会进化时间表。"[2]

黑龙江少数民族所处地理位置具有独特的优势,毗邻朝鲜半岛和日本海与俄罗斯隔江相望,与日本岛、朝鲜半岛间的海运、空运十分便利。在黑龙江省大力实施"一带一路"倡议的背景下,民族旅游开发有了新的起点,国际旅游热线吸引了不少人的目光,这为黑龙江少数民族冰雪文化的传承与发展增添了新的内容和新的路线。纵观黑龙江少数民族,大多散居在黑龙江省广袤的土地上。黑龙江东部和北部以乌苏里江、黑龙江为界河与俄罗斯为邻,与俄罗斯之间的水陆边界长约3 045公里;西接内蒙古自治区,南连吉林省。黑龙江是亚洲与太平洋地区陆路通往俄罗斯远东和欧洲大陆的重要通道,自古以来黑龙江流域的少数民族就活跃在东北亚的广袤土地上,与各国(地区)民众有着密切的经济、文化交流与合作。优越的地理位置,使黑龙江少数民族便于与俄罗斯、蒙古国、日本、韩国、朝鲜等国家进行冰雪文化的国际交流;同时也便于与吉林省、内蒙古自治区的冰雪爱好者进行交流。

黑龙江少数民族生活的地理面积为47.3万平方公里,这里大多属于北半球亚寒带地区。黑龙江是中国位置最北、最东,纬度最高,经度最东的省份。黑龙江省西起121°11′,东至135°05′,南起43°25′,北至53°33′,南北跨10个纬度,2个热量带;东西跨14个经度,3个湿润区。独特的地理位置,给黑龙江少数民族带来发展冰雪运动的极佳优势。位于欧亚大陆东部、太平洋西岸、中国最东北部,气候为温带大陆性季风气候。从1961~1990年30年的平均状况看,全省年平均气温多在-5℃~5℃之间,由南向北降低,大致以嫩江、伊春一线为0℃等值线。≥10℃积温在1 800℃~2 800℃之间,平原地区每增高1个纬度,积温减少100℃左右;山区每升高100米,积温减少100℃~170℃。无霜冻期全省平均介于100~150天之间,南部和东部在140~150天之间。大部分地区初霜冻在9月下旬出现,终霜冻则出现在4月下旬至5月上旬。

中国北方地区的人们长期生活在寒冷天气里,总结出了与冰雪环境相适应的生产方式与生活习俗。其中,绝大多数是源自最初的生产与生活需要,包括冬捕、冬狩、冬伐等生产方式以及狗、马拉爬犁、滑雪交通等生活方式便是冰雪文化应用发展阶段的雏形。

古代,黑龙江少数民族生存条件恶劣,因此产生对冰雪猖獗肆虐的恐惧敬畏,从无力抵御和掌握严寒冰雪瞬息万变的灾难规律,到逐渐适应、认识、驾驭、积累并传承丰富的识冰、御雪、巧用冰雪为自身服务的智能、经验和习俗，这些经验、习俗是地域文化、民俗文化在历史积淀和自然环境影响下的价值观念、组织形式、体制制度等文化因素的总和，具有极大的经济社会价值与人文社科价值。

气候对一个民族的发展尤为重要，正如台湾大学人类学系教授芮逸夫所论："土地，那是构成一个民族的地理区位环境的基本。面积的大小，地面的形状，动、植、矿物的分布，以及雨量、气候等等，都能影响一个民族的构成。"[3]

虽然历史上赫哲族由于各种原因不断地进行迁徙，但是无论赫哲族迁徙到哪个地区，都离不了大江大河。赫哲族是典型的渔猎民族，尽管迁徙的地点不断变化，但是所生存地区的地理环境没有太大的变化。其生存地属于寒温带大陆气候，受季风影响极大，这种气候特征是降水较多，蒸发量小，森林茂盛，地表有利于水源的涵养，所以赫哲族赖以生存的江河湖泊，一般不会干涸枯竭。

以赫哲族长久聚居地饶河县四排村为例，"该村地处寒温带，气候寒冷，冬季漫长而寒冷，积雪长达6个月之久，无霜期110~140天，年均降雨量600毫米。全村土地面积3 204公顷，总耕地面积1 036公顷，有数十公里的乌苏里江水面作为天然渔场。"[4]

另外黑龙江少数民族长久以来生活之地纬度高、气温相对来说偏低且干燥。其气候状况对该地区冰雪文化的影响也是不容忽视的，"由于古代的防寒措施相对简陋，因此严寒的气温对当地民族的发展会产生重要的影响。"[5]黑龙江少数民族祖祖辈辈生活在纬度高的地区，长期在冰天雪地里生存和繁衍，为在这种环境下开展正常的生产和生活，他们在实践中探索、总结出了大量的与冰雪环境相适应的生产、生活方式与生活习俗。其中，绝大多数是源自最初的生产与生活需要，这些便是冰雪文化早期的雏形。

作为冰雪文化资源的承载体，冰雪是部分地区由于特殊的地理和气候因素所形成的一种特殊的气象资源，它的形成、分布的地域性，决定了对冰雪文化资源的开发与利用只能在某些特定的地域内进行[6]。如地球上除了两极和少部分区域分布的冰川和多年冻土外，主要能够形成冰雪资源且资源丰富的地区主要集中在北半球，包括北欧的挪威、芬兰等著名的冰雪国家，还有中欧的瑞士、奥地利等滑雪旅游开发特色突出的国家，以及俄罗斯及周边国家，此外还有北美的加拿大、美国，亚洲的中国、韩国、朝鲜和日本等国。因此，从地域分布上看，冰雪文化资源首先就具备了承载主体的地域性限制特征。[7]

由于黑龙江少数民族所在的地区纬度高，冬季雪量大、雪质好，当地的少数民族对冬季冰雪环境的适应和对冰雪资源的利用开始较早，使黑龙江少数民族冰雪文化的传统较为悠久。黑龙江省冬季漫长，雪量大、雪质好、雪期长，森林覆盖率为42.9%，冬季平均气温－13.3℃，平均积雪期120天，山区降雪可达150厘米，而黑龙江少数民族多散居在冰雪覆盖较厚的地方。良好的自然环境、独特的冰雪资源和优越的地理位置，为黑龙江少数民族发展冰雪运动提供了优越的条件。

因此，地理环境造就了黑龙江少数民族的食、住、行都和冰雪发生着紧密联系。这里有适应冰雪环境的传统住宅建筑，如鄂伦春族的撮罗子、赫哲族的地窨子、蒙古族的蒙古包、满族的万字火炕；有令人瞠目的冬季饮食习惯；还有适合冬季玩耍的娱乐方式，溜冰、轱辘冰、跑冰鞋、堆雪人、打"滑咔溜"、打冰尜等。

三、黑龙江少数民族发展冰雪运动的技术优势

生活在黑龙江省的民族，最基本的生存手段是渔猎。赫哲族、费雅喀等黑龙江流域的少数民族在长期的生产、生活实践中，运用自己的聪明才智和勤劳的双手，发明创造出各种渔猎生产工具，并总结出许多宝贵的渔猎技术。黑龙江少数民族的居住区主要分布于黑龙江、乌苏里江、松花江沿岸和大小兴安岭的山林中，生活方式原始而封闭。

直到20世纪初期，黑龙江少数民族还以捕鱼、狩猎、采集和驯养等方式为生，保存着许多狩猎、渔猎社会的原始遗风。为了对抗恶劣的自然条件，黑龙江少数民族的先民发明了冰鞋、爬犁、雪橇等用具以便于在雪上行走、狩猎，并且掌握了滑冰、滑雪、狗拉爬犁等技能。此外，黑龙江少数民族大都具有悠久的历史。在古代生产力不发达的阶段，资源紧缺使各部族之间争斗不断，族人崇尚武力，各部族之间的战争孕育了民间体育活动的萌芽。

黑龙江少数民族的冰雪体育项目起源于生产劳动和祭祀活动，在体育活动和竞技的同时，民族的生活方式、习俗、宗教信仰等也随之传承下来，冰雪体育是黑龙江少数民族文化的传承的载体。通过对这些冰雪体育项目和民间游戏比赛等的研究，可以考察出当地民族的生产方式，以及在自然条件的限制下进行生产劳动对人的体能和技能方面的要求，还可以了解到当地民族的宗教信仰追求。在每一个冰雪体育项目和民间比赛中都蕴含有民族的历史传统，记录着黑龙江少数民族从建立到发展过程中的每个重要时期，展现出民族独特的观念和信仰。通过体育运动的方式，在竞技过程中，更容易激发出人们的民族热情，加深人们对自己

民族精神的理解，深刻体会自己民族的内在气节和文化，使民族精神得以流传，有利于促进民族团结。

由于渔猎者需要在冰天雪地里练就速度快、目标准、动作敏捷的本事，这就要求足够的体力、耐力和技术性。长期的渔猎生产使赫哲族、鄂伦春族、鄂温克族、达斡尔族等黑龙江少数民族的冰雪运动的技术性得到很大的提高，涌现出许多具有民族技术优势的冰雪运动项目。

（一）滑雪类

黑龙江少数民族地处我国东北地区，这里冬季寒冷并且持续时间较长，开展冰雪运动自然条件充足，他们在与大自然严酷的斗争中养成了勇武精神。在寒冷多雪的冬季，古代三小民族（鄂温克族、鄂伦春族、赫哲族的简称）的族人就制作了滑雪板和雪橇为主要的交通工具。由于地域特殊性，三小民族制作的滑雪板虽外形相似，都是前头翘起，长度在1.5~2m，但是具有不同的特点。为了生存需求，黑龙江少数民族练就了一身能够在冰天雪地里飞速滑行的高超技术，即滑雪的雏形。

鄂伦春族人用桦木或樟木制作滑雪板，中间用狞皮条做成套子挂在脚上，滑行时双手各撑一杆；鄂温克族人用松木制作滑雪板，中间用狞腿皮做成带子绑脚，滑行时不用撑杆；赫哲族人用稠李子木制作滑雪板，中间用狍皮带绑脚，撑杆带有一根弓弦，遇到猎物时撑杆就变成一张弓，便于打猎。雪橇也称爬犁、冰床、滑冰车等，曾在鄂伦春族和赫哲族中间广泛流行。鄂伦春族人常用的是以野兽皮毛做底的皮爬犁，野兽毛光滑、阻力小，在雪地上滑行速度较快。赫哲族史称"使犬部"，是我国唯一使用狗拉爬犁的民族。

过去赫哲人居住的地区一般都是十分偏僻遥远的地方，黑龙江下游及三江一带多湿地，人口稀少，往来交通极为不便。由于渔猎民族的生产特点，散居且流动性强，交通运输方面十分落后且不便但又是必需的。过去的交通工具主要是狗、马、滑雪板、拖拉乞、爬犁、舢板船、快马子等。

赫哲族有"骑木马（滑雪板）窜山跳涧，穿桦鞋（桦皮船）翻江过海"或"两块板（滑雪板）窜山跳涧，三块板（舢板船）翻江过海"[8]的美称。赫哲族所在的地区江河纵横，在夏季使用船只出行是必不可少的。因此交通运输上一般是夏季明水期用"围胡船"或者"桦皮船"，冬季用拖拉乞（狗拉雪橇），出猎用勤那力（滑雪板）。赫哲族水性好，个个会划船，也会使用滑雪板，这成为赫哲族特殊的人文景观之一。如"临江位于松花江口右岸，早期居民为赫哲族，以渔猎为生，交通极为不便，部落之间的交通在冬季封冻期间用狗爬犁，开江后用小木船通行。"[9]

长期的渔猎生产练就了黑龙江少数民族的滑雪运动的技能性。直到现在，黑龙江少数民族还采用举办比赛的形式来检验族人劳动技能的熟练程度。鄂温克族人每年农历正月都要举行隆重的滑雪比赛，赫哲族人也经常组织较量速度和耐力的滑雪比赛。赫哲族传统冰雪体育项目有恰尔奇刻、打爬犁、赛狗爬犁、冰磨等。赫哲语"恰尔奇刻"，意为滑雪，是指两个参与者选择距离相等的两个山头，从一个山头滑降下来，再滑上另一个山头，以先到者为优胜，也有在雪地上比赛速度，以先到达终点为胜。鄂伦春族和赫哲族的青少年在冬天会进行雪橇比赛，锻炼观察能力、平衡能力以及勇敢精神和顽强的意志。

（二）滑冰类

黑龙江少数民族之一——满族是一个具有悠久历史的民族，以散居为主。满族现有冰嬉和打滑达等冰上运动，也有木马等雪上运动。打滑达是指穿着特制的溜冰鞋从专设的冰坡顶上一直挺立而下，直到平地不摔倒者为胜，与现代的滑冰极为相似，此项运动除了能够提高心肺功能、支撑平衡能力、神经系统功能外，还有助于心理素质的发展和提高。

锡伯族主要分布在我国的东北三省，还有一部分人居住在新疆维吾尔自治区察布查尔锡伯自治县及周边地区，呈现东（北）西（北）分居、大分散小聚居的分布局面。黑龙江的锡伯族也十分擅长冰上运动，滑冰是锡伯族传统冰上运动，分别有打滑溜、打单脚儿、撑冰车和打冰嘎儿等项目。打滑溜是指少儿助跑直到冰面前，双脚踏到冰上往前滑去的一种健身娱乐的方法。打单脚儿是指用一块和脚大小差不多的木板，从板中间安装一根长条粗铁丝，铁丝朝下放在冰上，一脚踏上，另一只脚蹬冰，蹬到速度适中时，蹬冰腿抬离冰面，叫打单脚儿。

赫哲族的先祖使用过鹿角冰刀，但20世纪20年代末，我国著名民族学家凌纯声先生所见到的赫哲人"滑冰鞋之底，置有一道铁梁，与汉人所用冰鞋无异"。锡伯族的冰滑子，也称脚滑子，是用同脚差不多大的两块木板，每块顺板钉两根粗铁丝，双脚各绑一块，如冰刀在冰上滑行，又快又稳。

如今黑龙江省省会——哈尔滨市以亚布力、吉华、龙珠二龙山、华天乌吉密、日月峡、平山神鹿为代表的大中型滑雪场在国内外已具有较高的知名度，正在努力打造"世界冰雪旅游名都"。

（三）雪橇类

不同的地理环境和自然条件下必须相应地采取不同样式的交通工具，越是古老的民族，其交通工具与社会生产相结合的程度越高，既是交通又是生产工具，而赫哲族的雪橇就是如此。赫哲语称其为"恰尔气刻"，鄂伦春语称之为"刻依纳"。东北地区气候寒冷，每逢冬季大雪封山，人车难行。雪橇便成了最好的交通运输工具，穿上雪橇或坐上爬犁来追逐野兽可翻山越岭，飞速前行，灵活敏捷。滑雪板是用桦木或松木制成。一般为长条形，前端微翘，在板的中间部分凿四孔，脚绑在中间皮套内，即可滑行在白雪皑皑的崇山峻岭之中。穿上它追逐野兽或递送音信可驰骋如飞。赫哲人常"骑木马"（滑雪板）蹿山跳涧，骄傲地奔驰在林海雪原上。

在寒冷、冰雪封山长达五六个月的黑龙江北部，赫哲族擅长使用爬犁。爬犁又称雪车、狗爬犁或冰床。赫哲语称之为"托曰气"，满语称之为"法喇"。赫哲族善于使犬名扬天下，尤其是狗拉雪橇，即"托曰气"。其构造为："长约七尺、宽一尺七八，车帮高约一尺五，是用一寸半厚的硬木砍凿而成，两端薄而尖，在两个弓形的硬柞木或桦木上凿以铆榫，安以桩腿，上加木梁，梁上再加小横木，构成框架。可以在上面乘人或载物。前头栓以挽犬的套绳，即成一'托曰气'。挽'托曰气'的犬，根据所载的货物或所乘的人数多少而定，一般为三四只至七八只不等。'托曰气'在雪地上行走迅捷如飞，平均日行一百余公里。需要其停止时，赶雪橇人用两根木棍交叉阻地，即可停歇。这两根木棍就是驾雪橇人的指挥棒。"[10]狗拉雪橇的历史可以追溯到久远的年代，而广泛利用狗拉雪橇的则是狗站。狗站是东北各族人民用狗做挽畜的发展，是在充分考虑黑龙江下游地区的自然地理条件，广泛使用冰雪交通工具的基础上建立起来的。狗站的交通工具就是狗橇，而元代时的"狗站"是最受重视的。到了清代使用狗拉雪橇，更是非常之普遍，历史上留下了许多珍贵的记载。当时在黑龙江流域赫哲族地区的俄国人也留下了这样的记载，"一队有八只狗的雪橇，可拉一个人和二百磅行李"。走起来如同"最好的马车那样迅速"。

狗不仅是赫哲人狩猎的助手，而且是拉"托曰气"的畜力。因为陆路、冰路上的交通工具主要是用狗驾驶，因而狗被赫哲人称为"金不换"。拉"托曰气"的狗是经过训练的，尤其是头狗，极为灵性，听从指挥，带动其他狗一齐向前。每个"托曰气"可套三四只至八九只狗，有的甚至套几十只。即使载重500斤，行走时，也能奔驰如飞，日行200余里。使用狗来狩猎也是有讲究的，最前面的一只应是训练有素的"头狗",很有灵性。能听从主人的吆喝前进、停止或改变方向。赫哲族家庭养狗的历史很久,直到现在,有的地区的赫哲人仍然使用着狗拉雪橇。

黑龙江少数民族达斡尔族传统的冰雪运动有放爬犁、嘎嘎拉和滑雪等项目。放爬犁是指练习者用绳索将爬犁的前端翘起拉到山上,坐在爬犁上顺着积雪的山坡滑下,互相追赶,比滑下的速度和距离。嘎嘎拉是指抽陀螺,多是几人一起到冰上用鞭子打陀螺,使之在冰面上旋转。滑雪是达斡尔族冬季盛行的一种运动,旧时达斡尔人自制的肯骨楞(达斡尔语,即滑雪板),是别具民族特点的体育器材和交通工具。达斡尔族人们经常蹬着这种独特的肯骨楞进行滑雪比赛,或者穿行林海雪原。达斡尔族冰雪运动具有技巧性、竞技性和健身性等特点。

(四)冰嬉类

漫长的冬季,到处是一望无尽的白皑皑的雪地。在古老的黑龙江少数民族传统生活中,娱乐总是伴随着冰雪而来的。黑龙江少数民族的冰雪文化带有很大的娱乐性,能够给辛苦劳作的人们带来欢乐和消遣。冰雪文化资源融合了对人类最为重要的自然与文化两大资源,它不仅存在于物质领域,也存在于精神领域,是社会发展和人类精神进取的来源之一。黑龙江少数民族在长期的冰雪环境中,不但形成了适应这一自然气候的生产、生活方式,除了在冰雪中追逐野兽外,还利用冰雪的特点创造了许多娱乐、竞技活动,以至于冰雪运动越来越发展成为带有浓厚竞技娱乐性的运动。

20世纪50年代时,"十二岁以上的鄂温克人都会滑雪,每年农历二、三月,要举行滑雪比赛"。每年从11月至翌年3月,猎人都是穿滑雪板,追击各种野兽;一天可滑行一百六十华里。

黑龙江少数民族的冰雪体育是民族传统体育,由于其地理位置及生活方式的影响而具有独特的民族文化特征。黑龙江少数民族的冰雪体育运动都是由日常生活及生产劳动中发展演变而来的,因此表现方式绚丽而又多样化,具有浓郁的审美情趣和娱乐特征,如赫哲族人世代打鱼狩猎形成了渔猎文化,并把渔猎这种技艺深刻地体现在本民族的传统体育活动中,为人们所喜闻乐见。还有赫哲族每两年举行的乌日贡大会,鄂伦春族的篝火节,鄂温克族的"米阔鲁节""奥米那楞"会、"敖包"会等民族传统节日,体育活动多姿多彩,为日渐萎缩的以汉族民间体育为主体的中华民族传统体育文化提供了新鲜的营养和持续发展的活力。充分发挥黑龙江少数民族的冰雪体育的娱乐特性,有利于黑龙江少数民族的冰雪体育的传播和再发展。

　　黑龙江少数民族朝鲜族，分布广泛。坐爬犁和打陀螺是朝鲜族冰雪体育文化特色运动。坐爬犁是指坐在爬犁上顺着积雪的山坡滑下，互相追赶，比滑下的速度和距离。打陀螺是指用一根木棍绑上一把棕叶或棕绳，做成打陀螺的鞭子，用一段很短的圆木头，把它的一头削成圆锥形，圆锥的顶端钉一个铁钉做成陀螺，然后拿一根绳子把陀螺绕几圈用力一丢，陀螺就会在冰上转起来，然后用鞭子不停地抽打陀螺，陀螺就会不停地转动下去。朝鲜族的冰上运动不但能够用于休闲娱乐，还能够折射出朝鲜族人民敢于挑战和机敏睿智等特点。

　　随着冰雪在东北人生产、生活中的广泛应用，东北各民族在冰雪环境中生活实践的不断丰富，冰雪不仅成为东北人物质生活的重要部分，并以其特有的艺术形式，走入了人们的精神生活。冰灯便是冰雪艺术中的一种重要形式。冰灯起源于清初，在冬季既能满足照明需要，又具有安全防火的功效，这一特征是其最早被用于堆木场作为照明工具的始因，已为多数史家所肯定。似乎冰灯自出现于士大夫家就同冰雕结下了不解之源，19世纪初被流放到黑龙江的刘凤浩曾用"冰镂春灯砌四围"描写当时士大夫家的冰灯。直到20世纪60年代，东北许多大中城市的市政和园林部门纷纷举办起群众性的冰灯游园会，其中唯有哈尔滨市坚持数年至今，且享誉国内外，成为我国东北冬季旅游的一大亮点，而具有浓郁黑龙江民族特色的冰灯更是受到人们的喜爱和欢迎。

　　冰雪旅游文化在北方拥有数千年的历史，经过千余年的发展，积淀成了独具特色的文化。在我国高纬度的北方地区，有着漫长的冬季，也孕育出了多彩的民俗文化，在冬季经常可见的冰雪活动有冬泳、滑冰、滑雪、雪地摩托、冰爬犁等等。如何将冰雪旅游与传统的民俗文化相结合，成为旅游规划者需要思考的一个重要的问题。目前为止，东北地区的冰雪文化旅游资源的开发仍然处于一个浅层次的范围之内，大多数人将冰雪文化仅仅局限于滑雪、滑冰等体育项目或者是娱乐性的项目，缺乏对冰雪文化旅游资源的深度开发。冰雪文化旅游资源有着丰富的内涵，尤其是其中的一些少数民族的冰雪文化资源，如赫哲族的狗拉雪橇、满族的抽冰猴、鄂伦春族的森林狩猎等，以及蕴含于它们背后的民俗习惯、民族精神和民族信仰等文化特质。

　　具有鲜明特色的黑龙江少数民族老少皆宜的传统冰雪项目很多，如：原汁原味的狗、牛、马爬犁，俄式马拉雪橇，特别适合少儿的如放爬犁、蹬冰雪滑子、支冰车、支单登（也称单腿驴，一根滑条、蹲姿、双杆支撑的冰车）、打嘎（也称抽冰猴）。不仅如此，冰雪旅游纪念品的经营也需要引入民俗元素，如引入一些民族传统用具、饰物，如鄂伦春人的精美绣制狍皮手套、狍头皮少儿帽，各民族冬季不同的服饰，小型民间冰雪器具等，其市场将会由此大有改观。黑龙江少数民族居住地的良好的生态环境、古代北方强悍民族的遗迹、渔猎人的旧影，抗风耐寒的强健体魄和良好体质，这都为进一步发展黑龙江少数民族冰雪运动和冰雪文化带来无比的优势条件，这也是黑龙江冰雪文化的深度开发必须依托的历史文化背景。

黑龙江少数民族具有悠久和丰富多彩的冰雪文化。黑龙江少数民族冰雪文化传承与发展具有重要意义，应该充分发挥黑龙江少数民族冰雪运动的优势，积极推动黑龙江乃至全国冰雪运动与冰雪文化健康有序地进行。在黑龙江少数民族地区还有许多更简单、易操作、观赏参与性强，投资少、回报高、见效快的民族民俗冰雪文化素材可在生产加工、旅游、服务等行业中得以广泛利用。

黑龙江少数民族的冰雪文化资源有其内在的机理和特性，在开发和利用的过程当中，不仅要处理好人与人、人与自然的关系，还要注重文化资源的内在价值和传承性，处理好文化开发和文化传承的关系。我国拥有十分丰富的冰雪文化资源，但是由于种种原因，并未得到充分的开发和利用。对冰雪文化资源内在机理进行分析，提出相应的开发建议，为冰雪文化资源得到合理、充分的规划和开发提供借鉴，从而促进以冰雪文化资源为主要内涵的冰雪经济和冰雪旅游的长足发展。

黑龙江少数民族冰雪文化具有悠久的历史，因此整理和保护冰雪民俗文化遗产，推进黑龙江少数民族冰雪运动的发展，提炼和升华冰雪艺术文化内涵，拓展和开发冰雪产业文化资源，充分挖掘并积极利用黑龙江少数民族冰雪文化的优势，将为我国东北冰雪产业的发展带来生机与活力。

参考文献

[1]《斯大林文选》上卷，北京：人民出版社，1979年，第139页。

[2] 石方：《黑龙江区域社会史研究（1644～1911年）》，哈尔滨：黑龙江人民出版社，2004年，第130页。

[3] 芮逸夫：《中国民族及其文化论稿》，中国台北：唐山出版社，1973年，第55页。

[4] 庄杉，靳乐山. 东北赫哲族生计与文化的变迁研究 [J]. 渔业经济研究，2009（2）.

[5] 李孝聪：《中国区域历史地理》，北京：北京大学出版社，2004年，第460页。

[6] 杨斌霞. 黑龙江区域冰雪体育旅游发展策略研究 [J]. 冰雪运动，

2011, 7.33 (4): 92-96.

[7] 杨军. 中国冰雪文化发展研究 [J]. 体育文化导刊, 2008 (9): 41-42.

[8] 赫哲族简史编写组：《赫哲族简史》，黑龙江人民出版社，1984年版，第178页。

[9] 方衍：《黑龙江少数民族发展简史》，北京：中央民族学院出版社，1993年，第129页。

[10] 吴文孝主编、同江县志编纂委员会编：《同江县志》，上海：上海社会科学院出版社，1993年，第498页。

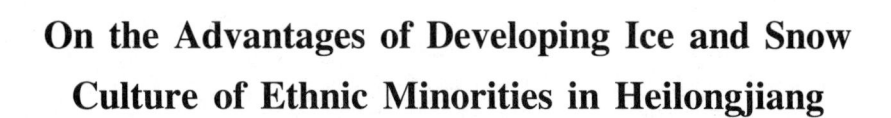

On the Advantages of Developing Ice and Snow Culture of Ethnic Minorities in Heilongjiang

Yang Guang

Abstract: in the context of the comprehensive implementation of the strategy along the road, the building work of the Winter Olympic Games in Beijing in 2020 and the increasing attention of the whole society to the ice and snow movement and the ice and snow culture, the ethnic minorities in Heilongjiang have been widely expected because of their unique geographical location, the strong and robust ice snow constitution, the long history of ice and snow movement and the rich ice and snow culture. . The ethnic minorities in Heilongjiang have the advantages of ice and snow culture's inheritance and development, which should be paid enough attention to. We should seize the opportunity to hold the development of the 2020 Winter Olympic Games in Beijing, and give full play to the advantages of the heritage and development of the ice and snow culture in the Heilongjiang River Basin. Through various ways, the ice and snow movement in China will be carried out in an all-round way, and the cultural and cultural exchange of ice and snow will be achieved. In the measures to inherit and develop the ice and snow movement of the minority nationalities in the Heilongjiang River Basin, we should pay attention to the combination of the original ecology, the tradition and the innovation, so as to promote the new development of the ice and snow movement in China, and open up a new way for the development of ice and snow culture.

Keywords: Heilongjiang River Basin; Ethnic Minorities; Ice and Snow Culture; Inheritance

黑龙江冰雪经济研究

金融与财税支持

黑龙江冰雪产业金融支持问题及对策建议

窦以鑫 韩 平[*]

摘要：黑龙江省大力发展冰雪产业，冰雪经济增速明显，但冰雪经济的优势远未得到充分释放，面临的竞争也很激烈，需要通过冰雪产业扩量升级做大做强冰雪经济，全面提升冰雪产业层次。本文从金融支持角度分析黑龙江省冰雪产业存在的问题及成因，构建了较为完整的黑龙江省冰雪产业金融支持体系，以期为实现龙江冰雪产业全面发展与提升提供资金保障。

关键词：金融支持；冰雪产业；金融支持体系；冰雪经济

随着2022年冬季奥运会申办成功，我国冰雪产业发展迎来了最好时期。2016年3月7日，习近平总书记在参加全国两会黑龙江代表团讨论时指出，绿水青山是金山银山，黑龙江的冰天雪地也是金山银山。黑龙江省在"十三五"规划中明确把冰雪产业列入了战略发展目标，并且在2016年《政府工作报告》中指出，要发挥冰雪产业特色优势，与经济发展和文化产业布局有机协调，促进产业优化调整，推动黑龙江省冰雪产业的发展速度，促进省内产业调整过程，不断发展冰雪产业的经济拉动力，增强地区经济发展水平，提升黑龙江省冰雪产业的竞争优势。

一、黑龙江省冰雪产业发展主要矛盾及存在问题

（一）黑龙江省冰雪产业发展的主要矛盾

黑龙江省冰雪产业现已涵盖冰雪旅游、冰雪赛事、冰雪运动培训、冰雪装备及

---

[*] 窦以鑫，哈尔滨商业大学金融学院讲师、博士、硕导。研究方向为金融理论与政策。
韩平，哈尔滨商业大学金融学院院长、教授、博导。研究方向为产业经济理论与政策，E-mail：hp201077@163.com。
基金项目：国家社会科学基金"跨越中等收入陷阱与我国产业结构调整、优化关联研究（15BJL042）"一般项目；受哈尔滨商业大学学科项目"龙江文化产业发展的金融支持研究"（项目编号hx2016001）资助。

冰雪营销等行业，但是供需矛盾依然突出，黑龙江省冰雪产业发展的主要矛盾体现在，人们对高质量旅游服务的需求和黑龙江省低质量旅游服务供给之间的矛盾。

从需求端来看，冰雪产业的不断发展与居民可支配收入提高有紧密关系，随着可支配收入的提高，生活质量也随之提高。虽然国内冰雪运动和冰雪旅游处于初级阶段，但冰雪旅游消费人群的消费特点已具备独特偏好。据 Talking Data 移动数据研究中心和中国冰雪旅游推广联盟联合发布的《2016 中国冰雪旅游人群洞察报告》调查显示，全国冰雪旅游人群主要集中在三大核心区域，分别是东北、华北和东部沿海地区，南方最主要的冰雪旅游人群聚集地是长三角、珠三角地区。值得注意的是，京津冀一带以及经济发达的上海和广东的冰雪旅游人群构成了北京市冰雪旅游景区客源主要集中来源。据《2016 中国冰雪旅游人群洞察报告》的数据显示，我国冰雪旅游人群以"80 后""90 后"为主，在 2016 年 1~2 月的冰雪旅游人群中，男性占比超过 55%，26~35 岁的人群占比为 54.66%，25 岁以下人群占比为 21.18%，合计超过 75%，"70 后"人群达 18% 以上。同时，冰雪旅游人群符合典型的"80 后""90 后"消费特征，普遍偏好服饰、餐饮等生活服务类型的消费，对于星级酒店、特色民宿的偏好也高于大众人群。

从供给端来看，黑龙江省冰雪产业中高端产品较少。2017 年国内已建成 26 座冰雪小镇，冰雪小镇将运动、度假、休闲娱乐等业态融汇，形成完整的运营结构。对于黑龙江省类似冰雪小镇运营结构的搭建还比较分散，仅亚布力比较符合高端冰雪旅游度假的标准。在冰雪装备制造方面，黑龙江省目前还没有一个领先于国际甚至国内的品牌，冰雪产业高端消费领域还不能充分得到满足。在省内游客开发方面，由于黑龙江省经济欠发达，居民消费以保守消费为主，因此如何调动消费者积极性、扩大客户群体、提高低端冰雪产业供给也是一个主要问题。黑龙江省冰雪大世界在 2016 年共接待游客 16.9 万人，其中省外及国外游客占总人数的 65%，黑龙江本地游客仅占 35%，而南方冰雪场馆的建设处于高速发展时期，过去依赖自然资源的优势正逐渐减弱，北方其他地区受冬奥会知名度提升也会吸引部分客源，因此，黑龙江冰雪产业需要针对市场目标客户全体，做好产业布局规划，形成竞争优势。

冰雪产业是现代服务业重要的组成部分，但是发展瓶颈也十分突出，已成为学界研究热点。任伟（2017）[3]探讨了我国冰雪产业的传统发展模式，着重针对当前"互联网+"环境带来的冰雪行业发展新业态做出探讨，认为我国传统冰雪产业通过"互联网+"可以形成新型商业形式。王飞（2016）[4]对冰雪旅游业治理结构、优化发展环境与运行机制进行了研究，认为冰雪旅游业治理呈现出管办分离、资源整合与民主对话的特征，应通过加强激励机制、融资机制、竞争机制以及民主决策机制建设，完善冰雪旅游业运行机制。张贵海（2017）[5]对亚布力滑雪度假村的冰雪资源，以全域旅游视角，提出"大亚布力"冰雪全域旅游开发理念，建议区域范围内外各景区在资源、服务、市场等方面加强交流与协作，构建"大亚布力"全域旅游产业格局，共同推动区域内外冰雪产业一体化发展模式。刘业鑫和吴伟伟（2017）[2]等从价值链构成、价值链企业关系和价值产生过程三个方面构建了冰雪体育产业价值链的分析框架，发现黑龙江省冰雪体育产业价值链运行过程中存在的问题，从价值链完善度、价值链匹配度、企业合作与竞争、冰雪资源利用和冰雪资源价值分布等方面提出优化对策。陈松和徐菲璠（2017）[1]对"中国制造2025"战略视域下冰雪装备制造业面临的机遇和存在的问题进行研究，提出了我国冰雪装备制造业应将知识产权转化为生产力、加强品牌文化建设、完善我国冰雪装备制造产业、完善冰雪运动发展物质保障等发展基本路径。已有文献多从产业发展路径和商业运营模式研究冰雪产业，针对黑龙江省冰雪产业金融支持的研究较少。

（二）黑龙江省冰雪产业市场发展存在的主要问题

冰雪运动正从专业小众运动向全民参与的大众消费项目转变，市场空间发展巨大，为黑龙江冰雪产业发展带来一定优势，但是考虑到冰雪产业自身特点及黑龙江省经济发展和传统产业结构现状，黑龙江省冰雪产业市场发展仍面临严峻挑战。

从市场规模角度看，黑龙江省冰雪产业集聚程度不够且规模较小、整体规划力度不够，除亚布力、雪乡、漠河以外，其他地区较为分散且知名度较低，行业标准制定较晚；从市场营销角度看，冰雪旅游方面除滑雪与冰雕、雪雕外，其他项目缺乏创新项目宣传，冰雪器具制造方面产品低端、规模小且知名品牌较少；从市场占有率来看，冰雪设备制造业市场占有率偏低，尤其是一些高端滑雪器具，进口产品占主要部分，产业链不健全、产品层次低，冰雪体育运动方面群众普及率不是很高，冰雪运动培训方面人才匮乏，直接影响到整个行业的发展。

在促进冰雪产业发展、缓解主要矛盾过程中，黑龙江省冰雪产业需要提供较强的金融扶持政策。黑龙江省现有冰雪产业企业规模普遍较小、信用较低，投融资渠道单一，无法保证对资金的需求以及发展的持续性，企业面临的资金压力较大。从目前来看，金融机构的作用没有得到充分发挥，既存在金融信贷供给规模不足问题，也存在信贷资金错配问题，无法满足市场主体投资需求，黑龙江省冰雪产业的发展急需健全的投融资渠道，减少投融资成本。

二、黑龙江省冰雪产业发展金融支持模式

黑龙江省要以提高冰雪产品质量和集约化经营着手,缓解冰雪产业发展主要矛盾,这些与冰雪产业升级和技术创新紧密相关,从资金配置角度来看,金融支持是黑龙江省冰雪产业发展的关键。

黑龙江省冰雪产业起步早,发展缓慢,产业整体处于初级阶段。黑龙江省在打造优势资源上力度不够,宣传不到位、重点不突显。目前的冰雪产业只是在维持现有发展,没有形成良好的商业模式和经营业态,上下游没有形成完整的产业链,现有企业发展能力有限,经营风险较大,冰雪产业亟待金融支持,实现规模和质量升级。从目前的冰雪产业布局来看,无论是从冰雪旅游人次、冰雪场地数量、冰雪装备制造方面,黑龙江省以现有的规模不足以支撑未来的发展速度和市场需求,需要通过多种投融资渠道获得有效的金融支持,也说明金融支持对于黑龙江省冰雪产业发展的重要性和必要性。

目前,黑龙江省冰雪产业主要包括冰雪旅游、冰雪赛事、冰雪装备,三者虽然有紧密的联系,但是在金融支持模式上还是存在一定的差别。

冰雪旅游的参与者主要以滑雪等体育活动为主,在旅游景点相对停留时间较长,需要的服务更加多样,冰雪旅游在体育冰雪产业中具有基础性作用,还可以融合多种行业和业态。从冰雪产业规模角度来看,《中国滑雪产业白皮书(2017年度报告)》显示,2017年中国滑雪人次为1 750万,滑雪者人数约为1 210万。奥地利、瑞士、挪威有超过25%的国民参加到滑雪运动中,而中国的国民参与率不足人口1%。从冰雪产业质量来看,欧美日等滑雪产业发展较成熟的国家以度假型雪场为主体,且市场份额大,而黑龙江省的情况与之相反,大部分是旅游体验型,设施简单,针对的客户群体为观光客,其特点是以初级体验式为主,冰雪产业还处于初级增长阶段。

黑龙江省冰雪旅游在金融支持方面存在较大的分化。针对冰雪旅游龙头企业,政策性金融支持具有较好的扶持性、诱导性和连续性,获得商业性金融支持的规模和成本较低;针对冰雪旅游中小企业,政策性金融支持力度较小、连续性较差,获得商业性金融支持的规模和成本较高。政策性金融支持模式相对简单,主要针对冰雪旅游中小企业商业性金融支持模式进行分析。在冰雪旅游硬件设施建设方面主要采用商业资本投入和长期债务融资为主,另一方面冰雪旅游的无形资产,主要是旅游品牌的价值高低又对冰雪旅游硬件投入的融资方式有直接影

响,越是品牌知名度比较高的项目,越能吸引长期资本,包括长期股权投资和长期债权投资,无形资本积累与有形资本积累形成良性互动的关系,相较而言,知名度不高的冰雪旅游融资方式只能采用短期的项目融资,主要依靠权益性融资为主,通过一部分短期债务融资解决短期运营的流动性问题。

在冰上运动装备方面,冰雪场地装备市场也由国外品牌产品占据主导地位,造雪机国外、国内产品比重为7∶1,压雪车比重为10∶1。高档消费以荷兰、德国、美国等国品牌产品为主,大众消费以国内企业为主,黑龙江省齐齐哈尔黑龙冰刀制造股份有限公司生产的黑龙冰刀仅占国内市场1/4份额。作为民营企业发展民族品牌冰雪装备,单靠企业自身的力量是远远不够的。为了使企业全面实行产业升级和规模扩张,继续展开技术改造、产品开发、设备升级、渠道建设等项目,通过多方面对黑龙公司的发展需要给予引导和资金支持。一是国家成立专项资金针对冰雪行业进行资助,为冰雪体育装备制造行业的快速发展创造条件;二是支持冰雪装备制造行业发展的融资政策,帮助改善企业金融服务质量,加大金融机构对冰雪装备制造行业的贷款规模和比重;三是针对冰雪装备制造行业给予部分贴息政策;四是加大投入体育发展基金在冰雪体育装备制造行业方面的产品开发和技术改造的力度。

在冰雪体育赛事方面,黑龙江省承办过亚洲冬季运动会、世界大学生冬季运动会、单板U型场地世界杯等知名国际冰雪体育赛事,为冰雪产业的发展积累了一定的经验,但是2022年冬季奥运会举办地在北京和张家口,一定程度上弱化了黑龙江省的冰雪知名度。冰雪体育赛事投资具有公益性和促进产业发展的基础性双重特点,短期而言,商业价值不明显,因此在基础设施建设方面,交通、通信和公共服务部分的投资主要应来源于公共资金投入,包括发行长期债权融资。比较场馆的投资,涉及赛事的品牌积累效应,从而对赛后的冰雪旅游有促进作用,因此可以采用政策性金融支持和商业性金融支持有机融合,政府资本投入少量的主场馆,大多数场馆采用PPP融资模式建设运营,一部分极其具有商业价值的场馆采用市场化融资方式,包括发行市场化债权融资、集合债券融资或者引入权益融资等方式。

三、黑龙江省冰雪产业发展金融支持存在的问题

与传统产业相比,黑龙江省冰雪产业还处于发展初期,不确定性因素多风险大,中小企业居多,在高端冰雪装备研发和冰雪旅游项目创新上有很多的无形

资产，这在融资的过程中导致有效供给不足。商业银行的贷款多集中在大型国有企业，传统金融机构的融资抵押品多为固定资产和其他实物资产，在黑龙江省冰雪类企业在融资过程中，政府投资、银行贷款外的融资渠道较为单一，不能满足企业发展的资金需求，说明黑龙江省冰雪产业在金融支持方面存在问题和不足。

（一）黑龙江省冰雪产业金融支持规模较小

黑龙江省金融机构在冰雪产业发展中所发挥作用有限，相关金融产品有限，供给不足导致金融支持规模较小。黑龙江省结合冰雪产业的实际情况，要促进金融机构的贷款规模，但是金融机构在产业发展过程中所发挥的作用仍难满足现阶段的发展需要。黑龙江省冰雪产业在发展过程中，政府部门从现有的产业结构出发，对冰雪产业执行了积极的政策性金融支持。但现有政策性金融支持相对于企业发展来说，其程度还远远不够。政策性金融支持投入集中，以重点冰雪产业项目为主，对于市场主体占绝大多数的中小企业作用有限。与政策性金融支持相比，财政支持投入分散，新建旅游项目较多而优质旅游项目总占较小，在政策扶持的同时也分散了资金总体规模效应，财政政策款项多为专款专用，得不到重点扶持作用。

黑龙江省为推动冰雪产业发展成立首只冰雪基金，从基金运行来看，国企、大中企业仍然是政府投资的主要部分，对初创型小企业扶持力度稍显薄弱。同时，政府基金运行与企业经营目标不一致，存在效率低、干预过多的问题，对于初创企业快速发展的需求不能得到有效满足。我国金融市场上对于冰雪产业的金融产品特别少，冰雪产业融资的金融产品供给有限。

黑龙江省冰雪产业具有季节性特征，过多地依赖冰、雪等自然资源，每年的经营期大约为12月至次年2月，受季节性和消费者选择倾向制约。目前虽然也有室内滑雪场、滑冰场，但总体来说规模较小，难以形成一定的规模效应。这种季节性经营特点的产业，从根本上存在天然的经营风险，因此这类企业在金融市场上融资受到一定的制约，出于风险因素及经营因素的考虑将会导致实际提供的金融规模较小，无法发挥金融机构配置有效资源的作用。

黑龙江省冰雪产业的商业金融支持力度有限，制约融资规模和渠道。从实际运行情况来看，我国主要的融资渠道仍然是金融机构信贷，推动冰雪产业的金融供给发展离不开目前的信贷融资模式，针对冰雪产业有效的优惠政策十分有限，对待冰雪产业与其他传统产业没有实质性的区别。在高端冰雪装备制造方面，由于前期的投入过程以高新技术为特点，风险较大，专利技术等无形资产较多，在金融市场上难以提供传统的抵押物，产业发展初期中小企业居多，优质垄断性冰雪企业较少，导致冰雪产业整体金融支持规模不大，制约冰雪产业发展。

（二）黑龙江省冰雪产业金融支持渠道单一

黑龙江省冰雪产业金融支持渠道单一，财政支持主要以资本金预算返还、专款专用、税收优惠等为主，政策性金融支持主要以信贷利率补贴为主，商业性金融支持主要以普通信贷业务为主，是否发放贷款主要考虑贷款主体属性及传统抵押资产情况。

除传统融资渠道外，其他融资渠道还未有效引入到黑龙江省冰雪产业中。对于黑龙江省冰雪产业最直接的金融支持手段就是资本市场与风险投资的运用。黑龙江省冰雪产业领域内目前还没有上市公司，也没有机构对目前的冰雪类企业进行风险投资。我国资本市场证券发行制度与冰雪产业发展现状不匹配，对于企业的盈利能力要求过高，而黑龙江省冰雪产业发展处于初级阶段，要达到高速盈利状态也需要一段时间，资本市场上信息不对称导致供需不平衡，阻碍资本市场发挥作用。对于机构的风险投资，从我国目前的情况来看，风险投资市场的规模与冰雪产业发展所需的资金还存在着巨大的差距。在产业发展的初级阶段，正是需要风险投资来解决起步时期的资金问题，但与东南沿海地区相比，黑龙江省经济发展和金融市场环境处于劣势，使风险投资对黑龙江省冰雪产业发展作用甚微。

由于黑龙江省冰雪产业信用体系不健全、投融资环境不理想，民间资本难以在黑龙江省冰雪产业发展中发挥作用。黑龙江省冰雪旅游产业规模较小，信用体系的缺失导致在招商引资、设备资本化运作方面与其他省份存在较大差距，投资者利益得不到充分保护，难以保证投融资渠道的通畅性，无法获得更多的融资以及贷款渠道。黑龙江省冰雪资源开发基本上是以政府为主导，尽管也重视 PPP 投资模式，但是政府对民间资本的诱导作用并不明显。在黑龙江省冰雪产业发展过程中，缺乏整体协调，内耗较多，政府部门要在营商环境建设中做好示范作用，构建政府诚信，严防朝令夕改、执法越权、侵害企业权益的事件发生。在冰雪产业运营的过程中，政府部门要优先考虑冰雪产业发展的规划设置，要有重点、有规划地进行配置，不可随意分配资源导致经济资源扭曲配置和产业经营重心扭曲，导致资源浪费的同时，最终降低相关地区的经营效率，影响民间资本对黑龙江省冰雪产业投资信心。

（三）黑龙江省冰雪产业金融支持成本偏高

黑龙江省冰雪产业的发展整体还处于初创期，需要持续不断的投入资金。冰雪产业发展中的中小企业风险问题较为突出、融资困难。从信贷投向看，银行冰雪产业的信贷支持集中在高端冰雪装备制造等行业，尤其以大型企业为主，而冰雪旅游行业中的中小企业融资依然困难。我国的银行业规模结构显示，大型银行占据主导地位，总资产占大、中、小三类规模银行总计的65%，主要以贷款形式出现的对非金融性公司债权占63%，吸纳的储蓄存款更是占到78%以上。而理论上主要面向中小企业的小型银行总资产仅占13%，对非金融性公司债权占12%。为保证冰雪类企业顺利度过初创期，无论是新项目的研发还是人才的引进，为吸引投资，获得充足资金，黑龙江政府需要出台一系列政策来吸引机构投资者，但这样会直接导致金融支持的成本偏高。

黑龙江省冰雪中小企业还面临是否能快速形成消费需求的问题，这直接影响中小企业的经营状况以及金融机构的风险评估，如果出现的风险大于投资机构的评估风险，中小企业将面临资金链断裂、市场份额不足、产品滞销等一系列问题，政府在扶持中小型冰雪类企业时也增加了自身的机会成本。根据滑雪服务平台GOSKI的用户喜爱品牌统计结果，单板前十大品牌全部都是国际品牌，据腾讯平台数据显示，一线城市年轻化人群构成冰雪产业核心人群，这类群体具备很强的消费能力，对装备要求比较高，普遍会选择国外高端品牌，这种情况在短期内很难扭转。冰雪设备如造雪机、压雪车等进口比例有所下降，但整体上仍然是进口设备占大多数。尽管黑龙江省出台的一系列政策支持冰雪装备制造业发展，短期内打开市场和得到市场认可还有很大困难，市场竞争风险较高。

南方人群对冰雪市场需求旺盛，冰雪消费潜力极大。室内冰雪场馆的建立，解决了冰雪资源受限的问题，室内滑雪场解决了南方地区的冰雪消费群体对冰雪娱乐项目的体验。随着生活水平提高，人们不局限于国内冰雪旅游，据《中国冰雪产业白皮书（2017）》数据显示，中国滑雪者选择去日本滑雪的人数增长明显，由2016年的48%上升到55%，原有龙头优势逐渐削弱，替代风险加剧，对黑龙江省冰雪产业发展带来较大冲击。

从黑龙江省冰雪产业的扶持政策上来看，风险分散与补偿机制不够也会导致金融支持成本高。从当前实际来看，政策性资金覆盖面窄，如财政资金；担保体系没有充分体现出分散风险的功能，政策性信用保险体系发展滞后。由于对冰雪产业方面的无形资产界定、处置不够清晰，进而导致无形资产质押贷款很难发挥效用；没有充分体现担保体系分散风险的功能，信用保险体系的发展具有一定的滞后性。冰雪产业现有的服务模式比较单一，在融资过程中需要完善的中介服务体系，但黑龙江地区的金融中介服务落后于全国平均水平，发展速度十分缓慢，在此情况下，银行扩展业务和创新金融产品的动力不足，冰雪产业的高风险与银行稳健经营原则不相匹配，没有一定的担保定价和流转服务，解决冰雪企业的资金困难的同时还要建立完整的服务体系，从而增加了金融支持成本。

四、黑龙江省冰雪产业发展金融支持体系构建

构建金融支持体系对黑龙江省冰雪产业发展投融资有重要影响。完善稳定的金融支持体系有助于冰雪企业顺利渡过初创期，为冰雪产业的健康发展提供持久的资金动力。

（一）黑龙江省冰雪产业直接融资体系构建

黑龙江省冰雪产业的发展离不开直接金融体系的支持。直接融资有助于匹配风险收益偏好、规避金融风险、降低金融成本、优化金融市场融资结构。要鼓励大型优质冰雪类企业通过资本市场、风险投资以及吸收民间资本的方式来获得自身发展所需要的资金。大型冰雪类企业具有一定的盈利能力，企业的规范性较强，政府的支持力度较大，融资渠道更为多样，应抓住发展机遇，利用一切可以对企业发展有利的资源，提高直接融资的比例。

黑龙江省冰雪产业处于初级发展阶段，中小企业偏多，相比大规模企业，其融资风险相对较高，同时信息披露不完善，存在长期性发展资金匮乏的问题，发展的局限性比较多，融资结构受到其发展规模的限制，严重影响冰雪产业中小企业的发展，因此，黑龙江省冰雪产业的中小企业应顺势发展直接融资。通过直接融资提升冰雪企业的内部治理水平，利用直接融资的针对性及导向性，不断优化升级自身的资本结构，减少经营风险和财务风险，实现黑龙江省冰雪产业特别是其中的中小企业的规范发展。

不同冰雪产业领域企业对融资需求具有较强异质性，针对不同冰雪企业，提供不同直接融资渠道。对于成长性较好、信用度高、市场潜力较大的企业进行股票发行或债券发行，积极发展多层次的场外交易市场或技术产权市场，为黑龙江省冰雪类中小企业解决融资问题，提高直接融资在冰雪类中小企业资本结构中的

比例，发挥市场在资源配置中的决定性作用，为黑龙江省冰雪产业的发展提供良好的外部经营环境。黑龙江省已将推动资产证券化纳入《全省增加直接融资新增长点行动方案（2017～2020年）》，作为重点工作推动。在《黑龙江省冰雪装备产业发展规划（2017～2022年）》中提到，对于黑龙江省冰雪类民营企业，在境内及境外上市可获得一次性补助1 000万元，在新三板挂牌，均可获得一次性补助200万元。这些方案及规划为黑龙江省冰雪产业直接融资体系构建提供了良好的环境，有利于黑龙江省冰雪产业长远发展。

（二）黑龙江省冰雪产业间接融资体系构建

黑龙江省冰雪产业融资结构主要是以间接融资为主，银行信贷是冰雪产业发展过程中的主要资金来源渠道。我国金融中介机构相对较为集中且管理较为严格，金融机构经营也多受到稳健性经营管理原则的约束，相对于直接融资来说，间接融资的信誉程度较高，风险性相对较小，融资的稳定性较强。黑龙江省金融支持主要集中在重点冰雪产业项目，虽然对于中小企业的覆盖程度有限，但商业银行贷款仍然是中小企业资金的主要来源，因此可以适当控制商业银行信贷资金的倾向性，创新银行贷款方式，更多扶持黑龙江省冰雪产业重点领域内的中小企业。在搭建间接融资体系的过程中，不仅要注重银行金融机构，还要开始注重非银行金融机构所发挥的作用。在《黑龙江省旅游发展委员会关于征求〈黑龙江省冰雪产业发展规划（征求意见稿）〉意见的通知》中提到，支持保险资金以股权、债权、资产证券的方式参与冰雪产业开发建设。非银行金融机构发挥间接融资的作用，保证黑龙江省冰雪产业健康稳定发展。

（三）黑龙江省冰雪产业信用担保体系构建

信用担保体系的搭建，可以在一定程度上缓解冰雪类中小企业融资难题，为冰雪中小企业的发展提供保障。黑龙江省目前金融支持政策鼓励直接融资，但间接融资在企业融资过程中所占比例仍然很高。商业银行贷款在间接融资体系中占有主要位置，初创期的冰雪中小企业在盈利性、实体资产比例方面与商业银行传统的贷款要求相差很多。黑龙江省在促进商业银行向冰雪产业初期的企业提供资源的同时也要保证商业银行的基本利益。因此信用担保体系的构建有助于解决中小企业融资难题，规范企业融资环境，保持冰雪产业健康持续发展。构建黑龙江省冰雪产业中小企业信用担保体系的过程中，要加强对冰雪产业监管，完善内部控制，努力做到将风险控制到最低，在政策和制度层面上给予扶持和引导，加快信用担保体系的构建，注重发挥政府政策性担保的优势，扶持黑龙江省内的重点冰雪企业。

五、黑龙江省冰雪产业发展金融支持对策建议

（1）创新黑龙江省冰雪产业的信贷产品和管理模式。支持黑龙江省重点冰雪旅游项目及冰雪装备制造业，创新冰雪企业的信贷融资方式，可以突破性利用银团贷款的方式，将冰雪类中小企业集中实现贷款风险共担、贷款收益共享。创新冰雪中小企业授信方式，积极为省内中小型冰雪经营企业提供公司担保、企业联保、物业抵押等贷款业务，将冰雪企业的风险保持在可控范围内。解决冰雪企业抵押品短缺的问题，引导金融机构开展各类冰雪产业抵质押贷款业务，针对冰雪产业的细分行业各自的特点，分类提供针对性金融服务。利用黑龙江省冰雪基金和相关政策支持，适当提高拥有稳定的现金流及还款来源的冰雪装备制造企业的授信额度，对其贷款利率给予一定的优惠。提供给黑龙江省冰雪产业以灵活的信贷政策。为初创期的冰雪企业制定切实可行的政策，各金融机构之间相互配合，保障冰雪产业发展的资金需求，有助于顺利度过初创期，为后续平稳发展奠定基础。

（2）为冰雪产业的发展拓宽融资渠道，充分发挥资本市场的资源配置作用。搭建完善的融资担保机制，由金融机构制定相关融资政策，改善外部环境，调整不同冰雪细分行业的融资标准。鼓励并支持冰雪类企业上市融资。通过政府部门制定相关引导政策及上市后的后续补贴等形式鼓励冰雪企业上市融资，打破黑龙江省冰雪上市企业为零的现状。为此，黑龙江省证券管理部门应积极配合冰雪产业的发展要求，引导发展前景良好的冰雪企业完善公司治理结构，政府各管理部门之间相互配合，创造良好的外部环境，逐步实现在新三板、创业板、主板等证券交易市场挂牌上市的目标，为冰雪产业的平稳发展提供充足的资金。加速落实黑龙江省冰雪企业的资产证券化进程。从理论上来说，资产证券化需要稳定的未来现金流，随着技术的进步，室内滑雪场、室内冰雪体育场馆的逐渐增多，冰雪装备的需求增多，冰雪产业资产证券化的发展有较大的提升空间。可以出台相关政策，将拥有稳定现金流的优质冰雪企业的资产进行资产证券化试验，根据实践效果总结经验，为冰雪产业资产证券化的后续发展提供借鉴。除了股权融资外，还要重视冰雪企业债券市场筹集资金的情况，通过多元化的融资渠道来满足冰雪

企业对长期建设的资金需求，为冰雪企业的发展提供强有力的资金保障。

（3）提高冰雪旅游产业的金融服务质量与效率，优化支付方式提高客户体验舒适度。要为客户的消费提供便利的支付工具，完善冰雪旅游区的非现金支付系统以提高支付效率，根据旅游区的客流量合理布局旅游区 ATM 机、POS 机的数量，为游客消费创造便利的硬件条件，同时增强游客在冰雪旅游地区的消费欲望。加强第三方支付方式在冰雪旅游区的使用，如支付宝、微信等支付方式，拥有快捷、便利的优势，在我国居民生活中被普遍接受，增强了游客在冰雪旅游地区的便利性体验。鼓励并引导游客使用非现金支付，在冰雪旅游区开展相关补贴活动，方便企业管理，也符合当下的消费支付习惯。

（4）改善黑龙江省冰雪产业的投融资环境，注重银行、企业与政府之间的沟通。加强黑龙江省冰雪产业与金融机构之间的有效沟通，发挥好政府部门的协调作用，解决企业与金融机构之间的融资信息不对称的问题，促进融资效率的提高，为冰雪产业的扩展与银行等金融机构的合作创造便利条件，有利于冰雪类企业与金融机构之间的合作，推动冰雪产业的金融需求与供给相互匹配。

参考文献

［1］陈松、徐菲璠．"中国制造2025"战略视域下我国冰雪装备制造业发展路径研究［J］．中国学校体育，2017（1）．

［2］刘业鑫，吴伟伟，张运华，王祥．黑龙江省冰雪体育产业价值链优化研究［J］．冰雪运动，2017（2）．

［3］任伟．"互联网+"视阈下冰雪产业发展的契机与变革研究［J］．南京体育学院学报（社会科学版），2017（3）．

［4］王飞．冰雪旅游业治理结构与运行机制研究［J］．北京体育大学学报，2016（10）．

［5］张贵海．黑龙江省"大亚布力"全域旅游开发与建设研究［J］．对外经贸，2017（4）．

Financial Support and Countermeasures for Ice and Snow Industry in Heilongjiang Province

Dou Yi-xin   Han Ping

Abstract: Heilongjiang province has vigorously developed the ice and snow industry, and the ice and snow economy has increased significantly. However, the advantages of ice and snow economy are far from being fully released, and the competition is fierce. We need to expand and upgrade the ice and snow industry and make the ice and snow economy bigger and stronger, so as to enhance the level of ice and snow industry. This paper analyzes the problems and causes of Heilongjiang's ice and snow industry from the perspective of financial support, and constructs the financial support system of Heilongjiang's ice and snow industry, so as to provide financial support for the comprehensive upgrading of ice and snow industry.

Keywords: Financial Support; Ice and Snow Industry; Financial Support System; Ice and Snow Economy

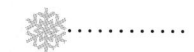

黑龙江省做大做强冰雪旅游产业财政激励政策研究

蔡德发 金 瑛 周丽俭[*]

摘要：黑龙江省所处纬度最高，冬季时间最长，发展冰雪旅游最早，有"冰雪之冠"的美誉，省城哈尔滨是冰城夏都，也是"冰雪之冠上的明珠，东亚文化之都"，成为中国首选的冰雪旅游目的地。黑龙江省冰雪经济居国内领先发展地位，并具有国际竞争潜力。依托黑龙江省自身地理位置的优势，把握冰雪产业发展的黄金增长期，亟待运用财政政策支持冰雪经济的发展，牢固树立"绿水青山就是金山银山，冰天雪地也是金山银山"的理念，把"冷资源"变成"热产业"，使之成为引领现代服务业发展的特色优势产业。

关键词：冰雪产业；白色经济；财政政策

习总书记关于"冰天雪地也是金山银山"的论述和倡导"3亿人参与冰雪运动"为冰雪产业发展释放了巨大空间与潜力，用"冰雪换白银"，大力发展"白色经济"，有助于老工业基地产业升级与地方经济振兴。

一、黑龙江省冰雪旅游产业发展现状简析

（一）冰雪自然资源环境

黑龙江省地处我国最北端，土地面积广大，旅游资源丰富，有广阔无边的平

---

[*] 蔡德发（1966~ ），男，黑龙江省桦南县人，哈尔滨商业大学税务学院教授、博士、博导。主要从事财税理论、政策与规制研究，E-mai：abcd04754@sina.com。

金瑛（1972~ ），女，黑龙江省佳木斯市人，哈尔滨商业大学财政与公共管理学院讲师。主要从事税法学研究；

周丽俭（1973~ ），女，黑龙江省齐齐哈尔市人，哈尔滨商业大学财政与公共管理学院副教授。主要从事财税理论与资产评估研究。

原、连绵千里的大小兴安岭、五大连池、镜泊湖等等。但是，最大、最具优势的旅游资源就是冰雪旅游资源。早在"十二五"时期，黑龙江省就提出将冰雪旅游产业作为十大产业之一；在"十三五"规划中也提出大力发展黑龙江省的旅游，在构建绿色生态产业体系上实现新突破。[1]可见，作为中国纬度最高的省份，优越的自然条件使黑龙江成为中国冰雪资源最富集的省份。

（二）助推产业结构升级

2014年10月2日国务院颁布的《关于加快发展体育产业促进体育消费的若干意见》提出，优化产业布局，支持中部地区充分利用冰雪等独特的自然资源优势发展区域特色体育产业；抓好潜力产业，以冰雪运动等特色项目为突破口，促进健身休闲项目的普及和提高。制定冰雪运动规划，引导社会力量积极参与建设一批冰雪运动场地，促进冰雪运动繁荣发展，形成新的体育消费热点。2016年11月12日国家发展改革委发布《东北振兴"十三五"规划》提出，积极发展体育产业，大力发展冰雪产业。2017年依托整体生态化优势和冰雪资源，强化营销，增加产品供给，推动旅游养老健康体育文化产业融合发展。在省内外举办115场大型推介活动，与各类新媒体结合，整体推出夏季观光、体验、功能、休闲四大类10大主题，冬季独特而具有震撼力的冰雪景观与专业非专业相结合、运动体验娱乐相结合的10大主题旅游产品。举办哈尔滨世界单板滑雪锦标赛等高水准国际体育赛事；与国家体育总局联合推动的"赏冰乐雪"系列活动；投入10.3亿元大幅提高城市清冰雪能力。

（三）开展"冰雪+X"活动

自1963年哈尔滨市举办第一届冰灯艺术游园会开启冰雪旅游以来，55年间黑龙江坚持打造冰雪旅游产业，逐步从旅游大省发展到旅游强省，成为中国首选冰雪旅游目的地，形成具有国际影响力的冰雪品牌，如中国·哈尔滨第44届哈尔滨冰灯艺术游园会、第34届中国哈尔滨国际冰雪节暨2018"东亚文化之都"中国哈尔滨活动年、第30届哈尔滨太阳岛国际雪雕艺术博览会、第19届哈尔滨冰雪大世界等，也多次举办全国和国际重要赛事，如第32届哈尔滨国际冰雕比赛、第7届中国哈尔滨国际组合冰雕比赛、第37届全国专业冰雕比赛等，近两年哈尔滨万达娱雪乐园（哈尔滨万达国内最大室内滑雪场和主题乐园）也已开园。为此，黑龙江省应以冰城誉名，以冰雪品牌为依托，以冰雪旅游为本体、冰雪体育为基础、冰雪文化为引领，强化冰雪产业优势集聚，构建龙江特色的冰雪产业体系，促进冰雪关联产业融合发展，打造哈尔滨冰雪大世界、兆麟公园冰灯、五大连池、到"雪乡"赏雪、去北极漠河"找北"，去亚布力和玉泉狩猎场滑雪场滑雪、狩猎，努力把黑龙江省建设成为全国冰雪产业大省、冰雪旅游强省和世界级冰雪旅游目的地。2017~2018年冬季开展的畅爽龙江之冰雪之冠活动分5个线路：冰雪之冠·大美雪乡、冰雪之冠·秘境冰壶、冰雪之冠·鹤舞雪原、冰雪之冠·冰雪森林、冰雪之冠·北极圣诞。

目前，中国·哈尔滨国际冰雪节与日本札幌雪节、加拿大魁北克冬季狂欢节和挪威奥斯陆滑雪节并成世界四大冰雪节。到2020年初步建成以"冰雪+X"的冰雪经济产业链，其中，X包括如旅游、文化、艺术、产业等，使冰雪产业成为黑龙江省经济发展新的战略增长极。[2]

除哈尔滨外，省内其他地市每年也举行系列冰雪活动。其中，比较有代表性的如2003年佳木斯举办了著名的国际泼雪节，向世界展示了雪文化；同年，《林海雪原》的上映向世界展示了龙江雪文化气息；2008年牡丹江举办了首届中国牡丹江雪城旅游文化节，又一次展示了龙江冰雪旅游文化；2009年《雪娃》的上映，将冰雪与环境保护相结合，展现了龙江冰雪文化的内涵；2014年《智取威虎山》又是一次对龙江冰雪旅游文化的宣传；2015年"国际冰雪展"开幕，旨在通过高品位，富有冲击力和感染力的黑龙江冬季冰雪影像展示中国冰雪的魅力，通过摄影艺术带动全国人民了解冰雪，走近冰雪，爱上冰雪。黑龙江省的冰雪文化资源丰富，有着很大的开发空间，这也是将来开发的重点所在。同时，开展冬日驻场文化演出活动，推出"冰雪之冠　畅爽龙江"2017年冬季旅游推介会。如2017年11月15日至2018年4月30日的5个半月中将有4 000余场次演出畅爽龙江，基本实现了"天天有演出，场场都精彩"，为广大观众和众位游客提供了多样化的艺术盛宴，给冰天雪地增添了更加靓丽的色彩，为哈尔滨刻画出独具魅力的冰情雪韵，为赏冰乐雪的游客带来一场酷爽浪漫、火热欢腾的冬日之旅。[3]以冰城哈尔滨市为例，2017年哈尔滨市累计接待游客7 712.77万人次，旅游总收入1 177.47亿元。其中，接待国内游客7 688.89万人次，同比增长9.22%，国内游收入1 168.35亿元，同比增长13.30%；接待入境游客23.88万人次，同比增长9.78%，创汇13 498.93万美元，同比增长6.76%。

（四）冰雪旅游全国排位

黑龙江省第十二次代表大会报告指出，本省借助整体生态化优势和冬季冰雪资源，大力推进旅游、健康、养老、体育、文化产业融合发展；冰天雪地也是金山银山，念好冰雪经，发展冰雪游等旅游产业，发展冰雪经济，发挥冰雪大世界、雪博会、亚布力、"雪乡"等品牌优势，优化整合冰雪资源资产，大力发展冰雪旅游、冰雪文化、冰雪体育、冰雪教育，打造全国冰雪旅游首选目的地、冰雪人才培养高地、冰雪装备研发制造和冰雪赛事承办基地，形成新的经济增长极，建设冰雪经济强省。

2018年1月29日，黑龙江省旅游委针对本省冬季旅游面临的形势和问题，决定组织开展冬季冰雪旅游"五大行动"，即强化行业新风，开展冰雪旅游"正能量传播行动"；优化服务理念，开展冰雪旅游"暖心服务行动"；净化市场环境，开展"冬季利剑行动"；精化产品供给，开展"美丽冰雪行动"；细化靶向营销，开展"发现冰雪行动"。依据携程旅游《2018元旦小长假旅游报告及人气排行榜》数据显示，小长假期间国内"南下北上"火爆，黑龙江省成为接待游客大省，其中哈尔滨、雪乡等冰雪目的地最受欢迎。从出游人气最高目的地看，哈尔滨排第2位，雪乡排第14位；从全国各省区接待游客排名看，黑龙江省位居第2名，排在海南省之后；从在线预订旅游度假产品的人数看，哈尔滨入围"出游力排行榜"前20城市，出游人数增长达到100%以上。

二、黑龙江省冰雪旅游产业财政政策分析

（一）现行财政政策内容

1. 财政政策

（1）采取积极的财政政策，加大财政对冰雪旅游的支出。按照《黑龙江省北国风光特色旅游开发区规划》的部署，对一些政府规划的项目和活动进行重点扶持，尤其是一些典范性的旅游项目。在进行财政支持时，列出三种不同的资金性质：补助性、鼓励性和导向性。通过这几种不同的财政支持，引导和带动各类资金对旅游业的支持，改善整体旅游环境，扩大知名度，推动开发区的发展。例如，省政府针对哈尔滨国际冰雪节出台《哈尔滨市冰雪旅游包机或专列奖励办法》，对于一次性包机或专列来哈尔滨的旅游企业给予10 000~20 000元的奖励，类似于这样的鼓励性财政补贴政策能够更好地促进黑龙江冰雪旅游产业的发展。

(2) 采取积极的财政政策，尤其是一些重点的冰雪旅游项目，黑龙江省政府采取了相对比较合宜的举措。例如，政府对冰雪旅游企业在贷款时进行贴息，对一些重点的冰雪旅游项目进行补贴，对冰雪旅游发展需要进行物品采购，积极鼓励非公有资本积极进入冰雪旅游产业的发展等举措。

(3) 充分发挥财政资金政策的引导作用，促进全省特色旅游开发区持续健康发展，不断推进重大基础设施建设。按照黑龙江省委、省政府关于交通网络建设的总体规划，加大了财政投入的力度，搭建平台贷款融资，支持交通网络建设。[4] 例如，2015年全省在建旅游项目156个、总投资585亿元，其中完成投资104.55亿元、建设亿元以上重点旅游产业项目76个；制定财政扶持政策，支持和扶持牡丹江市雪乡、亚布力滑雪场的建设；省财政投入19.1亿元，对全省78个市县的"三供两治"项目给予支持，进一步改善小城镇基础设施条件，提升特色旅游开发区综合承载能力；坚持高标准、高质量、高水平建设原则，省财政投入2.4亿元，支持12个重点旅游名镇及雪乡、虎头镇的景点建设，提高了景区的接待能力和服务层次。

2. 税收政策

(1) 采取税收优惠政策，减轻企业税负。如对冰雪旅游产业实施优惠税收政策，尤其是对中小企业。除省政府采取积极的税收政策之外，各地、市、县政府也积极采取税收扶持政策。以牡丹江市为例，近年来市政府紧跟省政府的政策，积极将牡丹江建设成"北国风光特色旅游开发区"，对450余个旅游项目进行整合，旅游产业进一步升级，全面落实税收优惠政策。

(2) 优化税收征管，减轻纳税成本。例如，为进一步完善牡丹江市特色旅游和旅游景点（场所）的税收管理，经过深入调研，针对特色旅游征管中营业收入不真实、成本核算不清楚、扣除凭据不规范、税收征管不到位、优惠不落实等情况，提出"分类管理、源泉控管、按单核算、核定征收、以票控税"的管理办法，经一年试运行取得了阶段性的工作成果。

（二）黑龙江省冰雪旅游产业财政政策存在的问题

1. 欠缺配套的财政激励体系

国家在很早就针对旅游业的发展设立了科研小组，旨在研究如何更好地制定完善的财政举措来发展旅游业，讨论和研究如何解决还未建立起完善的旅游产业财政体系。黑龙江省作为旅游资源大省，更应着力解决政策层面不配套的问题，为旅游业健康发展提供政策保障。目前，黑龙江省旅游财政政策最主要问题还是没有形成针对冰雪旅游产业发展的配套财政举措。

2. 特色旅游财政投入依然不足

当旅游成为经济发展的支柱产业后，旅游财政收入与投入之间显得更不协调成为阻碍特色旅游区发展的核心问题。如2017年省财政厅支持重大基础设施建设，推动实施长汀至双峰（雪乡）公路等交通领域项目；践行"绿水青山就是金山银山，冰天雪地也是金山银山"理念，省级财政拨付资金188.2亿元支持打造美丽龙江，筑牢国家生态屏障；支持发展绿色经济，推动开展"赏冰乐雪"体育系列活动宣传推广，支持举办《龙腾盛世》冰雪春晚并成功登陆央视，促进提高黑龙江省冰雪旅游品牌知名度。[5]

3. 特色旅游财政投入结构不合理

黑龙江省将大部分的财政资金投入到硬件的建设上，对于软件的投入较少。在旅游财政支出中，大多数预算以及实际支出都倾向于基础设施的建设，财政投入在信息系统建设和旅游宣传等软件方面却明显不足。[6]从信息系统建设方面来说，黑龙江省开通旅游网站相对较晚且相关旅游信息时效性较差，财政投入支持力度与计划实现水平仍有很大发展空间；从对特色旅游的宣传角度来说，国际旅游发展惯例通常是接待国用于市场开发与促销金额占入境收入的0.4%，促销投入与此相比相差甚远。

三、黑龙江省冰雪旅游产业发展的财政激励政策

（一）财政激励政策

1. 建立产业支持基金，强化产业发展基础

（1）统筹运用现有基金（服务业）或相关专项资金，支持冰雪产业发展。如加快哈尔滨机场扩建，推进哈尔滨佳木斯等快速铁路连通，加密滑雪场、景区间高等级公路路网，开通冰雪直通车，完善交通服务设施配套。

（2）出台吸引大额投资的鼓励政策，吸引社会资本参与冰雪产业发展。如建设冰雪运动场馆及主题酒店等。

（3）支持符合条件的冰雪旅游、体育、文化产业集聚区建设，经认定后享受省级现代服务业集聚区政策，重点支持区内基础设施以及冰雪产业相关公共服务平台建设；省级服务业发展专项资金优先支持冰雪休闲项目以及与冰雪旅游相关的公共服务平台建设。

2. 扩大 PPP 模式，加强交通设施建设

引导社会资本投资建设世界级滑雪度假综合体、重大冰雪运动场馆、接待游客的各类运营服务与配套设施等领域。

3. 实施财政必要经费保障，将全民健身工作所需经费列入本级财政预算

安排一定比例体育彩票公益金等财政资金，通过政府购买服务、发放消费券等方式，增强青少年冰雪运动消费意愿；鼓励保险公司针对冰雪运动推出多样化的保险产品，为景区、滑雪场、冰雪运动俱乐部、餐饮行业、旅行社、滑雪者等提供一揽子保险计划，分担冰雪运动风险；对各级体育部门归口管理的冰雪体育健身场所，安排学生半价、学龄前儿童免费开放，安排一定时段免费向学生开放；鼓励民营冰雪健身场所在非高峰时段低收费开放，加大政府向社会购买服务规模，引导与培育大众冰雪运动消费习惯。

4. 鼓励社会办学培养冰雪人才，对培育冰雪体育人才给予财政补贴

主要是依托哈尔滨体育学院等高校体育院系、相关学校以及中国冰雪艺术培训基地、名将轮滑冰雪培训基地等社会专业机构，探索产学研用相结合的人才培养与第三方培训模式；培训国际冰雪体育专业人员；建立完善冰雪教练、师资培训体系，实施冰雪体育教师和教练员培训工程，加强冰雪方面学历教育，鼓励举办各类培训班，加速培养一批冰雪骨干教师；鼓励专业运动队、职业冰雪俱乐部定期组织教练员、运动员深入学校和社区指导冰雪活动；编写出版青少年冰雪教材；加大冰雪专业学生培养力度，逐年扩大生源。

5. 提升品牌价值，运用财政奖励政策构建冰雪品牌体系

主要包括构建冰雪旅游品牌体系、打造冰雪会展节庆品牌体系、创新市场宣传营销模式。如依托"互联网＋"开展冰雪专题营销、联盟营销，实现"线上线下"良性互动；围绕冰雪旅游户外商品、装备器材、度假商品、特色美食等打造"龙江冰雪旅游文化商贸展会"。

（二）税收激励政策

1. 对符合条件的冰雪企业进行所得税优惠

对经认定为符合条件的从事冰雪产业的高新技术企业，减按15%的税率征收企业所得税；对提供体育、旅游、文化服务的社会组织，经认定为非营利组织的，依法享受相关优惠政策。

2. 强化冰雪产业税前扣除，降低企业所得税负

推进"冰雪+科技"融合，提升冰雪产业的科技支撑，提高研发能力，着力破解国内冰雪装备制造、软件开发等中高端技术瓶颈，努力将黑龙江省打造成为冰雪产业科技研发中心。如研究制订《黑龙江冰雪产业分类标准》《黑龙江冰雪产业统计指标体系》，建立黑龙江冰雪产业统计调查制度；研究发布《黑龙江冰雪产业发展暨中国冰雪产业年度报告》，收集国际、国内冰雪产业数据，建设中国冰雪产业数据库，成为冰雪产业研究中心；对于体育、旅游、文化企业发生的符合条件的广告费支出，可依法在税前扣除，符合条件的创意和设计费用可依法在税前加计扣除；省级现代服务业集聚区内新办服务业企业，3年内免征自用房产和土地的房产税及城镇土地使用税。

3. 对冰雪产业高端人才给予税收优惠，构建冰雪人才体系

对在国际比赛获奖、高端人才个人所得给予免税待遇；落实优秀运动员、教练员奖励政策及相关待遇；妥善安置退役优秀运动员，扶持优秀冰雪人才从事体育教育工作；实施冰雪产业引智工程，鼓励引进国内外高水平冰雪体育教练员、赛事运营管理、创意设计、科研、中介等专业人才，强化龙江冰雪产业发展智力支撑。

4. 以科技创新推动产业深度融合与"智慧冰雪"发展

打造"互联网+流通+冰雪+服务"模式，建立贯穿冰雪产业全要素、全链条的智慧技术应用和管理体系的平台建设；广泛利用VR、5G、北斗卫星、云服务平台等高新科技手段，开发虚拟现实技术冰雪产品，开展咨询、搜索、体验、预订、支付、导航等综合服务；强化北斗智慧旅游信息服务平台建设及终端应用,及时监测各种突发事件,提高应急管理能力,有效处理安全事故;全面提升冰雪服务智能化、精细化水平,推动冰雪产业提档升级。

5. 实施10%的增值税优惠政策试点,着力发展冰雪装备制造

积极引进国内外知名的冰雪产业研发、制造与战略投资商,推动龙江逐步发展成为全国冰雪装备研发、制造和交易中心;支持企业提高设计、研发能力,鼓励优秀冰雪运动员、冬季奥运会冠军等自主创办冰雪器材品牌;支持哈尔滨新区高端冰雪体育装备制造项目与冰雪装备制造园区建设;研发户外运动、冬季运动服饰系列产品;鼓励引进、研发生产压雪车、浇冰车、雪地观光车、雪地摩托车、冰球、冰壶、室内滑雪模拟训练器及相关配套设备,实现冰雪装备制造国产化突破。

6. 减免行政性收费,为冰雪企业降负

全面贯彻和落实国家及黑龙江省出台的取消、停征、免征和降低标准收取部分行政事业性收费减免政策。

参考文献

[1] 张志哲. 冰雪旅游产业对黑龙江经济发展的促进研究 [J]. 冰雪运动,2016 (1): 70 – 73.

[2] 仲跻强. 论黑龙江省冰雪旅游产业现状及发展对策 [J]. 北方经贸,2016 (10): 157 – 158.

[3] 范英. 黑龙江省冰雪旅游产业发展研究——基于供给侧改革视角 [J]. 经济视角,2017 (2): 32 – 40.

[4] 吕博,张博. 哈尔滨冰雪旅游产业发展现状与完善策略 [J]. 冰雪运动,2017 (3): 89 – 91.

[5] 杜金莹. 冰雪成"金"——黑龙江发展冰雪旅游产业纪实 [J]. 奋斗,2017 (5): 19.

[6] 季景盛,王天毅. "互联网+"背景下齐齐哈尔市冰雪旅游产业推介研究 [J]. 民营科技,2017 (12): 131 – 132.

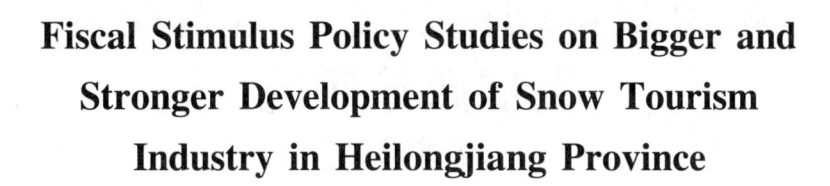

Fiscal Stimulus Policy Studies on Bigger and Stronger Development of Snow Tourism Industry in Heilongjiang Province

Cai De-fa　Jin Ying　Zhou Li-jian

Abstract: Heilongjiang Province has the highest latitude, the longest winter time, and the earliest development of ice-snow tourism, which is known for "Crown of Ice & Snow". As the provincial capital of Heilongjiang: Harbin is a summer ice city also be honored as "Pearl on the Crown of Ice & Snow, Culture City of East Asia", meanwhile, it become the first choice of ice and snow tourist destination in China. The snow and ice economy of Heilongjiang province occupies the leading position in China and has the potential for international competition. How to grasp the golden growth period of ice and snow industry development in accordance with the advantages of our own geographical location, this question urgently need to be studied through fiscal policies to support the development of the snow and ice economy, we should firmly establish the concept "lucid waters and lush mountains are invaluable assets, similarly, the Ice and snow " and turn "cold resources" into "hot industries", thus making it to the characteristic advantaged industries that leading the development of modern service industry.

Keywords: Ice-snow Industry; Ice and Snow Economic; Fiscal Policy

财税政策助推黑龙江冰雪经济发展政策研究

宋英华[*]

摘要：借着2022年冬奥会的东风，黑龙江省的冰雪旅游迎来历史性发展机遇。当前冰雪旅游热潮涌动，它不仅带给游客愉悦惬意的体验，还刺激拉动了黑龙江省的经济发展。但近几年，拥有冰雪资源的其他几个省份迅速发展起来，导致黑龙江省的冰雪旅游在市场中的份额逐步降低。运用财税政策，不断加大对冰雪旅游的支持力度，使冰雪旅游成为黑龙江省经济的有力支撑就显得尤为重要。

关键词：财税政策；冰雪经济；财政投入；税收优惠

2022年冬奥会成功申办，点燃了国人对冰雪项目的热情，冰雪旅游对经济发展的拉动作用也将日益突显。中国在申冬奥的申办报告中就承诺，申奥成功后要实现"三亿人参与冰雪运动"的目标。届时，世界人民看到的将不仅仅是专业的体育冰雪运动体育赛事，还会看到一个繁荣的大众冰雪旅游市场。

一、黑龙江冰雪经济发展现状

黑龙江省冰雪季漫长，是全国冰雪资源最密集的省份。经过多年经营，目前全省拥有各级滑雪场上百家，冰雪大世界、雪乡、漠河北极村等景点在国内外都有了较高的知名度，"冰雪之冠"的品牌效应逐步显现，冰雪旅游业已经成为黑龙江省发展速度最快、关联带动作用较强、最具发展潜力的产业，已成为新的经济增长点。[1]

根据国家统计局黑龙江调查总队提供的数据显示，2017年黑龙江省共接待

---

[*] 宋英华（1964~　），女，黑龙江哈尔滨市人，哈尔滨商业大学财政与公共管理学院，副教授。研究方向：税收理论与实践，E-mail：hsdsyh@126.com。

游客 1.64 亿人次、旅游业总收入 1 909 亿元（占 GDP 的比重为 11.78%），同比分别增长 13.35%、19.07%，增幅高于全国平均水平。2017 年春节黄金周，全省七天累计接待国内游客 1 009.49 万人次，同比增长 12.02%；实现国内旅游收入 120.47 亿元，同比增长 12.11%。2018 年春节假日，七天累计接待国内游客 1 122.67 万人次，同比增长 11.21%，实现国内旅游收入 136.32 亿元，同比增长 13.16%。其中，哈尔滨市累计接待省内外游客 112.6 万人次，同比增长 23.5%；收入 24.2 亿元，同比增长 11.7%。大庆市共接待游客 31.5 万人次，中短途游客为主要消费群体，雪地温泉和冰雪活动受到广大游客的欢迎。黑龙江森林各景区（不含伊春市）共接待游客 16.91 万人次，实现旅游收入超过 2 100 万元、旅游产值 14 400 余万元。同时，随着黑龙江省冰雪旅游产业兴旺发展，旅游人数逐年递增，与旅游相关的餐饮、旅游纪念品、地方土特产品销售等附加产业迅速广泛兴起，带动各地经济效益进一步提升。

二、黑龙江冰雪经济发展现行财税政策

黑龙江省在冰雪运动和冰雪产业上可以说达到了上下同心的理想状况：一方面社会大众逐渐青睐冰雪运动，商家投入冰雪产业的热情和资金也急剧升温；另一方面，政府层面也积极着手政策设计，推出了一系列促进冰雪健身、激活冰雪产业的政策措施。

（一）实施积极的财政政策

黑龙江省政府紧紧围绕扩内需、保增长，充分发挥财政资金政策的引导作用，采取积极的财政政策，不断推进重大基础设施建设，促进全省旅游产业持续健康发展。按照省委、省政府的总体规划，加大了财政投入的力度，旅游项目建设稳步推进，2015 年省财政投入 19.1 亿元，对全省 78 个市县的特色旅游项目给予支持，进一步改善小城镇基础设施条件，提升特色旅游综合承载能力；坚持高标准、高质量、高水平建设原则，省财政投入 2.4 亿元，支持 12 个重点旅游名镇及雪乡、虎头镇的景点建设，提高了景区的接待能力和服务层次。2016 年全省建设亿元以上旅游产业项目 70 个，总投资 298 亿元。2017 年全省亿元以上旅游产业项目 76 个，总投资 1 254 亿元。

（二）实施优惠的税收扶持政策

针对旅游发展制定积极的税收支持优惠政策：

（1）增值税方面：从事相关冰雪旅游文化电影制片、发行、放映的企业所得的收入免征增值税；冰雪纪念馆、博物馆、文化馆等举办文化活动的门票收入免征增值税；营改增试点包括旅游服务，减税效应明显，据统计，截至2017年10月底，全省共有旅游业营改增试点纳税人2 070户，与缴纳营业税相比，2017年1~10月，旅游业试点纳税人总体减税2 183万元。旅游景区是减税的直接受益者，"冰雪大世界"项目创办单位哈尔滨冰雪大世界股份有限公司2016年5月至2017年11月实现销售收入33 982万元，缴纳增值税额798万元，与缴纳营业税相比减少475.83万元，降幅近37.4%。[2]

（2）所得税方面：小型微利企业减按20%的税率征收企业所得税，年应税额低于3万元其所得减按50%计入应纳税所得额；新产品、新工艺、新技术的研发支出，可以按照150%加计扣除。

（3）个人所得税方面：省级、国家级和解放军等单位，以及外国组织的冰雪文化、体育、技术等方面的奖金免征个人所得税；大专院校国际交流项目来华工作2年以内的冰雪文化教育专家取得的收入免征个人所得税。

三、黑龙江冰雪经济发展财税政策存在的不足

冰雪旅游的较快发展，激发了大众对冰雪运动的兴趣度和参与度，"冬奥效应"更是激发了民众对冰雪旅游的热情，但财税政策助推冰雪旅游的发展依然面临诸多挑战。

（一）地方财政对冰雪旅游产业投入不足

要大力推广冰雪旅游，培养群众滑雪、滑冰等冰雪运动习惯，以筹备2022年冬奥会为契机，需要不断完善冰雪旅游的公共服务设施和质量，需要很好地发挥财政投资作用。黑龙江省政府缺少整体规划与区域整合发展理念，缺乏集合政府资金意识，投资冰雪旅游产业的资金不足明显。2016年黑龙江省一般公共预算支出4 228亿元，将财政收入投资服务业的只有5.3亿元，仅占全省财政总支

出的 0.1%。政府对冰雪旅游产业发展的财力投入不足导致冰雪旅游产业发展缓慢，众多冰雪旅游资源尚有待开发，难以形成规模集聚效应。[3]

（二）冰雪旅游财政投入结构不合理

黑龙江省将大部分的财政资金投入到硬件的建设上，对于软件的投入较少。在冰雪旅游财政支出中，大部分预算以及实际支出都倾向于基础设施的建设，财政投入在信息系统建设和旅游宣传等软件方面却明显不足。从信息系统建设方面来说，黑龙江省开通旅游网站相对较晚且相关旅游信息时效性较差，财政投入支持力度与计划实现水平仍有很大发展空间。

（三）税收优惠政策缺乏针对性

从国家层面上看我国存在着很多区域税收优惠政策，黑龙江省缺乏鼓励专门针对冰雪经济发展的税收优惠政策。企业所得税方面：从事冰雪旅游产业的企业多为民营企业，民营企业虽然发展迅速，但专门针对民营企业的所得税税收优惠过少。在增值税方面：鼓励冰雪旅游产业的相关优惠政策少，而且不集中，没有系统性和全面性。由于滑雪运动的快速发展，很多具有远见卓识的中国企业家已经关注滑雪市场。但现在滑雪设备和滑雪服装 50% 以上来自国外，因此，应制定更多的税收优惠政策，引导黑龙江省相关企业投身于滑雪设备工业和滑雪服装行业，逐步发展壮大黑龙江省自己的滑雪配套产业。雪具、雪场机械国产率提高，价格下降，会对黑龙江省滑雪场地建设和让更多人走进滑雪场起到推动作用，从而带动当地交通、旅游、宾馆、通讯、餐饮、零售、地产业的发展。

四、财税政策助推黑龙江冰雪经济发展的政策建议

黑龙江省冰雪旅游产业的发展，亟须财税政策的调节，做大做强冰雪经济，才能为"3亿人参与冰雪"带来质的提升，将"冷资源"打造成"热经济"。

（一）加大冰雪旅游产业投入力度

黑龙江省的冰雪旅游产业的发展，如果单纯地依靠企业自身是无法发展起来

的，需要政府对冰雪旅游产业的大力支持。政府应继续加大投资旅游的力度，用于冰雪旅游基础设施建设，改善冰雪旅游基础设施落后的局面，实现冰雪旅游投资地区、项目间的平衡。可由省政府在进行年度计划的预算时，将对冰雪旅游的扶持预算计划在内，要在每年的政府财政支出中拿出固定比例的钱投入到冰雪旅游产业建设中去。中央和地方财政用于冰雪旅游产业的资金投入每年增加幅度不应低于财政收入的增长幅度，完善对基础设施的建设，从而吸引更多的国内外游客来访。[4]

（二）完善冰雪旅游财政投入结构

根据国内外的经验，可考虑采取财政补贴和以奖代补充分结合的形式，以弥补当地政府财政投入不足的现状，来促进冰雪旅游产业的发展。可以将这些补助运用到全省冰雪旅游各个景区的基础设施建设和信息化建设中去，包括道路交通、景点基础设施建设、冰雪旅游媒体宣传促销、电子商务网络建设以及旅游职能部门的财政补贴，加大对旅游服务部门人员的福利和岗位补贴，调动他们工作的积极性和服务性，提高冰雪旅游业的软实力。

（三）建立冰雪产业专项基金

专项基金的建立是黑龙江省发展冰雪旅游产业的重要举措，也是推动冰雪旅游产业发展的重要契机。在设立推动冰雪旅游产业发展的专项基金时，政府要起到积极的带头作用，先从政府财政中拿出一部分资金进行拨款设立基金，然后带动社会组织或者个人进行捐助和参与，在财政部门的监督下用于冰雪旅游基础设施和重点景区建设、完善配套设施和服务体系、冰雪旅游资源开发、冰雪旅游项目和产品的宣传促销等。

（四）完善冰雪旅游产业税收优惠政策

黑龙江省在发展冰雪旅游产业时可以充分利用优惠的税收政策，给予冰雪产业更大的支持。优惠的税收政策要恰到好处，从多个点入手：

（1）可以考虑对有意愿参与冰雪旅游产业发展的企业（包括风电、光伏企业）给予充分的所得税优惠，对于冰雪旅游产业做出重点贡献的企业实行免三减三企业所得税政策；鼓励社会各界对冰雪旅游产业的捐赠，并提高税前扣除比例，可由12%提升到20%的比例，通过这种举措来吸引更多的企业参与冰雪旅游的建设。

（2）对于现有冰雪旅游企业（包括风电、光伏企业）可实行增值税减免税政策，在6%（或3%）的基础上实行减半征收，有特殊贡献的冰雪旅游项目、企业实行免税政策或低税率政策，如2%（或1%）；建议对冰雪旅游企业实行退税改革，企业上缴税金除上交中央财政外，其余税收返还给企业，用于专业人员培训、景区基础设施的维护与管理。

（3）对于外商想要投资龙江冰雪旅游产业的企业，可以在税收上给予其国民待遇，可以免征关税或者进口税，从而能够吸引更多外企加入。

（4）其他税种给予优惠，如给予从事冰雪旅游的企业、承办冰雪相关项目的单位和组织，在规定范围内使用的土地、房产免征房产税、城镇土地使用税和耕地占用税；在黑龙江省举办的大型冰雪体育赛事、艺术表演的个体或组织所取得的收入允许适当减少征收个人所得税。

参考文献

[1] 张博. 黑龙江省冰雪产业发展问题研究 [J]. 体育世界（学术版），2017（7）.

[2] 张志哲. 冰雪旅游产业对黑龙江经济发展的促进研究 [J]. 冰雪运动，2016, 38（1）: 70-73.

[3] 韩福丽，王海荣. 黑龙江省冰雪旅游经济发展研究 [J]. 冰雪运动，2016, 38（3）: 74-77.

[4] 何相宇，刘微，韩梦琪. 黑龙江冰雪经济发展研究 [J]. 合作经济与科技，2015（22）: 47-47.

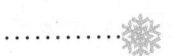

Fiscal and Taxation Policies to Promote the Ice – Snow Economic Development Policy Research of Heilongjiang

Song Ying-hua

Abstract: With the dongfeng of 2022 Olympic Winter Games, the ice-snow tourism of Heilongjiang Province will meet a chance of historical development. For now, the heat of the ice-snow tourism not only brings the pleasure to tourists, but also leads to a rapid economic development. However, as the other provinces with ice-snow resources managed to develop their own tourism, the share of the ice-snow tourism of Heilongjiang Province is fading. It is highly important to take advantage of fiscal and taxation policy, improve the support of tourism, and then help the ice-snow tourism to be a powerful economic backbone of Heilongjiang Province.

Keywords: Fiscal and Taxation Policy; Ice-snow Economic; Government Financial Investment; Preferential Tax Policies

黑龙江省冰雪旅游产业税收政策评价

李 兰　李秉坤　周冻梅[*]

摘要： 通过文献分析、理论分析的方法，对黑龙江省冰雪旅游产业的现状及税收政策进行分析，发现现行的税收政策中存在着许多问题，如冰雪旅游产业的税收政策执行与落实不到位，冰雪旅游产业税收政策制定的针对性不强，对冰雪旅游产业实施税收优惠政策时的外部环境也存在问题。在借鉴了国外对冰雪旅游产业实施的税收政策及国内其他省市的冰雪旅游产业的税收政策的基础上，为解决黑龙江省冰雪旅游产业税收政策存在的问题，提出了对应的政策建议：细化税收优惠政策、实施针对性的税收政策、完善税收政策的外部环境。

关键词： 冰雪产业；冰雪旅游；税收政策

一、引言

十九大报告指出：我国社会主要矛盾已经转化为人民日益增长的美好生活需要和不平衡不充分的发展之间的矛盾。随着人们物质生活水平的不断提高，对精神生活的需求也逐渐增加。2018 年，是全面贯彻十九大精神的开局之年，进入新时期，旅游逐渐成为满足人民群众不断增长的美好生活需要的重要载体。2018 年 1 月 6 日，第 34 届国际冰雪节在中国哈尔滨举办，开创了冰雪旅游产业发展的新时代。2022 年北京冬奥会的成功申办及"3 亿人参加冰雪运动"目标的制

---

[*] 基金项目：黑龙江省社科基金项目，项目编号：17JYD237；哈尔滨商业大学研究生创新科研项目，项目编号：YJSCX2018-495HSD。
　李兰（1964～　），女，河北安国市人，哈尔滨商业大学财政与公共管理学院，教授。研究方向：财税理论与政策研究。
　李秉坤（1965～　），男，黑龙江省集贤县人，哈尔滨商业大学财政与公共管理学院，教授。研究方向：财税理论与政策研究。
　周冻梅（1996～　），女，山东菏泽市人，哈尔滨商业大学财政与公共管理学院，财政学专业研究生。研究方向：财税理论与政策研究。

定,给冰雪旅游产业的发展带来了巨大机遇(季海洋、肖艳玲,2017)[1]。冰雪旅游是一种较为稀缺的旅游资源,其对区域位置和气候条件有较高的要求。旅游业是第三产业的重要组成部分,冰雪旅游是黑龙江省旅游业的亮点及重点,冰雪旅游产业是促进黑龙江省经济增长的重要推动力。《黑龙江省界江旅游发展总体规划(2013)》要求以漠河北极村和抚远黑瞎子岛为代表开展冰雪运动旅游。国务院颁布的《东北振兴"十三五"规划(2016)》要求大力发展冰雪产业,打造多地联动发展的精品冰雪文化旅游目的地。冰雪旅游已成为旅游行业及区域发展的新兴驱动力,有利于推动区域经济的发展。

冰雪旅游属于生态旅游范畴,是黑龙江省重点发展的旅游项目之一,对响应国家号召大力发展具有地方特色的旅游业具有重要意义。2016年3月,习近平总书记提出:"冰天雪地也是金山银山"。在激烈的市场竞争条件下,促进黑龙江省冰雪旅游产业发展是促进经济持续、健康、稳定发展的客观要求。探究黑龙江省冰雪旅游产业的政策,有利于实现区域旅游业的和谐发展,主要表现在以下几个方面:第一,有助于促进黑龙江省冰雪旅游产业稳健发展。第二,为黑龙江省冰雪旅游产业发展部署开拓思路。第三,为振兴东北三省经济提供理论参考。冰雪旅游产业的发展是黑龙江省及东北地区突破瓶颈的重要措施,有利于东三省 GDP 的增速以及对外宣传形象的提升。在多方争霸冰雪旅游市场的新形势下,夯实理论基础可以确保有限资源的合理开发利用,探索出具有借鉴意义的冰雪旅游产业发展政策理论体系。

二、文献综述

(一)国外研究现状

加拿大卡尔加里大学教授西蒙哈德逊(Simon Hudson,2000)在其 *Tourism demand constraints: A skiing participation* 一文中指出美国的州政府应该对本州发展冰雪旅游产业给予优惠的税收和扶持政策(Gilbert Simon Hudson,2000)[2]。2003年帕尔默和里埃拉(Palmer & Riera)合作研究,结果表明旅游业的发展会带来环境问题,管理机构会根据具体情况征收环境税以维护生态平衡。2005年古奥槽认为对旅游业合理课税可以增加财政收入,但要稳步推进,以免造成旅游小微企业的破产和倒闭。2008年拉梅什德巴里在其 *Tourism Taxes: Implications for Tourism Demand in the UK* 一文中指出增值税影响了英国的旅游行业，由于英国的旅游需求对价格非常敏感，导致旅游价格上涨的措施将对游客的到来产生重大负面影响，而增值税税率的降低可能会推动英国旅游业的发展，但这取决于税收优惠对价格的影响程度（Ramesh Durbarry，2008）[3]。

（二）国内现状研究

东北农业大学郭惠秋教授（2010）在其《利用冰雪旅游促进黑龙江省经济发展的探索》一文中提出了黑龙江省政府应该大力发展冰雪旅游产业，发展冰雪旅游产业要加大基础设施的建设，充分利用好各项税收政策，不断拓宽金融融资的渠道，采用多元化的融资方式，积极组建冰雪旅游发展基金，积极鼓励外商和非实体经济的资本进入到冰雪旅游产业当中来，还要积极地吸纳社会的闲置资金来发展冰雪旅游产业。中央财经大学苗月新教授（2012）在其《旅游产业区域协调发展的税收政策导向研究》中提到税收政策在推动我国旅游产业区域协调发展中的作用日益突出，科学的税收政策对于旅游产业在东、中、西部地区的平衡发展，改善我国旅游产业的发展环境，提升旅游产业的整体质量，都是至关重要的（苗月新，2016）[4]。中央财经大学孙宝文教授与马衍伟博士（2005）在其《促进我国旅游业发展的税收对策研究》指出目前我国旅游产业之所以取得前所未有的长远发展，国家采取的税收优惠政策功不可没（孙宝文、马衍伟，2005）[5]。

（三）国内外研究现状评析

国外研究冰雪旅游的时间比较早，但研究的重点还是集中在对于滑雪旅游的研究上；而国内对于冰雪旅游的研究起步比较晚，但是研究的方向和内容比较广，涉及面比较大。但两者的研究也存在着很大的不足，比如国外和国内的研究大部分都是集中在宏观层面，对微观层面的研究相对比较少，没有形成微观性的理论体系，同时国内对于冰雪旅游产业政策的研究相对比较浅显，很多都是定性分析，缺乏有深层次的定量分析，但这些对策研究主要集中在理论层面，实践意义比较小。这也是在冰雪旅游产业政策支持方面存在的不足，在以后的研究中是需要加强的部分，能够较快地形成较为完善的政策支持体系。

现有的研究缺少对冰雪旅游产业具体税收政策的研究。由于冰雪旅游产业带有较强的地域性，因此对冰雪旅游产业的研究应结合区域经济发展的特点，针对具体的区域制定不用的税收政策，以促进冰雪旅游产业的发展及推动区域经济发展。另外，应该将财政扶持、财政补贴政策与税收政策分开，税收政策是财政政策的一个重要组成部分，其侧重实施的支持政策不同，因此在研究冰雪旅游产业的税收政策时与财政政策区分开来。

三、冰雪旅游产业税收政策的现状与问题

（一）黑龙江省冰雪旅游产业的基本现状

1. 黑龙江省冰雪旅游产业的发展阶段

产业发展一般分为四个阶段：产业的形成期、产业的成长期、产业的成熟期和产业的衰退期。虽然黑龙江省发展冰雪旅游的时间较长，但其仍处于产业发展的形成期。黑龙江省冰雪旅游产业虽已初具规模，但并没有形成规模化产业集群，也还没有形成完整的产业链。另外，在生产技术方面，生产冰雪运动产品如滑雪板的技术还不成熟，与欧洲产品相比还存在很大的技术改进空间。为了促进冰雪旅游产业的发展，黑龙江省出台了新的冰雪旅游规划，指出：黑龙江省将通过对冰雪旅游项目进行开发建设，形成以哈尔滨为中心的"一区四带"重点冰雪旅游区域。

2. 黑龙江省冰雪旅游产业的特点分析

冰雪旅游产业具有依赖性的特点，产业对自然条件具有较强的依赖性，必须依靠冰雪资源才能不断发展，进而形成独特的产业品牌。冰雪旅游产业还具有体验性的特点，旅客不仅可以观赏冰雪产品如冰雕，还可以进行资源体验，体验冰雪资源带来的乐趣（彭筱媛、张宏、陈越红，2018）[6]。目前，随着旅游产业界定范围的扩大，旅游产业除了包括专门从事旅游业务的部门以外，还包括与旅游相关的各行各业。旅游产业是一个综合的经济部门，为旅游者提供的旅游服务包括食、住、行、游、购、娱六大环节，且六大环节是有机衔接、紧密联系的，涉及的相关产业包括餐饮业、旅馆业、交通运输业、旅游景区业、零售业和娱乐服务业。其中旅行社、交通运输业和住宿业是旅游业的三大支柱。

3. 黑龙江省冰雪旅游产业的发展地位

黑龙江省是我国的老工业基地,一直以来传统重工业在经济发展中占据主导地位,产业结构以第二产业为主,第三产业占比较小。但随着经济的发展,第三产业逐渐成为黑龙江省的主导产业。2016 年黑龙江省全年实现地区生产总值(GDP)15 386.1 亿元,按可比价格计算,比上年增长 6.1%。其中,第一产业增加值 2 670.5 亿元,增长 5.3%;第二产业增加值 4 441.4 亿元,增长 2.5%;第三产业增加值 8 274.2 亿元,增长 8.6%。三次产业占比为 17.4∶28.9∶53.7。第三产业对于黑龙江省经济的发展起着举足轻重的作用,尤其是冰雪旅游产业,是龙江经济发展的重要推动力。2016 年黑龙江省全年共接待国内、外旅游者 14 476.1 万人次,比上年增长 11.3%;实现旅游业总收入 1 603.3 亿元,增长 17.8%。其中,接待国内旅游人数 14 380.4 万人次,增长 11.3%,实现国内旅游收入 1 572.9 亿元,增长 17.6%;接待国际旅游人数 95.7 万人次,增长 14.7%,实现国际旅游外汇收入 4.6 亿美元,增长 15.9%。

4. 黑龙江省冰雪旅游产业的运行状况

《黑龙江省旅游业"十三五"发展规划》指出:"十二五"期间,全省累计接待国内外游客 5.08 亿人次,年均增长 16.54%;实现旅游业总收入 5 326.89 亿元,年均增长 14.64%,高于全省国内生产总值年均增长水平。据国家统计局黑龙江调查总队统计,2015 年,全省共接待游客 1.3 亿人次,实现旅游业总收入 1 361.43 亿元,同比分别增长 21.89% 和 27.7%;新增外省手机漫游用户 7 193.3 万,同比增长 31.2%;省外银行卡在黑龙江省交易额达到 1 651.3 亿元,同比增长 50.1%;哈尔滨太平国际机场完成旅客吞吐量 1 405.4 万人次,同比增长 14.8%。

5. 黑龙江省冰雪旅游产业的发展支撑

黑龙江省冰雪旅游产业有独特的自然条件优势,黑龙江省位于中国东北部,是中国位置最北、纬度最高的省份。黑龙江省冬季寒冷漫长,为冰雪旅游产业的发展奠定了基础,2016 年全省共有滑冰场馆 19 个,占全国的 7.3%;具备滑雪条件场 122 个,占全国的 20%,居全国第一位。另外,黑龙江省的交通也比较便利,主要的冰雪旅游地如哈尔滨、齐齐哈尔、牡丹江等都有机场,为冰雪旅游提供了便利,《关于促进黑龙江省通用航空业发展的若干意见》(黑政办发〔2016〕147 号)提出促进通用航空旅游跨越发展,加强通用航空与冰雪旅游有效结合,创新发展多类型、多功能的低空旅游产品和线路。冰雪旅游代表性景区亚布力新开通了低空飞行旅游项目,已开辟 8 分钟、15 分钟景区观光;开通二锅盔、大秃顶子山航线;开通亚布力度假区到哈尔滨空中救援,填补全国低空飞行滑野雪空白,明年通航的亚布力机场也将提供便利的交通条件。依据《黑龙江省人民政府办公厅关于促进我省通用航空业发展的若干意见》,到 2020 年,黑龙江省将在现有 70 个通用机场(起降点)的基础上,新建、改建 41 个通用机场,届时通用机场总数将达到 92 个。其中,新建肇东、木兰、兰西、富裕、同江、嘉荫、萝北等 22 个一类、二类通用机场,初步建成布局合理、衔接紧密、层次分明、功能完善的全省通用机场网络。

6. 促进冰雪产业发展的产业政策

2016 年 11 月以来,国家体育总局、发改委等四部门联合发布了《冰雪运动发展规划(2016~2025 年)》《全国冰雪场地设施建设规划(2016~2022 年)》《群众冬季运动推广普及计划(2016~2020 年)》,为冰雪运动产业发展提供了新的指导方向和政策助力。《冰雪运动发展规划(2016~2025 年)》中促进冰雪产业发展的策略和措施有:加快推动冰雪健身休闲业、积极培育冰雪竞赛表演业、创新发展冰雪装备制造业、建设国家冰雪产业示范基地、加大场地设施供给。为支持冰雪旅游产业的发展,黑龙江省政府也出台了相关文件发展冰雪产业,2017 年 8 月,黑龙江省政府出台了《黑龙江省冰雪装备产业发展规划(2017~2022 年)》,提出了具体的规划目标:到 2022 年,以哈尔滨、齐齐哈尔、牡丹江等为重点,建成三个以上冰雪装备专业化产业园,打造 3 家以上主营业务收入超过 5 亿元的冰雪装备品牌企业,资本、科技和人才支撑产业发展的能力进一步增强,形成冰上运动装备、雪上运动装备、冰雪场地装备三个产业集群,建成全国冰雪装备研发制造基地,实现主营业务收入 40 亿元以上。

(二)冰雪旅游产业税收政策的基本状况

冰雪旅游产业属于第三产业,为了促进冰雪旅游产业更好发展,提高冰雪旅游产业自主创新能力和产业竞争力,在对冰雪旅游产业征收具体税种时给予税收优惠,逐渐形成了促进和支持冰雪旅游产业发展的税收政策体系。且 2016 年 5 月 1 日营业税改征增值税全面完成后,第三产业的销售收入及营业收入均缴纳增值税,既消除了营业税的重复征税,又增加了进项税额抵扣,形成了完整的税收抵扣链条。另外,对冰雪旅游产业主要课征增值税、企业所得税、个人所得税等。为促进产业发展,在产业发展的不同时期国家制定了相应的税收优惠政策。

1. 国家对冰雪旅游产业征收增值税时的税收优惠政策

在产业形成期的增值税税收优惠政策主要有：①纪念馆、博物馆、文化馆、文物保护单位管理机构、美术馆、展览馆、书画院、图书馆在自己的场所提供文化体育服务取得的第一道门票收入免征增值税；②县级以上地方人民政府或自然资源行政主管部门出让、转让或收回自然资源使用权（不含土地使用权）时免征增值税；③纳税人提供的直接或者间接国际货物运输代理服务免征增值税；④土地所有者出让土地使用权和土地使用者将土地使用权归还给土地所有者免征增值税；⑤纳税人为安置残疾人的单位和个体工商户，纳税人享受安置残疾人增值税即征即退优惠政策，月应退增值税额为纳税人本月安置残疾人员人数乘以本月月最低工资标准的4倍；⑥增值税小规模纳税人，月销售额或营业额不超过3万元（含3万元）的，免征增值税，其中，以1个季度为纳税期限的增值税小规模纳税人，季度销售额不超过9万元的，免征增值税；⑦对旅游企业，在新增加的岗位中，当年新招用在人力资源社会保障部门公共就业服务机构登记失业半年以上且持《就业创业证》或《就业失业登记证》人员，与其签订1年以上期限劳动合同并依法缴纳社会保险费的，在3年内按实际招用人数予以定额依次扣减增值税、城市维护建设税、教育费附加、地方教育附加和企业所得税优惠。

在产业持续发展期的增值税税收优惠政策有：①纳税人提供技术转让、技术开发和与之相关的技术咨询、技术服务时免征增值税；②符合条件的合同能源管理服务免征增值税；③国债、地方政府债的利息收入免征增值税；④根据《资源综合利用产品和劳务增值税优惠目录》的通知的规定，纳税人销售自产的资源综合利用产品和提供资源综合利用劳务，可享受增值税即征即退政策；⑤按债转股企业与金融资产管理公司签订的债转股协议，债转股原企业将货物资产作为投资提供给债转股新公司的，免征增值税；⑥对内资研发机构和外资研发中心采购国产设备全额退还增值税。

2. 国家对冰雪旅游产业征收企业所得税时的税收优惠政策

征收企业所得税时的税收优惠政策适用于产业发展的各个时期。主要税收优惠为：①国债利息收入为免税收入，国债利息收入是指企业持有国务院财政部门发行的国债取得的利息收入。②非营利组织的下列收入为免税收入：接受其他单位或者个人捐赠的收入；除《中华人民共和国企业所得税法》第七条规定的财政拨款以外的其他政府补助收入，但不包括因政府购买服务取得的收入；按照省级以上民政、财政部门规定收取的会费；不征税收入和免税收入滋生的银行存款利息收入;财政部、国家税务总局规定的其他收入。③企业从事国家重点扶持的公共基础设施项目投资经营的所得,从项目取得第一笔生产经营收入所属纳税年度起,第一年至第三年免征企业所得税,第四年至第六年减半征收企业所得税。④企业自 2008 年 1 月 1 日起购置并实际使用《环境保护专用设备企业所得税优惠目录》《节能节水专用设备企业所得税优惠目录》和《安全生产专用设备企业所得税优惠目录》规定的环境保护、节能节水、安全生产等专用设备,其设备投资额的 10% 可以从企业当年的应纳税额中抵免;当年不足抵免的,可以在以后 5 个纳税年度结转抵免。⑤企业以《资源综合利用企业所得税优惠目录》规定的资源作为主要原材料,生产国家非限制和禁止并符合国家和行业相关标准的产品取得的收入,减按 90% 计入收入总额。⑥一个纳税年度内居民企业转让技术所得不超过 500 万元的部分免征企业所得税,超过 500 万元的部分减半征收企业所得税。⑦企业为开发新技术、新产品、新工艺发生的研究开发费用,未形成无形资产计入当期损益的,在按照规定据实扣除的基础上,按照研究开发费用的 50% 加计扣除;形成无形资产的,按照无形资产成本的 150% 摊销。⑧企业的固定资产由于技术进步等原因,确需加速折旧的,可以缩短折旧年限或者采取加速折旧的方法。⑨企业安置残疾人员的,在按照支付给残疾职工工资据实扣除的基础上,按照支付给残疾职工工资的 100% 加计扣除。企业就支付给残疾职工的工资,在进行企业所得税预缴申报时,允许据实计算扣除;在年度终了进行企业所得税年度申报和汇算清缴时,再依照税法规定计算加计扣除。⑩自 2017 年 1 月 1 日至 2019 年 12 月 31 日,将小型微利企业的年应纳税所得额上限由 30 万元提高至 50 万元,对年应纳税所得额低于 50 万元(含 50 万元)的小型微利企业,其所得减按 50% 计入应纳税所得额,按 20% 的税率缴纳企业所得税。旅游企业发生的公益性捐赠支出,在年度利润总额 12% 以内的部分,准予在计算应纳税所得额时扣除;超过年度利润总额 12% 的部分,准予结转以后三年内在计算应纳税所得额时扣除。

3. 国家对冰雪旅游产业征收个人所得税时的税收优惠政策

对于个人获得以下收入免征个人所得税:省级人民政府、国务院部委和中国人民解放军军以上单位,以及外国组织、国际组织颁发的科学、教育、技术、文化、卫生、体育、环境保护等方面的奖金,国债和国家发行的金融债券利息;按照国家统一规定发给的补贴、津贴;福利费、救济金、抚恤费。残疾人员、孤老人员和烈属的所得减征个人所得税。个人发生的公益性捐赠支出,在应纳税所得额 30% 以内的部分,准予在计算应纳税所得额时扣除。

4. 省级政府为促进冰雪旅游产业发展给予的税收优惠政策

2017年8月,黑龙江省政府出台了《黑龙江省冰雪装备产业发展规划(2017~2022年)》,指出:推进具备条件的冰雪装备企业认定为高新技术企业,享受减按15%的税率征收企业所得税等政策。

(三)冰雪旅游产业税收政策存在的问题

从对冰雪旅游产业实施的税收优惠政策的运行情况来看,黑龙江省还没有形成一个系统的、完善的冰雪旅游产业税收优惠政策机制,如冰雪旅游产业的税收政策执行与落实不到位,冰雪旅游产业税收政策制定的针对性不强,对冰雪旅游产业实施税收优惠政策时的外部环境也存在问题。

1. 税收政策的执行与落实不到位

由于税收政策还没有形成一个完善的体系,对推动旅游产业发展的作用并没有达到预期的效果。一方面,税务机关内部权责划分不明确。长期以来,我国税务机关内部各级管理主体之间权责划分不明确,存在博弈和寻租空间,从而出现了缺乏统筹规划,交叉重复等问题。在企业申报纳税过程中存在税务部门之间相互推诿现象,解决问题时间滞后,从而造成税务机关办税效率低下。另外,纳税服务机构的服务形式不够规范,服务内容不统一,服务质量参差不齐,降低了税务机关的公信力和政策的执行力。另一方面,激励冰雪旅游产业发展的税收优惠政策落实机制缺位。税收优惠政策从出台到执行需要一个宣传的过程,但现在的税收宣传活动形式单一,宣传的内容空泛。这些都使得税收宣传缺乏时效性和针对性,导致冰雪旅游产业的税收优惠政策无法得到准确的落实。

2. 冰雪旅游产业税收政策制定的针对性不强

产业税收政策的调整不是一蹴而就的,而是要根据本地区经济发展的特点调整和制定,要有较强的针对性。政府为了促进经济发展而制定相应的税收优惠政策,但这些税收优惠政策制定时并没有针对冰雪旅游产业进行具体的政策调整,缺乏针对性和特殊性,忽略了冰雪旅游产业拥有双重属性的特征,没有充分认识到冰雪旅游产业的多重性,从而不能准确地设定政策,使政策的持续性及稳定性较差。最主要的是全省地区之间冰雪旅游情况各自不同,政府对各个景点企业实施统一的政策,没有针对性。其次,冰雪旅游产业间融合困难,政府对该产业的管制开放度不够,导致该产业内部管理体制一直以来处于条块分割与行业壁垒并存的条件下,在这种不合理的产业政策下,冰雪旅游产业与相关产业要想实现技术、产品、企业、市场的融合就面临着重重阻碍。

3. 税收政策的外部环境不完善

由于旅游业本身的性质与特点,决定了该行业在税收征收和管理过程中存在很多问题。在整个冰雪旅游产业税收政策的设计中,税收监管机制的优劣是保障冰雪旅游产业税收政策能否有效运行的重要因素。然而,由于征纳主体双方认知上存在着不可避免的差异导致这些政策无法真正落实,这在无形中加大了税收监管的难度。首先,缺乏对税收优惠对象后续的监督和管理。目前我国税收优惠管理的焦点主要集中在考核优惠对象是否符合优惠条件上,而对受惠对象在受惠后的实际执行情况缺少必要的监督、管理及考核,这导致产业内的一些企业利用税收优惠政策来避税。其次,缺少必要的绩效评估机制。从广义上讲,旨在促进冰雪旅游产业发展的所有税收优惠都可被视为国家的税式支出,需要进行"成本—收益"分析,以明确其完善的方向,评估机制的缺失使我们难以了解相关政策的实施成本,也无法分析冰雪旅游产业对税收增长及经济增长的贡献率,导致了国家财政收入的流失,难以达到预期的经济增长目标。最后,政府部门缺乏对下级管理机构的考核机制。对于基层管理机构来说,政府部门下发的各项扶持政策,并未设置实施目标及效果追踪机制,政策实施的好坏,基层机构并不会受到任何的处罚,这就导致基层机构对于这些政策的实施与效果跟踪工作不积极。这样就会造成产业内的一些企业能够及时准确地获得信息并从中获益,其余企业"袖手旁观"的尴尬局面。

四、完善冰雪旅游产业税收政策的建议

(一)细化税收优惠政策

为促进冰雪旅游产业发展,推动黑龙江省经济的复苏,要认真贯彻落实关于推动冰雪旅游产业的税收优惠政策,深入落实冰雪旅游产业中增值税、所得税、城镇土地使用税、耕地占用税等的优惠政策。

增值税优惠	从事有关冰雪文化创意服务及其广播影视作品制作、播映、发行服务的免征增值税。
房产税、城镇土地使用税和耕地占用税优惠	冰雪旅游文化企业、承办冰雪相关项目的单位、组织在规定范围内使用的房产免征房产税。
企业所得税优惠	增加专门鼓励冰雪旅游文化产业的政策，符合规定的企业给予过渡性税收优惠、加计扣除、减计收入优惠、税额抵免等细化税收优惠的方法。
个人所得税优惠	对为冰雪旅游文化写作、摄影、艺术创作、影视制作等，并获得奖项的个人或者集体应予以免征或者减征个人所得税；黑龙江省举办的大型冰雪体育赛事、艺术表演的个体或组织所取得的收入允许适当减少征收个人所得税。
其他税收政策	扶持冰雪旅游文化企业发展，支持产品和服务的进出口政策，鼓励技术创新的税收扶持政策。积极协调现行有利于冰雪旅游文化产业的税收减免、税收优惠政策，对于税负较高部分，逐步加以完善相应的税收政策。对于节能环保，能耗较低，提供大批下岗人员就业的冰雪旅游文化企业，予以在相应的税种上，提供多种优势措施单独适用或并行的方式。

（二）实施针对性的税收政策

增强税收优惠政策的针对性，适度扩大税收优惠政策的力度和范围，使从事冰雪旅游产业的各类企业都能够享受到优惠，也使处于冰雪旅游产业链上的企业能享受一定的税收优惠政策。同时，政府应制定减税等政策，鼓励企业支持冰雪旅游产业的发展，给予企业和个人多种回馈。实施激励性质的税收政策，在主体税种上要有所突破，同时增加增值税优惠政策，考虑对冰雪旅游产业征收增值税时，给予减免税、降低税率的优惠政策；对企业所得税、个人所得税实行更加优惠的税收政策，对中小型冰雪旅游企业通过"免三减三"或税款即征即退、先征后退等优惠政策扶持其成长。此外，地方政府及主管部门应指导、监控冰雪旅游产业的规范化管理，跟踪问效、加强评估，促使冰雪旅游企业的健康发展。对符合条件的企业，给予增值税、企业所得税、房产税等优惠政策。

增设专项税收优惠政策。黑龙江省在发展冰雪旅游产业时可以充分利用税收优惠政策来促进其发展，优惠的税收政策应从多个方面入手：一是把优惠的税收政策作为落脚点，吸引较多的私营或者民营企业能够进入到冰雪旅游产业的发展当中来。在具体的对策上，最主要的还是在对待企业的税收问题上。可以考虑对有意愿参与冰雪旅游产业发展的企业减少增值税和所得税、房产税和其他小税种的征收，尤其是企业所得税，给予充分的税收优惠，对于冰雪旅游产业做出重点贡献的企业直接免征企业所得税，鼓励社会各界对冰雪旅游产业的捐赠，并提高税前扣除比例，可由12%提升到20%的比例（赵美嘉、蔡德发，2017）[7]，通过这种举措来吸引更多的企业参与冰雪旅游的建设。二是支持现有旅游企业继续扩大投资，保持企业规模持续扩大化，对于现有冰雪旅游企业可实行减税政策；对于一些诚信度比较高的老字号企业，政府可以允许它们在进行纳税之前提取资金用于旅游基础设施和配套设施的建设，同时要鼓励它们在发展自身的同时要积极联合其他的相关行业进行联合发展，这样既可以获得政府的优惠税收政策，也可以得到联合效应。三是对于外商想要投资龙江冰雪旅游产业的企业，在税收上给予其国民待遇，对内外资企业征收统一的法人所得税（徐生朋，2007）[8]。另外，可以对外资企业免征关税或者进口税，提高地方政府的扣税比例，尤其对于那些旅游创收较多的外企应扩大准予减免税的比例，给予更大更多的政策优惠，从而能够吸引更多的外企加入。

（三）完善税收政策的外部环境

完善税务机关的税收监督制约机制。法国著名思想家孟德斯鸠在《论法的精神》一书中写道："一切有权力的人都容易滥用权力，这是万古不易的一条经验。"税务机关是国家调控经济的重要职能部门，行使着国家所赋予的征税权力，然而如果权力缺少监督就容易产生腐败。为加强对税务机关的税收监管，应健全和完善税务机关的税收监督制约机制，第一，税收监督机构的专门化和职责分工的明晰化；第二，税务监督手段的信息化；第三，税收监督程序的规范化；第四，税收监督执法的严格化。对于违反税收体制的税收征管应给予行政处罚，如警告、罚款、没收违法所得等，若构成犯罪，移交司法机关。

参考文献

[1] 季海洋，肖艳玲. 黑龙江省冰雪体育旅游发展现状及对策分析 [J]. 经济研究导刊，2017（11）：109-110.

[2] Gilbert Simon Hudson. Tourism demand constraints: A skiing participation [J]. Annals of Tourism Research, 2000 (4): 906-925.

[3] Ramesh Durbarry. Tourism Taxes: Implications for Tourism Demand in the UK [J]. Review of Development Economics, 2008 (1): 21-36.

[4] 苗月新. 旅游产业区域协调发展的税收政策导向研究 [J]. 财经科学研究，2016，15（2）：84-86.

[5] 孙宝文，马衍伟. 促进我国旅游业发展的税收对策研究 [J]. 中央财经

大学学报,2005(2):9-13.

[6] 彭筱媛,张宏,陈越红.冰雪旅游产业对黑龙江经济发展的促进研究[J].经济研究导刊,2018(6):152-153.

[7] 赵美嘉,蔡德发.促进龙江冰雪旅游产业发展对策研究[J].对外经贸,2013(9):69-71.

[8] 徐生朋.促进我国旅游业发展的税收政策取向[J].合作经济与科技,2007(17):77-78.

The Tax Policy Evaluation of Ice – Snow Tourism Industry in Heilongjiang Province

Li Lan   Li Bing-kun   Zhou Dong-mei

Abstract: Through the method of literature analysis and theoretical analysis, analyze the present situation and tax policy of ice and snow tourism industry in Heilongjiang Province, It finds that there are many problems in the current tax policy. For example, the implementation of the ice and snow tourism industry tax policy is not in place, the pertinence of making ice and snow tourism industry tax policy is not strong enough, there are also problems in the external environment when the implementation of preferential tax policy for the ice and snow tourism industry. On the basis of referencing to the tax policies of ice and snow tourism industry implemented by foreign countries and other provinces and cities in China. In order to solve the problems existing in the tax policies of ice and snow tourism industry in Heilongjiang Province, put forward the corresponding policies: refine the preferential tax policy, implement the targeted tax policy, and perfect the external environment of the tax policy.

Keywords: Ice – Snow Industry; Ice – Snow Tourism; Tax Policy